सामान्य एवं असामान्य मनोविज्ञान

सामान्य एवं असामान्य मनोविज्ञान

डॉ. मनोरमा तिवारी

इशिका पब्लिशिंग हाउस
जयपुर दिल्ली

इशिका पब्लिशिंग हाउस

ए -25, ''गणेश सदन'', गली न. 4, आदर्श बस्ती,
बी.एल. हाउस के पास, टोंक फाटक,
जयपुर-302018 (राजस्थान) भारत
फोन : 0141-2761280, Mob. 9887532741
Email: ishikapublishinghouse@yahoo.in

दिल्ली कार्यालय : 102, प्रथम मंजिल, 'सत्यम हाउस'
4324/3, अंसारी रोड़, दरियागंज, नई दिल्ली - 110 002
फोन : 011-45652440

ISBN: 9788189471286

टाइपसेटिंग : बी.एस. कम्प्यूटर्स, जयपुर

मुद्रक : थॉमसन प्रेस, नई दिल्ली

भूमिका

मानव अपने जीवन के विभिन्न लक्ष्यों की पूर्ति हेतु विभिन्न क्रियाएँ करता है जैसे–वातावरण से सूचना ग्रहण करना। विभिन्न क्रियाओं के बारे में सीखना, वस्तुओं और व्यक्तियों का प्रत्यक्षीकरण, योजना बनाना और निर्णय लेना, कुछ कार्यों को करने के प्रति प्रेरित होना और जिन्हें हम नापसंद करते हैं वह कभी नहीं करना। मानव जीवन एक विशाल तंत्र के भाग जो मानव और वातावरण के सम्मिश्रण है। पर्यावरण से हमारा तात्पर्य–वस्तु, लोग, भौतिक संरचनायें और सामाजिक क्रियाकलाप है। मनुष्य काफी तरह के एक–दूसरे से संबंधित क्रियाएँ करता है। ये क्रियाएँ प्रकृति, जटिलता तथा अवधि मे एक–दूसरे से काफी भिन्न होती हैं। मनोवैज्ञानिक अनेक प्रकार की विधि का प्रयोग मनोवैज्ञानिक प्रक्रियाओं के अध्ययन के लिए करता है। इस लक्ष्य की प्राप्ति के लिए मनोवैज्ञानिक कई तरह के तरीकों का उपयोग करते हैं –अनुभवजन्य, निरीक्षणात्मक और प्रयोगात्मक। इसके अतिरिक्त मनोवैज्ञानिक उपकरण का उपयोग तथ्यों की खोज हेतु किया जाता है जैसै मनोवैज्ञानिक मापनी, प्रश्नावली, साक्षात्कार तालिका, मूल्य मापनी। मनोविज्ञान मानव व्यवहार के समानता और भिन्नता की समस्या को तथा उससे संबंधित प्रक्रियाओं पर ध्यान देता है। मनोविज्ञान का क्षेत्र है जो व्यक्तियों में भिन्नता जानने से संबंधित है और उसे भिन्नता मनोविज्ञान कहते हैं तथा जो क्षेत्र समानता जानने से संबंधित है उसे प्रयोगात्मक मनोविज्ञान कहते हैं।

मनुष्य की समस्त क्रियाओं व प्रक्रियाओं का अध्ययन मनोविज्ञान द्वारा करते हैं। मनोविज्ञान में यह जानने की विशेषता है कि संवेदना, स्मृति, प्रेरणा, व्यक्तित्त्व जैसे–प्रक्रियायें कैसे कार्य करती है और मानव जीवन को बेहतर बनाने में इस ज्ञान का क्या योगदान हो सकता है। सजीव प्राणी मनुष्य इस मनुष्य–वातावरण तंत्र का ही एक भाग है। मनोवैज्ञानिक प्रक्रियायें निरीक्षण की जा सकती है, संवेदनाओं द्वारा प्राप्त सूचनाओं और आंकड़ों को एकत्र कर सकते हैं। निरीक्षण का अर्थ है किसी घटना को अंकित करना। हम समूह में रहकर या समूह से बाहर रहकर निरीक्षण कर सकते हैं। मुझे भूख लग रही है यह आत्मनिरीक्षण है। निरीक्षण के दो मुख्य तरीके हैं प्रतिभागी निरीक्षण और अप्रतिभागी निरीक्षण। प्रतिभागी निरीक्षण में निरीक्षक स्वंय समूह का सदस्य बनकर जीवन का निरीक्षण करता है। अप्रतिभागी निरीक्षण समूह के बाहर

रहकर किया जाता है। प्रयोग को एक वैज्ञानिक व विश्श्वास योग्य माना जाता है इस विधि के अन्तर्गत जब परिस्थितियों में बदलाव किए जाते हैं। तब व्यवहार में आए परिवर्तन को देखा जाता है। उदाहरणस्वरूप यदि बालक के अनुकूल परिस्थितियॉ हो तो वह अधिक अच्छे परिणाम दे सकेंगा। यदि बालक परेशान है तो उसकी मनोदशा सीखनें और याद रखने की नकारात्मक होगी। प्रयोगकर्ता एक पहलू पर कार्य श्शुरू करता है और इसके संभावित उत्तर–के आधार पर परिकल्पना का निर्माण करता है। मनोवैज्ञानिक प्रक्रिया अन्तर्गत मानसिक, भौतिक, शारीरिक, सामाजिक, स्मरण, चिंतन, प्रेरणा प्रक्रिया ऐसी क्रिया है जो किसी व्यक्ति से संबधित होती हैं अस्थिर स्वरूप की होती हैं। ये सभी क्रियांए एक–दूसरे जुड़ी रहती है। उदाहरणस्वरूप हम किसी व्यक्ति से मिलते हैं प्रत्यक्षीकरण है, उसकी किसी सूचना को याद रखते हैं स्मरण है, प्रश्न के उत्तर– देते हैं चिंतन है, उससे स्नेह रखते हैं संवेग है तथा संबंध बनाए रखते हैं प्रेरणा है यही मनोवैज्ञानिक प्रक्रिया है। मनोवैज्ञानिक प्रक्रिया के अन्तर्गत मनुष्य और वातावरण परस्पर क्रिया करते हैं।

लेखक

अनुक्रमणिका

1

आइये मानव स्वभाव को समझें

मानव व्यवहार के मन,मस्तिष्क और व्यवहार से सबंधित विभिन्न पहलुओं का अध्ययन **मनोविज्ञान** है।

मनोविज्ञान का लक्ष्य है एक विज्ञान के रूप में मानव व्यवहार के विषय में विभिन्न सिद्धान्तों तथा नियमों का निर्माण करना जिनके द्वारा मनुष्य विभिन्न समस्याओं का निराकरण कर सकें।

मनोविज्ञान को अंग्रेजी भाषा में साइकोलोजी कहतें है। इस शब्द की उत्पत्ति यूनानी भाषा के दो शब्दों से हुई है– 'साइको' अर्थात 'मानवीय आत्मा' या मन तथा 'लोजी' अर्थात 'ज्ञान का पिण्ड'। अर्थात् 'मानवीय आत्मा' या मन है मनोविज्ञान व्यवहार के विभिन्न पद तथा मानसिक प्रक्रियाओं के संबध में परिकल्पनाओं की परीक्षा करते हैं।

मनोविज्ञान का स्वरूप–मनोविज्ञान विषय के बारे में हम कह सकतें है कि **1.** वैज्ञानिक निरीक्षण पर आधारित होतें हैं, दुबारा करके दिखाया जा सकता है, उसे बॉटा जा सकता है। **2.** अनुप्रयोगात्मक मनोविज्ञान मानव जीवन से संबंधित क्षेत्र को कहा जाता है।

मनोविज्ञान का विस्तार–मनोवैज्ञानिक लोग वैज्ञानिक विधियों का उपयोग करके मस्तिष्क, मन तथा व्यवहार के परस्पर अंतः क्रिया का अध्ययन उनके पर्यावरण के अनुसार करतें है। वे विभिन्न स्तरों पर व्यावहारिक तथा वैज्ञानिक प्रक्रिया में रूचि रखते हैं। मनोविज्ञान के विषय क्षेत्र को मूल प्रक्रियाओं तथा उनके अनुप्रयोग के आधार पर समझना आसान हैं। ये मूल क्षेत्र शरीर संबंधी,सांवदिक–प्रात्याक्षिक संबंधी, सीखना और संज्ञात्मक विकास संबंधी, विकास प्रक्रिया, प्रेरणात्मक संबंधी, व्यक्तिगत भिन्नता का अध्ययन, सामाजिक प्रक्रियाओं के विषय में है। जीवन जितना जटिल होता जा रहा है, मनोविज्ञान उतना ही नये क्षेत्रों में फैलता जा रहा है।

मानव व्यवहार का दृष्टिकोण–मनोवैज्ञानिकों ने मानव व्यवहार को विविध रूपों में देखा है जिन्हें दृष्टिकोण कहा जाता है। मुख्य दृष्टिकोण है जैवकीय, मनोगत्यात्मक, व्यवहारवादी, ज्ञानात्मक, मानवतावादी और सामाजिक–सांस्कृतिक दृष्टिकोण।

समग्र व्यक्ति की अवधारणा–समग्र व्यक्ति की अवधारणा एक ऐसा व्यक्ति, जीव जन्तु और पूरी प्रकृति से पारस्परिक परिपूरकता के भाव को महत्त्व देता है इसका दृष्टिकोण जीवन के संज्ञानात्मक, आध्यात्मिक, भावनात्मक और सामाजिक सभी क्षेत्रों में समंजस्य रखता है।

समाज मनोविज्ञान की प्रकृति–वर्तमान समय में मनोविज्ञान एक विज्ञान व एक व्यवसाय के रूप में ग्रहण किया जाता है, जो जीवन की गुणवत्ता के सुधार में योगदान देता है। मूल रूप से यह विषय मानसिक तथा व्यवहार के स्तर पर मनुष्य की कार्य–प्रणाली के विभिन्न पक्षों के अध्ययन पर केन्द्रित है। व्यवहार संम्बन्धी गोचरों के कारणों को समझने मे मनोवैज्ञानिक वैज्ञानिक विधि का उपयोंग करते हैं तथा उनसे सम्बन्धित नियमों और सिद्धान्तों को प्रतिपादित करते हैं। वे निम्न प्रश्नों को समझने का प्रयास करते हैं :–

(अ) मनुष्य अपने पर्यावरण से सूचानाएँ किस तरह ग्रहण करता है और वस्तुओं का प्रत्यक्षीकरण करता है?

(ब) लोग किस प्रकार सीखते हैं और समस्याओं का समाधान करते हैं?

(स) वे किस तरह सोचते–विचारते हैं और अनुभवो कों याद करते हैं?

(ग) वे लक्ष्यों को कैसे चुनते हैं और पाने का प्रयत्न करते हैं?

(घ) लोग बुद्धि व्यक्तित्त्व तथा रूचि जैसे–विशेषताओं में किस प्रकार भिन्नता प्रदर्शित करते हैं?

(ड़) लोग जीवन की समस्याओं का किस प्रकार से सामना करते हैं?

मनोविज्ञान में मानव जीवन के लगभग सभी क्षेत्रो को अपने अन्दर आत्मसात कर लिया है। इस तरह मनोविज्ञान मानव–व्यवहार तथा अनुभव का वैज्ञानिक अध्ययन है। मनोवैज्ञानिकों ने मानव व्यवहार को विभिन्न स्वरूपों में देखा है और व्याख्या की है–

मनोगत्यात्मक दृष्टिकोण–मनोवैज्ञानिक फ्रायड नें मनोविश्लेषणात्मक विचारों से प्रभावित है उनके अनुसार मानव व्यक्तित्त्व के तीन भाग हैं–इदंम् अहम और पराहं। इदंम् अचेतन है जो सुख के सिद्धान्त पर कार्य करता है। अहं वास्तविकता के साथ हमारे संबंध को निर्धारित करती है और पराहं चेतन मन और आदर्श के मध्य संबंध रखती है। उदाहरण स्वरूप एक मानसिक रोगी आंतरिक द्वन्द्व चिन्ता बचपन के अनुभवों को व्यवहार और व्यक्तित्त्व आधारित है। यह दृष्टिकोण व्यवहार का आंतरिक मनोवैज्ञानिक प्रक्रिया के आधार पर व्याख्या करता है।

संज्ञानात्मक दृष्टिकोण–यह एक अति विकसित क्षेत्र है जो मानव व्यवहार द्वारा प्रभावित है। ये मानव की स्मृति चिन्तन और निर्णय लेने को काम में लेता है (निवेश) संग्रहित रखता है (भंडारण) और विभिन्न श्रेणियों में विभाजित (कोड़ीकरण) करता है। सूचना प्रक्रियाकरण का उपयोग है जो कम्प्यूटर मॉडल प्रभावित है। मानव की भावनात्मक और प्रेरणात्मक प्रक्रियाओं पर ध्यान नहीं देता है। यह पूर्व–प्रोग्रामित ऑकड़ो और निर्देशों के आधार पर काम करता है।

जैवकीय दृष्टिकोण में वंशानुक्रम और मस्तिष्क (पूर्ण तंत्रिका तंत्र) जो हमारे व्यवहार के मूल निर्धारक है को महत्त्वपूर्ण माना है। मस्तिष्क हमारे भावों, प्रेरणा तथा ज्ञानात्मक क्रिया में महत्त्वपूर्ण भूमिका निभाते हैं। सामाजिक–सास्कृतिक दृष्टिकोण के अन्तर्गत सामाजिक विभिन्नता और अलग–अलग संस्कृतियाँ मानव व्यवहार को प्रभावित करती है। समग्र मानव एक ऐसा व्यक्ति है जो अपने कर्त्तव्य को ठीक से निर्वाह करता है। वह भौतिक, मनोवैज्ञानिक स्तरो के जीवन को पहचानता है तथा उनसे पारस्परिक रूप से जुड़ा भी रहता है। व्यक्ति का अपने वातावरण, अन्य व्यक्ति जीव–जन्तु तथा पूरी प्रकृति से पारस्परिक परिपूरकता के भाव को महत्त्व देता है।

समग्र दृष्टिकोण वह दृष्टिकोण है जो कि मनुष्य का अध्ययन यह मान कर करता है कि मनुष्य केवल एक जैवकीय यंत्र नहीं है जो किसी भी उद्दीपन के प्रति प्रतिक्रिया करता है बल्कि मनुष्य का जीवन अर्थपूर्ण है।

जैवकीय दृष्टिकोण : जैवकीय दृष्टिकोण वंशानुगत कारकों तथा तंत्रिका तंत्र को व्यवहार का मूल निर्धारक मानता है। इस दृष्टिकोण की प्रमुख मान्यताऐं निम्न प्रकार हैं :-

(I) व्यवहार जीवों की उत्तर-जीविता की मदद के लिये है। व्यवहार के द्वारा हम अपने वंश को बचाने की कोशिश करते हैं। तथा बच्चों और निकट संबंधियों की सुरक्षा करते हैं। यह डार्विन का सिद्धान्त है जिसे विकासवाद के पिता के नाम से जाना जाता है।

(II) डी.एन.ए. का चित्रण यह बताता है कि जीन हमारे व्यवहार को निर्धारित करता है।

(III) मस्तिष्क तथा अन्तःस्त्रावी ग्रन्थियाँ हमारे भावों, प्रेरणा और ज्ञानात्मक क्रिया में महत्त्वपूर्ण भूमिका निभाते हैं। व्यवहार के सभी पहलुओं की व्याख्या नहीं करता है। इसका कारण यह है कि मानव व्यवहार सामाजिक और सांस्कृतिक रहन-सहन से भी प्रभावित होता है।

मनोगत्यात्मक दृष्टिकोण : यह दृष्टिकोण फायड के मनोविश्लेषणात्मक विचारों से प्रभावित है। इस दृष्टिकोण की मान्यता है कि हमारा अचेतन मन हमारे व्यवहार को निर्धारित करता है। इस दृष्टिकोण ने आन्तरिक द्वन्द्व, चिन्ता तथा बचपन के अनुभावों को व्यवहार और व्यक्तित्त्व का आधार माना है। फ्रायड के अनुसार मानव व्यक्तित्त्व के तीन भाग है- ईदम्, अहम् और पराहं।

(I) इदं अचेतन है जो सुख के सिद्धान्त पर कार्य करता है।

(II) अहं वास्तविकता के साथ हमारे संबंध को निर्धारित करती हैं

(III) पराहं अंतः करण चेतना और आदर्श से संबंध रखती है। यह दृष्टिकोण व्यवहार का आंतरिक मनोवैज्ञानिक प्रक्रिया के आधार पर व्याख्या करती है।

व्यवहारवादी दृष्टिकोण : यह दृष्टिकोण वॉटसन तथा स्किन्स के काम पर आधारित है। यह दृष्टिकोण मानव व्यवहार को यांत्रिक तरीके से देखती हैं। इस दृष्टिकोण की प्रमुख मान्यताऐं निम्न प्रकार हैं :-

(I) यह वातावरणीय स्थिति और सीखनें को व्यवहार का आधार मानती है

(II) इसकी मान्यता है कि मानव व्यवहार कुछ नियम और शर्तो के अनुसार चलता है जिससे कि व्यवहार में परिवर्तन लाया जा सके।

संज्ञानात्मक दृष्टिकोण : इस दृष्टिकोण का प्रारम्भ व्यवहारवादी की प्रतिक्रिया स्वरूप हुआ। यह दृष्टिकोण सूचना प्रक्रियाकरण का उपयोग करता है जो कम्प्यूटर मॉडल से प्रभावित है। ये स्मृति, चिन्तन और निर्णय लेने को निवेश, भंडारण तथा कोड़ीकरण को खेलने के रूप में करता है। यह दृष्टिकोण भावनात्मक और प्रेरणात्मक प्रक्रियाओं पर ध्यान नहीं देता है।

सीमाएँ : कम्प्यूटर का यह रूपक केवल सीमित रूप से मानव संज्ञान की व्याख्या करता है। यह स जनात्मक आवेषण आदि की व्याख्या नहीं कर पाता है। इसकी तीसरी कमी यह है कि यह पूर्ण–प्रोग्रामित आंकड़ों और निर्देशों के आधार पर काम करता है।

मानवतावादी दृष्टिकोण : इस दृष्टिकोण की प्रमुख मान्यताएँ निम्न प्रकार हैं :–

(i) मानव स्वभाव मूल रूप से विवेकशील, परोपकारी और कल्याणकारी है।

(ii) मनुष्य में कार्य करने की शक्ति है।

(iii) यह एक आशावादी दृष्टिकोण है तथा मानता है कि मनुष्य अपने भाग्य का स्वयं निर्माण कर सकता है।

(iv) यह दृष्टिकोण यह तर्क भी प्रस्तुत करता है कि मनुष्य अपने बंधनों से स्वयं मुक्त होने की शक्ति रखता है।

(v) यह दृष्टिकोण अपने जीवन के लिए स्वयं उत्तर–दायी है।

(vi) यह दृष्टिकोण मनुष्य के स्वयं नियंत्रण स्थापित करने की क्षमता पर अधिक बल देता है।

सामाजिक–सांस्कृतिक दृष्टिकोण

यह दृष्टिकोण सामाजिक और सांस्कृतिक विभिन्नता से होने वाली मनोवैज्ञानिक प्रक्रियाओं का अध्ययन करता है। हमारे प्रत्येक दिन के अनुभव को सामाजिक और सांस्कृतिक कारक प्रभावित करते हैं। यह दृष्टिकोण मनुष्य को ऐतिहासिक, सामाजिक और सांस्कृतिक अवस्थित करके मनोविज्ञान के प्रसार को विस्तृत करता है।

अकादमिक मनोवैज्ञानिक

अकादमिक क्षेत्र में सक्रिय मनोवैज्ञानिक पहले लक्ष्य में रूचि रखते हैं। व व्यवहार के विभिन्न पहलुओं तथा मानसिक प्रक्रियाओं के बारे में परिकल्पनाओं

की परीक्षा करते हैं। वे प्रेक्षण तथा प्रयोग आदि की विभिन्न विधियों की सहायता से नियमों, विधानों और सिद्धान्तों का विकास करते हैं। वे व्यवहार के गोचरों का वर्णन, व्याख्या पूर्णकथन और नियंत्रण करते हैं।

अनुपयुक्त मनोवैज्ञानिक : अनुपयुक्त मनोवैज्ञानिक ज्ञान का उपयोग करने में लगे व्यावसायिक हैं। वे विभिन्न विषयों के समाधान में मनोवैज्ञानिक जानकारी का उपयोग करते हैं। वे परामर्श, मनोचिकित्सा, नौकरियों के लिये लोगों का चुनाव, कैरियर हेतु निर्देशन, संगठनात्मक क्षेत्रों में परामर्श (जैसे–टीम का निर्माण, नेतृत्व–प्रशिक्षण) उपभ्शौकता सर्वेक्षण, मनोवैज्ञानिक मूल्यांकन तथा विभिन्न कौशलों (जैसे– संचार, आत्मप्रस्तुति) में प्रशिक्षण आदि का कार्य करते हैं। मनोवैज्ञानिक केवल अकादमिक संस्थाओ में शोध और अध्यापन करते हुंए ही नहीं दिखते बल्कि अस्पताल, विद्यालय, उद्योग, खेल केन्द्र, सैन्य केन्द्रो तथा सामुदायिक केन्द्रो आदि में भी कार्यरत मिलते हैं।

शारीरिक प्रक्रियाओं के अंतर्गत मानव व्यवहार और मानसिक प्रक्रियाओं से संबंद्ध मस्तिष्क तथा शारीरिक संरचना का अध्ययन किया जाता है।

इस प्रक्रिया में इस बात का विश्लेषण किया जाता है कि हम वातावरण वस्तुओं, रंग गति तथा आकार को किस प्रकार प्रत्यक्षीकरण करते हैं।

सीखना और संज्ञानात्मक प्रक्रियाएं–व्यक्ति अपने अनुभवों के आधार पर उसका व्यवहार बदलता है। परिवर्तन उसमें विभिन्न स्तरों तथा विभिन्न तरीकों की सक्षमता लाता है। इसका कारण यह है कि व्यक्ति सीख सकता है, इसे याद रख सकता है तथा इसका पुनःप्रयोग समस्या समाधान, भाषा सीखनें और दूसरों के साथ बातचीत करने में कर सकते हैं।

विकासात्मक प्रक्रियाएं–प्रत्येक व्यक्ति का शारीरिक और मानसिक रूप से विकास होता है। यह परिवर्तन जीवनभर चलता है। तथा जीवन के विभिन्न चरणों में विभिन्न संरूपो में होता है।

प्रेरणात्मक प्रक्रियाएं–यें प्रक्रियाएं लक्ष्य, आवश्यकता तथा प्रेरणा से संबंधित है जिससे हमारे जीवन मे क्रियाकलाप संचालित होता है। इसके अतिरिक्त प्रेम, उल्लास, दुःख, रूचि आदि भावनाएं हमारे जीवन में रंग भरती है। हम द्वंद्व और कुंठा भी महसूस करते हैं।

वैयक्तिक विभिन्नता–इसके अतंर्गत व्यक्तियों में पायी जाने वाली विभिन्नता का अध्ययन किया जाता है। समस्त मनुष्य समान है और इसके साथ ही भिन्न–भिन्न विभिन्नता वाले दो दृष्टिकोण से होती हैं।

(i) भौतिक दृष्टि से जैसे–कद, वजन, त्वचा का रंग इत्यादि।

(ii) मनोवैज्ञानिक दृष्टि से जैसे–व्यक्तित्त्व, बौद्धिक क्षमता, रूचि इत्यादि मनोवैज्ञानिकों ने इसके मापन में लिए विभिन्न मापनियों का निर्णय किया जाता है।

1. सामाजिक प्रक्रियाएं– मनुष्यों का जीवन दूसरों के साथ संबंध पर निर्भर करता है। सामाजिक अंतःक्रिया सहयोग, प्रतियोगिता का निर्माण करती है तथा सामूहिक जीवन मे चुनौतियाँ उत्पन्न करती है। सामाजिक प्रक्रियाओं जैसे–अनुरूपता, नेतृत्व भी हम सामाजिक जीवन में प्राप्त करते हैं।

वैज्ञानिक ज्ञान की प्रमुख विशेषता

किसी भी वैज्ञानिक ज्ञान की प्रमुख विशेषता है कि वह निरीक्षण पर आधारित होते हैं। उसे अन्य लोगों के साथ बांटा जा सकता है। उसे दुबारा करके दिखाया जा सकता है।

मानव व्यवहार के क्षेत्र

मानव व्यवहार का क्षेत्र बहुत विस्तृत है तथा विभिन्न स्तरों पर विभिन्न परिघटना को ध्यान में रखता है। उदाहरण के लिए यह आनुवांशिकी से लेकर स्नायु–रसायानिक, व्यवहारिक, प्रेक्षण– ज्ञानात्मक होते हुए व्यक्तिगत, सामाजिक तथा सास्कृति स्तर तक विस्तृत है।

मनोवैज्ञानिक प्रक्रियाएँः एक परिचय

मानव अपने जीवन के विभिन्न लक्ष्यों की पूर्ति हेतु विभिन्न क्रियाएँ करता है जैसे–वातावरण से सूचना ग्रहण करना। विभिन्न क्रियाओं के बारे में सीखना, वस्तुओं और व्यक्तियों का प्रत्यक्षीकरण, योजना बनाना और निर्णय लेना, कुछ कार्यों को करने के प्रति प्रेरित होना और जिन्हें हम नापसंद करते हैं वह कभी नहीं करना। मानव जीवन एक विशाल तंत्र के भाग जो मानव और वातावरण के सम्मिश्रण है। पर्यावरण से हमारा तात्पर्य–वस्तु, लोग, भौतिक संरचनायें और सामाजिक क्रियाकलाप है। मनुष्य काफी तरह के एक–दूसरे से संबंधित क्रियाएँ करता है। ये क्रियाएँ प्रकृति, जटिलता तथा अवधि मे एक–दूसरे से काफी भिन्न होती हैं। मनोवैज्ञानिक अनेक प्रकार की विधि का प्रयोग मनोवैज्ञानिक प्रक्रियाओं के अध्ययन के लिए करता है। इस लक्ष्य की प्राप्ति के लिए मनोवैज्ञानिक कई तरह के तरीकों का उपयोग करते हैं –अनुभवजन्य, निरीक्षणात्मक और प्रयोगात्मक। इसके अतिरिक्त मनोवैज्ञानिक उपकरण का उपयोग तथ्यों की खोज हेतु किया जाता है जैसै मनोवैज्ञानिक मापनी, प्रश्नावली, साक्षात्कार तालिका, मूल्य मापनी।

मनोविज्ञान मानव व्यवहार के समानता और भिन्नता की समस्या को तथा उससे संबंधित प्रक्रियाओं पर ध्यान देता है। मनोविज्ञान का क्षेत्र है जो व्यक्तियों में भिन्नता जानने से संबंधित है और उसे भिन्नता मनोविज्ञान कहते हैं तथा जो क्षेत्र समानता जानने से संबंधित है उसे प्रयोगात्मक मनोविज्ञान कहते हैं।

मनुष्य की समस्त क्रियाओं व प्रक्रियाओं का अध्ययन मनोविज्ञान द्वारा करते हैं। मनोविज्ञान में यह जानने की विशेषता है कि संवेदना, स्मृति, प्रेरणा, व्यक्तित्त्व जैसे–प्रक्रियायें कैसे कार्य करती है और मानव जीवन को बेहतर बनाने में इस ज्ञान का क्या योगदान हो सकता है। सज़ीव प्राणी मनुष्य इस मनुष्य–वातावरण तंत्र का ही एक भाग है।

मनोवैज्ञानिक प्रक्रियाओं के स्तर

1. **भौतिक तथा शारीरिक क्रियाएं**– मानव शरीर के सभी अंग मिलकर अनेक शारीरिक क्रियाएं करते हैं। सभी क्रियाएं सुचारू रूप से हो इसके लिए रक्तसंचार, पाचन तंत्र और मस्तिष्क क्रियाएं निरंतर कार्य करती है और मनुष्य की अन्य क्रियाएं जैसे–स्मरण, चिंतन क्रिया को संचालित करती हे।

2. **पेशीय क्रियाएं**–प्रकट रूप में प्रदर्शित मानव व्यवहार पेशीय क्रियाकलाप होता है जैसे–चलना, बैठना, दौड़ना इसे प्रतिक्रिया भी कह सकते हैं।

3. **मनोवैज्ञानिक क्रियाएं**–किसी भी क्रिया को करते समय हम विभिन्न प्रक्रियाए करते हैं जैसे–सोचना, याद करना, समस्या–समाधान, तर्क करना आदि हम इन प्रक्रियाओं का अधिकांशत हर समय उपयोग करते हैं।

4. **भाषा और संचार**–स्वयं की बात दूसरों तक पहुँचने के लिए भाषा और इशारों का उपयोग करते हैं और समाज में स्वयं को अभिव्यक्त करते हैं। भाषा का उपयोग मनुष्य की विशेषता जो स्वभाव से प्रतीकात्मक होता हैं।

5. **अन्तर्वेयशक्तिक व्यवहार**–मानव जिन लोगों के साथ रहता है उनसे व्यवहार प्रभावित होता है। लोगों से परिचय प्राप्त करते हैं और लक्ष्य प्राप्ति का प्रयास करते हैं। हम पर दूसरे व्यक्ति के व्यवहार का प्रभाव पड़ता है जैसे–आज्ञा पालन, उनके अनुरूप कार्य करना।

6. **अन्र्तसमूह स्तर का व्यवहार** –मानव सामाजिक प्राणी है, सामाजिक जीवन उसके लिए महत्त्वपूर्ण है। समाज अन्तर्गत स्कूल, रिश्तेदार, पड़ौसी, व्यावसायिक समूह हो सकता है और इनका मानव व्यवहार पर प्रभाव पड़ता है। मनोविज्ञान का लक्ष्य विभिन्न मनोवैज्ञानिक प्रक्रियाओं को समझाना है इसके

लिए कई उपागामें का प्रयोग करते हैं अनुभवजन्य उपागम, निरीक्षणात्मक **प्रयोगात्मक उपागम।** इस क्रियान्तर्गव्यक्ति के अनुभवों को प्रमाणिक मानते हैं। व्यक्ति ही अपने विविध अनुभवों को स्पष्ट कर सकता है क्योंकि इन प्रतिक्रियाओं को जाँच सकता है। कार्य द्वारा सीखना, जोर से बोलते हुंए सोचना इसी उपागम की क्रियाएं है।

निरीक्षणात्मक उपागम

मनोवैज्ञानिक प्रक्रियायें निरीक्षण की जा सकती है, संवेदनाओं द्वारा प्राप्त सूचनाओं और आंकड़ों को एकत्र कर सकते हैं। निरीक्षण का अर्थ है किसी घटना को अंकित करना। हम समूह में रहकर या समूह से बाहर रहकर निरीक्षण कर सकते हैं। मुझे भूख लग रही है यह आत्मनिरीक्षण है। निरीक्षण के दो मुख्य तरीके हैं प्रतिभागी निरीक्षण और अप्रतिभागी निरीक्षण। प्रतिभागी निरीक्षण में निरीक्षक स्वंय समूह का सदस्य बनकर जीवन का निरीक्षण करता है। अप्रतिभागी निरीक्षण समूह के बाहर रहकर किया जाता है। प्रयोग को एक वैज्ञानिक व विश्वास योग्य माना जाता है इस विधि के अन्तर्गत जब परिस्थितियों में बदलाव किए जाते हैं। तब व्यवहार में आए परिवर्तन को देखा जाता है। उदाहरणस्वरूप यदि बालक के अनुकूल परिस्थितियॉ हो तो वह अधिक अच्छे परिणाम दे सकेंगा। यदि बालक परेशान है तो उसकी मनोदशा सीखनें और याद रखने की नकारात्मक होगी। प्रयोगकर्ता एक पहलू पर कार्य श्शुरू करता है और इसके संभावित उत्तर–के आधार पर परिकल्पना का निर्माण करता है। मनोवैज्ञानिक प्रक्रिया अन्तर्गत मानसिक, भौतिक, शारीरिक, सामाजिक, स्मरण, चिंतन, प्रेरणा प्रक्रिया ऐसी क्रिया है जो किसी व्यक्ति से संबधित होती हैं अस्थिर स्वरूप की होती हैं। ये सभी क्रियांए एक–दूसरे जुड़ी रहती है। उदाहरणस्वरूप हम किसी व्यक्ति से मिलते हैं प्रत्यक्षीकरण है, उसकी किसी सूचना को याद रखते हैं स्मरण है, प्रश्न के उत्तर– देते हैं चिंतन है, उससे स्नेह रखते हैं संवेग है तथा संबंध बनाए रखते हैं प्रेरणा है यही मनोवैज्ञानिक प्रक्रिया है। मनोवैज्ञानिक प्रक्रिया के अन्तर्गत मनुष्य और वातावरण परस्पर क्रिया करते हैं।

मनोवैज्ञानिक तथ्यों की खोज

1. **मनोवैज्ञानिक मापनी**–यह परीक्षण ऐसे मानकीकृत उपकरण है जो अभिवृत्ति, क्षमता और व्यक्तिव की जॉच में सहायक होते हैं, ये व्यक्तित्त्व भिन्नता जॉचने में भी सहायक होते हैं।

2. प्रश्नावली—विशेष कारणों की जॉच में सहायक है, उत्तर– व्यक्ति का कथन या पूर्व निर्धारित श्रेणी

का हो सकता है।

3. साक्षात्कार तालिका—ये आपसी क्रिया द्वारा संभव हो पाता है साक्षात्कार देने वाले व्यक्ति से प्रश्न

पूछता जिसका वह उत्तर– देता है और विश्लेषण
किया जाता है।

4. मूल्य मापनी—ये परिमाणात्मक होते हैं, अभिवृति मापन में इसका प्रयोग किया जाता है।

5. आकर्षक

1. अति सुन्दर, अतिविशिष्ट

2. सुन्दर

मनोविज्ञान द्वारा व्यवहार मै समानता और भिन्नता—समाज में अनेक व्यक्ति है वे समान भी है और भिन्न भी। मानव प्रत्येक मनोवैज्ञानिक प्रक्रियाओं को आवश्यक नहीं कि समान ही करें, चिंतन, स्मरण, समस्या का समाधान भिन्न तरीकों द्वारा भी कर सकता है। मनोविज्ञान का वह क्षेत्र जो व्यक्तियों में भिन्नता जानने से संबंधित है उसे भिन्नता मनोविज्ञान (डिफरेशियंल साइकॉलोजी) कहते हैं तथा जो क्षेत्र समानता जानने से संबंधित है उसे 'प्रयोगात्मक मनोविज्ञान' कहता हैं। भिन्नता का व्यवहार जानकर उसे परामर्श दे सकते हैं, निदान कर सकते हैं समानता का अध्ययन वर्ग विशेष का ज्ञान,समाज के प्रति जागरूकता, सार्वजनिक सिद्धान्त पाने के लिए करते हैं।

अपने चारों ओर देखनें पर परस्पर समान और भिन्न दोनों ही रूप पायेगे। जैसे–सभी के शरीर के अंग एक जैसे–है लेकिन सभी एक दूसरे से भिन्न है। मनौवैज्ञानिक प्रक्रियाओं के साथ भी यही स्थिति है। मनोविज्ञान व्यवहार के समानता और भिन्नता की समस्या को तथा उससे संबंधित प्रक्रियाओं का अध्ययन करता है।

(i) समानता का अध्ययन संज्ञानात्मक मनोविज्ञान और सामाजिक मनोविज्ञान में एक सार्वजनिक सिद्धान्त को पाने के लिए करते हैं। यह बिना किसी व्यक्ति विशेष को ध्यान में रखकर चरों का प्रयोग करते हैं।

(ii) **अनुप्रयोगातक मनोविज्ञान के क्षेत्र**– जैसे–परामर्श नैदानिक मनोविज्ञान और मनोवैज्ञानिक मूल्यांकन व्यक्ति विशेष को ध्यान में रखते हैं।

मनोविज्ञान का वह क्षेत्र जो व्यक्तियों में भिन्नता जानने से संबंधित है, उसे भिन्नता मनोविज्ञान (डिफरेंशियल सायकॉलोजी) कहते हैं, तथा जो क्षेत्र समानता जानने से संबंधित है, उसे 'प्रयोगात्मक मनोविज्ञान' कहते हैं।

❑❑❑

2

मानव स्वभावः कुछ भारतीय विचारधाराएँ

मानव निश्चित रूप से प्राणी जगत में सर्वश्रेष्ठ है। मानव स्वभाव के बारे में भारतीय चिंतन का यह प्रमुख विषय रहा है। भारतीय विचारधाराएं बताती है कि जीवन में आने वाली बहुत सारी समस्याएँ विश्व को समझने और विचार करने के दोषपूर्ण ढंग के कारण उत्पन्न होती हैं। अतः भारतीय विचारधारा में उस दोषपूर्ण ज्ञान को हटाने पर बल दिया गया है जो हमें अज्ञान की अवस्था में रखता है। एक बार समझ लेने पर आनंद की प्राप्ति, स्वंत्रता का अनुभव, परम सुख की प्राप्ति होती हैं।

मानव अस्तित्त्व को समझने के लिए कई विचारधारा है प्रमुखतः वेदान्त, बौद्ध, जैन तथा सूफी ये हमें बताते हैं कि सामान्य हम अज्ञान की अवस्था में रहते हैं। हमें इसका ज्ञान नही होता कि हम वास्तव में कौन है तथा इसी कारण हम असंतुष्ट और दुखी रहते हैं। अपने वास्तविक स्वभाव की पहचान करने के लिए इन विचार–पद्धति में अलग–अलग विधियाँ बताई गई है लेकिन इनके लक्ष्य समान है। लक्ष्य है, हमारे अस्तित्त्व के पीछे विद्यमान उच्चतर सत्य का प्रत्यक्ष अनुभव करना। एक बार हमें इसका अनुभव हो जाए तो जीवन के प्रति

हमारा दृष्टिकोण बदल जाता है। हम स्वयं को तथा संपूर्ण विश्व को एक बड़ें परिवार के रूप में देखते हैं। दिन–प्रतिदिन के दुखों एवं परिपूर्ण जीवन जीने में समर्थ हो पाते हैं।

उपनिषद्–उपनिषद् में मानव के स्वभाव और यथार्थ इन दोनों को ही केन्द्र बिन्दु माना है। उपनिषदों से ही वेदांत का दृष्टिकोण उत्पन्न हुआ। सत्य का सर्वोच्च सिद्धान्त के रूप में देखा जिसे उन्होंने ब्रह्म कहा है एक **जैन विचारधारा** –जैन दृष्टिकोण के अनुसार विश्व दो प्रकार के यथार्थ–जीवित और निर्जीव से मिलकर बना है। प्रत्येक प्राणी में आत्मा या जीव होता है अतः जैन जीवन में किसी को भी चोट पहुँचाने से बचाते हैं। दूसरों के विचारों को वे ज्यादा आदर देते हैं क्योंकि वे मानते हैं कि सत्य अनेक आयामों वाला या अनेकतावादी है।

बौद्ध विचारधारा–गौतम बुद्ध ने जीवन के लिए मध्यम मार्ग का प्रतिपादन किया। जीवन का अर्थ खोजने के लिए न तो इन्द्रियों की तुष्टि से स्वयं को रोकना और न ही अपनी इच्छाओं एवं लालसाओं में डूब जाना। बुद्ध ने दुःख, इसके कारण, दुःख के निवारण एवं वह मार्ग जिसके माध्यम से दुःख का निवारण किया जा सकता है को महत्त्वपूर्ण माना है। इन्हीं प्रश्नों के उत्तर– बुद्ध द्वारा बोध प्राप्त करने का आधार तैयार करते हैं तथा चार आर्य सत्य (चत्वारी आर्य सत्यानि) कहलाते हैं।

सूफी विचारधारा–सूफी मत इस्लाम का आध्यात्मिक अथवा आंतरिक पक्ष है। सूफी मत का लक्ष्य है–सामान्य व्यक्तिगत अनुभवों से आगे जाकर व्यक्ति को ईश्वर अथवा सर्वोच्च सत्य का प्रत्यक्ष अनुभव करने में उसका सहायता करना। उपदेशों के विभिन्न रूपों को अपने जीवन में उतार कर यह लक्ष्य प्राप्त किया जा सकता है। सूफी मत के चार चरण है–शशरिया, तारीक, हकीका, मरीफा।

भारतीय विचार धाराओं में स्वयं के स्वभाव तथा समग्र रूप में यथार्थ या सत्य के स्वभाव को समझने पर सर्वाधिक बल दिया गया है। उपनिषद में इन्ही दोनों विषयों का केन्द्रबिंदु बनाया गया है। उपनिषदकारों से ही वेदांत का दृष्टिकोण उत्पन्न हुआ। उपनिषदकारों ने सत्य को एक सर्वोच्च सिद्धान्त के रूप मे देखा जिसे उन्होने 'ब्रह्म' कहा।

वेदान्त की मानव के स्वभाव संबंधी मान्यता

1. ब्रह्म सम्पूर्ण विश्व में विद्यमान है तथा सभी वस्तुओं के अस्तित्त्व का कारण है।

2. हम जीवन में जितने भी दुःखों का अनुभव करते हैं, उन सबका कारण है– हमारे चारों ओर की बाहरी वस्तुओं जैसे–सुदंर वस्त्रों और भौतिक सुखो की अन्य सामग्रियो के लिए विकसित हमारा मोह, इच्छा, अनिच्छा एवं अभिरूचियां।

3. ये सभी कारण मात्र अस्थायी संतुष्टि प्रदान करते हैं अधिक की इच्छा करते हुंए अंत में कम से कम भी संतुष्ट हो पाते हें।

4. जीवन के वास्तविक अस्तित्त्व के यथार्थ केन्द्र के सम्पर्क में मानव नहीं रहता इसलिए हम सच्चे सुख का अनुभव नहीं कर पाते।

सच्चिदानंद वेदान्त की मान्यता है कि प्रत्येक व्यक्ति का अन्तःकरण ब्रह्म अथवा चैतन्य के साथ एकाकर है। तीनों शब्दों सत् चित् और आनंद जिसका अर्थ अस्तित्त्व, बोध और आनन्द की अवस्था है।

जैन दृष्टिकोण के अनुसार विश्व दो प्रकार के यथार्थ जीवित एवं निर्जीव से मिलकर बना है। प्रत्येक जीवित प्राणी में आत्मा या जीव होता है। इसी कारण जैन जीवन के किसी भी रूप को चोट पहुँचने से बचते हैं।

जैन दृष्टिकोण में चेतना प्रंत्येक आत्मा का आधारभूत अथवा अनिवार्य स्वभाव है। व्यक्ति अपने दैनिक जीवन में कई प्रकार के दुःखों का सामना करता है। वह एक जीवन है अथवा जीवित चैतन्य पदार्थ है जिसे आत्मा कहा गया है। यह आत्मा स्वाभाविक रूप से स्वयं से सम्पूर्ण है। इसके अंदर परम सुख–यह सभी कुछ आत्मा प्राप्त कर सकता है।

• आत्मा के सामने कुछ बाधाएं आती है जो उसे पूर्ण होनें से रोकती है। अतः इसे पहले ही हटाना हें बाधाएं हटाने पर आत्मा सर्वज्ञता और अन्य उत्कृष्टतायें प्राप्त कर सकता है। ये बाधाएं द्रव्य–कण से बनी होती हैं जो आत्मा को दूषित करते हैं और इसकी प्राकृतिक शक्तियों को कम कर देते हैं। आत्मा को अपनी सही प्रकृति की पहचान करने से रोकने वाले मनोवेग है– अपरिमित ज्ञान, अपरिमित विश्श्वास, अपरिमित शक्ति एवं अपरिमित परम सुख जो कि वास्तविक प्रकृति को प्राप्त करने से दूर रखते हैं तथा इसे बंधनो में रखते हैं वे हैं– क्रोध, मान, माया, लोभ इन्हें कषाय कहा गया है क्योंकि आत्मा में इनकी उपस्थिति से द्रव्य–कण इनसे चिपक जाते हैं।

सूफी मत के प्रमुख लक्ष्य–सूफी मत इस्लाम का आध्यात्मिक, आतंरिक पक्ष है। सूफी मत का लक्ष्य है– सामान्य व्यक्तिगत अनुभवों से आगे जाकर व्यक्ति को ईश्वर अथवा सर्वोच्च सत्य का प्रत्यक्ष अनुभव करने में उसका सहायता करना। उपदेशों के विभिन्न रूपों में अपने जीवन में उतार कर यह लक्ष्य प्राप्त किया जा सकता है।

1. सूती मत ऐसा दृष्टिकोण है जो हमें आध्यात्मिक विकास के मार्ग में आने वाली मानसिक एवं भावनात्मक बाधाओं से आगे जाने में सहायता करता है।

2. यह दृष्टिकोण यह बताना चाहता हे कि जीवन में क्या महत्त्वपूर्ण है तथा वास्तविक पूर्ण मानव बनने एवं सही प्रकृति की पहचान करने में व्यक्ति की सहायता किस प्रकार की जा सकती है।

3. सूफी मत के शिक्षक योगी ज्ञान को दूसरों तक पँहुचाने में सहायता करते हैं–ऐसा ज्ञान जो अपने आत्म को पहचानने में सहायता करता है तथा जो हममें से प्रत्येक में विद्यमान दैवी ज्योति का अनुभव करने की अनुमति देता है। सूफी मत के अनुयायी को 'फकीर' और 'दरवेश' भी कहा जाता है। सूफी उपदेशक कहानी, कविता, दरगाह द्वारा दूसरों तक उपदेश पहॅुचाते हैं।

सूफी मत के महत्त्वपूर्ण सिद्धाँत निम्न चार है

1. सत्य अथवा ईश्वर तक पहुँचने के लिए उतने ही मार्ग है जितने मनुष्य। सभी मार्गो में अहम् का रूपांतरण एवं सृष्टि ही सेवा सम्मिलित है।

2. हम दूसरों के साथ सौहार्द के साथ उसी समय रह सकते हैं जब हम न्याय के आंतरिक बोध का विकास करें। यह उसी समय होता है जब हमारे अपनी स्वार्थता तथा घमंड को कम कर दिया हो।

3. नैतिकता के अन्तर्निहित सिद्धान्तों में से प्रेम एक है अपने स्वयं के कार्य से प्रेम उत्पन्न होता है तथा दूसरों की सेवा में स्वयं को अभिव्यक्त करता है।

4. आत्म–ज्ञान प्रधान सत्य है। स्व का ज्ञान ही परिपक्व होकर ईश्वर के ज्ञान के रूप में फलीभूत होता है।

सूफी पद्धति के चार चरण हैं–शरिया, ताकि, हकिका तथा मरीफा। उपर्युक्त चार चरण तथा व्यक्ति को होने वाले आत्म–अनुभव को निम्नलिखित रूप में वर्णित किया गया है:

1. **शरियाः** शरिया के चरण में मेरा और तेरा का विभाजन होता है। इस प्रकार शरिया लोगों के बीच उचित संबंधों एवं व्यक्तिगत अधिकारों को सुनिशिचित करता है।

2. **तारीक :** तारीक के चरण तक पहुंचने पर 'मेरा तुम्हारा है और तुम्हारा मेरा' का अनुभव होता है। सूफी एक–दूसरे को भाई और बहन के रूप में मानते हैं। वे अपने दिल, अपने घर और अपने बटुए एक दूसरे के लिये खोल देते हैं।

3. **हकीका :** इस चरण में, **न मेरा न तेरा** का अनुभव होता है। व्यक्ति यह समझने लगता है कि सभी चीजें ईश्वर प्रदत्त हैं। तथा हमारे पास जो भी संपत्ति अथवा सामान है, हम उसके है, हम उसके रखवाले मात्र हैं।

4. **मरीफा** : अंतिम एवं निर्णायक चरण मरीफा पर **न मैं न तु** की स्थिति होती हैं। इस अंतिम चरण में व्यक्ति महसूस करता है कि सब कुछ ईश्वर है तथा कोई भी ईश्वर है तथा कोई भी ईश्वर से अलग नहीं है। यह सूफी मत का अंतिम लक्ष्य है।

बौद्ध धर्म के प्रारम्भिक पाली ग्रन्थों के स्वरूप पर प्रकाश डालते हुंए कहा था कि इसी जीवन में प्राप्त होने वाली नैतिक अवस्था है। बाद में संस्कृत ग्रन्थों में परिनिर्वाण अथवा अनुपपाधि शेष निर्वाण को जीव की मृत्यु माना गया है। उसके पश्चात पुनर्जन्म नहीं होता। हीनयान अथवा महायान के निर्वाण के अर्थ को परिवर्तित कर दिया है। उन्होंने निर्वाण के दो यप बतलाये है।

(i) उपाधि शेष निर्वाण इसमें मनुष्य की केवल श्वासनायें ही लुप्त होती हैं।

(ii) अनुपाधि शेष निर्वाण इसमें मनुष्य का पूरा अस्तित्त्व लुप्त हो जाता है।

निर्वाण से दो प्रकार के लाभ है

(अ) निर्वाण प्राप्ति से जन्म–ग्रहण के कारण नष्ट हो जाते हैं। मृत्यु के उपरान्त पुनर्जन्म तथा उसके दुःखों की सम्भावना समाप्ति हो जाती है।

(ब) मृत्यु से पूर्व निर्वाण प्राप्त व्यक्ति का जीवन मृत्यु तक पूर्ण ज्ञान तथा शान्ति के साथ व्यतीत होता है। जैसे–जैसे–श्वासनाओं का नाश होता है वैसे–वैसे निर्वाण के लाभ प्राप्त होते हैं।

जैन दर्शन द्वारा प्रतिपादित पंच महाव्रत

(i) अहिंसा– अहिंसा में मन, वचन और कर्म सम्मिलित है। अहिंसा से अभिप्राय है–जीवों की हिंसा न करना। इसके अंतर्गत न केवल त्रस जीवों की वरन्स्थावर जीवों की हिंसा का भी विरोध किया जाता है।

(ii) **सत्य :** सत्य का अर्थ है–मिथ्या वचन का परित्याग। सत्य का आदर्श उन्नत अर्थात सबका हितकारी और प्रिय है। सत्य व्रत का पालन करने के लिये न केवल लोभ, मोह तथा क्रोध से दूर रहने की आवश्यकता है, वरन् पर –निन्दा, उपहास, वाचालता, ग्राम्यता तथा चपलता से भी बचना आवश्यक है।

(iii) **अस्तेय :** अस्तेय का अर्थ है--दिये हुए द्रव्य को ग्रहण न करना। जीवन का अस्तित्त्व धन पर निर्भर करता है, अतएव धन–सम्पत्ति का उपहरण प्राणों की हिंसा के तुल्य है।.चोरी करना भी हत्या के समान बुरा है।

(iv) **ब्रह्मचर्य :** श्वासनाओं का परित्याग ही ब्रह्मचय्र के अंतर्गत केवल इन्द्रियों का सुख नहीं वरन् समस्त कामनाओं–मानसिक बाह्य, सुक्ष्म अथवा स्थूल, लौकिक अथवा पूर्ण त्याग आता है।

(v) **अपरिग्रह :** अपरिग्रह का अर्थ है–विषयासक्ति का त्याग अपरिग्रह में समस्त प्रकार के शब्द, स्पर्श, रूप, रस ओर गंध का परित्याग सम्मिलित है। मनुष्य सांसारिक विषयो में आसक्त होने के कारण बंधन में पड़ जाता है तथा उसे पुनःपुनः जन्म ग्रहण करना पड़ता है। वह उस समय तक मोक्ष प्राप्त नहीं कर सकता जब तक कि पुनः विषयों से अनासक्त नहीं हो जाता।

उपनिषदों के अनुसार जगत का सार तथा परम तत्त्व ब्रह्म है। ब्रह्म अनंत, नित्य, सर्वव्यामी, सर्वज्ञानी तथा श्शुद्ध चैतन्य है। ब्रह्म सबकी आत्मा है। ब्रह्म जगत की समस्त चीजों का आधार तथा सूक्ष्म तत्त्व है। तैत्तरीय उपनिषद् का कथन है कि ब्रह्म से ही सब भूत प्राणी उत्पन्न होते हैं। ब्रह्म से ही वे सब जीते हैं तथा उसी में समा जाते हैं। विषयी और विषय ब्रह्म और आत्मा विश्वीरय और आत्मिक दोनों ही तत्त्व एकात्मक है। ब्रह्म ही आत्मा है। ब्रह्म ही ज्ञान है। उपनिषदों में जागृत, स्वप्न सुशुप्ति अवस्था का मनोवैज्ञानिक विश्लेषण कर यह निष्कर्ष निकाला गया है कि आत्मा–चेतन अथवा प्रज्ञा ही परमतत्त्व है तथा प्रज्ञा ही सत है। यह मन तथा बुद्धि से परे हैं। ब्रह्म अनंत है, इन अर्थो में नही कि सान्त पदार्थ उससे बाहर है, किन्तु इन अर्थो मे कि यह समस्त सान्त पदार्थो की आधार भित्ति है। उपनिषदों के तत्त्वमसि 'अयमात्मा ब्रह्म' तथा सर्व खल्विंद ब्रह्म आदि महावाक्यों में यही कहा गया है कि यह ज्ञान ही समस्त जगत् का सार है। वही आत्मा तथा वही ब्रह्म है। ब्रह्म है। ब्रह्म अन्नतम है। वह अन्तःस्थ होंने पर भी परात्पर है। जगत का निर्माण उसके एक अंश मात्र से हुआ है। ब्रह्म से ही जीव तथा जगत् की उत्पत्ति हुई है। उसी से आत्मा निकली है। यद्यपि आत्मा पूर्ण है तथापि इसके निकलने पर भी ब्रह्म में कोई कमी नही आती तथा वह पूर्णरूप ही रहता है।

जैन दर्शन के अनुसार मोक्ष के साधन

1. **संवर तत्त्व**–सवंर तथा निर्जरा मोक्ष के साधन हैं। संवर तत्त्व वह है, जो 'आस्रव तथा बंधन' को रोकता है। यह उन मार्गो को रोक देता है जिससे कर्म आत्मा के अंदर प्रवेश पाते हैं। इससे जीव राग–द्वेषव मोह से मुक्ति पाकर सुख–दु:ख में समान भावना प्राप्त करके विकारों से मुक्त हो जाता हैं उसकी आत्मा में कर्म पुद्गल प्रवेश करके बंधन उत्पन्न नही करते हैं।

सवंर के भेद– संवर के दो भेद होते हैं।

(i) भाव संवर (ii) द्रव्य सवंर

(i) भाव संवर– यह प्रयम अवस्था है। इसमें जीव के राग द्वेष तथा मोह आदि विकारों का निरोध होता है।

(ii) द्रव्य सवंर– यह द्वितीय अवस्था है। इसमें कर्म पुद्गलो का प्रवेश रूक जाता है।

कर्म पुदगलों का प्रवेश एक बार रूकने पर फिर कभी चालू नही होता। जब जीव के समस्त कार्य पुद्गलों का नाश हो जाता है, तब उसे मोक्ष की प्राप्ति हो जाती है।

1. **कर्म के प्रवेश को रोकने के उपाय**–कर्म के प्रवेश को रोकने के लिए 'निम्नलिखित उपाय है।

(अ) समितियाँ– समितियाँ कर्म को रोकने के लिए निम्नलिखित पाँच ब्राह्य उपाय है।

(i) ईर्ष्या समिति– चलने के नियमों का पालन।

(ii) भाषा समिति– बोलने के नियमों का पालन।

(iii) एषणा समिति– भिक्षा मांगने के लिए नियमो का पालन।

(iv) आदान निक्षेपण समिति– धार्मिक कार्यो के लिए भिक्षा मे से कुछ अंश को बचाना।

(v) प्रतिस्थापना समिति– भिक्षा या दान को अस्वीकार करना।

जैन दृष्टिकोण में कर्म के पूर्ण नियम का प्रतिपादन किया गया है जिसके प्रभाव को आत्मा में सम्यक विचार, सम्यक वचन, एवं सम्यक कर्म शक्तिशाली बल उत्पन्न करके ही हटाया जा सकता है। हममे से प्रत्येक को अपने

व्यक्तिगत प्रयासों के माध्यम से अपनी मुक्ति के लिए प्रयास करना होता हैं अतीत के शिक्षक मार्गदर्शक के रूप में ही सहायता कर सकते हैं। इस प्रकार जैन मार्ग, आत्म–सहायता का मार्ग है यही कारण है कि मुक्त आत्मा को विजेता अथवा जिन एवं वीर कहा जाता है।

मनोविज्ञान और जीव

मनोविज्ञान मानव जीवन के सभी पक्षों को स्पर्श करता है यह स्वास्थ्य, शिक्षा, उद्योग, खेल, परिवार, कानून तथा पर्यावरण जैसे–विभिन्न क्षेत्रों में उठने वाली मानवीय समस्याओं को समझने और उनका समाधान करने मे सहायक है। यह हमारी समायोजन की क्षमता को बढ़ाने ओर जीवन की गुणवत्ता को समृद्ध करने की दिशा में योगदान करने में सहायक होते हैं।

मनोविज्ञान अध्ययन के क्षेत्र

मनोवैज्ञानिक विभिन्न प्रकार के कार्य करते हैं और मनोविज्ञान विषय के विविध क्षेत्र हैं।

1. **शारीरिक मनोविज्ञान**–मनोवैज्ञानिक व्यवहार की व्याख्या प्राणी की शारीरिक सरंचना मे ढूँढ़ते हैं। प्रत्येक व्यवहार मानव शरीर के विभिन्न अंगो द्वारा संपादित किया जाता है अतः व्यवहार के संचालन में शरीर के विभिन्न अंगो जिसमें तंत्रिका तंत्र भी सम्मिलित है, की भूमिका को समझने में रूचि होती हैं।

2. **संज्ञानात्मक मनोविज्ञान**–इस शाखा का संबंध–समृति चिन्तन और समस्या–समाधान से है।

3. **तुलनात्मक मनोविज्ञान**–इस क्षेत्र में हम यह अध्ययन करते हैं कि धरती के जीवों में सरल से जटिल के क्रम में व्यवहार किस तरह विकसित हुआ।

4. **विकासात्मक मनोविज्ञान**–मानव ज़ीवन के विकास और वृद्धि का अध्ययन करते हैं। शारीरिक, सामाजिक, सांवेगिक, संज्ञानात्मक और व्यक्तित्त्व के क्षेत्रो में होने वाले विकासात्मक परिवर्तनों का अध्ययन किया जाता है।

5. **समाज मनोविज्ञान**–यह क्षेत्र अन्य (परिवार, रिश्तेदार, मित्र) के साथ अंतः क्रिया का विभिन्न मनोवैज्ञानिक प्रक्रियाओं पर पड़ने वाले प्रभाव में आकर गलत कामों में शामिल हो सकता है परंतु अकेले में ऐसा करने से बचता है।

6. **व्यक्तित्त्व मनोविज्ञान**–ये क्षेत्र समग्र व्यक्ति से सम्बन्धित है। प्रत्येक व्यक्ति का व्यक्तित्त्व अनूठा होता है तथा वह व्यक्ति के समायोजन और व्यवहार

को निर्धारित करता है मनोवैज्ञानिक व्यक्तित्त्व के अनेक सिद्धान्त तथा इसके मापन के उपकरण विकसित किए है।

7. **नैदानिक मनोविज्ञान**—ये मानसिक विकृत्ति की समस्याओं से संबंधित होते हैं। मनोवैज्ञानिकों ने व्यक्तित्त्व के अनेक सिद्धान्त तथा इसके मापन के उपकरण विकसित किए है।

8. **शिक्षा मनोविज्ञान**—वे माता—पिता, अध्यापकों और व्यापक समुदाय के साथ मिल—जुलकर कार्य करते हैं। उनके कार्य में बच्चों की विद्यालय में प्रगति का मापन, उनकी सांवेगिक और शैक्षिक आवश्यकताओं के अनुरूप व्यवस्था करना सम्मिलित है।

9. **औद्योगिक संगठनात्मक मनोविज्ञान**—यह क्षेत्र उद्योगों समेत विभिन्न प्रकार के संगठनो में कार्यरत व्यक्तियों के अध्ययनों से जुड़ा है। नेतृत्व और पुरस्कार प्रबंधन से जुड़े अध्ययनों ने संगठनो की वृद्धि और विकास में खास भूमिका निभाई है।

10. **परामर्श मनोविज्ञान**—यह शाखा व्यक्तियों, परिवारों पति—पत्नी तथा समूहों को मनोवैज्ञानिकों समस्याओं के समाधान में सहायक है।

11. **स्वास्थ्य और सामुदायिक मनोविज्ञान**—इस क्षेत्र में नैदानिक और समाज मनोवैज्ञानिक साथ मिलकर महाविद्यालय, अस्पताल और समुदाय आदि में कार्य करते हैं।

मनोवैज्ञानिक अनुप्रयोगों के कुछ प्रमुख क्षेत्र

मनोविज्ञान संपूर्ण जीवन में है और एक सार्थक जीवन जीने और समृद्धि विकास के लिए ही नहीं समाज में विकास के लिये भी महत्त्वपूर्ण है। वे क्षेत्र जिनमें **मनोवैज्ञानिक अनुप्रयोग मुख्य रूप से होते हैं—**

1. **सामाजिक प्रक्रियायें**—आपसी विचार, भावनायें और व्यवहार दूसरे व्यक्तियों के समूह से किस तरह प्रभावित होते हैं यह एक महत्त्वपूर्ण विषय है। व्यक्ति प्रत्यक्षीकरण के क्षेत्र में मनोवैज्ञानिकों द्वारा व्यापक अध्ययन किया गया है। समाज मनोविज्ञान का अनुप्रयोग अभिवृत्ति परिवर्तनः समूहों के बीच भेदभाव को घटाने, सामाजिक आंदोलन और समूह गतिकी को समझने आदि के क्षेत्र में किया गया है।

2. **कार्मिक चयन तथा प्रशिक्षण**—आज के तकनीकी समाज में किसी नौकरी के लिए अपेक्षित गुणों तथा व्यक्ति की विशेषताओं के बीच मेल करना

व्यक्ति और समाज दोनों के लिए फायदेमंद है। इसलिए कार्मिक चयन एक प्रमुख मनोवैज्ञानिक क्षेत्र के रूप में विकसित हुआ है। इसके लिए मनोवैाानिकों ने अनेक उपकरणों तथा विधियों का विकास किया है जैसे—अभिक्षमता—परीक्षण बुद्धि परीक्षण जैसे—मनोवैज्ञानिक परीक्षण का उपयोग करते हैं, साक्षात्कार करते हैं। और प्रेक्षण आदि के आधार पर मापन करते हैं।

3. **शिक्षण**—सीखना—समाज के कई व्यक्ति विद्यालयों में शिक्षा देने, प्रशिक्षण देने तथा समुदाय में स्वास्थ्य और सुरक्षा से जुड़े तरीकों को सिखाने में खर्च होती हैं। उच्चतम गुण वाली शिक्षा कैसे दी जा सकती है मनोवैज्ञानिक ने काफी विचार किया है

4. **अनुप्रयोगात्मक संज्ञानात्मक मनोविज्ञान**—हम कितना बातों को याद रख पाते हैं ये निर्भर करता है अनुप्रयोगात्मक संज्ञानात्मक मनोवैज्ञानिक प्रत्यक्षीकरण तथा स्मृति के नियमों का विभिन्न क्षेत्र जैसे—संचार, संज्ञानात्मक समृद्धि तथा सीखनें की योग्यता की समस्याओं के समाधान में उपयोग करता है। मनोविज्ञान के उभरते क्षेत्र में देखी जा सकती है। पर्यावरण की बढती जटिलता के साथ मनोवैज्ञानिक सिद्धान्तों और विधियों के उपयोग की आवश्यकता बढ़ती जा रही है अतः मनोविज्ञान के कई नये क्षेत्र उभरे है जैसे—खेल क्षेत्र, अंतरिक्ष तथा विमानन संबंधी मनोविज्ञान, सैन्य क्षेत्र में मनोविज्ञान तथा सकारात्मक मनोविज्ञान जो मानव में परोपकार, सक्षमता, विनय, क्षमा, करूणा विवेक तथा सकारात्मक संवेग का अध्ययन किया जाता है।

मनोविज्ञान के प्रमुख क्षेत्र

1. **शारीरिक मनोविज्ञान** : मनोवैज्ञानिक मानते हैं मानव अपनी शारीरिक संरचना के अनुसार व्यवहार करता है। वे शरीर के विभिन्न अंग विशेषकर तंत्रिका तंत्र के प्रभाव से व्यवहार में परिवर्तन की प्रक्रिया जानना चाहते हैं। शारीरिक मनोवैज्ञानिक मानसिक प्रक्रियाओं जैसे—सीखना, स्मृति, प्रत्यक्षीकरण और चेतना शारीरिक प्रक्रियाओं के योगदान को समझने का प्रयास करते हैं।

2. **संज्ञानात्मक मनोविज्ञान** : यह मानव के आंतरिक और बाहरी पर्यावरण से प्राप्त संरचना का संचालन करते हैं और उस पर कार्य करते हैं और उपयोग करते हैं। संज्ञानात्मक मनोविज्ञान का स्पष्ट संबंध स्मृति, चिन्तन और समस्या—समाधान से है

3. **तुलनात्मक मनोविज्ञान** : यह शाखा मानव और अन्य पशु दोनों के व्यवहारों का प्राकृतिक वातावरण तथा प्रयोगशाला में अध्ययन करती हैं बताती

है कि धरती में सरल से जटिल के क्रम में व्यवहार कैसे विकसित होता है। साथ ही समाज–जैविकी जो व्यवहार की प्रक्रिया का जैव–सामाजिक दृष्टिकोण है का अध्ययन करती है।

4. विकासात्मक मनोविज्ञान : यह क्षेत्र पूरे जीवन विस्तार में मनुष्य के विकास और वृद्धि का अध्ययन करता है। मानव के जन्म से मृत्यु तक विभिन्न चरणों में होन वाले शारीरिक, मानसिक, सामाजिक, संवेगात्मक, संज्ञानात्मक विकास की विशेषताओं का अध्ययन किया जाता है। वंशानुक्रम, पर्यावरण तथा सामाजिक–सास्कृतिक कारकों की विकास में भूमिका को समझने का प्रयास किया जाता है

5. समाज मनोविज्ञान : यह क्षेत्र दूसरों के साथ अन्तःक्रिया का विभिन्न मनोवैज्ञानिक प्रक्रियाओं पर पड़ने वाले प्रभावों के अध्ययन से संबंधित है। इस क्षेत्र में मानव एक दूसरे से किस तरह व्यवहार करते हैं, वे किस तरह अभिवृत्ति और मतों का निर्माण करते हैं कैसे समूह अन्तर्गत सबंध विकसित होते हैं, समूह में आचरण करते हैं का भी अध्ययन करते हैं। समाज मनोविज्ञान के अन्तर्गत समूह–व्यवहार तथा नेता की भूमिका को समझने में मदद करती है।

6. व्यक्तित्त्व मनोविज्ञान : प्रत्येक व्यक्ति का व्यक्तित्त्व भिन्न होता है तथा वह व्यक्ति के समायोजन तथा व्यवहार को निर्धारित करता है। व्यक्तिगत भिन्नता को जानने के लिए व्यक्तित्त्व को विभिन्न क्षेणियों मे बांटा गया है जैसे–बहिर्मुखी और अंतर्मुखी, ऐस्थेनिक, ऐथलेटिक पिकनिक डिस्प्लास्टिक देह अनुरूप व्यक्तित्त्व विभाजित है।

7. नैदानिक मनोविज्ञान : मानव की मानसिक विकृति की समस्याओं के निदान हेतु मनोवैज्ञानिक कार्य करते हैं ये चिन्ता, अवसाद, मूड की विकृति तथा सिजोफ्रेनिया, मेनिया जैसे–मनोरोगों की समस्याओं का अध्ययन करते हैं।

8. शिक्षा मनोविज्ञान : शिक्षा मनोविज्ञान में कक्षा के पर्यावरण, अध्यायक छात्र के बीच अंतःक्रिया, अध्ययन की आदतों तथा छात्रों की शैक्षिक उपलब्धि को प्रभावित करने वाले कारकों का अध्ययन करता है। शिक्षा मनोवैज्ञानिक अभिभावक, अध्यापकों और व्यापक समुदाय के साथ मिल–जुलकर कार्य करते हैं और बच्चों की विद्यालय में प्रगति उनकी सावेगिक स्थिति और शैक्षिक आवश्यकताओं के अनुरूप व्यवस्था करने का प्रयास करते हैं।

9. औद्योगिक : संगठनात्मक मनोविज्ञान–मनोविज्ञान के इस क्षेत्र में उद्योगों संगठनो मे कार्यरत व्यक्तियों के अध्ययनों से जुड़ा है। संगठन,

व्यक्तियों और तकनीकी की सहायता से कुछ विशिष्ट लक्ष्यों को प्राप्त करने के लिए बनाये जाते हैं। मनोवैज्ञानिक नेतृत्व समूह गतिकी, संगठनों की संरचना, तकनीकी, निर्णय की प्रक्रिया और प्रेरणा की भूमि का अध्ययन करते हैं। नेतृत्व तथा पुरस्कार प्रबन्धन से जुड़े अध्ययनों ने संगठनों की वृद्धि और विकास में विशेष उपलब्धि दी है।

10. परामर्श मनोविज्ञान : परामर्शदाताओं का कार्य लोगों के स्वास्थ्य, स्वस्ति का भाव, प्रतिबल या तनाव कम लोगों को अपनी समस्याओं का स्वयं समाधान करने, निर्णय लेने में सहायता देना है। यह शक्ति व्यक्तियों, परिवारों, पति–पत्नी तथा समूह को मनोवैज्ञानिक समस्याओं का समाधान में सहायक है।

11. स्वास्थ्य और सामुदायिक : मनोवैज्ञानिक स्वास्थ्य की विभिन्न समस्याओं का मनोवैज्ञानिक दृष्टिकोण से समाधान ढूँढते हैं जैसे–धूम्रपान, श्शराब के उपयोग पर नियत्रंण कैसे किया जा सके। विकासात्मक मनोविज्ञान के अन्तर्गत सम्पूर्ण मानव जीवन के विकास और वृद्धि का अध्ययन किया जाता है। जैसे–जीवन के विभिन्न चरण जैसे–बाल्यावस्था, किशोरावस्था, युवावस्था, वृद्धावस्था में होने वाले शारीरिक, सामाजिक संवेगात्मक, संज्ञानात्मक, व्यक्तित्त्व में विकासात्मक परिवर्तन का अध्ययन किया जाता है। समाज मनोविज्ञान के द्वारा हम मानव की दूसरी जैसे–मित्र, रिश्तेदार, पड़ौसी या अन्य समूह व समुदाय प्रयास करते हैं। समज मनोविज्ञान समूह–व्यवहार तथा नेता की भूमिका समझने में मदद देती हैं यहीं दोनों क्षेत्रों में अंतर है।

मनोविज्ञान के दो उभरते क्षेत्र

वातावरण की बढ़ती परेशानियों और जटिलताओं के साथ मनोवैज्ञानिक सिद्धान्तों और विधियों का उपयोग और आवश्यकता बढ़ती जा रही है इसलिए मनोविज्ञान के कई नये क्षेत्र उभरे हैं

1. खेल में योगदान–आजकल अनेक खेल में अपना कैरियर बना रहे हैं और सफलता प्राप्त कर रहे हैं मनोबल, दृढता और जुझारूपन विकसित करने हेतु मनोविज्ञान की आवश्यकता है। प्रशिक्षण, टीम–भावना, शक्ति–स्फूर्ति की मजबूती और कार्य करने के लिए प्रेरित होने के लिए मनोवैज्ञानिक जानकारी आवश्यक है ।

2. अंतरिक्ष और विमानन मनोविज्ञान–तकनीकं क्षेत्र में अंतरिक्ष शोध हेतु अग्रणी विषय बन चुका है। अतंरिक्ष की तैयारी हेतु हमें आदतो, प्रत्यक्षीकरण, कार्यों की दृष्टि, आयाम में परिवर्तन करना आवश्यक है। भारहीनता, अलगाव,

सामान्य उद्दीपन की कमी दिन–रात समय भेद के नए अनुकूलन में समायोजना कर पड़ता है। ये सभी नए समायोजन मनोविज्ञान क्षेत्र के अन्तर्गत ही किए जाते हैं।

मनोविज्ञान अध्ययन के क्षेत्र

मनोवैज्ञानिक विभिन्न प्रकार के कार्य करते हैं और मनोविज्ञान विषय के विविध क्षेत्र हैं।

1. **शारीरिक मनोविज्ञान**–मनोवैज्ञानिक व्यवहार की व्याख्या प्राणी की शारीरिक सरंचना मे ढूँढ़ते हैं। प्रत्येक व्यवहार मानव शरीर के विभिन्न अंगो द्वारा संपादित किया जाता है अतः व्यवहार के संचालन में शरीर के विभिन्न अंगो जिसमें तंत्रिका तंत्र भी सम्मिलित है, की भूमिका को समझने में रूचि होती हैं।

2. **संज्ञानात्मक मनोविज्ञान**–इस शाखा का संबंध–समृति चिन्तन और समस्या–समाधान से है।

3. **तुलनात्मक मनोविज्ञान**–इस क्षेत्र में हम यह अध्ययन करते हैं कि धरती के जीवों में सरल से जटिल के क्रम में व्यवहार किस तरह विकसित हुआ।

4. **विकासात्मक मनोविज्ञान**–मानव जीवन के विकास और वृद्धि का अध्ययन करते हैं। शारीरिक, सामाजिक, सांवेगिक, संज्ञानात्मक और व्यक्तित्त्व के क्षेत्रो में होने वाले विकासात्मक परिवर्तनों का अध्ययन किया जाता है।

5. **समाज मनोविज्ञान**–यह क्षेत्र अन्य (परिवार, रिश्तेदार, मित्र) के साथ अंतः क्रिया का विभिन्न मनोवैज्ञानिक प्रक्रियाओं पर पड़ने वाले प्रभाव में आकर गलत कामों में शामिल हो सकता है परंतु अकेले में ऐसा करने से बचता है।

6. **व्यक्तित्त्व मनोविज्ञान**–ये क्षेत्र समग्र व्यक्ति से सम्बन्धित है। प्रत्येक व्यक्ति का व्यक्तित्त्व अनूठा होता है तथा वह व्यक्ति के समायोजन और व्यवहार को निर्धारित करता है मनोवैज्ञानिक व्यक्तित्त्व के अनेक सिद्धान्त तथा इसके मापन के उपकरण विकसित किए है।

7. **नैदानिक मनोविज्ञान**–ये मानसिक विकृत्ति की समस्याओं से संबंधित होते हैं। मनोवैज्ञानिकों ने व्यक्तित्त्व के अनेक सिद्धान्त तथा इसके मापन के उपकरण विकसित किए है।

8. **शिक्षा मनोविज्ञान**–वे माता–पिता, अध्यापकों और व्यापक समुदाय के साथ मिल–जुलकर कार्य करते हैं। उनके कार्य में बच्चों की विद्यालय में प्रगति

का मापन, उनकी सांवेगिक और शैक्षिक आवश्यकताओं के अनुरूप व्यवस्था करना सम्मिलित है। मनोविज्ञान मानव जीवन के सभी पक्षों को स्पर्श करता है. यह स्वास्थ्य, शिक्षा, उद्योग, खेल, परिवार, कानून तथा पर्यावरण जैसे–विभिन्न क्षेत्रों में उठने वाली मानवीय समस्याओं को समझने और उनका समाधान करने मे सहायक है। यह हमारी समायोजन की क्षमता को बढ़ाने ओर जीवन की गुणवत्ता को समृद्ध करने की दिशा में योगदान करने में सहायक होते हैं।

मनोवैज्ञानिक अनुप्रयोगों के कुछ प्रमुख क्षेत्र

मनोविज्ञान संपूर्ण जीवन में है और एक सार्थक जीवन जीने और समृद्धि विकास के लिए ही नहीं समाज में विकास के लिये भी महत्त्वपूर्ण है। वे क्षेत्र जिनमें **मनोवैज्ञानिक अनुप्रयोग मुख्य रूप से होते हैं**–

1. **स्वास्थ्य और सामुदायिक मनोविज्ञान**–इस क्षेत्र में नैदानिक और समाज मनोवैज्ञानिक साथ मिलकर महाविद्यालय, अस्पताल और समुदाय आदि में कार्य करते हैं।

2. **सामाजिक प्रक्रियायें**–आपसी विचार, भावनायें और व्यवहार दूसरे व्यक्तियों के समूह से किस तरह प्रभावित होते हें यह एक महत्त्वपूर्ण विषय है। व्यक्ति प्रत्यक्षीकरण के क्षेत्र में मनोवैज्ञानिकों द्वारा व्यापक अध्ययन किया गया है। समाज मनोविज्ञान का अनुप्रयोग अभिवृत्ति परिवर्तनः समूहों के बीच भेदभाव को घटाने, सामाजिक आंदोलन और समूह गतिकी को समझने आदि के क्षेत्र में किया गया है।

3. **कार्मिक चयन तथा प्रशिक्षण**–आज के तकनीकी समाज में किसी नौकरी के लिए अपेक्षित गुणों तथा व्यक्ति की विशेषताओं के बीच मेल करना व्यक्ति और समाज दोनों के लिए फायदेमंद है। इसलिए कार्मिक चयन एक प्रमुख मनोवैज्ञानिक क्षेत्र के रूप में विकसित हुआ है। इसके लिए मनोवैाानिकों ने अनेक उपकरणों तथा विधियों का विकास किया है जैसे–अभिक्षमता–परीक्षण बुद्धि परीक्षण जैसे–मनोवैज्ञानिक परीक्षण का उपयोग करते हैं, साक्षात्कार करते हैं। और प्रेक्षण आदि के आधार पर मापन करते हैं।

4. **शिक्षण**–सीखना–समाज के कई व्यक्ति विद्यालयों में शिक्षा देने, प्रशिक्षण देने तथा समुदाय में स्वास्थ्य और सुरक्षा से जुड़े तरीकों को सिखाने में खर्च होती हैं। उच्चतम गुण वाली शिक्षा कैसे दी जा सकती है मनोवैज्ञानिक ने काफी विचार किया है।

5. अनुप्रयोगात्मक संज्ञानात्मक मनोविज्ञान हम कितना बातों को याद रख पाते हैं ये निर्भर करता है अनुप्रयोगात्मक संज्ञानात्मक मनोवैज्ञानिक प्रत्यक्षीकरण तथा स्मृति के नियमों का विभिन्न क्षेत्र जैसे–संचार, संज्ञानात्मक समृद्धि तथा सीखनें की योग्यता की समस्याओं के समाधान में उपयोग करता है। मनोविज्ञान के उभरते क्षेत्र में देखी जा सकती है। पर्यावरण की बढती जटिलता के साथ मनोवैज्ञानिक सिद्धान्तों और विधियों के उपयोग की आवश्यकता बढ़ती जा रही है अतः मनोविज्ञान के, कई नये क्षेत्र उभरे है जैसे–खेल क्षेत्र, अंतरिक्ष तथा विमानन संबंधी मनोविज्ञान, सैन्य क्षेत्र में मनोविज्ञान तथा सकारात्मक मनोविज्ञान जो मानव में परोपकार, सक्षमता, विनय, क्षमा, करूणा विवेक तथा सकारात्मक संवेग का अध्ययन किया जाता है।

मनौविज्ञान क्षेत्र

लिण्डग्रेन ने शिक्षा–मनोविज्ञान एक विज्ञान है। इसके लिए हमने विज्ञान की आधारभूत विशेषताओं का विवरण प्रस्तुत किया है। अब इन आधारों पर शिक्षा–मनोविज्ञान का मूल्यांकन किया जायेगा। मूल्यांकन का विवरण निम्नलिखित है–

(1) शिक्षा-मनोविज्ञान द्वारा वैज्ञानिक पद्धति को अपनाया जाता है–शिक्षा मनोविज्ञान से सम्बन्धित समस्याओं के अध्ययन के लिये अपनाई जाने वाली समस्त पद्धतियाँ मौलिक रूप से वैज्ञानिक होती हैं। शिक्षा–मनोविज्ञान द्वारा अध्ययन के लिए सर्वाधिक अपनाई जाने वाली पद्धति प्रयोगात्मक विधि है यह विधि पूर्णतया वैज्ञानिक है तथा शिक्षा–मनोविज्ञान में इसकी सफलता पूर्वक अपनाया जाता है। शिक्षा–मनोविज्ञान में अभीष्ट अध्ययन के लिए सम्बन्धित परिस्थितियों को हर प्रकार से नियन्त्रित कर लिया जाता है तथा आवश्यकता के अनुसार गणना एवं तथ्यों को रिकार्ड करने के लिये स्व:चालित यन्त्रों को भी इस्तेमाल किया जाता है। शिक्षा–मनोविज्ञान सम्बन्धी अध्ययनों में समस्त तथ्यों को हाथ के हाथ लिख लिया जाता है तथा प्राप्त तयों का वर्गीकरण एवं विश्लेषण करके अभीष्ट निष्कर्ष प्राप्त कर लिये जाते हैं। स्पष्ट है कि यह विधि पूर्णतया वैज्ञानिक विधि है। शिक्षा–मनोविज्ञान में प्रयोगात्मक विधि के अतिरिक्त कुछ अन्य विधियाँ भी अपनाई जाती है परन्तु वे पूर्णतया वैज्ञानिक नहीं है।

(2) शिक्षा-मनोविज्ञान के अध्ययन तथ्यात्मक होते हैं–शिक्षा–मनोविज्ञान के समस्त अध्ययन तथ्यात्मक होते हैं। इन अध्ययनों में मूल्यों एवं आदर्शों से किसी प्रकार का सम्बन्ध नहीं होता शिक्षा–मनोविज्ञान के अध्ययन तटस्थ एवं वस्तुनिष्ठ होते हैं।

(3) शिक्षा-मनोविज्ञान सार्वभौमिक सिद्धान्त प्रस्तुत करता है–शिक्षा–मनोविज्ञान शैक्षिक वातावरण में व्यक्ति के व्यवहार का अध्ययन करता है तथा सम्बन्धित सिद्धान्तों

का प्रतिपादन करता है। ये सिद्धान्त सार्वभौमिक होते हैं अर्थात् यदि अनिवार्य परिस्थितियाँ एवं अन्य कारक ज्यों के त्यों रहे तो प्रत्येक देश-काल में ये सिद्धान्त सही एवं सत्यापित होते हैं। इस तथ्य के आधार पर निस्संकोच रूप से, कहा जा सकता है कि शिक्षा-मनोविज्ञान एक विज्ञान है।

(4) सिद्धान्तों की प्रमाणिकता-विज्ञान की एक विशेषता सम्बन्धित सिद्धान्तों की प्रामाणिकता भी है। शिक्षा-मनोविज्ञान द्वारा प्रतिपादित समस्त सिद्धान्त प्रमाणिक हैं। इन सिद्धान्तों को परीक्षण एवं पुनः परीक्षण द्वारा प्रमाणिक सिद्ध किया जा सकता है। उदाहरण के लिये कहा जा सकता है कि बालक का विकास असामान्य होने पर विभिन्न प्रकार की कुँठायें घर कर जाती हैं या मूल प्रवृत्तियों के दमन से बालक की शैक्षिक प्रगति अवरूद्ध हो जाती है। इन तथ्यों का परीक्षण एवं पुनः परीक्षण किया जा सकता है तथा सिद्धान्तों की प्रामाणिकता सिद्ध होती है।

(5) कार्य-कारण सम्न्धयों की व्याख्या- शिक्षा-मनोविज्ञान अपने अध्ययन क्षेत्र में घटित होने वाली समस्त घटनाओं के विषय में विद्यमान कार्य-कारण सम्बन्धों को ज्ञात करता है। वैज्ञानिक अध्ययन के लिये कार्य-कारण सम्बन्धों को ज्ञात करना अनिवार्य होता है। इसी आधार पर वैज्ञानिक नियमों का प्रतिपादन क्या जाता है। शिक्षा-मनोविज्ञान शिक्षा के क्षेत्र में नियमों का प्रतिपादन करने के साथ-साथ कार्य कारण सम्बन्ध भी ज्ञात करता है।

(6) शिक्षा-मनोविज्ञान द्वारा पूर्वानुमान- वैज्ञानिक अध्ययन के अन्तर्गत सम्बन्धित घटनाओं में कार्य-कारण सम्बन्ध ज्ञात करना ही पर्याप्त नहीं हैं बल्कि अपने क्षेत्र में भविष्यवाणी करना भी अनिवार्य हैं। शिक्षा-मनोविज्ञान अपने क्षेत्र में कार्य-कारणों, सम्बन्धों को ज्ञात करने के साथ ही साथ समुचित भविष्यवाणियाँ भी कर सकता है। उदाहरण के लिये आज शिक्षा-मनोविज्ञान विभिन्न बौद्धिक एवं योग्यता परीक्षणों द्वारा व्यक्ति के द्वारा अपनाये जाने वाले व्यवसाय के विषय में भविष्यवाणी कर सका है। इस आधार पर निर्देशन कियाजाता है।

निष्कर्ष - उपरोक्त विवरण द्वारा शिक्षा-मनोविज्ञान की प्रकृति स्पष्ट हो जाती है। इसी आधार पर हम कह सकते हं कि शिक्षा-मनोविज्ञान एक यथार्थ विज्ञान है। परन्तु इस कथन से यह तात्पर्य नहीं लेना चाहिये कि शिक्षा-मनोविज्ञान उसी प्रकार का विज्ञान है जैसा कि भौतिकशास्त्र या रसायनशास्त्र है। वास्तव में किसी भी विज्ञान की यथार्थता कुछ हद तक उस विषय-सामग्री पर भी निर्भर करती है, जिसका उसे अध्ययन करना होता है। स्पष्ट है कि शिक्षा-मनोविज्ञान की विषय-सामग्री अन्य यथार्थ विज्ञानों की विषय-सामग्री से पर्याप्त भिन्न है।

हमारे विषय अर्थात् शिक्षा-मनोविज्ञान की विषय-सामग्री शैक्षिक वातावरण में रहते हुए व्यक्ति का व्यवहार है। इस प्रकार के व्यवहार की अपनी कुछ विशेषतायें हैं, जैसे कि जटिलता, गतिशीलता तथा निरन्तर परिवर्तनशीलता आदि। इन विशेषताओं के ही कारण भरसक प्रयास करने के पश्चात भी शिक्षा-मनोविज्ञान के अध्ययन उतने यथार्थ नहीं हो सक्ते, जितने कि अन्य भौतिक विज्ञानों के होते हैं। परन्तु इन सीमाओं को ध्यान में रखते हुए भी कहा जा सकता है कि समाज-मनोविज्ञान व्यवहार का एक विधायक विज्ञान है तथा दिन पर दिन विभिन्न प्रयासों द्वारा इसकी यर्थार्थता को बढ़ाया जा सकता है।

मनोविज्ञान और शिक्षा में अभिवृद्धि के विकास–मनोविज्ञान मानव के व्यवहारगत पहलुओं से सम्बन्धित समस्त बातों का अध्ययन करता है। वास्तव में कहा जाय तो शिक्षा-मनोविज्ञान मानव-व्यवहारों तथा व्यक्तिगत के उन समस्त आयामों का अध्ययन है जिनकी वृद्धि, विकास तथा मार्ग दर्शन शिक्षा प्रक्रिया से सम्बन्धित है। इस कथन के आधार पर शिक्षा-मनोविज्ञान के क्षेत्र के अन्तर्गत हम निम्न तथ्यों का अध्ययन करते हैं:

अभिवृद्धि एवं विकास-शिक्षा-मनोविज्ञान बालक की अभिवृद्धि तथा विकास का अध्ययन करता है। मानव-व्यवहारों पर शारीरिक, मानसिक, सामाजिक, संवेगात्मक आदि विकासों का उल्लेखनीय प्रभाव पड़ता है। विकास की विभिन्न अवस्थाओं में उसके व्यवहार भिन्न-भिन्न होते हैं तथ विकास की स्थिति भी व्यवहारों को प्रभावित करती है। व्यवहारों को समझने के लिए विकास का अध्ययन परमावश्यक है इसीलिए शिक्षा-मनोविज्ञान के विकास का अध्ययन करती है।

इस शीर्षक के अन्तर्गत शिक्षा-मनोविज्ञान विकास-प्रक्रिया, विकास की स्थिति तथा अवस्थाएँ, विभिन्न प्रकार के विकास तथा वंशानुक्रम तथा वातावरण के प्रभावों का अध्ययन करती है। इस अध्ययन में यह जानने पर विशेष बल दिया जाता है कि बालक के विकास में वंशानुक्रम अधिक महत्त्वपूर्ण है अथवा वातावरण, इन दोनों का सापेक्षिक महत्त्व क्या है? प्रतिक्रिया यान्त्रिक क्या है, ग्राहक, स्नायु-मण्डल, रस-ग्रन्थियाँ आदि का अध्ययन भी विशेष रूप से किया जाता है।

मानसिक प्रक्रियाएँ-बालक का व्यक्ति बहुत मात्रा में उसकी मानसिक प्रक्रियाओं तथा शक्तियों पर निर्भर करता है। जैसे मानसिक प्रक्रियाएँ तथा शक्तियाँ होंगी, व्यवहार भी उसी प्रकार का होगा। शिक्षा-मनोविज्ञान में संवेदना अवधान, स्मरण-शक्ति, प्रत्यक्षीकरण, चिन्तन-शक्ति, तर्क, कल्पना प्रत्यय-निर्माण, अनुमान-शक्ति जैसी अनेकानेक मानसिक प्रक्रियाओं का अध्ययन किया जाता है। शिक्षा-मनोविज्ञान का कार्य इन मानसिक प्रक्रियाओं की बालक में उपस्थिति तथा उनके सम्भावित विकास के प्रयास करना है।

अधिगम - व्यवहार में परिवर्तन ही अधिगम कहलाता है। शिक्षा-मनोविज्ञान का प्रमुख कार्य व्यवहारों में परिवर्तन करना है। व्यवहारों में परिवर्तन किस प्रकार किये जाएँ, यह सब अधिगम क्षेत्र के अन्तर्गत शिक्षा-मनोविज्ञान अध्ययन करती है। अधिगम के सिद्धान्त, नियम, प्रभावक-तत्त्व, अधिगम का संक्रमण, विभिन्न प्रयोग तथा इसका अन्य घटकों से सम्बन्ध आदि तत्त्व इस क्षेत्र में सम्मिलित किये जाते हैं। शिक्षा-मनोविज्ञान का यह क्षेत्र सबसे अधिक महत्त्वपूर्ण है। वास्तव में, यदि देखा जाये तो सम्पूर्ण शिक्षा-मनोविज्ञान का यह क्षेत्र सबसे अधिक महत्त्वपूर्ण है। वास्तव में, यदि देखा जाये तो सम्पूर्ण शिक्षा-मनोविज्ञान अधिगम से सम्बन्धित क्रियाओं के अध्ययन पर ही अवलम्बित है।

व्यक्तिगत विभिन्नताएँ - एक बालक दूसरे बालकों से शारीरिक, मानसिक, सामाजिक आदि समस्त दृष्टिकोण से भिन्न होता है। यह पारस्परिक भिन्नता ही व्यक्तिगत विभिन्नता कहलाती ह। व्यक्तिगत विभिन्नता का शिक्षा में बड़ा महत्व है। यदि शिक्षा व्यक्तिगत विभिन्नताओं का ध्यान न रखे तो यह बालक के व्यवहारों में आवश्यक परिवर्तन नहीं कर सकती है। इसीलिए शिक्षा-मनोविज्ञान व्यक्तिगत विभिन्नताओं के स्तर, प्रकार, कारण आदि का अध्ययन करती है। व्यक्तिगत विभिन्नताओं के अनुसार किस प्रकार के पाठ्यक्रम का विकास किया जाये, कक्षा में छात्रों का वर्गीकरण किस प्रकार हो, आदि बातें जानना अत्यन्त आवश्यक होता है।

मनोशारीरिक तत्त्व : शिक्षा पर कुछ मानसिक तथा शारीरिक तत्त्व भी उल्लेखनीय प्रभाव डालते हैं। शिक्षा-मनोविज्ञान इन विभिन्न तत्त्वों, उनके प्रभाव तथा उपायों का अध्ययन करती है। शिक्षा-मनोविज्ञान इन विभिन्न तत्त्वों, उनके प्रभाव तथा उपायों का अध्ययन करती है। विभिन्न मूल-प्रवृत्तियाँ, प्रेरणा, रूचि, अरूचि, थकान आदि तत्वों का बालक की शिक्षा पर स्पष्ट प्रभाव पड़ता है। बालक को किस प्रकार प्रेरणा दी जाए, प्रेरणा के प्रभाव, थकान क्यों होती है तथा उसे कैसे कम किया जाये बालक की रूचियाँ क्या है इसकी किस विषय के प्रति अरूचि है, रूचि, मूलप्रवृत्ति आदि के सन्दर्भ में क्या पाठ्यक्रम हो, आदि बातों का अध्ययन शिक्षा-मनोविज्ञान में किया जाता है।

मानसिक स्वास्थ्य : समुचित शिक्षा प्राप्त करने के लिए अच्छे मानसिक स्वास्थ्य का होना नितान्त आवश्यक है। इसलिए शिक्षा-मनोविज्ञान बालकों के मानसिक स्वास्थ्य तथा मानसिक रोगों का भी अध्ययन करती है। बहुत से बालकों में मानसिक संघर्ष, तनाव तथा भावना ग्रन्थियों का विकास हो जाता है जिनके कारण वे मानसिक रोगों से पीड़ित होकर अपना व्यवहार असामान्य कर लेते हं। शिक्षा-मनोविज्ञान अध्ययन करती है कि मानसिक संघर्ष तथा तनाव क्यों होते हैं, कौन-कौन से मानसिक रोग होते हैं, उनके क्या कारण, लक्षण तथा परिणाम होते हैं, तथा उनका उपचार कैसे किया जाता है? शिक्षा-

मनोविज्ञान उन उपायों का भी अध्ययन करती है जिनसे बालक के लिए ऐसा वातावरण बना दिया जाए कि वे मानसिक तनाव तथा संघर्ष से बचे रहें।

अचेतन मन : बालक के व्यवहार अधिकांशतया उसके अचेतन मन के परिणाम होते हं। बालक के अचेतन मन में अनेकानेक अवदमित इच्छाएँ, विचार तथा भावनाओं का विशाल भण्डाल होता है जो उसके व्यक्तित्व तथा व्यवहारों को प्रमुख रूप से प्रभावित करते हैं। शिक्षा-मनोविज्ञान में हम अध्ययन करते हैं कि बालक ने किन-किन भावनाओं का दमन किया है, उसका व्यवहार किस प्रकार असामान्य हो गया है, इसके उपचार आदि क्या है। इस प्रकार के अध्ययनों से बालक के असामान्य व्यवहारों में सुधार किया जा सकता है।

मापन एवं मूल्यांकन : शिक्षा-मनोविज्ञान व्यवहारगत परिवर्तनों, शैक्षिक उपलब्धियों, छात्र-वर्गीकरण, भावी सम्भावनाओं तथा भविष्याणी करने के लिए अनेकानेक मापन तथा मूल्यांकन प्रविधियों एवं सांख्यिकीय विधियों का प्रयोग तथा अध्ययन करती है। शिक्षा-मनोविज्ञान इनके अलावा बुद्धि, निष्पत्ति, अभिरूचि आदि का माप भी करती है।

परीक्षण विधियाँ : शिक्षा-मनोविज्ञान के अन्तर्गत विभिन्न शिक्षण-विधियों का अध्ययन है। शिक्षा-मनोविज्ञान विभिन्न विषयों के सन्दर्भ में पृथक्-पृथक् शिक्षण-विधियों की प्रभावोत्पादकता का अध्ययन करती है तथा सुझाव देती है कि शिक्षण-विधि किस प्रकार की होनी चाहिए तथा इसका किस प्रकार प्रयोग करना चाहिए। शिक्षा-मनोविज्ञान समय तथा श्रम की बचत करने के लिए अधिक प्रभावकारी शिखण-विधियों की खोज भी करती है।

पाठ्यक्रम-निर्माण : शिक्षा-मनोविज्ञान आधुनिक समय में विभिन्न विषयों के पाठ्यक्रम शिक्षा के पूर्व निर्धारित उद्देश्यों के अनुसार निर्मित करती है। शिक्षा-मनोविज्ञान ने पाठ्यक्रम निर्माण के अनेक सिद्धान्तों की खोज की है और आज भी शिक्षा-मनोविज्ञान पाठ्यक्रम को अधिकाधिक प्रभावशाली बनाने की चेतना में संलग्न है।

(11) मनोवैज्ञानिक प्रयोग -शिक्षा-मनोविज्ञान में हम उन अनेक महत्वपूर्ण मनोवैज्ञानिक प्रयोगों का अध्ययन करते हैं तो बालक के अधिगम तथा व्यवहार परिवर्तन से सम्बन्धित है। मनोविज्ञान में स्मृति, कल्पना, थकान, ध्यान, अधिगम, तर्क, विस्मृति आदि से सम्बन्धित अनेक प्रयोग हुए हैं। शिक्षा-मनोविज्ञान इन मनोवैज्ञानिक प्रयोगों का अध्ययन करती है और इन प्रयोगों के आधार पर बालकों की शिक्षा व्यवस्था में आवश्यक परिवर्तन तथा सुधार किए जाते हैं। मनोविज्ञान का विकास अनेक प्रक्रियाओं तथा अवस्थाओं में हुआ है। इसे विकास में मनोवैज्ञानिकों तथा दार्शनिकों के विचारों ने योगदान किया है। इसके परिणामस्वरूप अनेक वाद विकसित हुए हैं। इन वादों में ने

नवीन सिद्धान्तों तथा धारणाओं को विकसित किया है। मनोविज्ञन ने शिक्षा के सिद्धान्त तथा व्यवहार को सुदृढ़ पृष्ठभूमि प्रदान की है। जे. बी. वाटसन ने व्यवहारवाद को एक धरातल प्रदान किया है। वाटसन की व्यवहारवादी संरचना वैज्ञानिक भौतिकवाद तथा विकासवादी जीववाद पर आधारित है। वाटसन के विचार को आगे बढ़ाने वालों में पवलव, हल, टालमैन आदि ने विशेष भूमिका निभाई है। व्यवहारवाद साहचर्यवाद पर आधारित है। साहचर्य ही व्यवहार का आदान-प्रदान करता है। आरम्भ में स्मृति तथा साहचर्य के पारस्परिक सम्बन्धों को लेकर अनेक अध्ययन हुए। इनमें मनोरचना बाद विकसित हुआ। प्राचीन साहचर्य के आधार पर नवीन साहचर्यवाद विकसित हुआ। साहचर्य सम्बन्धी प्रयोग पशुओं पर किये गये। इसी से सम्बन्ध अथवा संयोजनवादी धारणा ने अधिगम के क्षेत्र में विशेष भूमिका प्रस्तुत की। समरूप में यह कहा जा सकता है कि व्यवहारवाद की पृष्ठभूमि इस प्रकार रही।

वाटसन के विचार :

वाटसन ने व्यवहारवाद का प्रबल समर्थन करते हुए कहा था- मुझे एक बालक दे दो। आप जो चाहें, मैं उसे बना दूंगा। वाटसन व्यवहार पर नियन्त्रण तथा नियमन के लिये वातावरण में परिवर्तन पर बल देता है। वाटसन ने मनोविज्ञान को व्यवहार का वस्तुनिष्ठ विज्ञान बना दिया। वाटसन के विचार तथा प्रयोगों ने ये महत्त्वपूर्ण विचार बिन्दु प्रदान किये-

1. वाटसन ने मनोविज्ञान को मानसिक शक्तियों के अध्ययन के विवाद से निकाल कर ठोस वस्तुनिष्ठ धरातल प्रदान कया।
2. वाटसन पूर्णत: वातावरण की सत्ता तथा उसके महत्त्व पर विश्वास करता था। वह वंशक्रम के बजाय वातावरण को महत्त्व देता था।
3. वाट्सन की धारणा थी कि अनुबन्धन के द्वारा व्यवहार को समझा जा सकता है। उसने एक स्थान पर कहा है- मुझे एक दर्जन सवस्थ शिशु दे दो। मैं उन्हें अपनी विशिष्ट दुनिया में पालकर उन्हें डाक्टर, वकील, कलाकार और यहाँ तक कि भिखारी ओर चोर भी बना सकता हूँ। भले ही उनकी शारीरिक विशेषतायें, योग्यतायें कुछ भी हों।
4. वाटसन ने मनोविज्ञान योग्य बना दिया कि वह भविष्य कथन कर सके। साथ ही मनुष्य एवं प्राणियों के व्यवहार कर सके।
5. वाटसन ने मनोविज्ञान के चेतना के अध्ययन से निकालकर उद्दीपन अनुक्रिया के सम्बन्धों के अध्ययन क्षेत्र में लाकर खड़ा कर दिया है।

6. मनोविज्ञान की मुख्य विधि अनुबंधन है। उसने अन्तदर्शन को अस्वीकार कर दिया। हल ने उपकल्पना का सहारा लेकर निगमन विधि के द्वारा व्यवहार का अध्ययन किया। हर प्रकार की अनुक्रिया के पीछे किसी ने किसी प्रकार का उद्दीपन होता है।

वाटसन ने व्यवहारवाद को जन्म दिया और हल टॉलमैन गुथरी तथा बी. एफ स्किनर ने व्यवहार के अध्ययन परिणामो के आधार पर अनेक प्रकार के सीखने के सिद्धान्तों का प्रतिपादन किया। गुथरी का कहना है कि किसी भी समय अनुक्रिया प्रकट हो सकती है। शिक्षा–मनोविज्ञान के क्षेत्र में गुथरी के सिद्धान्त का विनियोग होता है, इसी प्रकार बी.एफ. स्किनर ने व्याख्यात्मक व्यवहारवाद का प्रतिपादन कर शिक्षा के क्षेत्र में व्यवहारिक क्रान्ति उत्पन्न की।

दुनिया के बारे में अवगत होना

चेतना एक बोधगम्य अवस्था है यह अवस्था हमारे तात्कालिक अनुभवों, सोचने, इच्छा, भावनाओं पर निर्भर करता है। इस अवस्था में हम अपने और परिस्थितियों का बोध करते हैं।

चेतना का स्वरूपः–अचेतनावस्था में भी व्यक्ति की श्रवण संवेदना जाग्रत रहती है। जाग्रत अवस्था में हमारे चेतना के स्तर बदलते रहते हैं। हमारी कुछ क्रियाए स्वचालित होती हैं जो हमें याद नहीं रहती और कुछ क्रियाएँ का हमें ध्यान रहती है एकाग्रचित होती हैं। सम्पूर्ण दिन में हमारी चेतना में परिवर्तन आता जाता है। निद्रा अवस्था में चेतना में प्रभावशाली परिवर्तन होते हैं जिससे हम अपने और बाहरी दुनिया को अलग–अलग तरीके से अनुभव करते हैं। सम्मोहन भी चेतना के स्तर का बदला हुआ स्वरूप है।

चेतना के बदलते स्तर–कोई भी ऐसा अनुभव जो साधारण अनुभव से अलग होता है चेतना का बदला स्तर कहलाता है। प्रतिदिन हम चेतना के बदलते स्तर का अनुभव करते हैं, अपने विषय मे विभिन्न स्तर की अभिज्ञता का उससे जुड़े व्यवहार और वातावरण का अनुभव करते हैं। चेतना में आने वाले विभिन्न बदलाव जैसे–नीदं में, स्वप्न में, सम्मोहन में और औषधियों के प्रभाव से चेतना के स्तर में बदलाव आ जाते हैं।

1. निद्रावस्था–इस प्रक्रिया में महत्त्वपूर्ण शारीरिक परिवर्तन होते हैं मूल कार्य थोड़े धीमे हो जाता है, चेतना के स्तर में भी परिवर्तन आ जाता है, हृदय धडकन, श्वास गति, त्वचा चालन भी कम सोना व्यक्ति के लिए एक महत्त्वपूर्ण क्रिया है यह शरीर की क्रियाओं और शक्तियों को पुनः प्राप्त करने में सहायक होती हैं विशेषक दैनिक क्रियाओं से यह मस्तिष्क को आराम पहुँचाती है।

2. स्वप्न–स्वप्न नींद की अवस्था में घटने वाली संज्ञानात्मक घटनाऐं है जो सजीव होती हैं पर कई बार वे उलझी और असंगत भी होती हैं। स्वप्न जाग्रत अवस्था में सामाजिक रूप में अस्वीकार्य इच्छाओं को हम स्वप्न में प्रदर्शित करते हैं। स्वप्न मस्तिष्क में होने वाले तंत्रिकीय क्रियाओं का आत्मनिष्ठ अनुभव है। स्वप्न नींद की अवस्था में घटने वाली संज्ञात्मक घटनायें है जो सजीव होती हैं पर कई बार वे उलझी और असगंत भी होती हैं। नींद की अवस्था में सभी स्वप्न देखते हैं ये कुछ देर तक चलते हैं। फ्रायड के अनुसार स्वप्न अवचेतना की हमारी अतृप्त इच्छाओ का प्रतीक होते हैं। जाग्रत अवस्था में सामाजिक रूप में अस्वीकार्य इच्छाओं को हम स्वप्न में प्रदर्शित करते हैं। जैसे–हम कोई वस्तु प्राप्त करना चाहते हैं। तो स्वप्न में ऐसा ही देख सकते हैं। स्वप्न की एक व्याख्या शारीरिक प्रक्रिया से हैं। स्वप्न मस्तिष्क में होने वाले तंत्रिकीय क्रियाओं का आत्यनिष्ठ अनुभव है। यह हमारे स्मृति और जाग्रत अनुभवों का प्रतिबिम्ब प्रदर्शित करता हैं स्वप्न निरर्थक नही होते मस्तिष्क की तंत्रिका क्रियायें हमारे स्वप्न पर आधारित होती हैं।

3. सम्मोहन–सम्मोहन प्रभावहीनता की चरम अवस्था है। यह चेतना का बहुत बदला हुआ स्तर है। सम्मोहन की आवस्था में व्यक्ति ''गहरे आत्मविस्मृति'' में चला जाता है। सम्मोहन दो व्यक्तियों में एक विशेष प्रकार की परस्पर क्रिया है जिसमें सम्मोहन दूसरे व्यक्ति को सुझाव देता है जिसे वह व्यक्ति ग्रहण करता है।

4. चेतना के स्तर को बदलने वाली औषधियां–औषधी ऐसे रासायनिक तत्त्व है जो शरीर में जैविक क्रिया में परिर्वतन लाते हैं। ये औषधियां व्यक्ति के चेतना में परिवर्तन लाते हैं इन्हें हम नशे की लत कहते हैं। ये औषधियां अवसादक (मद्य या श्शराब), उत्तेजक, (कोकेन, काफी, चाय, ठंडे पेय पदार्थ), भ्रामाक (पारीजुआना), अफीम (मॉरफीन हेरोइन) है।

सूचना को इकट्ठा करने की प्रक्रिया–मानव शरीर में सवेंदी तंत्र को सूचना इकठट्ठा करने वाला तंत्र भी कहा जाता है इसके अन्तर्गत नेत्र, कान, त्वचा, नासिक, जीभ, आंतरिक कान, हडड्यिों के पेशियॉ संवेदना ग्रहण करती है और संवेगों को अंगो के माध्यम से मस्तिष्क तक पहुँचाती है।

मस्तिष्क के कार्य–मानव मस्तिष्क अन्य जीवों की अपेक्षाकृत सबसे अधिक विकसित है। गति संयोजन, शारीरिक मुद्रा नियंत्रण तथा संतुलन स्थापित करने का कार्य करता है। लिबंक तंत्र द्वारा शरीर ताप, रक्तचाप तथा रक्त शर्करा का

नियमन कर आंतरिक समस्थिति को बनाए रखने में मदद करता हैं वृहत मस्तिष्क, संगठित क्रियाओं, बिंबों का निर्माण, संकेत, साहचर्यो, स्मृतियों, इच्छाओं एंव कल्पनाओं को संभव बनाते हैं। ऐसे जटिल कार्यों को जिनके मस्तिष्क के बहुत से भाग सम्मिलित होते हैं वे समवेत ढंग से संभालने का कार्य करते हैं चेतना एक बोधगम्य अवस्था हैं। चेतना हमारे तात्कालिक अनुभवों, सोचने, इच्छा, भावनाओं पर निर्भर करता है। यानि हम अपने और परिस्थितियों दोनों का बोध करते हैं। अचेतनावस्था में भी व्यक्ति की श्रवण संवेदन जाग्रत रहती है। मानव चेतना के आश्चर्य करने वाली दुनिया को दिखाती हैं जाग्रत अवस्था में हमारी चेतना के स्तर बदलते रहते हैं। हमारी बहुत सी क्रियाए स्वचालित होती हैं। पूरा ध्यान रखकर करते हैं एकाग्रचित रहकर। जैसे–हम वाहन भी चलाते रहते हैं और साथ बैठे व्यक्ति से वार्तालाप भी करतें रहते हैं निद्रावस्था में हमारे चेतना में प्रभावश्शील परिवर्तन होते हैं जिससे आंतरिक अनुभव करते हैं। निद्रावस्का के स्तर है जिनमें स्वप्न, सम्मोहन, औषधियाों का प्रभाव अलग–अलग दिखता है।

चेतना को प्रभावित करने वाली औषधियां

औषधियां ऐसे रासायनिक तत्त्व है जो हमारे शरीर में जैवकीय क्रिया में परिवर्तत लाते हैं। मनोदशा को बदलने के लिए जो व्यक्ति इसका उपयोग करते हैं नशे के आदी बन जाते हैं। इनको चार भागों अवसादक, उत्तेजक, अफीम तथा भ्रामक रूप में वर्गीकृत किया जाता हैं। अवसादक वे औषधियां है जो केन्द्रीय तंत्रिका की क्रियाओं और व्यवहार को घटा देती है। जैसे–श्शराब एक मात्रा में मद्यपान उत्तेजना उत्पन्न करता है यानि सक्रियता और उत्तेजना की मनोदशा उत्पन्न करते हैं, इस वर्ग के नशीले पदार्थ जैसे–अफीम, मारफीन, हेरोइन के सेवन से शरीर तथा शारीरिक कार्यों में शिथिलता आ जाती है। यह स्वप्नावस्था की स्थिति उत्पन्न करती है और व्यक्ति को इसका आदी बना देती है। भ्रामक वे मादक द्रव्य है जो प्रत्यक्षीकरण में परिवर्तन करते हैं तथा भ्रम की स्थिति उत्पन्न करते हैं जैसे–मारीजुआन ।

मस्तिष्क व उसके कार्य–सजीवों में मानव में सबसे अधिक विकसित मस्तिष्क पाया गया है। एक वयस्क मस्तिष्क भार 1.36 किलोग्राम के लगभग होता है। और उसमें करीब एक अरब स्नायुकोष पाए जाते हैं। मस्तिष्क स्तंभ मेरूरज्जू का विस्तार है। ये आधारभूत अवलंबन जैसे–श्वास, हदय गति, चलना, सोना क्रियाओं का केन्द्र है। सेतु का क्षेत्र लघु मस्तिष्क से जुड़ता है यह स्वप्न

और जागने की क्रिया में भाग लेते हैं। पैलमस संवेगों का प्रसारण केन्द्र है उन्हें प्रेषित करता हैं यह गति संयोजन,शारीरिक मुद्रा संयोजन, संतुलन स्थापित करने से जुड़ा है यह स्मृति का भी संचय करता है अतः हमें चलने, नाचने,साइकिल चलाने में परेशानी नही होती हैं। मस्तिष्क का लिंबिकतंत्र शरीर ताप, रक्तचाप तथा रक्त शर्करा का नियमन करता है। कार्टक्स द्वारा आदान–प्रदान किए संदेशों को भी संयोजित करता हैं दीर्घकालीन सूचनाओं का संचय (स्मृति) का कार्य करता है। हाइपोथेलेमस मस्तिष्क की अति छोटी सरचंना है पंरतु महत्त्वपूर्ण व्यवहार जैसे–संवेग, अभिप्रेरित व्यवहार, भोजन करने, जल पीने,ताप नियंत्रण तथा लैगिक उद्वेलन की क्रियाओ का नियमन करता है। वृहत मस्तिष्क के मध्य से संगठित क्रियाओ, बिंबों का निर्माण, संकेत, साहचर्यो , स्मृतियों, इच्छाओं एवं कल्पनाओं को संभव बनाता है। ललाटपालि गति नियंत्रण तथा बौद्धिक क्रियाओं में योगदान देती है जैसे–चिंतन, योजना निर्माण, निर्णय लेने, लक्ष्य प्राप्ति में भी शामिल रहती है। पार्श्विक पालि संवेगों को नियंत्रित करती है। अनुकपाल पालि दृष्टि सूचनाओं को एकत्रित करती है। कपानास्थि श्रवण सूचनाओं का प्रक्रमण करते हैं। कोई भी मस्तिष्क का अंग सम्पूर्ण क्रिया को अकेले नहीं कर सकता। जटिल क्रिया में बहुत से भाग समवेत ढंग से कार्य करते हैं।

सम्मोहन--सम्मोहन प्रभावहीनता की चरम अवस्था है। यह चेतना का बदला हुआ स्तर है। सम्मोहन की अवस्था में व्यक्ति ''गहरे आत्मविस्मृति'' की अवस्था में चला जाता है। सम्मोहन दो व्यक्तियों में एक विशेष प्रकार की परस्पर क्रिया है जिसमें सम्मोहक दूसरे व्यक्ति को सुझाव देता है जिसे वह व्यक्ति (सम्मोहित) ग्रहण करता है। सम्मोहक द्वारा दिए गए सुझाव हैं कि वह व्यक्ति आराम महसूस कर रहा है, उसे नींद आ रही है तथा अपनी आँखो को खुला रख नहीं पा रहा हैं शशांत आवाज़ में निरंतर बात करते हुंए सम्मोहक व्यक्ति को सुझाव देता है कि वह आराम की गहरी अवस्था को प्राप्त कर रहा है। ऐसे मे वह व्यक्ति सोता नहीं है पर एक ऐसी अवस्था में चला जाता है जिसमें यह सुझाव ग्रहणशील हो जाता है और सम्मोहक के निर्देश का पालन करता हैं सम्मोहित व्यक्ति का ई.सी.जी सानान्य जगी अवस्था के समान पाया गया है। वह अनुभव जो एक साधारण अनुभव से भिन्न होता है चेतना का परिवर्तिन स्तर कहलाता है। चेतना का स्तर सदैव बदलते रहते हैं। हमारे कार्य करने की स्थिति से सोते समय स्वप्न देखने तक परिवर्तित होते रहते हैं। हम अपने दिन प्रतिदिन के जीवन में चेतना के परिवर्तित स्तरों का अनुभव करते हैं। हम अपने

सम्बन्ध विभिन्न स्तर की अनभिज्ञता का उससे जुड़े व्यवहार तथा वातावरण का अनुभव करते हैं।

चेतना में विभिन्न परिवर्तनों जैसे—निद्रा में, स्वप्न मे व सम्मोहन की स्थिति है।

1. **निद्रावस्था**—सोना एक प्रक्रिया है। जिसमें महत्त्वपूर्ण शारीरिक परिवर्तन होते हैं। इस अवस्था में शरीर के मूल कार्यों की गति कुछ धीमी हो जाती है। इसी के साथ चेतना स्तर में भी परिवर्तन आता है।
2. **स्वप्न**—स्वप्न नींद की अवस्था में घटने वाली संज्ञानात्मक घटनायें है जो सजीव होती हैं, पर अनेक बार वे उलझी तथा असंगत भी होती हैं। अधिकतर स्वप्न आर ई एम नींद के दौरान दिखाई पड़ते हैं। नींद की अवस्था में सभी स्वप्न देखते हैं। स्वप्न वास्तविक समय में देखा जाता है। तथा कुछ देर तक चलता है। कुछ लोगों को वे याद रह जाते हैं तथा कुछ याद नहीं रख पाते हैं।
3. **सम्मोहन**—प्रभावहीनता की चरम अवस्था चेतना का बदला हुआ स्तर है। सम्मोहन की अवस्था में व्यक्ति 'गहरे आत्मविस्मृति' की अवस्था में चला जाता है। दो व्यक्ति के मध्य परस्पर क्रिया नही है। सम्मोंहक दूसरे व्यक्ति को सुझाव देता हैं जिसे वह व्यक्ति (सम्मोहित) ग्रहण कर लेता है।

केन्द्रीय तंत्रिका तंत्र की क्रिया—केन्द्रीय तंत्रिका तंत्र में मस्तिष्क और मेरूरज्जू होते हैं। मेरूरज्जू के कार्य निम्न प्रकार के है—

1. मेरूरज्जू में तंत्रिका कोश प्रतिवर्त क्रिया उत्पन्न कर सकती है।
2. प्रतिवर्ष क्रिया के अतिरिक्त मेरूरज्जू सूचना प्राप्त करके दूसरे स्थानों तक सूचना भेजने के केन्द्र की तरह कार्य करता है।
3. यह सवेंदी तंत्रिका कोशिका से शरीर द्वारा मस्तिष्क तक सूचना भेजते हैं। एवं मस्तिष्क से गतिवाही आदेश लेकर वापस मांसपेशियों तक पहुचाते हैं।
4. मेरूरज्जू में घातक चोट लगने से चोट लगने के बिंदू से नीचे के भाग में संवेदना की क्षति तथा लकवा मार जाता है।

केन्द्रीय तंत्रिका तंत्र के दो भाग है। भूरा पदार्थ (Grey matter) यह मेरूरज्जू के केन्द्र के पास पाया जाता है। यह सूचनाओं को क्रियान्वित करता है। श्वेत पदार्थ (white matter) यह बाहरी सतहों पर पाया जाता है। इसमें एक्जोन होते हैं, वह मस्तिष्क को सूचना भेजते हैं। उदाहरण स्वरूप सूई चुभने

से हमारी स्पर्श ज्ञानेन्द्रिय त्वचा उत्तेजित होती हैं, तथा वे तंत्रिका आवेग को उत्पन्न करते हैं। संग्राहको से आने वाली सूचना तंत्रिका कोशों से हमारे हाथ के द्वारा मेरूरज्जू के जाती हैं। यह वहां मेरूरज्जू के भूरे पदार्थ में पहुँचती है। श्वेत पदार्थ से होकर मस्तिष्क तक जाती है। मस्तिष्क इस संवेदी सूचना का विश्लेाण करता है। तथा ऐच्छिक गतिवाही प्रतिक्रिया जैसे–कि हाथ पीछे हटाना को संपादित करता है।

मस्तिष्क की ऊपरी सतह को प्रमस्तिष्क कॉटेक्स कहते हैं। इसके दो भाग होते हैं। (i) बायॉ गोलार्ध और दायां गोलार्ध। यह अखरोट के भागों जैसे–होते हैं। प्रत्येक गोलार्ध अपने विपरित भाग जैसे–होते हैं। प्रत्येक गोलार्ध यह अखरोट के भागों जैसे–होते हैं। प्रत्येक गोलार्ध अपने विपरित भाग की सूचनाओं का प्रक्रमण करता है। जैसे–जब हम सीधे– हाथ से लिखते हैं। तो गतिवाही सूचना जो हाथ को गति प्रदान करती है, बायें गोलार्ध से आती है। इसमें घुमाव और ऐठन पर्वत व घटियॉ जैसे–रचना बनाते हैं। जिनको गहराई और दरार कहते हैं।

प्रमस्तिष्क कॉर्टेक्स के तीन महत्त्पूर्ण प्रकार्य है–

1. प्रमस्तिष्क कॉटेक्स के चार प्रखण्ड है अग्र खण्ड , मध्य खण्ड, पृष्ठ खण्ड और शंख खण्ड हमारे परिवर्तन के प्रति एवं परिवेश के परिवर्तनों के प्रति अनुक्रिया की जागरूकता के लिए उत्तर–दायी है।

(ii) संज्ञानात्मक प्रकार्य जैसे–अधिगम, स्मृति, चिन्तन आदि।

(iii) शरीर की दैहिकता के नियमन।

चेतना का स्वरूप:–अचेतनावस्था में भी व्यक्ति की श्रवण संवेदना जाग्रत रहती है। जाग्रत अवस्था में हमारे चेतना के स्तर बदलते रहते हैं। हमारी कुछ क्रियाए स्वचालित होती हैं जो हमें याद नहीं रहती और कुछ क्रियाएँ का हमें ध्यान रहती है एकाग्रचित होती हैं। सम्पूर्ण दिन में हमारी चेतना में परिवर्तन आता जाता है। निद्रा अवस्था में चेतना में प्रभावशाली परिवर्तन होते हैं जिससे हम अपने और बाहरी दुनिया को अलग–अलग तरीके से अनुभव करते हैं। सम्मोहन भी चेतना के स्तर का बदला हुआ स्वरूप है।

चेतना के बदलते स्तर–कोई भी ऐसा अनुभव जो साधारण अनुभव से अलग होता है चेतना का बदला स्तर कहलाता है। प्रतिदिन हम चेतना के बदलते स्तर का अनुभव करते हैं, अपने विषय मे विभिन्न स्तर की अभिज्ञता का उससे जुड़े

व्यवहार और वातावरण का अनुभव करते हैं। चेतना में आने वाले विभिन्न बदलाव जैसे–नीदं में, स्वप्न में, सम्मोहन में और औषधियों के प्रभाव से चेतना के स्तर में बदलाव आ जाते हैं।

निद्रावस्था –इस प्रक्रिया में महत्त्वपूर्ण शारीरिक परिवर्तन होते हैं मूल कार्य थोड़े धीमे हो जाता है, चेतना के स्तर में भी परिवर्तन आ जाता है, ह्रदय धडकन, श्वास गति, त्वचा चालन भी कम सोना व्यक्ति के लिए एक महत्त्वपूर्ण क्रिया है यह शरीर की क्रियाओं और शक्तियों को पुनः प्राप्त करने में सहायक होती हैं विशेषक दैनिक क्रियाओं से यह मस्तिष्क को आराम पहुँचाती है।

2. स्वप्न–स्वप्न नींद की अवस्था में घटने वाली संज्ञानात्मक घटनाऐं है जो सजीव होती हैं पर कई बार वे उलझी और असंगत भी होती हैं। स्वप्न जाग्रत अवस्था में सामाजिक रूप में अस्वीकार्य इच्छाओं को हम स्वप्न में प्रदर्शित करते हैं। स्वप्न मस्तिष्क में होने वाले तंत्रिकीय क्रियाओं का आत्मनिष्ठ अनुभव है।

3. सम्मोहन–सम्मोहन प्रभावहीनता की चरम अवस्था है। यह चेतना का बहुत बदला हुआ स्तर है। सम्मोहन की आवस्था में व्यक्ति ''गहरे आत्मविस्मृति'' में चला जाता है। सम्मोहन दो व्यक्तियों में एक विशेष प्रकार की परस्पर क्रिया है जिसमें सम्मोहन दूसरे व्यक्ति को सुझाव देता है जिसे वह व्यक्ति ग्रहण करता है।

4. चेतना के स्तर को बदलने वाली औषधियां– औषधी ऐसे रासायनिक तत्त्व है जो शरीर में जैविक क्रिया में परिर्वतन लाते हैं। ये औषधियां व्यक्ति के चेतना में परिवर्तन लाते हैं इन्हें हम नशे की लत कहते हैं। ये औषधियां अवसादक (मद्य या श्शराब), उत्तेजक, (कोकेन, काफी, चाय, ठंडे पेय पदार्थ), भ्रामाक (पारीजुआना), अफीम (मॉरफीन हेरोइन) है।

सूचना को इकट्ठा करने की प्रक्रिया–मानव शरीर में सवेंदी तंत्र को सूचना इकठट्ठा करने वाला तंत्र भी कहा जाता है इसके अन्तर्गत नेत्र, कान, त्वचा, नासिक, जीभ, आंतरिक कान, हडड़ियों के पेशियॉ संवेदना ग्रहण करती है और संवेगों को अंगो के माध्यम से मस्तिष्क तक पहॅुचाती है।

मस्तिष्क के कार्य–मानव मस्तिष्क अन्य जीवों की अपेक्षाकृत सबसे अधिक विकसित है। गति संयोजन, शारीरिक मुद्रा नियंत्रण तथा संतुलन स्थापित करने का कार्य करता है। लिबंक तंत्र द्वारा शरीर ताप, रक्तचाप तथा रक्त शर्करा का नियमन कर आंतंरिक समस्थिति को बनाए रखने में मदद करता हैं वृहत मस्तिष्क, संगठित क्रियाओं, बिंबों का निर्माण, संकेत, साहचर्यो, स्मृतियों, इच्छाओं

एंव कल्पनाओं को संभव बनाते हैं। ऐसे जटिल कार्यों को जिनके मस्तिष्क के बहुत से भाग सम्मिलित होते हैं वे समवेत ढंग से संभालने का कार्य करते हैं।

अभिक्रमित अनुदशन—अभिक्रमित अधिगम अथवा अभिक्रमित अनुदेशन शिक्षण-अधिगम प्रक्रिया के क्षेत्र में एक प्रभावशाली नवाचार और प्रयोग का प्रतिनिधित्व करता है। एक पूर्ण रूप से सुव्यवस्थित और वैयक्तिक अनुदेशात्मक प्रविधि के रूप में यह न केवल प्रभावपूर्ण कक्षा शिक्षण के लिए काफी लोकप्रिय सिद्ध हुआ है बल्कि इससे स्वाध्याय, स्व-शिक्षण और पत्राचार पद्धति से भली-भांति पढ़ना और पढ़ाना भी बहुत सहज और सरल हो गया है। शिक्षण मशीन और कम्प्यूटरों के प्रयोग को भी दसी नवाचार से बल मिला है। अनुदेशन और शिक्षण के क्षेत्रों में अपने इन उपयोगों के अतिरिक्त अभिक्रमित अधिगम व्यवहार परिवर्तन के व्यावहारिक क्षेत्रों में भी अपनी महत्त्वपूर्ण भूमिका निभा सकता है। प्रतिपुष्टि की अपनी मनोवैज्ञानिक तकनीक के माध्यम से यह शिक्षक प्रशिक्षण कार्यक्रमों द्वारा शिक्षक व्यवहार में अपेक्षित परिवर्तन लाकर उनकी शिक्षण कुशलता में पर्याप्त वृद्धि कर सकता है। अपने इन बहुत आामी उपयोगों के कारण आज इसे किसी भी शिक्षक प्रशिक्षण कार्यक्रम का महत्त्वपूर्ण अंग माना जाने लगा है।

अभिक्रमित अधिगम अथवा अनुदेशन का उद्‌गम स्त्रोत अधिगम का मनोविज्ञान है। ई. एल. थोर्नडाइक के बहुचर्चित ''प्रभाव के नियम'' का इस उद्‌गम में महत्त्वपूर्ण स्थान रहा है। इस नियम के अनुसार अधिगम कर्त्ता अपने उसी व्यवहार अथवा अनुक्रियाओं की बार-बार पुनरावृत्ति करना चाहता है जिन की परिणिति सुखद एवं संतोषजनक हो। अत: ऐसी अवस्था में स्थायी रूप में सीखने (अधिगम) की सम्भावना अधिक होती है। इसके विपरीत दु:खद एवं असन्तोषजनक व्यवहारों की पुनरावृत्ति और उनको सीखने क सम्भावना काफी कम होती है। इस प्रकार जिन व्यवहारों के द्वारा बालक को संतोष और आनन्द की प्राप्ति होती है उन्हीं की पुनरावृत्ति करते रहने से बालक का ज्ञान मार्ग पर आगे चलाया जा सकता है। पुर्नबलन सिद्धान्त इन्हीं विचारों पर आधारित है। प्रोत्साहन और परिणाम का तत्काल ज्ञान आदि इसी प्रकार के संतोष और आनन्द प्राप्त कराने वाले पुनर्बल हैं जिनके द्वारा बालक को अधिगम प्रक्रिया में रत रखा जा सकता है और उसके अधिगम को प्रभावपूर्ण एवं स्थायी बनाया जा सकता है। पुनर्बलन सम्बन्धी यह विचार ही अभिक्रमित अनुदेशन की उत्पत्ति के आदि स्त्रोत माने जा सकते हैं। अभिक्रमित अनुदेशन के विकास सम्बन्धी इतिहास में दूसरा नाम सिडनी एल.प्रेसी का आता है जिसने शिक्षण मशीन जैसे एक व्यावहारिक उपकरण का आविष्कार किया। इस उपकरण में बहुत विकल्पीय प्रश्नों का प्रयोग इस प्रकार होता था कि छात्रों के सामने इन प्रश्नों को क्रमबद्ध रूप में प्रस्तुत किया जाता था। फिर भी प्रश्न में केवल एक विकल्प ठीक होता था, अत: उस विकल्प को उत्तर रूप में बताने से ही दूसरा प्रश्न प्राप्त होता था। जो सही उत्तर देते

जाते थे वे इस उपकरण के द्वारा आगे के प्रश्न प्राप्त करने जाते थे और जो नहीं दे पाते थे, वे वहीं तब तक रुके रहते थे जब तक कि वे सही उत्तर देकर आगे प्रश्न पर न बढ़ जाएं। यद्यपि प्रेसी का यह उपकरण किन्हीं परिस्थितियों के कारण उस समय लोकप्रिय नहीं हो सका। अभिक्रमित अनुदेशन के इतिहास में अगला उल्लेखनीय नाम हारवर्ड विश्वविद्यालय के प्रोफेसर और प्रसिद्ध मनोवैज्ञानिक बी.एफ स्किनर का है। इन्होंने 1953-54 में अधिगम के क्षेत्र में क्रिया-प्रसूत-अनुबंधन नामक सिद्धान्त को सामने रखा। क्रिया-प्रसूत-अनुंबंधन में अधिगम कर्त्ता के अधिगम व्यवहार को तत्काल पुर्नलन प्रदान करके पुष्ट एवं सबल बनाने का प्रयत्न किया जाता है और इसकी पुनरावृत्ति की सम्भावना में अधिकाधिक वृद्धि की जाती है। प्रयोगशाला में पशु-पक्षियों पर किये गए अपने प्रयोगों के आधार पर स्किनर ने जिन अधिगम सिद्धान्तों को प्रतिपादित किया, उन्हीं के आधार पर आगे चल कर शिक्षण-अधिगम के एक ऐसे प्रतिमान या मॉडल को उसके द्वारा विकसित किया गया जिसे आज हम स्किनरीय अथवा रेखीय अभिक्रमित अनुदेशन मॉडल के नाम से जानते हैं।

मनोविज्ञान की स्थिति जीवन के लिए महत्त्वपूर्ण-अभिक्रमित अधिगम में विषय वस्तु सम्बन्धी पदों का क्रम (या श्रृंखला) और अधिगम का मार्ग पूरी तरह से व्यवस्थित, स्पष्ट एवं नियन्त्रित होता है। अभिक्रमित अनुदेशन में प्रयुक्त इस अधिगम के स्पष्ट, क्रमबद्ध एवं परस्पर सम्बन्धित तथा परस्पर निर्भर हाने के कारण चित्र रूप में इसकी अभिव्यक्ति एक सरल रेखा द्वारा दी जाती है और इसी कारण इसे रेखीय अभिक्रम की संज्ञा दी जाती है। वांछित व्यवहार की प्राप्ति के लिये सभी अधिगम कर्त्ताओं को पूर्व निश्चित क्रम में व्यवस्थित अभिक्रम के सभी पदों से गुजरना इस प्रकार के अभिक्रम की मुख्य विशेषता है। इस अधिक्रमित प्राली का नियंत्रण अभिक्रम निर्माणकर्त्ता के साथ में होता है ओर इस नियंत्रण के बाह्य रूप को ध्यान रूप को ध्यान में रखते हुये इस प्रकार के अधिगम के बाह्य अभिक्रम भी कहा जाता है।

रेखीय अभिक्रम में पुनर्बलन एवं प्रतिपुष्टि के सिद्धान्तों के उचित पालन के लिए आवश्यक है कि अधिगम कर्ता द्वारा प्रत्येक प्रस्तुत पद के सन्दर्भ में सदैव सही अनुक्रियायें ही की जायें (अर्थात पदों से सम्बन्धित प्रश्नों के उसके उत्तर गलत न हों) त्रुटि दर को नियन्त्रित कर कम से कम करने के लिए यह आवश्यक है कि विषय वस्तु को इस प्रकार के छोटे-छोटे सुसम्बन्धित पर्दो में इस प्रकार व्यवस्थित करके प्रस्तुत किया जाए कि अधिगम कर्त्ता को उन्हें सझ कर ठीक अनुक्रिया करने (उत्तर देने) में कोई कठिनाई न हो और वह इस प्रकार सम्पूर्ण अधिगम मार्ग को बिना कोई त्रुटि किये पार करे और परिणामस्वरूप उसे सदैव सकारात्मक पुनर्बलन की प्राप्ति की होती रहे। अगर कोई अधिगमकर्त्ता किसी पद के प्रति अनुक्रिया करने में गलती करे (उत्तर गलत दे) तो उससे

यह अपेक्षा की जाए कि वह या तो उस पद से सम्बन्धित विषय सामग्री का पुन: अध्ययन करके अपनी अनुक्रिया व्यक्त करे अथवा उसे सही अनुक्रिया (उत्तर) से अवगत करा दिया जाये ताकि वह अपनी गलती सुधार कर सही अनुक्रिया कर सके। परिस्थिति कैसी भी क्यों न हो, यहां इस बात का ध्यान अवश्य रखा जाता है कि किसी भी अधिगम कर्त्ता को तब तक दूसरे पद सम्बन्धी वस्तु प्रस्तुत न की जाए जब तक कि वह पिछले पद या फ्रेम से सम्बन्धित विषय वस्तु को सीख कर ठीक अनुक्रियायें (उतर) व्यक्त करने योग्य न हो जाये।

रेखीय अभिक्रम का उदाहरण

संप्रत्यय-कोण और उनके प्रकार

1. सरल रेखा को- चिन्ह द्वारा प्रदर्शत करते हैं जबकि कोण को ‹ द्वारा व्यक्त करते हैं।

2. कोण कई प्रकार के होते हैं जैसे न्यून कोण, समकोण, अधिक कोण, सरल कोण आदि। न्यून कोण की तरह अधिक–और सरल–भी कोण के उदाहरण हैं।

उत्तर- कोण, कोण

3. जिन कोणों का मान 90° से कम होता है वे न्यून कोण कहलाते हैं। 50°के कोण को – कोण कहा जाता है। उत्तर – न्यून

4. जिन कोणों का मान 90° होता है वे सम – कहलाते हैं।

उत्तर – कोण

5. जिन कोणों का मान 90° से अधिक और 180°से कम होता है, उन्हें अधिक – कहते हैं।

6. 180° का कोण सरल– कहलाता है।

उत्तर – कोण

7. = न्यून कोण , = समकोण

= अधिक कोण, = सरल कोण।

यह–कोण का चिन्ह है।

उत्तर–अधिक

8. 120° के कोण को– कहा जाएगा जबकि 30 का कोण– कहलाएगा।

उत्तर- अधिक कोण, न्यून कोण।

9. सरल कोण–अंश का होता है जबकि समकोण में – अंश होते हैं।

उत्तर – 180°, 90°।

रेखीय अभिक्रम की विशेषताएं

संक्षेप में रेखीय अभिक्रम की विशेषताओं को निम्न रूप में प्रस्तुत किया जा सकता है।

1. रेखीय अभिक्रम में अधिगम का मार्ग एक सरल रेखा की तरह पूरी तरह स्पष्ट, क्रमबद्ध एवं सुव्यवस्थित होता है।

2. इस अभिक्रम में अधिगम सामग्री को बहुत ही छोटे–छोटे पदों में श्रृंखला बद्ध रूप में प्रस्तुत किया जाता है।

3. विषय वस्तु या अधिगम सामग्री को श्रृंखलाबद्ध छोटे–छोटे पदों में प्रस्तुत करने से अधिगम कर्त्ता द्वारा की जाने वाली अनुक्रिया की त्रुटि दर में कमी की सम्भावना बहुत बढ़ जाती है।

4. इस अभिक्रम से अधिगम कर्त्ता को उसकी प्रत्येक अनुक्रिया पर पुनर्बलन प्रदान किया जा सकता है क्योंकि जैसे ही वह अपनी अनुक्रिया किसी एक पद के प्रति व्यक्त करता है वैसे ही उसे अपनी अनुक्रिया का परिणाम (उत्तर के सही या गलत होने की सूचना) प्राप्त हो जाता है।

5. रेखीय अभिक्रम में अनुदेशन की प्रक्रिया अभिक्रमिक द्वारा नियन्त्रित रहती है। वह जैसा अभिक्रम बनाता है सभी अधिगम कर्त्ताओं को उसके मिटाए हुए अभिक्रम रूप निर्धारित मार्ग का अनुसरण करना होता है।

6. इस अभिक्रम में अधिगम कर्त्ता को प्रत्येक प्रश्न के उत्तर स्वयं अपनी योग्यता से देने होते हैं।

7. अधिगम कर्त्ता को प्रत्येक पद के प्रति अनुक्रिया करनी होती है। और ऐसा करने में लगातार सजग रहना पड़ता है।

8. रेखीय अभिक्रम में इस प्रकार की उपयुक्त व्यवस्था की जाती है कि अधिगम कर्त्ता द्वारा की जाने वाली अनुक्रियाओं को तुरन्त ही पुनर्बलन प्रदान किया जा सके।

9. रेखीय अभिक्रम में प्रत्येक अधिगम कर्त्ता को अपनी योग्यता के आधार पर अथवा जिस गति से वह सीखने के मार्ग पर आगे बढ़ना चाहता है उसके अनुरूप आगे बढ़ने की पूर्ण स्वतन्त्रता रहती है।

10. इस प्रकार के अभिक्रम में दिये हुए पद या फ्रेम में कुछ ऐसे अतिरिक्त संकेत भी पाये जाते हैं जिनसे अधिगम कर्त्ता को सही अनुक्रिया (उत्तर) देने में सहायता मिलती है और इस तरह त्रुटि दर को ओर कम करने का प्रयत्न किया जाता है।

11. इस अभिक्रम में इस प्रकार की व्यवस्था की जाती है कि यही अनुक्रियाओं (उत्तरों) को छुपा या ढक दिया जाये ताकि प्रवंचन और बेईमानी पर आवश्यक अंकुश लगाया जा सके।

12. रेखीय अभिक्रम में चूंकि पद बहुत छोटे-छोटे होते हैं और अधिगम कर्त्ता को तब तक दूसरे पद पर नहीं जाने दिया जाता जब तक वह इस पद में प ारंगत न हो जाये।

इसलिए इस अभिक्रम शैली में अधिगम कर्त्ता अन्य शैलियां की अपेक्षा धीमी गति से ही अधिगम मार्ग पर बढ़ सका है, परन्तु यहां वह जो कुछ भी अर्जित करता है वह अपेक्षा कृत अधिक स्थयी होता है।

सीमायें और दोष

1. रेखीय अभिक्रम में निम्न कारणों की वजह से अधिगम कार्य काफी नीरस और उबाने वाला बन जाता है।

(i) विषय वस्तु बहुत ही छोटे अंशों में विभक्त कर दी जाती है।

(ii) अनुक्रिया करने पर आवश्यकता से अधिक नियंत्रण होता है। इसमें पर्याप्त यांत्रिकता सी आ जाती है। अभिक्रमक और शिक्षिक जैसा चाहता है, वैसी ही अनुक्रिया करने के लिए अधिगम कर्त्ता को बाध्य होना पड़ता है। इस तरह से अधिगम की स्वाभाविक स्वतन्त्रता यहां नष्ट सी हो जाती है।

(iii) अधिगम प्रक्रिया की गति बहुत कम होती है।

2. इस प्रकार की अभिक्रम शैली का उपयोग केवल उन विषयों अथवा उपविषयों से सम्बन्धित सामग्री तक ही सीमित रहता है जिन्हें रेखिक रूप से समुचित ढंग से क्रमबद्ध किया जा सके।

3. अधिगम कर्त्ता को अनुक्रिया करने की स्वतन्त्रता तथा पर्याप्त रूप से सोचने किया करने और अपनी मौलिकता प्रदर्श करने का अवसर न मिलने से सृजनात्मक, निर्णयात्मक ओर चिन्तन स्तर के उच्च शिक्षण के लिए यह प्रणाली अधिक उपयुक्त नहीं किया जा सकती।

4. यह अभिक्रम अनुक्रियाओं अथवा उत्तरों में विभेदीकरण का अवसर प्रदान नहीं करता। अत: छात्रों में विभेदीकरण योग्यता विकसित करने में इसे अयोग्य पाया जाता है।

5. एक ही प्रकार के पदों (विषय वस्तु) को सभी विद्यार्थियों को सीखना होता है। अतः वह कहना कि यह अभिक्रम वैयक्तिक विभिन्नताओं के नियम का पालन करता है, कोई विशेष उपयुक्त नहीं जान पड़ता।

6. इस अभिक्रम के बहुत से प्रारूपों में अधिगम कर्त्ता को सही उत्तर देने के लिए कई बार पर्याप्त संकेत मिल जाते हैं अथवा उसे अटकल बाजी के लिए अवसर मिल जाता है। इस प्रकार से उसे अनुमान से उत्तर देने की आदत सी डालते हैं इस अभिक्रम को दोषी ठहराया जा सकता है।

7. इस अभिक्रम में पदों की व्यवस्था और उनका संगठन यह मांग करता है कि विद्यार्थी के प्रविष्ट व्यवहार अथवा पूर्व ज्ञान का समुचित और सही ज्ञान हो परन्तु व्यावहारिक रूप में यह सब करना काफी कठिन कार्य सिद्ध होता है।

□□□

3

अपने संसार को जानना एवं समझना

सीखना हमारे जीवन का केन्द्र है यह एक सतत् प्रक्रिया है जो आजीवन चलती रहती है। सभी बच्चे सीमित क्षमताओं की क्रियाओं के विकास के साथ जन्म लेते हैं किन्तु सीखनें पर उन पर अनेकों क्षमताओं का विकास हो जाता है।

सीखना–सीखना का अर्थ है "अनुभव के फलस्वरूप बिना व्यवहार में परिवर्तन को सीखना नही कहा जाता है। व्यवहार मे स्थायी परिवर्तन को हम व्यक्त करते हैं। सीखना हमें अपने चारो और की चीजों से अनुकूलन तथा अपने परिवेश की अधीन करने में सहायता करता है।

हम कैसे सीखते हैं?–मनोवैज्ञानिकों ने कुछ विधियों के उपयोग द्वारा जटिल व्यवहारो को अर्जित करने के लिए किया है। सीखनें के दो आधारभूत प्रकार हैं अनुबंधन। इसके अलावा सीखना, सप्रत्ययों का सीखना कौशलों का सीखना भी है।

1. **प्राचीन अनुबंधन**–साहचर्य द्वारा सीखना–रूसी वैज्ञानिक इवान पी पावलोव द्वारा उद्धीपक अनुक्रिया के संबध में प्रयोग पश्चात ये परिणाम दिया गया कि जब भोजन प्रस्तुत किया गया जो कुत्ते ने भोजन हेतु लार स्त्राव किया

यह सामान्य प्रतिक्रिया है अतः भोजन को अनानुबंधित अनुक्रिया कहा जाता है। बाद में पहले घंटे की ध्वनि दी गई फिर भोजन दिया गया जो सिर्फ घंटी अनुबंधित उद्धीपक है केवल इसी पर कुत्ते ने लार स्त्रावित करता शुरू कर दिया। स्पष्ट है बजर की ध्वनि केवल उन्मुखी अनुक्रिया सावधान करने की क्रिया उत्पन्न करती है और जब भोजन निरंतर प्रस्तुत किया जाता है तो लार स्त्रावित होने की अनुक्रिया उत्पन्न होती हैं। यहाँ लार स्त्रावण क्रिया अर्जन है, बजर पश्चात भोजन न प्रस्तुत किया जाये तो विलोप घटित होगा अर्थात, अनुक्रिया नहीं होगी।

2. **नैमित्तिक अनुबधंन**–माता पिता द्वारा प्राप्त प्रशंसा प्रंशनीय कार्य पर और दण्ड गलत व्यवहार करने पर बच्चे प्राप्त करते हैं इसे संक्रियात्मक अनुबंधन कहते हैं। प्राणी सकारात्मक परिणाम वालों को सीखना और दोहराना चाहता है और निषेधात्मक परिणाम होने वाली घटनाओं और व्यवहारों से बचना चाहते हैं।

पुनर्बलन और सीखना–स्किनर ने पुनर्वलन को " किसी संक्रिया या क्रिया जो कि अनुक्रिया की गति को बढ़ा देती है परिभाषित किया।

अ. धनात्मक पुनर्बलन–वह संक्रिया है जो किसी प्रमुख व्यवहार के शक्ति को बढ़ा देती है। धनात्मक पुनर्बलन वह उद्धीपन है जो अनुक्रिया को बढ़ाता है जो उससे पहले घटित हो चुकी है। जैसे–भोजन देना।

ब. ऋणात्मक पुनर्बलन–अनुक्रिया की गति को बढ़ाने का दूसरा यह तरीका है इसके अन्तर्गत पीड़ादायक उद्धीपक जैसे–विद्युत आघात, तेजी से दौड़ाना आता है।

पुनर्बलन अनुसूची–यह आंशिक अथवा निरन्तर पुनर्बलन हो सकता है। सतत पुनर्बलन की स्थिति में, प्रत्येक सही अनुक्रिया पुनर्बलित की जाती है। सतत नए व्यवहार को स्थापित या प्रचलित करने के लिए है दूसरी तरफ आंशिक पुनर्बलित अर्जित व्यवहार को जारी रखने में महत्त्वपूर्ण है।

3. **प्रेक्षाणात्मक सीखना–मॉडलिंग**–दूसरों के व्यवहार का प्रेक्षण करके नये कौशलों को सीखना सामान्यक्रिया है। प्रेक्षणात्मक सीखना व्यक्ति के परिवेश में स्थिर उपयुक्त प्रतिमानों के अस्तित्त्व पर निर्भर करता है जैसे–बच्चे टेलिविजन पर हिंसा देखकर वैसा ही व्यवहार करते हैं। इसके द्वारा हम अनेक सामाजिक भूमिकाएं सीखते हैं यह एक जटिल प्रक्रिया है।

सीखनें के अन्य प्रकार

1. **वाचिका सीखना**–भाषा सीखनें की क्रिया को वाचिका सीखना कहते हैं मनोवैज्ञानिकों ने यह अध्ययन किया है किस तरह क्रमिक सीखना एवं युग्म साहचर्य सीखनें की विधियों का उपयोग किया जाता है।

2. **प्रत्ययों को सीखना**–यह वस्तु एंव घटनाओं की श्रेणियों को विकसित करने से सम्बन्धित है। एक साथ जुड़ी वस्तुएं समप्रत्यय की श्रेणी में आते हैं। ये जटिलता को कम करने में सहायक होते हैं। जैसे–अनेक लड़कों को हम लड़कें कह सकते हैं। ये मूर्त और अमूर्त रूप में भी वर्गीकृत किया जा सकता है। मूर्त में जो दिखते हैं जैसे–लड़की–लड़का, सेब,केला, गुलाब, गाय, अमूर्त जैसे–स्नेह, प्रजातंत्र, लोकतत्र।

3. **कौशलों को सीखना**–कौशल सीखनें की क्रिया अत्यन्त महत्तवपूर्ण है। एक बार जब कौशल अर्जित कर लिया जाता है। तो व्यक्ति उसे पूरी तरह सीख जाता है, उसे आसानी एवं आराम से निष्पादित करने लगता है जैसे–कार चलाना, लिखना।

प्रशिक्षण का अन्तरण–प्रशिक्षण का अन्तःकरण वह प्रक्रम है जिसमे पहले सीखी हुई का उपयोग नई स्थितियों मे किया गया हैं। यदि पहलें का सीखना बाद के सीखनें में सहायक है तो यह धनात्मक अन्तरण है। यदि पहले का सीखना बाद के सीखनें में बाधा उत्पन्न करता है तो यह ऋणात्मक अन्तरण है। यदि पहले का सीखना बाद के सीखनें में न तो सहायक है न ही बाधा उन्पन्न करता है तो अन्तरण श्शून्य हो जाता है।

सीखनें के दौरान प्रयास एंव प्रेरणा दोनों का ही उपयोग महत्त्वपूर्ण है तो किसी भी विषय को हम सरल बना सकते हैं। अध्ययन स्थल श्शांत, प्रकाशयुक्त, खुला होना चाहिए। हमें अध्ययन को पूरा एक समय में करने की जगह कई बार टुकड़ो में करना चाहिए (वितरित अभ्यास अध्ययन) नई सूचनाओं को विचारो व प्रतिमाओं से जोड़ना जो याद रखनी आसान है (निमोनिक्स) द्वारा हम ज्यादा स्मरण रख सकते हैं। आत्म परीक्षण करके स्वंय का मूल्यांकन करके देखना चाहिए कि स्वंय कितना याद है। परीक्षा के समय अतिरिक्त अध्ययन के लिए समय देना चाहिए जिससे पुर्निरीक्षण कर सकें।

सीखनें का अर्थ है अनुभव के द्वारा व्यवहार में स्थायी परिवर्तन है। अनुभव सीखनें का महत्त्वपूर्ण हिस्सा है। प्रारंभ में त्रुटियॉ ज्यादा होती हैं परंतु जब हम अभ्यास करते हैं। त्रुटियॉ कम होती हैं एंव ऐसा समय भी आता है जब हम

त्रुटिहीन व्यवहार प्रदर्शित करने लगते हैं। अभ्यास पश्चात् त्रुटियांकी संख्या जब कम होती हैं तो एक ऐसा समय भी आता है जब हम त्रुटिहीन व्यवहार प्रदर्शित करते लगता है। अभ्यास पश्चात त्रुटियों की संख्या जब कम होती हैं तो सीखनें की क्रिया चलती है। बच्चे में रेंगना, बैठना, खड़ा होना सीखना नही है यह उसकी परिपक्वता के कारण होता है। सीखनें की क्रिया में जैसे–चित्रकला सीखना, स्केच करना, रंग भरना प्रारभं मे बच्चा रंग चित्र के बाहर निकलता है परंतु अभ्यास द्वारा बच्चा सही रंग भरने लगता है।

प्राचीन अनुबंधन की प्रकिया–रूसी वैज्ञानिक इवान पी पावलोव द्वारा उद्धीपक अनुक्रिया के संबंध में प्रयोग पश्चात ये परिणाम दिया गया कि जब भोजन प्रस्तुत किया गया जो कुत्ते ने भोजन हेतु लार स्त्राव किया यह सामान्य प्रतिक्रया है अतः भोजन को अनानुबंधित अनुक्रिया कहा जाता है। बाद में पहले घंटे (बजर) की ध्वनि दी गई फिर भोजन दिया गया जो सिर्फ घंटी अनुबंधित उद्धीपक है केवल इसी पर कुत्ते ने लार स्त्रावित करना शुरू कर दिया। स्पष्ट है बजर की ध्वनि केवल उन्मुखी अनुक्रिया सावधान करने की क्रिया उत्पन्न करती है और जब भोजन निरंतर प्रस्तुत किया जाता है तो लार स्त्रावित होने की अनुक्रिया उत्पन्न होती हैं। यहाँ लार स्त्रावण क्रिया अर्जन है, बजर पश्चात भोजन न प्रस्तुत किया जाये ता विलोप घटित होगा अर्थात, अनुक्रिया नही होगी। स्किनर किसी संक्रिया या क्रिया जों कि अनुक्रिया की गति को बढ़ा देती है। पुनर्बलन की क्रिया धनात्मक व ऋणात्मक दो प्रकार हैं। धनात्मक पुनर्बलन या पुरस्कार वह संक्रिया है जो किसी विशिष्ट व्यवहार की शक्ति को बढ़ा देती है, उद्धीपन जो अनुक्रिया को प्रबलित करता है जैसे–पुरस्कार प्राप्त करने के बाद खिलाड़ी और अच्छा खेलने का प्रयास करता है। ऋणात्मक पुनर्बलन अनुक्रिया घटित होने की गति को घटा देता है। जैसे–यदि बच्चें को दंड दे तो वो क्रिया वापिस नही करेंगें जिससे उन्हें दंड मिलता है। संक्रियात्मक अनुबंधन में बच्चा वह कार्य करना सीखतें है जब उसे पुनर्बल प्राप्त होता है सकारात्मक परिणाम होते हैं और जिनसे नाकारात्मक व्यवहार उत्पन्न होता है वे निषेधात्मक परिणाम होते हैं।

प्रशिक्षण की अन्तरण की सार्थकता–एक बार प्राप्त कार्य का ज्ञान केवल उसी प्रमुख कार्य तक ही सीमित नही रहता बल्कि बाद में भी कई स्थितियों में काम में आता है। ज्ञान,कौशल अथवा किसी प्रकार के सीखनें के उपयोग के लिए व्यक्ति की योग्यता को सराहा जाता है। प्रशिक्षण का अन्तरण वह प्रक्रत है जिसमें पहले सीखी हुई ज्ञान/कौशल का उपयोंग नई स्थितियों में किया

जाता है। यदि पहले का सीखा हुआ बाद के सीखनें में बाधा उत्पन्न करता है तो यह ऋणात्मक होता है। यदि पहले का सीखना बाद के सीखनें में सहायक हो तो धनात्मक अन्तरण होता हैं। ज्ञान न सहायक है और न ही बाधा उत्पन करता है तो यह अन्तरण शून्य हो सकता है।

प्रेक्षण द्वारा सीखना—दूसरे के व्यवहार के प्रेक्षण करके नये कौशलों को सीखना सामान्य क्रिया है। प्रेक्षाणात्मक नये कौशलों को सीखना सामान्य क्रिया है। प्रेक्षणात्मक सीखना व्यक्ति के परिवेश में कैसे प्रतिमान (मॉडल) है इस विषय पर निर्भर करता है। जैसे—बालक फिल्म में देखते हैं वैसे ही हिंसा करना सीखते हैं, व्यवहार करते हैं। यह केवल अनुकरण ही नही हैं अपितु एक जटिल प्रक्रिया है।

कौशल सीखना—कौशल सीखनें की क्रिया अत्यन्त महत्त्वपूर्ण है। एक बार जब कौशल अर्जित कर लिया जाता है, व्यक्ति उसे पूरी तरह सीख जाता है, जैसे—कार चलाना, लिखना, समूह नेतृत्व, नृत्य,वाद्य बजाना आदि।

वाचिका सीखना—भाषा सीखनें की क्रिया को वाचिका सीखना कहते हैं मनोवैज्ञानिकों ने यह अध्ययन किया है किस तरह क्रमिक सीखना एंव युग्म साहचर्य सीखनें की विधियों का उपयोग किया जाता है पहले वर्णमाला सीखतें है फिर दो अक्षर, तीन—चार अक्षर के शब्द फिर वाक्य बनाना सीखते हैं।

प्रत्ययों को सीखना—यह वस्तुओं एंव घटनाओं की श्रेणियों को विकसित करने से संबंधित है। इसके द्वारा हम वस्तुओं के मध्य अंतर या भेद समझ सकते हैं साथ ही एक सी वस्तुएं समप्रत्यय की श्रेणी में आते हैं और जटिलता को कम करतें हैं जैसे—अनेक लड़कों को हम कह सकते हैं । ये मूर्त जो प्रत्यक्ष दिखतें है और अमूर्त जो प्रदर्शित नहीं होते जैसे—प्रेम, प्रजातंत्र में भेद करते हैं।

अन्तर्दृष्टि द्वारा सीखनें की प्रक्रिया—कोहलर ने अपने 1917 में किये गये प्रयोगों के आधार पर सीखनें के अन्तर्दृष्टि सिद्वान्त का प्रतिपादन किया। उसके यह प्रयोग दृष्टि विभेदीकरण पर थे। प्रयोग मुर्गियों एवं वनमानुषों पर किये गए। उसने अपने प्रयोग द्वारा सिद्ध किया कि वनमानुष के द्वारा सीखते हैं।

अन्तर्दृष्टि किस प्रकार उत्पन्न होती हैं, इसकी व्याख्या गस्टाल्ट्वादी मनोवैज्ञानिकों ने मुख्यतः पॉच सम्प्रत्ययों के माध्यम से की है। 1. लक्ष्य 2. बाधा 3. तनाव 4. सगंठन 5. पुनः सगंठन।

1. कोई व्यक्ति समस्या का अनुभव तब करता है जब वह लक्ष्य प्राप्त होने में बाधाएं देखता है।

2. बाधा की उपस्थिति में उसमें तनाव उत्पन्न हो जाता है। व्यक्ति में तनाव कितना होगा, यह लक्ष्य के महत्त्व और लक्ष्य की स्पष्टता पर निर्भर करता है।

3. तनाव के कारण व्यक्ति में समस्या और स्थिति का प्रत्यक्षपरख सगठन और पुनः संगठन होता है। संगठन और पुनःस्मरण की प्रक्रियाएँ व्यक्ति में तब तक चलती रहती है जब तक कि व्यक्ति को लक्ष्य प्राप्ति का स्पष्ट प्रत्यक्षीकरण न हो जाए।

अन्तर्दृष्टि की विशेषताएं

1. अन्तर्दृष्टि एकाएक उत्पन्न होती हैं फलस्वरूप त्रुटिपूर्ण अनुक्रियाएं कम होन लगती है।

2. यह प्रायः नवीन परिस्थितियों में उत्पन्न होती हैं।

3. सूझ में प्रत्यक्षीकरण में परिवर्तन होता है। फलस्वरूप प्रयोज्य समस्या समाधान बड़ी सहजता से सपांदित करता है।

4. इसके कारण समस्याओं में एक प्रतिमान अथवा संगठन दिखाई देने लगता है। इसी कारण समस्या का समाधान सहज हो जाता है।

5. अन्तर्दृष्टि में समझ बौद्धिक स्तर आदि का अधिक महत्त्व है।

सम्प्रत्ययों का सीखना–संप्रत्यय एक वर्ग का नाम है। इसमें सामान्यीकरण और विभेदन दोनों ही होते हैं।

सामान्यीकरण–एक व्यक्ति दो या दो से अधिक उद्दीपको, जो कुछ अवस्थाओं में भिन्न होते हैं, के बीच अंतर करना सीखना जैसे–छोटा बच्चा जानवर क्या है, इसे सीखता है।

विभेदन–बाद में वह बिल्ली और कुत्ते में भेद करना सीखता है। इस प्रकार व्यक्ति निम्न कार्य सीखता है।

(i) विभिन्न उद्दीपकों के प्रति भिन्न–भिन्न अनुक्रियाएं करना।

(ii) वस्तुओं के एक समूह में कुछ सामान्य गुण खोजकर उनको एक वर्ग में रखकर नाम देना। एक वस्तु को बताने में सामान्यतः प्रयुक्त होने वाले शब्द संप्रत्यय के उदाहरण है, जैसे–घर, कार, खिलौने, जानवर आदि। सप्रंत्ययात्मक सीखना महत्त्वपूर्ण है। इसकी महत्ता इस बात से प्रकट होती हैं। कि यह बाद में समस्या समाधान में सहायता करता है।

सामाजिक सीखना—व्यक्ति के बड़ें होने के साथ—साथ उसका वातावरण भी विस्तृत हो जाता है। जिसमें व्यक्ति, वस्तुएं और घटनाएं होती हैं। व्यक्ति नई आदतों को सीखता है, उसका वस्तुओं, घटनाओं , व्यक्तियों के प्रत्यक्ष ज्ञान में तथा अभिवृत्तियों में परिवर्तन होना सम्मिलित है। व्यक्ति द्वारा सीखे जाने में बड़ी सीमा तक उसकी अभिवृति में परिवर्तन होना सम्मिलित है। अभिवृत्ति व्यवहार का एक सीखा हुआ तरीका है। यह व्यक्ति को एक वस्तु, व्यक्ति, परिस्थिति अथवा विचार के प्रति लगातार समान क्रिया करने के लिए पूर्वप्रवृत्त करता है। व्यक्ति अपने पर्यावरण में अनेक व्यक्तियों को अपनी आदत तथा अभिवृत्तियों के कारण सम्मानित तथा असम्मानित करना सीखता है।

सामाजिक सीखनें में तीन संप्रत्यय अनिवार्य है।

(i) आदत—यह उद्दीपन और अनुक्रिया के बीच सीखा हुआ संबंध है।

(ii) अनुकरण—यह एक प्रक्रिया है जिसके द्वारा व्यक्ति दूसरे को देखकर नये व्यवहार सीखता है।

(iii) पुनर्बलन—कुछ सामाजिक अनुक्रियाऐं समाज द्वारा पुनबर्लन होती हैं। यदि वे सामाजिक प्रतिमानों के अनुसार स्वीकृत होती हैं। तो व्यक्ति को सीखा हुआ व्यवहार इसके अनुसार ढालना है।

जब किसी विषय की तैयारी करनी होती हैं और अधिक प्राप्त करना चाहते हैं तो आप निम्न बिंदुओं पर ध्यान दे सकते हैं :—

1. किसी खास स्थान पर अध्ययन—शांत, प्रकाश युक्त एवं खुले स्थान में पढ़ना चाहिए, संभव हो तो एक निश्चित स्थान पर अध्ययन करें। उस स्थान को पत्रिकाओं, रेडियो, मित्रों व अन्य बाधाओं से दूर रखें। अर्थात् अध्ययन एक प्रमुख क्षेत्र से दृढ़ता के साथ जोड़े जिससे अध्ययन की शुरूआत आसान होगी।

2. छोटे—छोटे अध्ययन सत्रों में अध्ययन आयोजित करना—परीक्षा से पहले काफी मेहनत से सीखी हुई चीजों को फिर पढ़ना लाजिमी है। यदि आप वास्तव में कुछ विषय पहली बार पढ़ रहे हैं तो रटने की परेशानी हो सकती है। वितरित अभ्यास अध्ययन का एक प्रभावी तरीका होता है। इसमें एक या दो बड़ें सत्रों की तुलना में छोटे—छोटे अध्ययन सत्र सम्मिलित होते हैं।

3. स्मरण के उपायों का उपयोग—मनोवैज्ञानिकों ने स्मृति को उन्नत बनाने के लिए कई तकनीकों का उल्लेख किया है। इनमें से एक स्मृति बढ़ाने की युक्ति है। निमोनिक्स नये सूचनाओं को विचारों या प्रतिमानों से जोड़ते हैं जिन्हें याद करना आसान होता है।

4. अपने को परखने का प्रयास करना—जब आप अध्ययन करते हैं तो परीक्षा में वास्तविक परीक्षण की व्यवस्था कर सकते हैं। दूसरे शब्दो में अध्ययन करने के अंतर्गत फ्लेश कार्डस, सीखनें की जांच, अध्ययन मार्ग, मार्गदर्शन या अपने से प्रश्नो को पूछकर आत्म परीक्षण निहित होता है।

5. विषय को अत्याधिक सीखना—जब आप परीक्षा हेतु तैयार होते हैं तो अतिरिक्त अध्ययन के लिए आपको अपने को अधिक समय देने एवं पुर्निरिक्षण की आवश्यकता होती हैं। प्रायः देखा गया है। परीक्षार्थी कम तैयारी करते हैं।

6. टालमटोल की मनाही—अधिकाशंत छात्रों में टालमटोल की प्रवृत्ति देखी जाती है। वे अंतिम समय तक कार्य को रोक कर रखते हैं। ये लोग केवल दबाव में कार्य करते हैं, कक्षा छोड़ते हैं एवं विलम्ब से कार्य के लिए गलत वजह बताते हैं। इसका सीखना एवं निष्पादन पर ऋणात्मक प्रभाव पड़ता है। औपचारिक समय अनुसूची का उपयोग और प्रमुख लक्ष्य का निर्धारण अच्छे ढंग से अध्ययन करने में सहायक हो सकता है।

सीखनें की प्रक्रिया—सीखना एक प्रक्रिया होती हैं इस प्रक्रिया में तीन मुख्य घटक हैं—सीखनें वाला (प्राणी), उद्दीपक और अनुक्रिया। इसको निम्न प्रकार से दर्शाया जाता है। उद्दीपक, प्राणी, अनुक्रिया

(i) उद्दीपक—यह सीखनें वाले के अंदर या बाहर वह कारक है जो किसी क्रियाकलाप को जन्म देता है। यह उद्दीपक एक घटना स्थिति, अवस्था, संकेत अथवा सूत्र हो सकता है जिसके प्रति अनुक्रिया की जाती है।

(ii) प्राणी—सीखनें वाला व्यक्ति होता है

(iii) अनुक्रिया—यह व्यक्ति की एक क्रिया है। कुछ कहना अथवा करना इसके उदाहरण है। अनुक्रिया में व्यक्ति की मांसपेशियां अथवा ग्रंथिया कार्य करती है। अनुक्रियाएं दो प्रकार की हो सकती है। प्रकट और अप्रकट

प्रकट—प्रकट क्रिया दिखायी देती है जैसे—बोलना, नृत्य करना, नाटक करना।

अप्रकट—अप्रकट क्रिया को देखा नही जाता जैसे—संगीत सुनना, चिंतन करना, पढ़ना आदि।

सीखना—सीखना का अर्थ है "अनुभव के फलस्वरूप बिना व्यवहार में परिवर्तन को सीखना नही कहा जाता है। व्यवहार मे स्थायी परिवर्तन को हम व्यक्त करते हैं। सीखना हमें अपने चारो और की चीजों से अनुकूलन तथा अपने परिवेश की अधीन करने में सहायता करता है।

हम कैसे सीखते हैं?–मनोवैज्ञानिकों ने कुछ विधियों के उपयोग द्वारा जटिल व्यवहारो को अर्जित करने के लिए किया है। सीखनें के दो आधारभूत प्रकार हैं अनुबंधन। इसके अलावा सीखना, सप्रत्ययों का सीखना कौशलों का सीखना भी है।

1. प्राचीन अनुबंधन–साहचर्य द्वारा सीखना–रूसी वैज्ञानिक इवान पी पावलोव द्वारा उद्धीपक अनुक्रिया के संबध में प्रयोग पश्चात ये परिणाम दिया गया कि जब भोजन प्रस्तुत किया गया जो कुत्ते ने भोजन हेतु लार स्त्राव किया यह सामान्य प्रतिक्रिया है अतः भोजन को अनानुबंधित अनुक्रिया कहा जाता है। बाद में पहले घंटे की ध्वनि दी गई फिर भोजन दिया गया जो सिर्फ घंटी अनुबंधित उद्धीपक है केवल इसी पर कुत्ते ने लार स्त्रावित करता शुरू कर दिया। स्पष्ट है बजर की ध्वनि केवल उन्मुखी अनुक्रिया सावधान करने की क्रिया उत्पन्न करती है और जब भोजन निरंतर प्रस्तुत किया जाता है तो लार स्त्रावित होने की अनुक्रिया उत्पन्न होती हैं। यहॉ लार स्त्रावण क्रिया अर्जन है, बजर पश्चात भोजन न प्रस्तुत किया जाये तो विलोप घटित होगा अर्थात, अनुक्रिया नहीं होगी।

2. नैमित्तिक अनुबधंन–माता पिता द्वारा प्राप्त प्रशंसा प्रंशनीय कार्य पर और दण्ड गलत व्यवहार करने पर बच्चे प्राप्त करते हैं इसे संक्रियात्मक अनुबंधन कहते हैं। प्राणी सकारात्मक परिणाम वालों को सीखना और दोहराना चाहता है और निषेधात्मक परिणाम होने वाली घटनाओं और व्यवहारों से बचना चाहते हैं।

पुनर्बलन और सीखना– स्किनर ने पुनर्वलन को " किसी संक्रिया या क्रिया जो कि अनुक्रिया की गति को बढ़ा देती है परिभाषित किया।

अ. धनात्मक पुनर्बलन–वह संक्रिया है जो किसी प्रमुख व्यवहार के शक्ति को बढ़ा देती है। धनात्मक पुनर्बलन वह उद्धीपन है जो अनुक्रिया को बढ़ाता है जो उससे पहले घटित हो चुकी है। जैसे–भोजन देना।

ब. ऋणात्मक पुनर्बलन–अनुक्रिया की गति को बढ़ाने का दूसरां यह तरीका है इसके अन्तर्गत पीड़ादायक उद्धीपक जैसे–विद्युत आघात, तेजी से दौड़ाना आता है।

पुनर्बलन अनुसूची–यह आंशिक अथवा निरन्तर पुनर्बलन हो सकता है। सतत पुनर्बलन की स्थिति में, प्रत्येक सही अनुक्रिया पुनर्बलित की जाती है। सतत नए व्यवहार को स्थापित या प्रचलित करने के लिए है दूसरी तरफ आंशिक पुनर्बलित अर्जित व्यवहार को जारी रखने में महत्त्वपूर्ण है।

3. प्रेक्षाणात्मक सीखना–मॉडलिंग– दूसरों के व्यवहार का प्रेक्षण करके नये कौशलों को सीखना सामान्यक्रिया है। प्रेक्षणात्मक सीखना व्यक्ति के परिवेश में स्थिर उपयुक्त प्रतिमानों के अस्तित्त्व पर निर्भर करता है जैसे–बच्चे टेलिविजन पर हिंसा देखकर वैसा ही व्यवहार करते हैं। इसके द्वारा हम अनेक सामाजिक भूमिकाएं सीखते हैं यह एक जटिल प्रक्रिया है।

सीखनें के अन्य प्रकार

1. वाचिका सीखना–भाषा सीखनें की क्रिया को वाचिका सीखना कहते हैं मनोवैज्ञानिकों ने यह अध्ययन किया है किस तरह क्रमिक सीखना एवं युग्म साहचर्य सीखनें की विधियों का उपयोग किया जाता है।

2. प्रत्ययों को सीखना–यह वस्तु एंव घटनाओं की श्रेणियों को विकसित करने से सम्बन्धित है। एक साथ जुड़ी वस्तुएं समप्रत्यय की श्रेणी में आते हैं। ये जटिलता को कम करने में सहायक होते हैं। जैसे–अनेक लड़कों को हम लड़कें कह सकते हैं। ये मूर्त और अमूर्त रूप में भी वर्गीकृत किया जा सकता है। मूर्त में जो दिखते हैं जैसे–लड़की–लड़का, सेब,केला, गुलाब, गाय, अमूर्त जैसे–स्नेह, प्रजातंत्र, लोकतत्र।

3. कौशलों को सीखना–कौशल सीखनें की क्रिया अत्यन्त महत्तवपूर्ण है। एक बार जब कौशल अर्जित कर लिया जाता है। तो व्यक्ति उसे पूरी तरह सीख जाता है, उसे आसानी एवं आराम से निष्पादित करने लगता है जैसे–कार चलाना, लिखना, समूह का नेतृत्व

प्रशिक्षण का अन्तरण–प्रशिक्षण का अन्तःकरण वह प्रक्रम है जिसमे पहले सीखी हुई का उपयोग नई स्थितियों मे किया गया हैं। यदि पहलें का सीखना बाद के सीखनें में सहायक है तो यह धनात्मक अन्तरण है। यदि पहले का सीखना बाद के सीखनें में बाधा उत्पन्न करता है तो यह ऋणात्मक अन्तरण है। यदि पहले का सीखना बाद के सीखनें में न तो सहायक है न ही बाधा उन्पन्न करता है तो अन्तरण शशून्य हो जाता है।

सीखनें के दौरान प्रयास एंव प्रेरणा दोनों का ही उपयोग महत्त्वपूर्ण है तो किसी भी विषय को हम सरल बना सकते हैं। अध्ययन स्थल शशांत, प्रकाशयुक्त, खुला होना चाहिए। हमें अध्ययन•को पूरा एक समय में करने की जगह कई बार टुकड़ो में करना चाहिए (वितरित अभ्यास अध्ययन) नई सूचनाओं को विचारो व प्रतिमाओं से जोड़ना जो याद रखनी आसान है (निमोनिक्स) द्वारा हम ज्यादा स्मरण रख सकते हैं। आत्म परीक्षण करके स्वंय का मूल्यांकन करके देखना

चाहिए कि स्वंय कितना याद है। परीक्षा के समय अतिरिक्त अध्ययन के लिए समय देना चाहिए जिससे पुर्निरीक्षण कर सकें। कौशल सीखनें की क्रिया अत्यन्त महत्त्वपूर्ण है। एक बार जब कौशल अर्जित कर लिया जाता है। तो व्यक्ति उसे पूरी तरह सीख जाता है, उसे आसानी एवं आराम से निष्पादित करने लगता है जैसे–कार चलाना, लिखना, समूह का नेतृत्व

प्रशिक्षण का अन्तरण–प्रशिक्षण का अन्तःकरण वह प्रक्रम है जिसमे पहले सीखी हुई का उपयोग नई स्थितियों मे किया गया हैं। यदि पहलें का सीखना बाद के सीखनें में सहायक है तो यह धनात्मक अन्तरण है। यदि पहले का सीखना बाद के सीखनें में बाधा उत्पन्न करता है तो यह ऋणात्मक अन्तरण है। यदि पहले का सीखना बाद के सीखनें में न तो सहायक है न ही बाधा उन्पन्न करता है तो अन्तरण श्शून्य हो जाता है। सीखनें के दौरान प्रयास एंव प्रेरणा दोनों का ही उपयोग महत्त्वपूर्ण है तो किसी भी विषय को हम सरल बना सकते हैं। अध्ययन स्थल शांत, प्रकाशयुक्त, खुला होना चाहिए। हमें अध्ययन को पूरा एक समय में करने की जगह कई बार टुकड़ो में करना चाहिए (वितरित अभ्यास अध्ययन) नई सूचनाओं को विचारो व प्रतिमाओं से जोड़ना जो याद रखनी आसान है (निमोनिक्स) द्वारा हम ज्यादा स्मरण रख सकते हैं। आत्म परीक्षण करके स्वंय का मूल्यांकन करके देखना चाहिए कि स्वंय कितना याद है। परीक्षा के समय अतिरिक्त अध्ययन के लिए समय देना चाहिए जिससे पुर्निरीक्षण कर सकें। सीखनें का अर्थ है अनुभव के द्वारा व्यवहार में स्थायी परिवर्तन है। अनुभव सीखनें का महत्त्वपूर्ण हिस्सा है। प्रारंभ में त्रुटियॉ ज्यादा होती हैं परंतु जब हम अभ्यास करते हैं। त्रुटियॉ कम होती हैं एंव ऐसा समय भी आता है जब हम त्रुटिहीन व्यवहार प्रदर्शित करने लगते हैं। अभ्यास पश्चात् त्रुटियांकी संख्या जब कम होती हैं तो एक ऐसा समय भी आता है जब हम त्रुटिहीन व्यवहार प्रदर्शित करते लगता है। अभ्यास पश्चात त्रुटियों की संख्या जब कम होती हैं तो सीखनें की क्रिया चलती है। बच्चे में रेंगना, बैठना, खड़ा होना सीखना नही है यह उसकी परिपक्वता के कारण होता है। सीखनें की क्रिया में जैसे–चित्रकला सीखना, स्केच करना, रंग भरना प्रारभं मे बच्चा रंग चित्र के बाहर निकालता है परंतु अभ्यास द्वारा बच्चा सही रंग भरने लगता है।

□□□

4

स्मरण और विस्मरण-एक ही सिक्के के दो पहलू

सीखना नये व्यवहारो का अर्जन है, स्मृति सूचनाओं के भंडारण का ऐसा प्रक्रम है, जिसमें से आवश्यतानुसार सूचनाओं को पुर्नप्राप्त या याद किया जा सकता हैं। यह क्रिया मस्तिष्क में चोट लगने पर स्मृति खो सकते हैं। स्मृति सूचना के भडंरण में निहित कई प्रक्रिया का सेट है या समुच्चय है और इस प्रमुख प्रक्रिया को हम धारण कहते हैं। स्मृति सक्रिय मानसिक व्यवस्था है, जो सूचनाओं को ग्रहण कर उनका सकेतन और स्मरण करती हैं। यह अप्रत्यक्ष प्रक्रिया है इसकी तीन आधारभूत विधियॉ हैःपुनः स्मरण, पहचान और पुनःसीखना

पहचान—पहचान वह प्रकिया है जिसमें उद्धीपन (जिसे पहचानना है) का मिलान स्मृति में पूर्व उपस्थित चित्रों से करके मिलता—जुलता उद्धीपन खोजन का प्रयास करते हैं जैसे—कोई व्यक्ति पहचानना है तो स्मरण हेतु उससे मिलता हुआ चेहरा हम खोजते हैं।

पुनर्स्मरण—वह प्रक्रिया है जिसमें सामान्य उद्धीपन का उपयोग करते हैं और स्मृति से सूचना खोजने का प्रयास किया जाता है आपको किसी प्रश्न का उत्तर—देना है तो आप पुनर्स्मरण का ही उपयोग करते हैं।

पुनः सीखना–पुनःसीखना किसी सामग्री को दूसरी बार सीखनें का तरीका है इस क्रिया में पहली बार सीखनें से कम समय लगता है।

स्मृति की अवस्थायें–स्मृति की तीन अवस्थाएं होती हैं– सांवेदिक स्मृति, अल्पकालिक स्मृति एंव दीर्घकालिक स्मृति।

सांवेदिक पंजिका में कई सूचनाएँ सांवेदिक स्मृति में आती है, उनमें से अधिकतर सूचनाएं समाप्त हो जाती है क्योंकि हम उनको सूचीबद्ध सूचना बनाकर नही रखतें। जो ध्यान रहता है वह स्मृति अल्प–कालीन बन जाती है।

अल्पकालिक स्मृति–अल्पकालिक स्मृति की अवधि बहुत कम होती हैं सीमित क्षमता होती हैं। इसमें एक समय में 5 से 9 इकाइयों वाली संख्या और सूचनाएं जैसे–टेलिफोन नंबर स्मरण रखने की क्षमता होती हैं। क्षमता गुच्छित करके बढ़ायी जा सकती हैं।

दीर्घकालिक स्मृति–जब हम किसी सूचना पर ध्यान देते हैं उसका अभ्यास करते हैं तो वह सूचना हमे दीर्घकालिक स्मृति में भंडारित होती हैं। स्मृति के कारण ही हम तथ्यात्मक सूचनाए याद करते हैं विभिन्न विषयों को याद रखते एवं दूसरे लोगों से विचारो का आदान–प्रदान करते हैं।

विस्मरण या भूलना–कभी कुछ सूचना को हम याद नही रख पाते यह क्रिया विस्मरण है। इसके कई कारण है।

1. **क्षय**–समय बीतने के साथ स्मृति चिन्ह के धुधला होने से विस्मरण होता है।

2. **बाधा**–व्यक्ति द्वारा सीखी पुरानी आदतों के मजबूर होने के कारण नये ज्ञान या नयी आदत को न सीखना पाना भी विस्मरण का कारण है।

3. **अभिप्रेरित विस्मरण**–फ्रायड के अनुसार जो कुछ हमारे लिए अप्रिय, पीड़ादायी, भयावहं से वह प्रायः भुला दी जाती है। ये प्रक्रिया भी कहलाती है।

4. **उद्दीपक कूट संकेतक**–हमारे अनुभव किसी विशेष परिस्थिति में कैसे होते हैं यदि फिर वापिस वहीं स्थिति उत्पन्न होती हैं तो वह हमें स्मरण रहेगा अन्यथा उसे हम भूल जाते हैं।

5. **संसाधन का स्तर**–जब हम किसी कौशल को सीखते हैं, विस्तार से ध्यान देते हैं। यदि हम उसकी उपेक्षा कर केवल सतही तौर पर उसका ध्यान करें तो विस्मरण हो सकता है।

स्मृति में सुधार के उपाय

1. गहन संसाधन–दीर्घकालिक स्मृति हेतु जरूरी है कि सावधानी पूर्वक योजना बनाये, सूचना समझें और अपने ज्ञान के साथ जोड़ना सीखना और याद करनें में सहायक होते हैं। यदि गहराई से जोड़ा जाए सामग्री याद रहेगी ये अभ्यास पर भी निर्भर करता है।

2. सावधानीपूर्वक ध्यान देना– सीखी जा रही सामग्री सावधानीपूर्वक ध्यान में रखने की चेष्टा करें। पूरा ध्यान उस पर केन्द्रित करें।

3. व्यक्तिकरण को कम करना–समान अध्ययन सामग्री साथ में न पढ़ें जैसे–व्यक्तिकरण संभव हो सीखी जाने वाली सामग्री में समानता होगी तो व्यक्तिकरण के कारण वह स्मृति मे नही रहेगी। जैसे–हिन्दी और संस्कृत साथ न पढ़े।

4. विपरीत–स्मरण हेतु अध्ययन को छोटे भाग मे विभाजित कर अभ्यास करें। जिससे याद रहें। उन्हें रटने की कोशिश न करें।

5. स्मृति में सहायक युक्तियों का उपयोग–स्वनिर्मित सूत्रों, संकेतों और चिन्ह के उपयोग द्वारा स्मरण रख सकते हैं।

6. शॉर्ट हैडं के संकेतक–लम्बी सूची को याद करने के लिए आप अपना शार्ट संकेतक बना सकतें है। जैसे–:VIBGYOR-violet, indigo, blue, green, yellow, oraN%e, red. इन्द्रधनुष के सात रंग क्रमबद्ध याद रखना आसान है।

स्मृति के प्रकार–मनोवैज्ञानिकों ने चार प्रकार में व्यवस्थित किया है।

1. अर्थपरक– ज्ञान, अर्थ एंव सामान्यीकृत अनुभव जो भी घटना हम पुस्तकं से सीखनें है वह इसी श्रेणी में आते हैं।

2. घटना परक–इसके अन्तर्गत निजी अनुभव सम्मिलित जो अनुभव आप सारे दिन में करते हैं वे सिर्फ आपको याद रहतें है।

3. विधिपरक–कुछ निश्चित चीजों और निश्चित क्रियाओं को सपादित करने के तरीकों या क्रियाओं को संपादित करनें के तरीकों या क्रियाओं को ढंग से स्मृति का सम्बन्ध है।

4. अधिपरक–व्यक्ति को अपनी स्मृति के विषय मे जानकारी होती हैं कि उन्हें क्या याद रहेगा। यह स्मृति के लिए स्मृति है।

स्मृति और रचानात्मकता–जब हम सूचनाओं का कूट संकेतन, भंडारण या पुनप्राप्ति करते हैं तो हम सक्रिय होते हैं हमारा पूर्व अनुभव एंव स्मृतियां भी कार्यों को प्रभावित करते हैं जिससे हम घटनाओं, चलचित्रों, भंडारो की स्मृति को रचानात्मक कार्यों में संलग्न कर सकते हैं अनुभव की गई सामग्री है उसे जोड़ते हैं और फैलाते हैं। स्मृतियां परिवर्तन के प्रति ग्रहणशील होती हैं।यही हम किसी वस्तु या अनुभव के साथ उसका मानसिक चित्रण यानि प्रतिमा के साथ जोड़कर याद करें तो हमे अधिक समय तक याद रहेगा।

दमनःदुखदायी घटनाओं को भूलना–वे घटनाएं और अनुभव जो दुखदायी होती हैं। हमारी चेतना से हटा दी जाती है ''दमन' कहलाती है। इससे उत्पन्न समस्याओं के कारण व्यक्ति को मनोवैज्ञानिक समस्या हो सकती है।

स्मृति लोप–किसी बीमारी, चोट या मादक द्रव्यों के सेवन के कारण स्मृति का खो जाना या विलोप होना है जिन्हें कोरसाकौफ, सिन्ड्रोम और एलजाइमर रोग कहा जाता है।

(i) कोरसाकौफ सिन्ड्रोम– अधिक समय तक मद्यपान करने के कारण होती हैं इससे पहले की घटनाओं को भी वो रख नहीं पातें। ये दीर्घकालिक स्मृति रखने वाले मस्तिष्क के भाग थैलेमस और हाइपोथैलमस से संबधित है क्षतिग्रस्त हो गए है।

(ii) एलजाइमर रोग–अधिक आयु में स्मृति लोप हो जाती है रोगी की हालात बिगड़ जाती है। वह सरल करने में भी असमर्थ हो जाती है पहचान नहीं पाते।

स्मृति की तीन विधियाँ–पुनः स्मरण, पहचान और पुनःसीखना।

पहचान–पहचान वह प्रक्रिया है जिसमें उद्धीपन (जिसे पहचानना है) का मिलान स्मृति में पूर्व उपस्थित चित्रों से मिलता–जुलता उद्धीपन खोजनें का प्रयास करते हैं जैसे–कोई चेहरा पहचान कर याद रखना है तो उससे मिलता हुआ चेहरा हम खोजते हैं।

पुनःस्मरण–वह प्रक्रिया है जिसमें सामान्य उद्धीपन का उपयोंग करते हैं और स्मृति से सोचना खोजनें का प्रयास किया जाता है आपको किसी प्रश्न का उत्तर–देना है तो आप पुनस्मरण का ही उपयोग करते हैं अपनी स्मृति को दोहराकर उत्तर–देते हैं।

पुनःसीखना–पुनःसीखना किसी सामग्री को दूसरी बार सीखनें का तरीका है इस क्रिया में पहली बार सीखनें से कम समय लगता है। जैसे–दुबारा कार चलाना सीखना।

स्मृति की अल्पकालीन और दीर्घकालीन अवस्था

अल्पकालीन स्मृति–अल्पकालीन स्मृति कीअवधि बहुत कम होती हैं। सीमित क्षमता होती हैं। इसमें एक समय में 5 से 9 इकाइयों वाली संख्या और सूचनाएं जैसे–टेलिफोन नंबर स्मरण रखने की क्षमता होती हैं, क्षमता गुच्छित करके बढ़ायी जा सकती है। जैसे–123456789 को 123, 456, 789 करके आसानी से याद रख सकते हैं।

दीर्घकालिक स्मृति–जब हम किसी सूचना पर ध्यान देते हैं उसका अभ्यास करते रहते हैं तो वह सूचना हमें दीर्घकालिक स्मृति में भण्ड़ारित होती हैं। दीर्घकालिक स्मृति के कारण ही हम तथ्यात्मक सूचनाएं याद रखते हैं विभिन्न विषयों को याद रखतें है एवं दूसरे लोगों से विचारो का आदान–प्रदान करते हैं। स्मृति एक जटिल, संरचनात्मक मानसिक प्रक्रिया हैं ये मानव–व्यवहार के सीखनें या अधिगम से संबधित हैं। स्मृति की कुछ परिभाषाएं निम्न है।

1. **वुडवर्थ** के के अनुसार " पूर्व में सीखी हुई बातों कों ध्यान में रखना ही स्मृति है।"

2. **विलियम जेम्स** के अनुसार " स्मृति किसी तथ्य या घटना का ज्ञान है जिसके बारे में अतीत या पूर्व में अधिक तथा वर्तमान चेतना में कम चिंतन या अनुभव किया जाता है।"

3. **हिलगर्ड** के अनुसार " पूर्व में अधिगमित क्रियाओं के चिन्हों को वर्तमान समय में व्यक्त करने का प्रदर्शन करने की योग्यता ही स्मृति है।"

4. **आइजैक** के अनुसार "स्मृति व्यक्ति की वह योग्यता है। जिसके द्वारा वह पहले अधिगम की हुई प्रक्रियाओं से संरचना एकत्रित करता है। फिर प्राप्त सूचनाओं कें प्रमुख उत्तेजनाओं के प्रत्युत्तर में पुनरूव्यक्ति करता है।"

5.**रेवन** के अनुसार "अपने पूर्व अनुभवों को संचित करना और उनकों ग्रहण करने के कुछ समय बाद पुनः चेतना में लाने की क्षमता को स्मृति कहते हैं। स्मृति की उपर्युक्त परिभाषाओं के आधार पर उसकी प्रमुख विशेषताएं निम्नलिखित है–

1. अधिगम–स्मृति में अधिगम निहित रहता है। इस अधिगम का निर्माण पूर्व अनुभवों, पूर्व ज्ञान तथा संबंधित क्रियाओं से होता है।

2. स्मृति बिन्दू–स्मृति में स्मृति चिन्ह पाये जाते हैं। अतः यह एक जैव रासायनिक क्रिया भी कहलाती है।

3. मनोशारीरिक–कुछ मनोवैज्ञानिक इसे मनोशारीरिक प्रक्रिया के रूप में स्थापित मानते हैं।

4. महत्त्पूर्ण प्रक्रिया– स्मृति मानव जीवन के दैनिक उपयोग में आने वाली एक महत्त्वपूर्ण प्रक्रिया है। इसके अभाव में हम वस्तुओं, व्यक्तियों, स्थानों के सुखद एवं दुःखद अनुभवों को याद नहीं कर पाते, न ही किसी प्रकार का शैक्षिक, व्यावसायिक प्रशिक्षण एवं अधिगम संभव हो पाता है।

5. ग्राह्यता–स्मृति में विषय–वस्तु की धारणा या ग्राह्यता भी अन्तर्निहित रहती है। विषय वस्तु को चेतन स्तर पर अधिक अवधि तक रखनें की प्रक्रिया भी स्मृति का अंग है।

6. पुनर्वहन–स्मृति द्वारा व्यक्ति पूर्व अनुभवों को प्रायः पुनर्वहन करने या दोहरा सकने की स्थिति में होता है।

विस्मरण के लिए उत्तर–दायी कारण –जब हमें सूचना की आवश्यकता होती हैं तो कई बार उसे हम याद नहीं कर पाते, क्योंकि इन सूचनाओं को हम भुल चूके होते हैं, इसे विस्मरण कहते हैं। इसके कई कारण है।

1. क्षय–समय बीतने के साथ स्मृति चिन्हों के धुधंला पड़ने या ह्मस होने के कारण विस्मरण होता है। पर कुछ स्मृतियां कभी समाप्त नहीं होती वे अच्छी तरह संरक्षित रहती है। इसलिए समय बीतने को विस्मरण के कारक के रूप उत्तर–दायी नही माना जा सकता है।

2. बाधा या व्यक्तिकरण–व्यक्तिकरण सिद्वान्त के अनुसान स्मृति में अत्याधिक कमी के साथ स्मृति अवशेषों के धुधंला पड़ने या नष्ट होने के कारण नही होता है। इसके विपरीत जब हम कुछ याद रखना चाहते हैं तो सीखनें के बाद बीतने वाली अवधि में क्या अतीत होता है, इसके कारण होती हैं। दो प्रकार के ऐसे व्यक्तिकरण पाये जाते हैं, पृष्ठोन्मुख व्यक्तिकरण एवं अग्रोन्मुख व्यक्तिकरण। यह पहले और बाद में एकत्रित की गई सूचना के बाधा के कारण हो सकता है।

3.अभिप्रेरित विस्मरण–फ्रायड ने बताया कि हम जो कुछ भूलते हैं, वह प्रायः अभिप्रेरित होता है। अप्रसन्नता पीड़ादायी अथवा भयावहं स्थितियां प्रायः भूला दी जाती है अथवा फ्रायड के अनुसार अवदभित कर दी जाती है। (रक्षा प्रक्रिया)। जो कुछ हमारे लिए अवदायी या अप्रसन्नतादायक है, उसे हम भूलना चाहते हैं।

4.उद्दीपक कूट संकेतक–सूचनाओं के कूट संकेत का तरीका एवं इसका संदर्भ, धारणा में महत्त्पूर्ण भूमिका निभाते हैं। हमारे अनुभव किसी परिस्थिति में अवस्थित होते हैं एवं निश्चित तरह से कूट संकेतित किये जाते हैं। यदि बाद में पुन प्राप्ति (याद) करते समय स्थितियाँ मूलभूत संकेत के समय जैसे–होती हैं, तो स्मृति बनी रहती है।

5.संसाधन के स्तर–जब हम किसी सामग्री को सीखते हैं और उस पर विस्तार से ध्यान देते हैं तो गहराई के स्तर पर जाकर उसका संसाधन करते हैं। इसके विपरीत हम उसकी उपेक्षा कर सकते हैं और केवल सतही स्तर पर ध्यान दे सकते हैं। यह भी विस्मरण का एक कारण हो सकता है।

स्मृति में सुधार लाने की युक्तियां–मनोवैज्ञानिकों के अनुसार स्मृति को बढ़ाना ताकि और अधिक सूचनाओं व तथ्यों को स्मरण रखा जा सके, थोड़े से ही रियाज से संभव है। स्मृति को उन्नत करने वाली कुछ युक्तियां निम्न प्रकार हैं–

1.गहन संसाधन–यदि कुछ सीखते समय व्यक्ति यह चाहते हैं कि वह सूचना दीर्घकालिक स्मृति में जाए तो उसे इस युक्ति के बारे में सोचना होगा। सावधानीपूर्वक योजना बनाने और सूचना का अर्थ समझना और इसे अपने ज्ञान के साथ जोड़ने, सीखनें और याद करने में सहायक होता है। किसी सामग्री को स्मृति में धारणा करना मुख्य रूप से दो भयावहं पर निर्भर करता है, गहराई जिससे याद किया गया है और दूसरा सामग्री को याद करने के लिए कितना अभ्यास किया गया है।

2. सावधानीपूर्वक ध्यान देना– यह सुनिश्चित करने हेतु कि सीखी जाने वाली चीज दीर्घकालिक स्मृति में बनी रहे, सीखी जा रही सामग्री को सावधानीपूर्वक ध्यान में रखने के लिए सचेत रह कर प्रयास करना चाहिए। अतः सूचना को याद करते सयम अपना पूरा ध्यान उस पर केन्द्रित करना चाहिए।

3.व्यक्तिकरण को कम करना–व्यक्तिकरण विस्मरण का एक प्रमुख कारण है, अतः आपको इसे जहां तक हो सके कम करने का प्रयास करना चाहिए। सीखी जाने वाली सामग्री में जितनी समानता होती हैं। उतना ही

अधिक व्यक्तिरण होने की सभावना भी बनी रहती है। अतः अध्ययन को इस ढ़ग व्यवस्थित करना चाहिए जिससे समान विषय एक के बाद एक या लगातार न पढ़े।

4.विपरीत अभ्यास–किसी सामग्री को याद करने हेतु उसे विपरीत अभ्यास द्वारा, जिसमें प्रयासों के बीच में अंतराल हो, सीखना लाभदायक होता है। इस प्रकार अध्याय लंबा होने पर उसे दो या तीन भागों में बाँट ले और एक बार में एक भाग को याद करें। इस भाग को याद करने के बाद ही दूसरे भाग को याद करें।

5.स्मृति में सहायक युक्तियों का उपयोग–लोग घटनाओं कों स्मरण रखने के लिए अनेंक सूत्रों सकेतकों और चिह्नो का उपयोग करते हैं ये स्मृति–चिह्न कहलाते हैं। इस प्रकार स्मरण करने वाला व्यक्ति वस्तुओं और स्थानों को याद करने के लिए कल्पना चित्रों का भी उपयोग कर सकता है। जैसे–किसी नये स्थान की यात्रा करते समय विभिन्न स्थानों को उस स्थान से जुड़ी विभिन्न वस्तुओं के आधार पर याद रख सकते हैं।

6. शार्टहैंड के संकेतक–वस्तुओं की लम्बी सूची को याद करने के लिए अपना शार्टहैंड कूट संकेतक बनाये जा सकते हैं। प्रत्येक शब्द के पहले अक्षर को लेकर एक '' अनोखा'' शब्द बना सकते हैं।

स्मृति की प्रात्यक्षिक की दृष्टि से सक्रिय एवं मानसिक व्यवस्था है। यह सूचना को ग्रहण करती है। उसे कूट (कोड़) भाषा में व्यवस्थित करती है, परिवर्तन करती है, और पुनः उपलब्ध कराती है।

इस प्रकार स्मृति की तीनों प्रक्रियाएँ

1. एनकोडिंग या कूटाकंन–किसी वस्तु या उद्दीपक को गुप्त रूप से सुरक्षित रख लेना। संवेदी अंगों की सूचनाएं, चालक तंत्रिकाओं द्वारा हमारे मस्तिष्क में पहुंचकर उसके घुसकर द्रव्य के गुप्त रूप में स्थिर रहते हैं। इन्हें ही स्मृति चिन्ह भी कहते हैं। इस प्रकार कूटाकंन में सूचना संसाधन होता हैं कूंटाकन एक ऐसी प्रक्रिया है, जिसमें वातावरण से प्राप्त सूचना को जो कि भौतिक रूप में होती हैं उसका इस प्रकार अनुवाद किया जाता है। कि वह स्मृति चिन्हों के रूप मे संकिलित हो जाती है यह एक स्वतंत्र प्रक्रिया है। एनकोडिंग समस्त सूचनाओं का न होकर केवल सार्थक उद्दीपकों का ही होता है।

2. संकलन—एनकोडिंग के बाद की प्रक्रिया संकलन कहलाती है। एनकोडिंग के दौरान प्राप्त सूचनाएं मस्तिष्क के अंदर स्थायी रूप से स्थापित हो जाने पर उसे संकलन की प्रक्रिया के अंतर्गत रखा जाता है। ये सूचनाएं आगामी उपयोग तक सुनिश्चित एवं सुरक्षित रहती है।

3. पुनरूत्पादन—स्मृति की इस नियंत्रित प्रक्रिया के दौरान सकंलित सामग्री में उन सूचनाओं एवं अनुभवों को खोजा जाता है, जिनका तात्कालिक संबंध में कोई सूचना प्राप्त करनी होती हैं। या व्यक्ति किसी अन्य सूचना को याद करना चाहता है। स्मृति पुनरूत्पादन की प्रक्रिया दो प्रकार की होती हैं—

1. अल्पकालिक पुनरूत्पादन
2. दीर्घकालिक पुनरूत्पादन

दीर्घकालिक स्मृति की अपेक्षा अल्पकालीन स्मृति का पुनरूत्पादन शशीघ्रता से होता है। स्मृति व्यवस्था से जुड़े इन विचारों को निम्नांकित चित्र में देखा जा सकता है।

आधुनिक दृष्टिकोण के अनुसार स्मृति के प्रकार

1. अर्थपरक—इसके अंतर्गत ज्ञान, अर्थ एवं सामान्यीकृति अनुभव आते हैं। जो कुछ भी हम पुस्तकों और संसार की घटनाओं के बारे में सूचनाओं से सीखते हैं, वह इसमें सन्निहित होता है।

2. घटनापरक—इसके अंतर्गत व्यक्ति के निजी अनुभव सम्मिलित है। आप दिन में अनेक कार्य करते हैं। वे केवल हमारे अनुभव होते हैं। ये सब घटनापरक स्मृति अंश है।

3. विधिपरक—इसका सम्बन्ध कुछ निश्चित चीजों अथवा निश्चित क्रियाओं को संपादित करने के तरीकों या क्रियाओं के करने के ढंग की स्मृति से है।

4. अधिस्मृति—यह स्मृति के लिए स्मृति है। हम केवल चीजों या घटनाओं को याद नही करते बल्कि यह भी याद करते हैं कि हम क्या याद कर सकते हैं। सीखना नये व्यवहारो का अर्जन है, स्मृति सूचनाओं के भंडारण का ऐसा प्रक्रम है, जिसमें से आवश्यतानुसार सूचनाओं को पुर्नप्राप्त या याद किया जा सकता हैं। यह क्रिया मस्तिष्क में चोट लगने पर स्मृति खो सकते हैं।

स्मृति सूचना के भडंरण में निहित कई प्रक्रिया का सेट है या समुच्चय है और इस प्रमुख प्रक्रिया को हम धारण कहते हैं। स्मृति सक्रिय मानसिक व्यवस्था

है, जो सूचनाओं को ग्रहण कर उनका सकेतन और स्मरण करती हैं। यह अप्रत्यक्ष प्रक्रिया है इसकी तीन आधारभूत विधियॉ है:पुनः स्मरण, पहचान और पुनःसीखना।

पहचान–पहचान वह प्रकिया है जिसमें उद्धीपन (जिसे पहचानना है) का मिलान स्मृति में पूर्व उपस्थित चित्रों से करके मिलता–जुलता उद्धीपन खोजन का प्रयास करते हैं जैसे–कोई व्यक्ति पहचानना है तो स्मरण हेतु उससे मिलता हुआ चेहरा हम खोजते हैं।

पुनर्स्मरण–वह प्रक्रिया है जिसमें सामान्य उद्धीपन का उपयोग करते हैं और स्मृति से सूचना खोजने का प्रयास किया जाता है आपको किसी प्रश्न का उत्तर– देना है तो आप पुनर्स्मरण का ही उपयोग करते हैं।

पुनः सीखना– पुनःसीखना किसी सामग्री को दूसरी बार सीखनें का तरीका है इस क्रिया में पहली बार सीखनें से कम समय लगता है।

स्मृति की अवस्थायें– स्मृति की तीन अवस्थाएं होती हैं– सांवेदिक स्मृति, अल्पकालिक स्मृति एंव दीर्घकालिक स्मृति। सांवेदिक पंजिका में कई सूचनाएॅ सांवेदिक स्मृति में आती है, उनमें से अधिकतर सूचनाएं समाप्त हो जाती है क्योंकि हम उनको सूचीबद्ध सूचना बनाकर नही रखतें। जो ध्यान रहता है वह स्मृति अल्प–कालीन बन जाती है।

अल्पकालिक स्मृति–अल्पकालिक स्मृति की अवधि बहुत कम होती हैं सीमित क्षमता होती हैं। इसमें एक समय में 5 से 9 इकाइयों वाली संख्या और सूचनाएं जैसे–टेलिफोन नंबर स्मरण रखने की क्षमता होती हैं। क्षमता गुच्छित करके बढ़ायी जा सकती हैं।

दीर्घकालिक स्मृति–जब हम किसी सूचना पर ध्यान देते हैं उसका अभ्यास करते हैं तो वह सूचना हमे दीर्घकालिक स्मृति में भंडारित होती हैं। स्मृति के कारण ही हम तथ्यात्मक सूचनांए याद करते हैं विभिन्न विषयों को याद रखते एवं दूसरे लोगों से विचारो का आदान–प्रदान करते हैं।

विस्मृति–कभी कुछ सूचना को हम याद नही रख पाते यह क्रिया विस्मरण है। इसके कई कारण है

1. **क्षय**–समय बीतने के साथ स्मृति चिन्ह के धुधला होने से विस्मरण होता है।

2. बाधा–व्यक्ति द्वारा सीखी पुरानी आदतों के मजबूर होने के कारण नये ज्ञान या नयी आदत को न सीखना पाना भी विस्मरण का कारण है।

3. अभिप्रेरित विस्मरण– फ्रायड के अनुसार जो कुछ हमारे लिए अप्रिय, पीड़ादायी, भयावहं से वह प्रायः भुला दी जाती है। ये प्रक्रिया भी कहलाती है।

4. उद्धीपक कूट संकेतक–हमारे अनुभव किसी विशेष परिस्थिति में कैसे होते हैं यदि फिर वापिस वहीं स्थिति उत्पन्न होती हैं तो वह हमें स्मरण रहेगा अन्यथा उसे हम भूल जाते हैं।

5. संसाधन का स्तर–जब हम किसी कौशल को सीखते हैं, विस्तार से ध्यान देते हैं। यदि हम उसकी उपेक्षा कर केवल सतही तौर पर उसका ध्यान करें तो विस्मरण हो सकता है।

स्मृति में सुधार के उपाय

1. गहन संसाधन–दीर्घकालिक स्मृति हेतु जरूरी है कि सावधानी पूर्वक योजना बनाये, सूचना समझें और अपने ज्ञान के साथ जोड़ना सीखना और याद करनें में सहायक होते हैं। यदि गहराई से जोड़ा जाए सामग्री याद रहेगी ये अभ्यास पर भी निर्भर करता है।

2. सावधानीपूर्वक ध्यान देना–सीखी जा रही सामग्री सावधानीपूर्वक ध्यान में रखने की चेष्टा करें। पूरा ध्यान उस पर केन्द्रित करें।

3. व्यक्तिकरण को कम करना–समान अध्ययन सामग्री साथ में न पढ़ें जैसे–व्यक्तिकरण संभव हो सीखी जाने वाली सामग्री में समानता होगी तो व्यक्तिकरण के कारण वह स्मृति मे नही रहेगी। जैसे–हिन्दी और संस्कृत साथ न पढ़े।

4. विपरीत– स्मरण हेतु अध्ययन को छोटे भाग मे विभाजित कर अभ्यास करें। जिससे याद रहें। उन्हें रटने की कोशिश न करें।

5. स्मृति में सहायक युक्तियों का उपयोग–स्वनिर्मित सूत्रों, संकेतों और चिन्ह के उपयोग द्वारा स्मरण रख सकते हैं।

6. शॉर्ट हैडं के संकेतक–लम्बी सूची को याद करने के लिए आप अपना शार्ट संकेतक बना सकतें है। जैसे–:VIBGYOR-violet, indigo, blue, green, yellow, oraN%e, red. इन्द्रधनुष के सात रंग क्रमबद्ध याद रखना आसान है।

❑❑❑

5

प्रत्यक्षीकरण:यथार्थ की दुनिया का निर्माण

मानव शरीर में सांवेदक अंग नेत्र,नासिका, जिह्म,त्वचा, कान, आंतरिक कान, अस्थि जोड़, पेशियॉ है जो सूचनाएँ एकत्रित करते हैं ये संवेग बाहरी और आंतरिक दुनिया से सूचनाएं एकत्रित करते हैं एंव संकेत के यम में इन सूचनाओं को ससांधित करने हेतु मस्तिष्क को भेजते हैं। मस्तिष्क के विभिन्न क्षेत्र सूचनाओं का पूर्व अनुभव एंव सीखनें के आधार पर संसाधन करते हैं और एक यथार्थ की दुनिया का निर्माण करते हैं जिसे हम प्रत्यक्षीकरण कहते हैं।

अधिकांशः बाहरी दुनिया के बारे में हमारे अनुभव त्रुटिहीन एवं बिल्कुल सही होते हैं। यहॉ हमें अपनें अस्तित्त्व बनायें रखने के एवं समायोजन करनें के लिए अपनें परिवेश के साथ सही सूचना प्राप्त करना एवं परिश्शुद्धता का होना जरूरी है। जैसे–पत्ते का रंग हरा है हमारी ऑखो ने संवेग चाक्षुक सीमा के द्वारा शेष पृष्ठभूमि से अलग रहता है। प्रारूप के प्रत्यक्षीकरण के लिए आवश्यक है कि संदीप्ति में भिन्न दोनों के मध्य पर्याप्त दूरी जैसे–परिरेखा हो।

प्रत्यक्षिक समूहीकरण–मनोवैज्ञानिकों के अनुसार मस्तिष्क के पास प्रत्यक्षीकरणों को संगठित (groupism) करने की जन्मजात क्षमता होती हैं। कुछ ऐसे नियम है जो निश्चित परिणामों को प्रभावित करते हैं।

आकृति–भूमि–सगंठन के निर्धारक

1. **अच्छी आकृति**–सबसे सरल सगंठन में व्यक्ति अत्यंत कम संज्ञानात्मक प्रयास लगाता है।

2. **समीपता**–जो उद्धीपक समय या स्थान के संदर्भ में एक साथ समूहीकृत किया जाता है। जैसे–दो–तीन व्यक्ति पास बैठकर कार्य करते हैं तो हम उन्हें प्रगाढ़ मित्र समझते हैं।

3. **समानता**–सभी चीजों के समान रहते हुए, वों वस्तुएं संरचना में एक जैसे–या समान होती हैं। या समान विशेषता वाली होती हैं, उन्हें एक समूह में प्रत्याशित किया जाता है।

जैसे–एक बाउल में गोल व चोकोर उनको हम अलग करें तो गोल एक समूह मे चोकौर एक समूह में रखेंगे।

4. **पूर्ति**–अपूर्ण चित्रों को पूर्ण करने की प्रवृत्ति लोगों में होती हैं जैसे–आप बिन्दुओं को जोड़कर पूरा चित्र कर लेते हैं।

5. **सततता**– जब चित्र को एक बिना टूटी हुई रेखा में परिभाषित किया जाता है तो यह एक अस्तित्त्व के रूप में दिखायी पड़ती है।

भ्रमः प्रत्यक्षीकरण की त्रुटि–जो हमारे परिवेश में दिखता है वह हमेशा सत्य नही होता हमारे प्रत्यक्षीकरण में प्रायः त्रुटियां हो जाती है। जो प्रतिमा हमारे रेटिना पर आती है। उसकी व्याख्या मस्तिष्क में की जाती है। व्याख्या हमेशा सही नही होती एवं सांवेदिक प्रदत्त की इस गलत व्याख्या को हम भ्रम कहते हैं। रेखाओं के कुछ आकारों को बनाकर ऐसा भ्रम उन्पन्न किया जाता है। जैसे–लंबे दरवाजों पर हम प्लेटों वाले पर्दो का उपयोग कर दरवाजें की लंबाई छुपाकर भ्रम उत्पन्न करते हैं। चाक्षुक भ्रम ऐसी स्थितियां है, जिसमें चाक्षुक सवेदनाओं(नेत्र द्वारा देखना) से मस्तिष्क में भेजी गयी सूचनाएं अस्पस्ट ढंग से समझी जाती है। भ्रम उद्धीपक से सम्बन्धित सामान्य घटना है और विभ्रक एंव अवस्तु बोध मस्तिष्क की विकृति अवस्थाएं होती हैं यह यथार्थ पर आधारित नही होती हैं। जैसे–सिज्रोफेनिया के रोगी द्वारा अनुभव किया गया अवस्तुबोधन।

स्थान का भ्रम– परिवेश के साथ हमारी अन्तःक्रिया का किसी वस्तु को देखा जाता है तो नेत्र के रेटिना पर उल्टा प्रतिबिम्ब बनता है पर उससे सिर्फ दिशा की पता चलती हैं परंतु ऑख से दूरी की सूचना नही मिलती। हमें विभिन्न संकेत उपलब्ध होते हैं और स्थान का प्रत्यक्षीकरण उन्ही के कारण सभंव हो पाता है। ये पद् गहराई, दूरी एवं आकार है।

गहराई–यह प्रेक्षक द्वारा देखी गई दो वस्तुओं के बीच सापेक्षित स्थानगत सीमा (गहराई) को व्यक्त करती है।

दूरी–यह प्रेक्षक एवं वस्तु के मध्य निरपेक्ष स्थानगत सीमा ही पूरी है। दूरी को भौतिक इकाइयों से नापा जाता है। जैसे–मीटर, किलोमीटर।

आकार–किसी भी वस्तु का एक निश्चित भौतिक आकार होता है। व्यक्ति इस भौतिक आकार का अनुभव करता है। एवं इसे प्रत्यक्षीकृत आकार के रूप में जाना जाता है। भौतिक आकार से वह मिलता हुआ या अलग भी हो सकता है। उपलब्ध अनेक संकेतों के कारण हम गहराई एवं दूरी का प्रत्यक्षीकरण करते हैं। इन संकेतों के कुछ जन्मजात होते हैं। और कुछ सीखे हुए होते हैं। इन्हें हम तीन श्रेणी–

(i) चाक्षुशेतर संकेत (ii) द्विनेत्रीय संकेत (iii) एक नेत्रीय संकेत

प्रात्यक्षिक स्थैर्य

जब हम वातावरण में देखते हैं तो हमारे अक्षिपटल पर बनने वाली बाह्म वस्तुओं की प्रतिमा परिवर्तनश्शील होती हैं। जबकि वस्तुओं का प्रत्यक्षीकरण स्थैर्य के रूप में जानते हैं। उदाहरण स्वरूप आपका मित्र आपके थोड़ी दूरी पर खड़ा है तो आपके मित्र की प्रतिमा आपके अक्षिपटल पर निरंतर परिवर्तित होती हैं। वस्तुएं आकार ,प्रारूप, रंग, स्थिति एवं चमक के प्रत्यक्षीकरण में भी अनुभव किए जा सकते हैं।

प्रारूप स्थैर्य

जब हम किसी वस्तु को विभिन्न स्थितियों अथवा कोणों से देखते हैं,तों अक्षिपटल पर बनने वाली प्रतिमा परिवर्तित हो जाती है। एवं रेटिना पर विभिन्न प्रतिमाएँ प्रेक्षिपित की जाती है। जब हम झुकाव या ढलान के बारे में सही रूप से जानने के योग्य होते हैं प्रारूप स्थैर्य है।

आकार स्थैर्य

जब हम एक वस्तु से दूर जाते हैं तो अक्षिपटलीय प्रतिमा दूरी बढ़ने के साथ छोटी होती हैं और पास जाते हैं, तो दूरी घटने के साथ अक्षिपटलीय प्रतिमा बड़ी हो जाती है। प्रत्यक्षीकरण आवश्यकताओं, संवेगों, मूल्यों एवं व्यक्तित्त्व, पुरस्कार, दंड, रूचियों का प्रत्याक्षीकरण पर प्रभाव को प्रदर्शित किया गया है। प्रत्यक्षीकरण चयनात्मक क्रिया है हम वही अनुभव करते हैं जो अनुभव करना चाहते हैं। ऐसा अवधानात्मक प्रक्रियाओं के द्वारा संभव होता है जो हमारे संवेदी अंगों कों बाह्म जगत से चयन की जाने योग्य सूचनाओं को ग्रहण करने के लिए निर्देशित करती है। केवल आवश्यक सूचनाओं को ग्रहण करने के लिए निर्देशित करती है। केवल आवश्यक सूचनाएं ग्रहण की जाती है। और अवांछित सूचनाएँ बाहर कर दी जाती है।

प्रत्यक्षीकरण में निहित मानसिक प्रक्रियाएं–प्रत्यक्षीकरण एक जटिल मानसिक प्रक्रिया है। इसमें अनेक तत्त्व अन्तर्निहित रहते हैं। इन प्रक्रियाओं में–

1.**संग्राहक प्रक्रिया**–संग्राहकों के अभाव में ज्ञान संभव नही है। उत्तेजक संग्राहकों में उत्तेजना उत्पन्न करते हैं। तथा इस उत्तेजना के परिणामस्वरूप स्नायु प्रवाह उत्पन्न होता है। ये स्नायु प्रवाह ज्ञानवाही स्नायु संरचना के द्वारा मस्तिष्क को विभिन्न भाग तक पहुचँता है प्रतिक्षकण के लिए मस्तिष्क यह नियंत्रण केन्द्र आवश्यक होता है। उत्तेजक पदार्थ एक साथ ही अनेक संवेदना उत्पन्न करता है। समस्त सग्राहक अलग–अलग रूप से सूचना एवं संवेदनाएँ एकत्रित करते हैं।

2. **एकात्मक प्रक्रिया**–जब एक ही उत्तेजक से विभिन्न ज्ञानेन्द्रियां उत्तेजित हो जाती है तो सभी ज्ञानेन्द्रियों से प्राप्त स्नायु प्रदाहों में एकीकरण की प्रक्रिया होना आवश्यक है। इस प्रकार किसी वस्तु की अलेग–अलग प्राप्त संवेदनाओं के एकीकरण करने पर ही कुछ अर्थ निकाला जा सकता है।

3. **प्रतीकात्मक प्रक्रिया**–प्रत्यक्षीकरण एक प्रतीकात्मक प्रक्रिया हैं। जब तक प्राप्त स्नायु आवेगों को संगठित करके पूर्व अनुभवों से जोड़ता नही तब तक किसी भी वस्तु का प्रत्यक्षीकरण नही हो सकता। अतः प्रत्यक्षीकरण हेतु पूर्व स्थित प्रतीकों का होना आवश्यक है। जिसमें पूर्व अनुभवों को वर्तमान संवेदनाओं से जोड़ा जा सके।

4. **भावनात्मक प्रक्रिया**–किसी उत्तेजना का प्रत्यक्षीकरण उसके प्रति भावात्मक प्रक्रिया उत्पन्न करता है। संग्राहको के विषय क्षेत्र में आने वाली

उत्तेजना से या तो सुखद, दुःखद या तटस्थ भाव उत्पन्न होते हैं। अपने मित्रों, परिजनों से लबी अवधि के उपरांत मिलने पर सुखद अनुभव होता है। कुछ व्यक्तियों को देखने पर दुःखद या तटस्थ भाव आते–जाते हैं। यह सब हमारे पूर्व अनुभवों के ऊपर निर्भर करता है।

प्रत्यक्षीकरण की प्रमुख विशेषताएं निम्न प्रकार से है–

1. एकता एवं संगठन–प्रत्यक्षीकरण एक संगठित प्रक्रिया है, जिसमें विभिन्न संवेदनाएं एकीकृत रूप से बनी रहती हैं इसी से किसी वस्तु का प्रत्यक्षीकरण होता है। इसलिए किसी फल या वस्तु की संवेदनाएं अलग–अलग संग्राहको से होती हुई एक प्रकार से सगंठित होकर उस फल या वस्तु का प्रत्यक्षीकरण कर देती है।

2. अवधान एवं चुनाव–हर क्षण वातावरण के विभिन्न उत्तेजक हमारे संग्राहकों पर अपना प्रभाव छोड़ते रहते है। फिर भी सभी समान रूप से संग्राहकों को प्रभावित करने में असमर्थ रहते है। उन उद्दीपनों में से कुछ एक ही संग्राहकों के सीमांत तक पहुँचकर अपनी ऊर्जा का प्रवाह करते हैं। यह उद्दीपन ऊर्जा की स्नायु आवेगों के रूप में परिवर्तित होकर हमारे मस्ति क तक पहुँचती है। उन सैकड़ों उद्दीपाकें में से एक–दो ही हमारे अवधान या चेतना के केन्द्र में संकेन्द्रित हो पाने की शक्ति रखते है।

3. स्थिरता एवं दृढ़ता–प्रत्यक्षीकरण के अंतर्गत आने वाली वस्तुएं या घटनाएं हमारे समक्ष उस वस्तु या घटना को मूर्त–रूप से प्रस्तुत करती है, जो वस्तु सार्थकता लिए होती है। उन पर हमारा ध्यान शशीघ्रता से केन्द्रित हो जाता है। इस ध्यान केन्द्रीकरण की स्थिति में काफी समय तक स्थिरता बनी रहती है। वस्तुओं पर एक बार प्रत्यक्षीकरण हो जाने पर, तब वे ही वस्तुएं पुनः हमारे समाने उपस्थित होती है। तो उन पर हमारा ध्यान सरलतापूर्वक स्थिर हो जाता है। स्थिरता की दशा में यह ध्यान क्रमिक अवस्थाओं में दृढ़ होता चला जाता है।

4. अधिगम एवं पूर्व अनुभव–बिना पूर्व अनुभव के किसी वस्तु का प्रत्यक्षीकरण असंभव है। जिस वस्तु, घटना, आविष्कार, पशु–पक्षी आदि से हम पूर्व परिचित नहीं होते हैं, उनका प्रत्यक्षीकरण संभव नही है। उन वस्तुओं के पूर्व अनुभवों के अभाव में उनका पूर्ण ज्ञान प्राप्त करना एक कल्पना मात्र ही है। हम जिन किन्हीं वस्तुओं, घटनाओं या व्यक्तियों का जो प्रत्यक्षीकरण करते हैं, उनके पीछे हमेशा कोई न कोई पृष्टभूमि अवश्य ही होती है। चित्रात्मक वस्तुओं में यह पृष्टभूमि स्पष्ट तथा हमारे समक्ष विद्यमान होती है। 'अमूर्त वस्तुओं' में उपरोक्त रूप से

ही रहती है। उदाहरण के लिए किसी भी ऐतिहासिक या वर्तमान की घटना का जन्म किसी न किसी पृष्टभूमि में होता है। पृष्टभूमि किसी वस्तु विचार या घटना की आकृति को सुसंगठित करती है। उभार लाती है तथा उसे पूर्णता प्रदान करती है। आकृति और पृष्टभूमि के लिए निम्नलिखित तत्त्वों को निर्धारक के रूप्प में माना जाता है।

1. **प्रकाश**–यदि आकृति और पृष्टभूमि दोनो के प्रकाश की एक समान मात्रा है तो हम आकृति एवं पृष्टभूमि में विभेद स्थापित नही कर सकते हैं। इसलिए विद्युत सजावट के समय आकृतियों को पृथक करने हेतु मरकरी, नियोन, सोडियम एवं रंग–बिरंगे बल्ब लगाये जाते है।

2. **आकार**–जब दो विषम आकार की वस्तुएं हमारे सामने आती है। तो प्रायः छोटी वस्तु आकृति का अथवा लम्बी वस्तु पृष्टभूमि का कार्य करती है।

3. **पूर्णता**–चारों और से घिरा क्षेत्र आकृति का आकार ग्रहण कर लेता है तथा शेष पृष्टभूमि का कार्य करता है।

4. **रंग**–रंग भी आकृति एवं पृष्टभूमि के मध्य अतंर स्थापित करता है। जितने विरोधी, तेज रंग होंगे, उतनी ही अधिक आकृति गुण युक्त कही जाएगी। विस्तृत घास वाले हरे लान में खिलते हुए लाल रंग के पुष्प बहुत अच्छे लगते हैं।

रूबिन ने आकृति–पृष्टभूमि संबधी अनेक प्रयोग किये इन प्रयोगों के आधार पर कुछ आधारभूत निश्कर्ष प्राप्त किये जो निम्नलिखित है।

1. आकृति सदैव अपनी पृष्टभूमि की अपेक्षा अधिक संगठित नियमित तथा संरचित होती है।

2. आकृति सदैव प्रत्यक्षीकरण के केन्द्र में रहती है, जबकि पृष्ठभूमि उस आकृति के पृष्ठ का निर्माण करती है।

3. आकृति सदैव पृष्टभूमि की अपेक्षा अधिक आकर्षित एवं प्रभावित करती है।

4. आकृति के रूप गुण की मात्रा के अतिरिक्त वस्तु गुण की भी अधिकता होती है।

5. आकृति की पृष्टभूमि की अपेक्षा धरातल संरचना सुनिश्चित होती है।

स्थान का प्रत्यक्षीकरण–संबंधित प्रतिमाएँ दो विभाओं वाली होती है तो वो हम तीसरी विभा का प्रत्यक्षीकरण किस प्रकार करते हैं। स्थान के प्रत्यक्षीकरण के अंतर्गत, आकार एवं दूरी का प्रत्यक्षीकरण भी निहित होता है। जब त्रिविमीय

वस्तुओं की प्रतिमा द्विविमीय रेटिना पर डाली जाती है तो इस तथ्य से समस्या उत्पन्न होती है। इसे निम्न चित्र से प्रदर्शित किया जाता जा सकता है। दृष्टिरेखा पर अवस्थित बिन्दू 1ए 2ए 3 रेटिना के बिन्दू पर केन्द्रित होते है। इसी तरह इ1ए इ2 ए इ 3 ये बिन्दू रेटिना के बिन्दू इ 2 पर (उल्टी प्रतिमा) केन्द्रित होते है। रेटिना पर उपलब्ध सूचना केवल दिशा का संकेत दे पाती है। वह किसी भी तरह ऑख से दूरी के बारे में सूचना नही दे सकती। हालाकि अपने दैनिक अनुभवों से हम जानते है कि गहराई एवं दूरी के बारे में हमारा प्रत्यक्षीकरण पूरी तरह सही होता है, इसलिए हम रास्ते मे आने वाले गढ्ढे को सही तरह से पार कर पाते है यानि गहराई व दूरी का प्रत्यक्षीकरण कर पाते है।

गहराई–यह प्रेक्षक द्वारा देखी गई दो वस्तुओं के बीच सापेक्षिक स्थानगत सीमा (DP) को व्यक्त करती है। इस चित्र में दो वृक्षों के मध्य स्थानगत सीमा जैसा कि प्रेक्षक द्वारा देखा जाता है, गहराई को द्योतक करती है।

दूरी–ये प्रेक्षक एवं वस्तु के बीच निरपेक्ष स्थानगत सीमा को व्यक्त करती है। इस चित्र में प्रेषक एवं वृक्ष के बीच स्थानगत सीमा ही दूरी है जिसे (Distance-D) को भौतिक इकाइयों से नापा जाता है जैसे मीटर, फीट भौतिक दूरी से मिलती जुलती व्यक्ति द्वारा प्रत्यक्षीक त दूरी भी होती है। (D1) D एवं D1 अधिकांश अवसरों पर भौतिक इकाइयों द्वारा की गई माप से मेल नही खाती है।

आकार– प्रत्येक वस्तु का एक निश्चित भौतिक आकार (s) होता है। व्यक्ति इस भौतिक आका का अनुभव करता है इसे प्रत्यक्षीकरण आकार (1) के रूप में जाना जाता है। भौतिक आकार (s) एवं प्रत्यक्षीत आकार (1) में समानता का होना या न होना दोनों बाते संभव है। ज्यादातर इन दोनों में समानता पायी जाती है। इस प्रकार स्थान का प्रत्यक्षीकरण को प्रभावित करने वाले तीन तत्त्व है गहराई, दूरी, आकार उपलब्ध अनेक सकेतों के कारण हम गहराई व दूरी का प्रत्यक्षीकरण करते हैं वे कुछ जन्मजात होते है और कुछ सीखे हुए।

प्रत्यक्षीक समूहीकरण के नियम–गेस्टाल्ट मनोवैज्ञानिकों मुख्य रूप से कोलर, कोफका एवं वर्दाइमर ने बताया कि मस्तिष्क के पास प्रत्यक्षीकरण को सगंठित करने वाली जन्मजात क्षमता होती है। इन्होंने प्रत्यक्षीकरण के नियमों का उल्लेख किया जो निश्चित परिणामों को प्रभावित करते हैं। इन नियमों का विवरण निम्न प्रकार से है।

1. अच्छी आकृति (प्रैगनांज का नियम)– इस नियम के अनुसार सबसे सरल सगंठन में व्यक्ति का अत्यंत कम संज्ञानात्मक प्रयास लगता है। प्रैगनांज नियम के अनुसार हम सबसे सरल सगंठन को अनुभव करते हैं जो उद्दीपक संरूप के अनुसार एवं आंतरिक रूप से संतुष्टि देने वाला होता है।

2. समीपता–जो उद्दीपक समय या स्थान के संदर्भ में साथ–साथ घटित होते है या एक दूसरे के आस–पास होते है उन्हे एक साथ समूहीकृत किया जाएगा। यदि हम तीन व्यक्तियों को सदैव साथ देखते हैं तो उन्हें एक समूह के सदस्य के रूप में मानते हैं।

3. समानता–सभी चीजों के समान रहते हुए जो वस्तुएं संरचना में एक जैसी या समान विशेषता वाली होती है। उन्हें एक समूह में प्रत्क्षित किया जाएगा। चित्र के अनुसार हम सभी वर्ग, त्रिभुज और वृत्त को एक समूह में प्रत्क्षित करेंगे क्योंकि वे सरंचना में एक जैसे है।

4. पूर्ति–अपूर्ण चित्रों को पूर्ण करने की प्रवृति लोगों में पायी जाती है। एक अपूर्ण चित्र के रूप में प्रत्यक्षीकृत किया जाएगा, एवं रिक्त स्थान अपने आप ही भर जाता है। जैसे बच्चे चित्र को बिन्दूवार जोड़कर पूरा करते हैं।

5. सततता–जब चित्र को एक बिना टूटी हुई रेखा के रूप में परिभाषित किया जाता है, तो यह एक अस्तित्त्व के रूप में दिखाई पड़ती है।

मानव विकास–मानव शरीर में सांवेदक अंग नेत्र,नासिका, जिह्म, त्वचा, कान, आंतरिक कान, अस्थि जोड़, पेशियॉ है जो सूचनाऍ एकत्रित करते हैं ये संवेग बाहरी और आंतरिक दुनिया से सूचनाएं एकत्रित करते हैं एंव संकेत के यम में इन सूचनाओं को ससांधित करने हेतु मस्तिष्क को भेजते हैं। मस्तिष्क के विभिन्न क्षेत्र सूचनाओं का पूर्व अनुभव एंव सीखनें के आधार पर संसांधन्न करते हैं और एक यथार्थ की दुनिया का निर्माण करते हैं जिसे हम प्रत्यक्षीकरण कहते हैं। अधिकांशः बाहरी दुनिया के बारे में हमारे अनुभव त्रुटिहीन एवं बिल्कुल सही होते हैं। यहॉ हमें अपनें अस्तित्त्व बनायें रखने के एवं समायोजन करनें के लिए अपनें परिवेश के साथ सही सूचना प्राप्त करना एवं परिशुद्धता का होना जरूरी है। जैसे–पत्ते का रंग हरा है हमारी ऑखो ने संवेग ग्र चाक्षुक सीमा के द्वारा शेष पृष्ठभूमि से अलग रहता है। प्रारूप के प्रत्यक्षीकरण के लिए आवश्यक है कि संदीप्ति में भिन्न दोनों के मध्य पर्याप्त दूरी जैसे–परिरेखा हो।

प्रात्यक्षिक समूहीकरण– मनोवैज्ञानिकों के अनुसार मस्तिष्क के पास प्रत्यक्षीकरणों को संगठित (groupism) करने की जन्मजात क्षमता होती हैं। कुछ ऐसे नियम है जो निश्चित परिणामों को प्रभावित करते हैं।

आकृति–भूमि–सगंठन के निर्धारक

1. **अच्छी आकृति**–सबसे सरल सगंठन में व्यक्ति अत्यंत कम संज्ञानात्मक प्रयास लगाता है।

2. **समीपता**–जो उद्धीपक समय या स्थान के संदर्भ में एक साथ समूहीकृत किया जाता है। जैसे–दो–तीन व्यक्ति पास बैठकर कार्य करते हैं तो हम उन्हें प्रगाढ़ मित्र समझते हैं।

3. **समानता**–सभी चीजों के समान रहते हुए, वों वस्तुएं संरचना में एक जैसे–या समान होती हैं। या समान विशेषता वाली होती हैं, उन्हें एक समूह में प्रत्याशित किया जाता है।

जैसे–एक बाउल में गोल व चोकोर उनको हम अलग करें तो गोल एक समूह मे चोकौर एक समूह में रखेंगे।

4. **पूर्ति–** अपूर्ण चित्रों को पूर्ण करने की प्रवृत्ति लोगों में होती हैं जैसे–आप बिन्दुओं को जोड़कर पूरा चित्र कर लेते हैं।

5. **सततता–** जब चित्र को एक बिना टूटी हुई रेखा में परिभाषित किया जाता है तो यह एक अस्तित्त्व के रूप में दिखायी पड़ती है।

भ्रमः प्रत्यक्षीकरण की त्रुटि–जो हमारे परिवेश में दिखता है वह हमेशा सत्य नही होता हमारे प्रत्यक्षीकरण में प्रायः त्रुटियां हो जाती है। जो प्रतिमा हमारे रेटिना पर आती है। उसकी व्याख्या मस्तिष्क में की जाती है। व्याख्या हमेशा सही नही होती एवं सांवेदिक प्रदत्त की इस गलत व्याख्या को हम भ्रम कहते हैं। रेखाओं के कुछ आकारों को बनाकर ऐसा भ्रम उन्पन्न किया जाता है। जैसे–लंबे दरवाजों पर हम प्लेटों वाले पर्दों का उपयोग कर दरवाजें की लंबाई छुपाकर भ्रम उत्पन्न करते हैं। चाक्षुक भ्रम ऐसी स्थितियां है, जिसमें चाक्षुक सवेदनाओं(नेत्र द्वारा देखना) से मस्तिष्क में भेजी गयी सूचनाएं अस्पस्ट ढंग से समझी जाती है। भ्रम उद्धीपक से सम्बन्धित सामान्य घटना है और विभ्रक एंव अवस्तु बोध मस्तिष्क की विकृति अवस्थाएं होती हैं यह यथार्थ पर आधारित नही होती हैं। जैसे–सिज्रोफेनिया के रोगी द्वारा अनुभव किया गया अवस्तुबोधन।

स्थान का भ्रम– परिवेश के साथ हमारी अन्तःक्रिया का किसी वस्तु को देखा जाता है तो नेत्र के रेटिना पर उल्टा प्रतिबिम्ब बनता है पर उससे सिर्फ दिशा की पता चलती हैं परंतु ऑख से दूरी की सूचना नही मिलती। हमें विभिन्न संकेत उपलब्ध होते हैं और स्थान का प्रत्यक्षीकरण उन्ही के कारण सभंव हो पाता है। ये पद् गहराई, दूरी एवं आकार है।

गहराई–यह प्रेक्षक द्वारा देखी गई दो वस्तुओं के बीच सापेक्षित स्थानगत सीमा (गहराई) को व्यक्त करती है।

दूरी–यह प्रेक्षक एवं वस्तु के मध्य निरपेक्ष स्थानगत सीमा ही पूरी है। दूरी को भौतिक इकाइयों से नापा जाता है। जैसे–मीटर, किलोमीटर।

आकार– किसी भी वस्तु का एक निश्चित भौतिक आकार होता है। व्यक्ति इस भौतिक आकार का अनुभव करता है। एवं इसे प्रत्यक्षीकृत आकार के रूप में जाना जाता है। भौतिक आकार से वह मिलता हुआ या अलग भी हो सकता है।

❑❑❑

6

अंतर्जगत का अनुभव

बाह्म जगत से भिन्न एक अन्य जगत हमारा ध्यान आकर्षित करता है। यह है. हमारा अन्तः परिवेश, हमारे विचार करने का, भावना का तथा सपनो का जगत। ध्यान हमारे मस्तिष्क में सैकड़ों प्रकार की क्रियाएँ करता रहता है। जिन्हें हम प्रेक्षण, सोचना, महसूस करना, याद करना आदि कहते हैं। बाहर के परिवेश के समान हमारे अंदर का परिवेश भी एक निश्चित तरीके से कार्य करता है। जिस प्रकार जीव विज्ञान, रसायन विज्ञान, वनस्पति विज्ञान हमें यह बताते हैं, कि नियमों से विभिन्न प्रकार के कार्य होते हैं उसी प्रकार मनोविज्ञान उन नियमों के बारे में जानने का प्रयास करता है। जो हमारे अन्तः परिवेश को संचालित करते हैं।

हमारे अन्तः परिवेश को संचालित करने वाली ऐसी ही एक कुंजी है–प्रेरणा और संवेग यह हमारी भावनाओं से जुड़े होते हैं।

अभिप्रेरणा–प्रेरणा वह शक्ति है जो प्रेरित करती है या निर्देशित करती है। हम किसी स्थिति में क्या कहते हैं। इसको हमारी प्रेरणा निर्देशित करती है। हम प्रेरक हमारे व्यवहार को प्रभावित करते हैं।

1. मूल प्रवृत्ति—मूल प्रवृत्ति ऐसी पूर्व निर्धारित क्रियाएँ है जिनका जीव वैज्ञानिक आधार होता है जो भूख, प्यास, काम–भावना, बच्चो की देखभाल के लिए आवश्यक हैं। मनुष्य में सीखनें की प्रवृत्ति की भूमिका निर्धारित मूल प्रवृत्तियों से कही अधिक महत्त्पूर्ण होती हैं।

2. आवश्कता—एक विशेष प्रकार की आंतरिक कमी है जो हमारे व्यवहार को निर्धारित करती है। शरीर में अपेक्षित तत्त्वों की कमी के कारण होती हैं जैसे–उपलब्धियां, मान्यता, पहचान, ताकत हासिल करना आवश्यकता है।

मानवीय प्रयास और भारतीय विचारधारा

प्रेरक व्यवहार के द्वारा हम जीवन में हमारा लक्ष्य प्राप्त करते हैं। मनुष्य की क्रियाओं के विस्तार को ध्यान में रखते हुए मानव इच्छा और अभिप्रेरणा को चार भागों में बाँटा गया है।

अर्थ– यह आर्थिक, सामाजिक, भावात्मक जैसे–धन, वस्तुएं, रिश्ते, यश या शक्ति हो सकते हैं वह हमें सुरक्षा प्रदान करते हैं।

काम—स्वयं को आराम और खुशी देने वाले क्रिया कलाप।

धर्म—यह परोपकार और कर्त्तव्य पालन से जुड़ा है।

मोक्ष—स्वतंत्रता या सब दुःखों बंधनो से मुक्ति।

सर्वेग—सवेंगों का मानव अस्तित्त्व के लिए विकासात्मक

महत्त्व है। संवेग चेहरे और शरीर के हावभाव से प्रदर्शित किए जाते हैं जो कि दुनिया भर में एक है। सवेंगो से शारीरिक परिवर्तन भी घनिष्ठ रूप से जुड़े हुए होते हैं। इनसे शरीर में हार्मोन सबंधी बदलाव आते हैं और स्वचालित तंत्रिका तंत्र सबंधी सक्रियता पैदा होती हैं इनसे शारीरिक क्रियाओं में व्यापक परिवर्तन आता है।

सवेंगात्मक प्रतिक्रियाओं में व्यापक परिर्वतन आता है। विचारो पर निर्भर है क्योंकि संवेगों का निर्धारण इस बात से होता है कि हम किसी स्थिति को किस तरह व्याख्या करते हैं। संवेगात्मक प्रतिक्रियाओं में बदलाव हमारी अभिवृति और विचारों पर निर्भर है क्योंकि संवेगों का निर्धारण इस बात से होता है कि हम किसी स्थिति को किस तरह व्याख्या करते हैं।

संवेगात्मक प्रतिक्रिया और अवस्था व्यक्ति पर निर्भर है कुछ अप्रसन्नता (नाकारात्मक) मनस्थिति में अधिक संवेदनशील होते हैं। इनका संबध हमारे

स्वास्थ्य और कुशलता के साथ है। संवेगों के अधिक परिवर्तन से मानव अपनी क्षमताओं और प्रयासों मे अधिकतम सफलता प्राप्त नही कर पाते।

हमारे व्यवहार, क्रियाएं और प्रतिक्रियाएं अव्यवस्थित न होकर कुछ प्रेरको द्वारा निर्देशित होती हैं। हमारी समस्त क्रियाएं और रूचि से प्रभावित रहती है जो हम स्वय से अथवा दूसरों से रखते हैं। हमारी समस्त क्रियाएं उद्धेश्य पूर्ण क्रियाएं है जो प्रेरणा से निर्देशित होती हैं। वस्तुतः प्रेरणा वह शक्ति है जो हमें प्रेरित करती है। हम किसी स्थिति में क्या कहते हैं या करत हैं। इसको हमारी प्रेरणा निर्देशित करती है, हम सदैव अपने प्रेरको के प्रति सचेत नही होते हैं। अनेक इच्छाएं और प्रेरक ऐसे होते हैं जिनसे हम अवगत नहीं रहते, परन्तु हमारे व्यवहार को प्रभावित करते हैं। यदि हम अपनी जरूरतो और प्रेरणा को जान ले तो हम स्वयं को अच्छी तरह जान सकते हैं। और अपने आप पर नियत्रंण रख सकते हैं। इस तरह की अंतर्दृष्टि अपने व्यवहार के साथ–साथ व्यवहार को जानने में भी सहायता करती है।

(1) मूल प्रवृत्ति–मूल प्रवृत्ति वे पूर्ण निर्धारित क्रियाएं है जिनका वैज्ञानिक आधार होता है।ये जो भूख,प्यास, काम–भावना,बच्चो की देखभाल केलिए आवश्यक होती हैं मनुष्य में सीखनें की प्रवृत्ति की भूमिका पूर्व निर्धारित मूल प्रवृत्तियों की अपेक्षा अधिक महत्त्वपूर्ण होती हैं।

(2) आवश्यकता–आवश्यकता की परिभाषा यह कहकर दी जा सकती है कि यह एक विशेष प्रकार की आन्तरिक कमी है। जो हमारे व्यवहार को निर्धारित करती है। आवश्यकता अधिकतर शरीर में अपेक्षित तत्त्वों की कमी के कारण होती हैं। जैविक आवश्यकता के अतिरिक्त कुछ मनोवैज्ञानिक आवशकताए भी होती हैं, जैसे–उपलब्धिया प्राप्त करनें, किसी से जुड़ें होने,ताकत हासिल करने, पहचान कायम करने और मान्यता प्राप्त करने की आवश्यकता।

आवश्यकताओं का अध्ययनः–मनोवैज्ञानिकों ने हमारी आवश्यकताओं की उत्पत्ति के कारणों की विवेचना की है।

(1) अध्ययन के अनुसार जैविक आवश्यकताएं हमारी कोशिकाओं और ऊतको द्वारा निर्धारित होती हैं। भूख और प्यास इसी श्रेणी की आवश्यकता है।

(2) लैंगिग आवश्यकता का भी जैवकीय आधार है परन्तु इसे कैसे प्रकट किया जाता है, इस पर हमारे सामाजिक व्यवहार के ज्ञान का प्रभाव पड़ता है।

(3) मनोवैज्ञानिक आवश्यकताओं का कोई जैविक आधार खोजना आसान नहीं है। सार्वभौमिक आवश्यकताएं है, परन्तु इसकी अभिव्यक्ति को सामाजिक और सांस्कृतिक कारक ही निर्धारित करते हैं। कतिपय प्रमुख मनोवैज्ञानिक के अनुसार आवश्यकताएं निम्न प्रकार है:–

1. उपलब्धि की इच्छा–इसका अर्थ है–कुछ कठिन लक्ष्यों कार्य–कलापों में अच्छे स्तर का प्रदर्शन करना तथा दूसरों से बेहतर काम करके दिखाना।

2. दूसरों से जुड़ने की इच्छा–यह मित्रता करने के दूसरों के संग के अच्छे लगने में, दूसरों को प्रसन्न करनें और दूसरों से प्यार पाने की आवश्यकता है।

3. शक्ति की इच्छा–इस इच्छा के अन्तर्गत दूसरों का नियंत्रण व नेतृत्व करता है और अपनी स्थिति को दूसरों की अपेक्षा बेहतर बनाना सम्मिलित है।

4. साक्ष्य होना–यह आवश्यकता हमारे निकटवर्ती अपने परिवेश को जानने से जुड़ी है। अपने परिवेश को भली प्रकार जानकर ही मनुष्यों ने अपने परिवेश में परिवर्तन किया है। यह जान पाना तभी संभव हुआ है। जब उसमें जानने और समझने की उत्सुकता उत्पन्न हुई।

5. मान्यता और अनुमोदन की इच्छा–यह आवश्यकता दूसरों से मान्यता और प्रशंसा प्राप्त करने से जुड़ी है। व्यवहारिक रूप में देखने पर स्पष्ट होता है कि हमारे देश में ऐसे में अनेक ऋषि, मुनि व महात्मा हुए है जिन्होंने सारी सुख व सुविधाओं ,नाम प्रशंसा तथा शक्ति की अनदेखी की है और जीवन में कुछ सार्थक खोजने की चेष्टा की है। ऐसे व्यक्तियों के अनगिनत उदाहरण है,जैसे–गौतम बुद्ध, स्वामी रामकृष्ण परमंहस, स्वामी विवेकानन्द,ऋषि रमण आदि।

मानव व्यवहार पर संवेग के प्रभाव–संवेग हमारे अनुभवों का वह पक्ष है जो हमारी पसन्द और नापसन्द को व्यक्त करते हैं। दूसरे शब्दों में, ये हमारे चुनाव के आधार का काम करता है। हम उसी का चुनाव करते हैं। जो हमें अच्छा लगता है कि प्रसन्नता दे सकेंगा।

हमारे अनुभवों के साथ विभिन्न प्रकार के संवेग जुड़ें रहते हैं। यदि हम अपने किसी भी अनुभव पर ध्यान दे तो पायेगें कि हमारा कोई भी अनुभव संवेग से अछूता नही है। जिस तरह इच्छा और कामना हमारे व्यवहार को निर्देशित करती है, उसी प्रकार संवेग भी महत्त्वपूर्ण है। हम गुस्से में जो भी कहते हैं, सुनते या करते हैं, वह प्रसन्नता या भय की अवस्था से बिलकुल भिन्न होता है।

देखा जाये तो हम अपनी सांविगिक अवस्था के अनुसार ही अपने अनुभवों का प्रत्यक्षीकरण करते हैं। जब व्यक्ति के अन्दर एक ही प्रकार की भावनाओं की मात्रा का घनत्व बढ़ जाता है तो वह भाव संवेग का स्वरूप धारण कर लेता है। तथा हमारे हाव–भाव, क्रियाओं एवं शारीरिक अंगों के माध्यम से प्रदर्शित किया जाने लगता हैं घनीभूत भाव ही व्यक्ति को उद्वीप्त एवं उत्तेजित करके संवगों की ओर ढ़केल देते हैं। नियंत्रित या सामान्य शारीरिक स्थिति से बाहर निकलना ही संवेगों का द्योतक है। किन्तु हम देखते हैं कि ऐसी स्थिती अभिप्रेरणा की स्थिति में भी उत्पन्न होती हैं। किन्तु दोनों के उद्धेश्य, परिस्थियों एवं क्रियान्वयन में पर्याप्त अन्तर पाये जाते हैं।

मानव व्यवहार पर संवेग का प्रभाव :–संवेग के अन्तर्गत मानव व्यवहार पर निम्नलिखित प्रभाव पड़ता है।

(i) मुखाकृति पर प्रभाव :–भिन्न–भिन्न संवेगों की परिस्थियों में व्यक्ति की मुखाकृतियां निरन्तर बदलती रहती है। उदाहरण के लिये–क्रोध की अवस्था में चेहरा तमतमा जाता है, खुशी में चेहरे पर विशेष चमक आ जाती है। यह समस्त परिवर्तन संवेगों का संकेत देते हैं। इसके अतिरिक्त नाक, होठ, भौह, कान, श्वास गति आदि में भी प्रत्यक्ष परिवर्तत दिखाई देते हैं।

(ii) वाक्शक्ति पर प्रभाव :–संवेग की अवस्था में स्वर यंत्र में परिवर्तन होने पर व्यक्ति की वाक्शक्ति में भी परिवर्तन देखने को मिलता है। स्वर की मात्रा तीव्रता एवं गति में परिवर्तन होते हैं। हम संवेगों की स्थिति के अनुसार ही वाक्शक्ति का प्रयोग करतें है। लड़ाई–झगड़ा होते समय विरोधी पार्टियों के स्वर तेज होते हैं, भाषा फूहड़ होती हैं, सामाजिक नियमों का उल्लंघन होता है। प्रेम की स्थिति में भाषा, वाणी मधुर होती हैं तथा स्वर मन्द या अलाप जैसे– होता है।

(iii) शारीरिक मुद्रा पर प्रभाव :–संवेग की अवस्था में हमारे शरीर में भी परिवर्तन होने लगते हैं। भय के संवेग की स्थिति में व्यक्ति या तो लड़ता है या पलायन कर जाता है। प्रेम की सांवेगिक स्थिति में व्यक्ति लिपटता, चुम्बन करता तथा आलिंगबद्व कर लेता है। प्रसन्नता एवं गौरवपूर्ण स्थिति में व्यक्ति के चेहरे पर चमक, गर्दन ऊँची सीना तना हुआ हो जाता है। निद्रावस्था में शारीरिक तनाव लगभग नगण्य होता है। ज्यों–ज्यों व्यक्ति में क्रियाशीलता बढ़ती है संवेग तथा मानसिक तनाव की स्थिति जन्म लेने लगती है। मांसपेशिया तनाव हमारे हाथ, पैर, गर्दन, जबड़ा, पीठ आदि अंगों में होता है।

सांवेगिक प्रतिक्रिया में वैयक्तिक भिन्नता के कारण–सांवेगिक प्रतिक्रिया में वैयक्तिक भिन्नता के प्रमुख कारण निम्न प्रकार हैं:–

(i) किसी स्थिति को लेकर हमारी सांविगिक प्रतिक्रिया की तीव्रता अलग–अलग हो सकती है।

(ii) इन संवेगों को सभी लोग अलग–अलग तरीके से अनुभव करते हैं। कुछ लोगों में संवेगों के प्रति उत्त्तेजना बहुत जल्दी और तीव्र होती हैं।

(iii) लोगों के संवेगों के प्रभाव में रहने समय भी अलग–अलग होता है।

(iv) सकारात्मक और नकारात्मक संवेगों के प्रति हमारी कार्य–प्रणाली अलग–अलग होती हैं।

(v) मस्तिष्क के बायें भाग में स्थिति प्री–फ्रंटल कार्टेक्स में सकारात्मक, संवेगों को उत्पन्न करने की इच्छा है, जबकि बायें भाग के इसी हिस्से में नकारात्मक संवेग उत्पन्न होते हैं। अमिगडाला को कम करने में खासतौर पर नकारात्मक संवेगों की अवधि कम करने में महत्त्वपूर्ण पाया गया है।

संवेग का शरीर पर क्या प्रभाव–शारीरिक मुद्रा पर प्रभाव–संवेग की अवस्था में हमारे शरीर में भी परिवर्तन होने लगता है। भय के संवेगों की स्थिति में व्यक्ति या तो लड़ता है या पलायन कर जाता है। प्रेम की सांवेगिक स्थिति में व्यक्ति लिपटता, चुम्बन करता तथा आंलिगनबद्ध कर लेता है। प्रसन्नता एंव गौरवपूर्ण स्थिति में व्यक्ति के चेहरे पर चमक, गर्दन ऊँची, सीना तृना हुआ हो जाता है। निद्रावस्था में शारीरिक तनाव लगभग नगण्य होता है। ज्यों–ज्यों व्यक्ति में क्रियाश्शीलता बढ़ती है, संवेग तथा मानसिक तनाव की स्थिति जन्म लेने लगती है। मॉसपेशीय तनाव हमारे हाथ, पैर, गर्दन, पीठ, जबड़ा आदि अंगो में होता है।

प्रमुख आंतरिक परिवर्तनों का वर्णन

(i) **हृदय गति में परिवर्तन**–हमारे हृदय में सिकुड़ने तथा फैलने की क्रियाए निरन्तर चलती रहती है। जब व्यक्ति संवेग की अवस्था में होता है तो हृदय की सिस्टोलिक एंव हयास्टोलिक क्रियाए जो अत्यन्त तीव्र हो जाती है या मन्द हो जाती है।

(ii) **नाड़ी–गति में परिवर्तन**– संवेगों की अवस्था में हमारी नाड़ी–गति भी परिवर्तित हो जाती है। इसका मापना स्फिगमोमैनामीटर द्वारा किया जाता है। यह प्रायः 152 एम एम से 162 एम एम तक उच्च अवस्था में होता है।

(iii) रक्त में परिवर्तन–संवेग की अवस्था में रक्तचाप बढ़ जाता है। रक्तचाप की मात्रा प्राणी में संवेगों की मात्रा का निर्धारण करती है।

(iv) संवेग की अवस्था में रक्त विभिन्न रसायनों की मात्रा में भी व्यापक परिर्तन होते हैं। इसका प्रमुख कारण विभिन्न ग्रन्थियों में सक्रिमण स्तर के बढ़ने से उनसे निकले हारामोनो का रक्त में मिश्रण होता है। रक्त में ऑक्सीजन की मात्रा, हीमोग्लोबिन तथा लाल रक्त कणिकाओं की रासायनिक संरचना भी प्रभावित हो जाती है।

(v) श्वास–गति मे परिवर्तन– संवेग की अवस्था में श्वास वेग एवं तीव्रता दोनों ही परिवर्तित हो जाती है। कष्टप्रद संवेगों में नाड़ी क़ी गति के साथ–साथ श्वास गति भी मन्द हो जाती है।

(vi) पाचन–क्रिया में परिवर्तन–सांवेगिक अवस्था द्वारा पाचन–क्रिया भी यकायक परिवर्तित की जाती है। प्रायः किसी दुःख घटना का अप्रिय समाचार मिलने पर घबराहट में व्यक्ति शौच के लिये भागता है। या शौच का अनुभव होने लगता है। दुःखद संवेगों में व्यक्ति की पाचन–क्रिया क्षीण एवं मन्द हो जाती है। किन्तु क्रोध या प्रसन्नता के क्षणों में यही पाचन–क्रिया अत्यन्त तीव्र प्रतीत होती हैं।

संवेग–सांवेगिक परेशानियां मानसिक रोगो का मूल है। इसमें डर, चिन्ता, अवसाद, संवेगों का अभाव या असंयुक्त संवेग सम्मिलित है। इनमें के कुछ सांवेगिक परेशानियों को (फोबिया) कहा जाता है। फोबिया, पैनिक, डिसआर्डर और शीजोफ्रोनिया बीमारी इसी प्रकार की है। इन स्थितियों का कारण अभी ठीक से नही समझ पाये है। अनुसंधान और अध्ययन में यह पाया गया है कि जीवन में अनुभवों की जटिलताओं जैविकीय कारक आदि इन बीमारियों के लिये अनुकूल स्थिति का निर्माण करती है। जब मनुष्य की सहने की सीमा को इस प्रकार के अनुभव पार कर जाते हैं तो वह बीमारियां खुलकर सामने आ जाती है। संवेगों का मानव अस्तित्त्व के लिये विकासात्मक महत्त्व है। संवेग चेहरे और शरीर के हावभाव से प्रदर्शित किए जाते हैं जो दुनिया भर में एक से है।

संवेग की सामान्य विशेषताएं

1. संवेग का अनुभव उस स्थिति मे किया जाता है जब व्यक्ति की कोई आधारभूत आवश्यकता अपूर्ण रहती है। उसे कहीं भी चुनौती मिलती है।

2. संवेग के प्रभाव होने पर व्यक्ति में कुछ भौतिक और शारीरेक परिवर्तन होते हैं, जैसे–मुख की अभिव्यक्ति हाव–भाव, हृदयगति में परिवर्तन, रक्तचाप, सांस लेने का क्रम आदि।

3. व्यक्ति का सोचना, तर्क करना, स्मृति तथा दूसरे मनोवैज्ञानिक उपक्रम संवेगों द्वारा प्रभावित होते हैं।

4. सांवेगिक स्थिति के अंतगति प्रचुर मात्रा में आंतरिक ऊर्जा प्रवाहित होती हैं। जो कठिन परिस्थितियों का सामना करने में सहायक होती हैं। खतरा अनुभव करने पर हम सामान्य अवस्था की अपेक्षा अत्यधिक तीव्रता के साथ दौड़ते हैं।

5. परिपक्वता और सीखना संवेग के विकास तथा उसकी अभिव्यक्ति में महत्त्पूर्ण भूमिका अदा करते हैं।

6. सुखद सांवेगिक अनुभवों से गुजरने पर व्यक्ति प्रसन्न, सुखद या सकारात्मक मन स्थिति में रहते हैं। परंतु दुःखद या अप्रिय सांवेगिक अनुभव से दुख या ऋणात्मक मनःस्थिति उत्पन्न होती हैं।

7. संवेग का अनुभव व्यक्ति के निष्पदन को कुछ सीमा तक पहले बढ़ा सकता है, परंतु यदि वह लम्बें समय तक चले और अधिक तीव्र हो तो निष्पादन घट जाता है।

संवेग तथा संज्ञानात्मक प्रक्रियाओं के मध्य घनिष्ठ सम्बन्ध है। जैसे–हमारे और हमारे मित्र के मध्य गलत–फहमी दूर होती हैं। तब हमारे क्रोध में या आहत की स्थिति में परिवर्तन आ जाता है। हम किसी स्थिति को किस तरह से समझते हैं। यह हमारे संवेग की उत्पत्ति को भी निर्धारित करती है। हमारी पूर्वधारणाएं और अभिवृत्तियां हमारे समझने के तरीके को प्रभावित करती है। सोचने की प्रक्रिया में बदलाव से हमारी संवेगात्मक प्रक्रियाओं मे बदलाव आता है। जीवन की चुनौतियों को देखने के तरीके मे लाकर प्रतिकूल परिस्थितियों को अवसर के रूप में बदल सकते हैं और छिपी हुई शक्तियॉ और प्रतिभा को बाहर ला सकते हैं। बाह्म जगत से भिन्न एक अन्य जगत हमारा ध्यान आकर्षित करता है। यह है हमारा अन्तः परिवेश, हमारे विचार करने का, भावना का तथा सपनो का जगत। ध्यान हमारे मस्तिष्क में सैकड़ों प्रकार की क्रियाऍ करता रहता है। जिन्हें हम प्रेक्षण, सोचना, महसूस करना, याद करना आदि कहते हैं। बाहर के परिवेश के समान हमारे अंदर का परिवेश भी एक निश्चित तरीके से कार्य करता है। जिस प्रकार जीव विज्ञान, रसायन विज्ञान, वनस्पति विज्ञान हमें यह बताते

हैं, कि नियमों से विभिन्न प्रकार के कार्य होते हैं उसी प्रकार मनोविज्ञान उन नियमों के बारे में जानने का प्रयास करता है। जो हमारे अन्तः परिवेश को संचालित करते हैं।

हमारे अन्तः परिवेश को संचालित करने वाली ऐसी ही एक कुंजी है– प्रेरणा और संवेग यह हमारी भावनाओं से जुड़े होते हैं।

अभिप्रेरणा– प्रेरणा वह शक्ति है जो प्रेरित करती है या निर्देशित करती है। हम किसी स्थिति में क्या कहते हैं। इसको हमारी प्रेरणा निर्देशित करती है। हम प्रेरक हमारे व्यवहार को प्रभावित करते हैं।

1. मूल प्रवृत्ति– मूल प्रवृत्ति ऐसी पूर्व निर्धारित क्रियाएँ है जिनका जीव वैज्ञानिक आधार होता है जो भूख, प्यास, काम–भावना, बच्चो की देखभाल के लिए आवश्यक हैं। मनुष्य में सीखनें की प्रवृत्ति की भूमिका निर्धारित मूल प्रवृत्तियों से कही अधिक महत्त्पूर्ण होती हैं।

2. आवश्कता–एक विशेष प्रकार की आंतरिक कमी है जो हमारे व्यवहार को निर्धारित करती है। शरीर में अपेक्षित तत्त्वों की कमी के कारण होती हैं जैसे–उपलब्धियां, मान्यता, पहचान, ताकत हासिल करना आवश्यकता है।

❑❑❑

7

विकास और इसके चरण

गर्भधारण से लेकर मृत्यु तक व्यक्ति में क्रमबद्ध विकास चलते रहते हैं विकास एक ऐसी प्रक्रिया है जिससे एक प्राणी बढ़ता है इसमें वृद्धि और विस्तार के साथ कमी या क्षय भी शामिल हें विकास की प्रक्रिया में सर्वांगीण परिवर्तन यानी शारीरिक, मानसिक, संवेगात्मक, भावात्मक परिवर्तन शामिल है। विकास परिवर्तन की समग्र प्रक्रिया है जिसमें किसी व्यक्ति के सभी पहलू परस्पर संबंधित एंव एकीकृत होते हैं। विकास, वृद्धि और परिपक्वता विकास में वृद्धि अनवार्य रूप से शामिल होती हैं, साथ ही गुणात्मक परिवर्तन भी शामिल होते हैं। वृद्धि सामान्य मात्रात्मक बढ़ोतरी या परिवर्तन मात्र है जैसे–उम्र बढ़ती है कद, भार, शरीर के अंगो के अनुपात और बनावट में जो परिवर्तन आते हैं वे मापे जा सकते हैं। विकास में ही परिपक्वता शामिल है यह जीवों में अनुवांशिक कारणों से होता है। परिपक्वता प्रभावित होती हैं हमारे सोचने–समझने के ढंग से हमारे शरीर या व्यवहार में परिपक्वता के कारण होने वाले परिवर्तन सीखनें और अन्य घटकों, जैसे–बीमारी या चोट लगाने के बजाय मुख्य रूप से आयु बढ़ने की प्रक्रिया के कारण होते हैं परिपक्वता और वातावरण में हमारा अनुभव मिलकर हमारे विकास में परिवर्तन लाते हैं।

विकास में निरन्तरता और अनिरन्तरता

विकास एक निरंतर प्रक्रिया है ये परिवर्तन धीरे–धीरे इकठ्ठे होते हैं इसमें अचानक होने वाले परिवर्तन भी शामिल है। विकास एक संगठित और व्यवस्थित क्रम है। वृद्धि मात्रात्मक परिवर्तन है। विकास में वृद्धि और गुणात्मक परिवर्तन शामिल है।

विकास के चरण और कार्यः

विकास के प्रत्येक चरण के व्यक्ति कुछ विशेष क्षमताएँ, व्यवहार के तरीके और कार्य करने की विशेष प्रवृत्तियाँ प्रदर्शित करता है। ये मानव को विशेष चुनौतियों और घटनाओं का सामना करने के लिए तैयार करते हैं। जीवन का प्रत्येक चरण कहते हैं। ये चरण विकास की व्यापक प्रवृत्तियां है जिनकी कुछ विशेषताएं प्रमुख होती हैं।

1. जीवन का प्रत्येक चरण पर विकास का अलग चरण आधारित होता है और आने वाले जीवन की भी तैयारी भी पुराने चरण पर आधारित होती हैं।

2. व्यक्ति के विकास के चरण की दर अलग–अलग होती हैं जैसे–गत्यात्मक विकास व्यस्कावस्था की तुलना में शैशवास्था में अधिक तेजी से होता है।

3. प्रत्येक मानव का विकास और वृद्धि दर हर चरण में भिन्न होता है, समय और काल के अनुसार ये अलग होते हैं।

मानव विकास के चरण–हिन्दू जीवन दृष्टि में मानव विकास के जीवन में चार आश्रम है ब्रह्मचर्य, गृहस्थ, वानप्रस्थ और सन्यास। प्रत्येक चरण के दौरान विशेष जीवन कार्य धर्म निर्धारित किये गये है जिसमे धीरे– धीरे आध्यात्मिक प्रगति होती हैं।

1. **ब्रह्मचर्य**–ये शिक्षण–प्रशिक्षण की अवधि है जिसमें एक व्यक्ति अपने से बड़ें के अधीन रहकर सीखता है। इस आश्रम में शिष्य का प्रमुख कार्य शुरू के दिशा–निर्देश में रहकर शिक्षा ग्रहण और अनुशासन का पालना करते हैं किशोरावस्था के दौरान विकास करते हुए नियमित शिक्षण और जीवन के व्यवहारिक अनुभवों के जरिये ज्ञान और कौशल प्राप्त करती है।

2. **गृहस्थ**–भौतिक दायित्वों की अवधि है। यह वयस्क परिवार का भरण–पोषण करने अथवा प्रौढ़ावस्था का काल है जिसमें मनुष्य का सेवा, प्रेम और सद्गुणों के जरिये आध्यात्मिक विकास करना होता है। हिन्दू जीवन दृष्टि के अनुसार व्यक्ति की आध्यात्मिक प्रगति और अपने जीवन में और सामाजिक खुशहाली के लिए गृहस्थ के आश्रम धर्म को निभाना अनिवार्य है।

3. वानप्रस्थ–इसमें कठोर अनुशासन, संयम, तपस्या के साथ एक निश्चित अवधि के लिए घर से दूर वन में रहता है। वानप्रस्थ में व्यक्तिगत आवश्यकताओं को सीमित करने, अनुशासन, अनासक्ति और तप का पालन करने पर बल दिया जाता है।

4. संन्यास–इस अवधि में भौतिक वस्तुओं का पूरी तरह त्याग करना होता है या अनासक्त भाव से रहना होता है। इच्छाओं से मुक्त होना होता है हर्ष–विवाद, हानि–लाभ, जीवन–मरण के प्रति एक जैसे–एक जैसा दृष्टिकोण अपनाता है, आत्मज्ञान और आध्यात्मिकता को हासिल करने का प्रयास करता है।

गर्भधारण से लेकर मृत्यु तक मानव विकास आठ चरणो में।

1. प्रसव–पूर्व जन्म से पहले–गर्भधारण से लेकर जन्म लेने तक होने वाले विकास को प्रसवपूर्व कहते हैं। जन्म प्रक्रिया में लगभग 266 दिन लगते हैं। इस अवधि को तीन चरणों में बांटा गया है। पहला अंकुरण–गर्भधारण से आरोपण काल तक। दूसरा चरण भ्रूणावस्था तीसरे सप्ताह से आठवें सप्ताह तक रहती है प्रमुख अंगो का विकास होता है ह्रदय धड़कना शुरू कर देता है। तीसरा चरण फीटस की अवधि कहलाता है तीसरे माह से लेकर शिशु के जन्म तक बनी रहती है

2. शैशवास्था–जन्म से लेकर दो वर्ष की अवधि शैशवकाल है। नवजात शिशु में जीवनदायी गतिविधियों की क्षमता मौजूद होती हैं जैसे–सांस लेना, चूसना और निगलना तथा शारीरिक, मलमूत्र आदि को बाहर उत्सर्जित करना। शिशु कई तरह की क्रियाएं और कौशल भी दिखाता है जो विकास में सहायक है। शैशवास्था में शारीरिक और गति संबंधी विकास काफी तेजी से होता है। मुख्य रूप से परिपक्वता के कारण बच्चे चलने और गति कौशल के विकास में नियमबद्धता दिखाते हैं। पहले दो वर्ष में सामन्य शिशु का कद वयस्क के कद का करीब आधा हो जाता है ओर भार जन्म के भार से करीब चार गुना बढ़ जाता है। नवजात शिशु का सिर उसके शरीर की लम्बाई का करीब एक चौथाई होता है, जो लगभग पैरों के बराबर लम्बा होता है। सभी गति कौशलों का विकास और इसकी श्रृंखला के परिपक्वता के आनुंवशिक योजनाबद्ध क्रम के व्यक्त होने के परिणामस्वरूप है। अभ्यास से भी कौशल उत्पन्न होता है।

3. बाल्यावस्था–प्रांरम्भिक बचपन–इस अवस्था में 2 से 6 वर्ष तक की आयु आती है इस आयु में बच्चा चलने लगता है और देखभाल करने वालों और परिवार के नियत्रण से बाहर अपनी गतिविधियों का दायरा बढाता है। व्यापक

समाज और वातावरण के साथ अपने पारस्परिक प्रभाव के जरिए बच्चा उचित सामाजिक व्यवहार के तौर–तरीके सीखता है और मानसिक क्षमताओं का विकास करता है जिससे वो स्कूल शिक्षा हेतु तैयार हो जाता है।

4. **मध्य बाल्यावस्था**–शालीय अवस्था–बच्चे के विकास भी गति धीमी हो जाती है करीब 11–13 वर्ष की आयु होने पर एक बार फिर तीव्र विकास का दौर शुरू होता है। शारीरिक गतिविधियाँ तेज हो जाती है, क्रियात्मक खेलों में निपुण हो जाते हैं, बौद्धिक क्षमता मे भी महत्त्वूपर्ण सुधार होता है। सामाजिक पद्धतियां और नियमों को सीखनें की यह प्रक्रिया समाजीकरण कहलाती है।

5. **किशोरावस्था**–यह बचपन से वयस्क के रूपातंरण की अवस्था है इस अवस्था में यौन परिपक्वता का आरंभ होता है, व्यक्ति मे जनन क्षमता का विकास होता है। शारीरिक दृष्टि से किशोरावस्था आकस्मिक और तीव्र विकास या तूफान और तनाव का काल कहा है।

6. **प्रारंभिक वयस्कता 'युवावस्था**–किशोरावस्था की समाप्ति के बाद की अवधि 19 वर्ष से करीब 35 वर्ष तक प्रारंभिक वयस्कता मानी जाती है। इस समय में सामाजिक भूमिकाओं और संबंधो का निर्वाह करना पड़ता है। वह सामाजिक कार्यकर्त्ता बन जाता है और वैवाहिक, पारिवारिक व्यक्ति की भूमिका अदा करता है अथवा अन्तंरग, समाजिक और यौन संबंध विकसित करना हैं शारीरिक वृद्धि पूर्ण हो जाती है। 20 से 30 वर्ष की आयु के बीच में शरीर की मांसपेशियां और कान आदि ज्ञानेन्द्रियों की क्षमता चरम उत्कर्ष पर होती हैं और तीसरे दशक के मध्य में उनकी क्षमता कम होने लगती है। जीवन के इस चरण के शारीरिक परिवर्तन अपेक्षाकृत धीमी गति से होते हैं।

7. **मध्य वयस्कता**–35 वर्ष से लेकर 60 वर्ष के विस्तार को हम मध्य वयस्कता कहते हैं। इसके शारीरिक क्रिया में कुछ कमी का आभास होने लगता है, मध्य वयस्कता में मॉसपेशियों की कार्यक्षमता, पाचन, रक्तसंचार प्रणाली विकृत होने लगती है। इसी दौरान महिलाओं के आयु के चौथे दशक के अंत या पांचवे दशक आरंम्भ में मासिक धर्म बदं होने लगता है। पुरूषों में भी हार्मोन की कमी हो जाती है।

8. **वृद्धावस्था**–60 वर्ष से लेकर मृत्यु होने तक की अवधि वृद्धावस्था कहलाती हैं इस दौरान अनेक चुनौतियां जैसे–शारीरिक उपयुक्तता में कमी, स्वास्थ्य में गिरावट, जीवन साथी सहित परिवार में निकटवर्ती सदस्य की मृत्यु अकेलापन जैसे–समस्याएँ आती है। शरीर का चयापचयिक परिवर्तन होते हैं

और कोशिकाओं में विकास होते हैं। वृद्धावस्था में व्यक्ति जीवन मरण की चुनौतियों का अलग–अलग तरह से सामना करते हैं।

विकास, वृद्धि और परिपक्वता विकास–एक अनिवार्य, सतत व्यवस्थित प्रक्रिया हैं विकास की प्रक्रिया में चन्द्रमुखी परिवर्तन, दोनों ही शामिल है।

अ. वृद्धि–सामान्य मात्रात्मक बढ़ोतरी या परिवर्तन है जैसे–उम्र बढ़ती है शरीर में आकार , कद, भार, शरीर के अंगो के अनुपात और विभिन्न अंगो के अनुपात और विभिन्न अंगो और हिस्सों के दिखाव–बनाव में जो परिवर्तन आते हैं, उनकी नाम–तोल की जा सकती है।

ब. परिपक्वता–ऐसा परिवर्तन जिसका स्वरूप जैविक है और ये आनुवांशिक होता है। जेसे दूध के दॉतो का टूटना, बालों का सफेद होना, बच्चें के चलने की तैयारी करना, हमारे सोचने विचारने के ढ़ंग में परिवर्तन पर परिपक्वता संबंधी तैयारी का असर पड़ता हैं हमारे शरीर और व्यवहार में परिपक्वता के कारण होने वाले परिवर्तन सोचने और अन्य घटकों जैसे–बीमारी या चोट लगने के बजाय मुख्य रूप से आयु बढ़ने की प्रक्रिया के कारण होते हैं। परिपक्वता और वातावरण में हमारा अनुभव मिलकर हमारे विकास में परिवर्तन लाते हैं।

मानव विकास के चरणों और कार्यों का विवरण–विकास एक सतत प्रक्रिया है। शिशु के व्यवहार में जो प्रवृत्तियाँ पायी जाती है वे युवा और वृद्ध की विशेषताओं के भिन्न होती हैं, परिवर्तन धीमी गति से होते हैं ये विभिन्न चरणों में सम्पन्न होता है। विकास के प्रत्येक चरण में व्यक्ति कुछ विशेष क्षमताएं, व्यवहार के तरीके और कार्य करने की विशेष प्रवृत्तियां प्रदर्शित करता हैं विकास के प्रत्येक चरण में अलग–अलग विकासात्मक कार्य शामिल होते हैं। किसी व्यक्ति का विकास का चरणों और विकासात्मक कार्यों को देखने का नजरिया विभिन्न समाजो में भिन्न–भिन्न हो सकता है निर्भर है कि व्यक्ति मानव विकास और जीवन के लक्ष्यों के बारे में किस तरह सोचता है।

1. जीवन का प्रत्येक चरण पिछले चरण में हुए विकास की दृढ़ता और आने वाले चरण की तैयारी है। जैसे–पूर्व वशल्यावस्था शालीय अवस्था के लिए तैयारी करती है। किशोरावस्था में होने वाले जैविक विकास व्यक्ति को विवाह और पारिवारिक भूमिकाओं के लिए तैयार करती है।

2. विकास के भिन्न चरणों के दौरान क्रियाशशीलता अलग–अलग पक्षों में विकास दर भी भिन्न होती हैं। मस्तिष्क की कोशिकाओ की वृद्धि, शारीरिक गति कौशलों का विकास प्रोढ़ावस्था की तुलना में श्शैशवावस्था में अधिक तेजी से होता हैं

3. विकास और वृद्धि दर एक चरण से दूसरे चरण में विकास की दर व्यक्तिगत अलग होती हैं। एक ही आयु के दो बालकों में हमें भेद दिखता है।

विकास का भारतीय दृष्टिकोण—भारत में हिन्दु जीवन दृष्टि के अनुसार मानव विकास के जीवन के अन्तर्गत चार चरण या आश्रम ब्रह्मचर्य, गृहस्थ, वानप्रस्थ, एवं सन्यास है–

1. **ब्रह्मचर्य**—यह शिक्षा–प्रशिक्षण की अवधि है जिसमें बालक अपने से बड़ों माता–पिता, गुरूजन के अधीन रहकर सीखता है इस आश्रम की **विशेषताएं** 1. गुरू के दिशा–निर्देश में रहकर शिक्षा ग्रहण करना 2. अनुशासन की पालना करना 3. पवित्रता, सादगी, सीखनें के प्रति समर्पण, गुरू की सेवा और सहि णुता आदि के गुण है 4. ये चरण प्रौढ़ावस्था और पारिवारिक दायित्वों के वहन हेतु तैयारी का चरण है 5. शिशु वशल्याकाल से गुरू के समीप रहता है और किशोरावस्था में नियमित शिक्षण और जीवन के व्यावहारिक अनुभवों के जरिये ज्ञान और कौशल प्राप्त करता है 6. अगले चरण गृहस्थ की भूमिका की तैयारी करता है और भौतिक उत्तर–दायित्व की पूर्ति हेतु तैयार होता है।

2. **गृहस्थ**—वयस्क परिवार के भरण पोषण करने एवं प्रौढ़ावस्था का काल है इसकी विशेषताएं–1. सेवा, प्रेम, सद्‌गुणों के द्वारा आध्यात्मिक विकास करना 2. परिवार मे रहते हुए अपने सांसारिक दायित्वों कें की पूर्ति करना 3. समाज और अन्य व्यक्तियों के साथ सद्‌भावना पूर्ण व्यवहार करना 4. आध्यात्मिक प्रगति और समाज की खुशहाली के लिए गृहस्थ धर्म को निभाना आवश्यक है।

3. **वानप्रस्थ**—कठोर अनुशासन, संयम और तपस्या के साथ एक निश्चित अवधि के लिए धर से दूर वन में रहना पड़ता हैं इस अवधि के कार्य– 1. सन्यास की तैयारी की जाती है। 2. व्यक्तिगत आवश्यकताओं को सीमित करने, अनुशासन, अनासक्ति और तप का पालन करने पर बल दिया जाता हैं

4. **सन्यास**—1. भौतिक वस्तुओं का पूरी तरह त्याग 2. व्यक्ति को इच्छाओं से मुक्त होना 3. अनासक्त भाव रखना 4. सभी जीवों के प्रति हर्ष–विवाद, लाभ–हानि, जीवन–मरण के प्रति एक समान दृष्टिकोण अपनाना 5. मानवी सीमाओं से ऊपर आत्म ज्ञान तथा आध्यात्मिकता प्राप्त करना।

सामाजिक विकास

वत्स प्यार करना और करवाना पहले घंर में सीखता है। बाद में घर के बाहर के लोगों से संबंध बनाने की सफलता बहुत–कुछ शुरू के इन सामाजिक अनुभवों की

सफलता पर ही निर्भर होती है। जैसे-जैसे छोटे बालक की सामाजिक दुनिया विस्तृत होती जाती हे वैसे-वैसे माता-पिता का शुरू का अनुराग पीछे छूटता जाता है और उसकी जगह परिवार के बाहर के व्यक्तियों से संबंध बनते जाते हैं। घर के बाहर के शुरू के सामाजिक अनुभव संवेगों की दृष्टि से बालक के लिए प्राय: परेशानी पैदा करने वाले हाते हैं, विशेष रूप से तब जब वह जिन बालकों के संपर्क में आता है उनसे आयु में छोटा होता है और फलस्वरूप चिढ़ाया और तंग किया जाता है। बाहरी सामाजिक संपर्कों से समायोजन करने में उसकी सफलता बहुत-कुछ इस बात से प्रभावित होती है कि घर के अंदर उसे किस प्रकार के अनुभव हुए थे। उदाहरण के लिए लोकतंत्री तरीके से पलेत्रपुसे बालक घर के बाहर सामाजिक समायोजन सत्तावादी घरेलू पर्यावरण वाले बालकों की अपेक्षा अधिक अच्छी तरह करते हैं। इसी तरह, परिवार में बालक की स्थिति, जैसे वह पहला है, अंतिम है, या एकलौता है तथा सहोदरों में उसके जिस प्रकार के संबंध रहे हों आदि ये सब बातें भी उसके घर के बाहर के सामाजिक समायोजनों को प्रभावित करेगी।

प्रारम्भिक बाल्यावस्था सामाजिक विकास की 'टोली-पूर्व' अवस्था है। उत्तर बाल्यावस्था में किसी 'टोली' का सदस्य बनने के लिए जो प्रारंभिक प्रशिक्षण और अनुभव आवश्यक होता है इस आयु में उसे प्राप्त कर लेना चाहिए। यदि भौगोलिक कारणों वश अकेले पड़ जाने से, माँ बाप की रोक-टोक से, या अपनी ही प्रतिकूल अभिवृत्ति से बालक अपनी आयु के अन्य बालकों के संपर्क से दूर पड़ जाता है, तो वह उन अनुभवों से वंचित रह जाता है जो न केवल आवश्यक होते हैं। छोटा बालक जो सामाजिक संपर्क बनाता है उनकी संख्या से अधिक महत्व उनके प्रकार का होता है। यदि उसे दूसरों के संपर्क से आनन्द आता है, चाहे ये संपर्क कभी-कभी ही क्यों न हों, तो भविष्य के सामाजिक संपर्कों के प्रति उसका रवैया तब की अपेक्षा अधिक अनुकूल बनेगा जब उसके सामाजिक संपर्क संख्या में अधिक होते हुए भी प्रकार की दृष्टि से कम अनुकूल होते हैं। इसके अलावा, सामाजिक संपर्क के लिए अवसर मिलने पर वह लाभ उठाएगा उस पर इस बात का बहुत प्रभाव पड़ेगा कि पहले उसके सामाजिक संपर्क कितने आनंदप्रद रहे हैं।

वत्स तो बड़ों के साथ रहते हैं, लेकिन छोटे बालक नहीं। दो और तीन वर्ष के बीच जब बालक का साथ केवल बड़ों से ही होता है तब वह बेचैन होने लगता है। इस आयु में दूसरे बालकों को देखने में उसकी रुचि निश्चित रूप से हो जाती है ओर वह उनसे सामाजिक संपर्क स्थापित करने की कोशिश करता है। ''समांतर खेल'' जिसमें कि बालक दूसरे बालकों से मिलकर नहीं बल्कि बराबर-बराबर स्वतंत्र रूप से खेलता है, समवयस्कों के साथ होने वाली सामाजिक क्रिया का सबसे प्रारम्भिक रूप है। इसके बाद ''सहचारी खेल'' आता है जिसमें बालक अन्य बालकों के साथ एक ही नहीं तो एक-

जैसी क्रियाएँ करता है, और तब ''सहयोग खेल'' आता है जिसमें वह समूह का एक अंग बन जाता है। बालक प्राय: तटस्थ द्रष्टा की तरह अन्य बालकों को खेलते देखते हैं, अन्य बालकों से बातें करतें हैं, लेकिन समूह के खेल में प्रत्यक्ष रूप से शामिल नहीं होते, वह दूसरों के मतों के प्रति सचेत हो जाता है, और आत्म-प्रदर्शन द्वारा दूसरों का ध्यान खींचने की कोशिश करता है।

सामाजिक व्यवहार:-सामाजिक व्यवहार के कुछ रूप वत्सावस्था में सीखे हुए व्यवहार के अवशेष होते हैं अथवा बालक के अन्य बालकों के संपर्क से सीखेन के फल होते हैं। सफल सामाजिक समायोजन के लिए आवश्यक सामाजिक व्यवहार के सबसे अधिक महत्त्वपूर्ण रूप इसी समय प्रकट होते हैं और विकसित होना शुरू करते हैं। बाल्यावस्था के शुरू के वर्षों में इतनी अच्छी तरह विकसित नहीं होते कि बालक हमेशा ही दूसरों के साथ निभा सके। फिर भी, यह उनके विकास का निर्णायक काल होता है, क्योंकि इस काल में आधारभूत सामाजिक अभिवृत्तियाँ- कुछ लोगों, कुछ समूहों और प्रिय या अप्रिय लगने वाले सामाजिक जीवन के प्रति अभिवृत्तियाँ तथा बालक के सामाजिक व्यवहार के प्रकार निश्चित होते हैं। तीन वर्ष से कम के बालकों के सामाजिक अन्योन्य क्रिया निम्न स्तर की होती हैं क्योंकि इसके लिए वे तैयारी नहीं करते और उनमें सामाजिक व्यवहार का स्वरूप और परिमाण-जैसे, बालक में प्रभाविता, नेता के गुण अधीनता, आज्ञा-पालन का गुण या दूसरों की इच्छाओं के अनुसार चलने का गुण है और वह कितनी मात्रा में है, यह बात, बहुत कुछ इस बात पर निर्भर है कि पर्यावरण कैसा है और बालक का उससे कैसा संबंध है। बालकों के बड़े होने के साथ जो अनुपरीक्षणात्मक अध्ययन किए गए हैं उनसे पता चलता है कि स्कूल-पूर्व आयु में जो सामाजिक अभिवृत्तियाँ और व्यवहार बन चुके होते हैं वे थोड़े से सुधार और परिवर्तन के साथ आगे भी बने रहते हैं। इस आयु में प्रकट होने वाले सामाजिक व्यवहार के सबसे महत्वपूर्ण रूप है:-नकार वृत्ति, अनुकरण, प्रतिस्पर्धा, आक्रामकता, कलह, सहयोग, प्रभाविता, स्वार्थपरता, सहानुभूति तथा सामाजिक अनुमोदन की इच्छा। इनमें से कई सामाजिक के बजाय असामाजिक या समाजविरोधी अधिक लगते हैं, फिर भी बालक के सामाजिकीकरण के लिए इनमें से प्रत्येक महत्व रखता है तथा बालक को असामाजिक और अहंकेंद्रित से बदल कर सामाजिक बनाने में प्रत्येक का महत्त्वपूर्ण हाथ होता है।

नकारवृत्ति:-नकारवृत्ति अर्थात् बड़ों की आज्ञा का प्रतिरोधी वत्सावस्था में शुरू होता है और इसका कारण घर के अंदर बलपूर्वक अनुशासन का लागू किया जाना या बालोचित व्यवहार के प्रति असहनशीलता का रवैया अपनाया जाना होता है। दो या तीन वर्ष की आयु में नकारवृत्ति अहं के विकास में एक सामान्य अवस्था होती है। शुरू के बड़प्पन के अहं संप्रत्यय को छोड़ने की आवश्यकता के प्रति यह एक अतिरंजित

प्रतिक्रिया होती है। माता-पिता की आज्ञा का प्रतिरोध तीसरे और चौथे वर्ष के बीच पराकाष्ठा पर पहुँच जाता है और उसके बाद यह अधिकतर अन्य बालकों या अपरिचित बुजुर्गों की आज्ञा न मानने का रूप ले लेता है। नकारवृत्ति वाला बालक जिसे सँभालना और जिसके साथ रहना मुश्किल होता है प्राय: तब सहयोग करने वाला बन जाता है जब वह एक व्यक्ति के रूप में प्रतिष्ठित हो चुका होता है तथा दूसरों की इच्छाओं के अनुसार चलने से संतोष प्राप्त करना सीख चुका होता है। सुसमायोजित बालक भी नकारवृत्ति प्रकट करते हैं, लेकिन उनकी नकानवृत्ति कुसमायोजित बालकों की अपेक्षा कम अवसरों पर और कम तीव्रता के साथ प्रकट होती है।

नकारवृत्ति का रूप आयु-वायु में और बालक-बालक में अलग-अलग होता है। प्राय: जो रूप देखने में आता है उनमें कुछ शाब्दिक अनुक्रियाएँ होती हैं कुछ गतिसंबंधी अनुक्रियाएँ होती हैं और व्यक्ति मौन धारण कर लेता हैं। जब बालक बड़े हो जाते हैं, तब वे बात को प्राय: न सुनने या समझने का बहाना करते हैं। नित्यचर्या में समय नष्ट करते हैं या उसकी बिल्कुल अपेक्षा कर देते हैं। सुसमायोजित बालक अपनी नकारवृत्ति को प्राय: सीधे तरीकों से व्यक्त करते हैं जबकि कुसमायोजित बालक व्यापक, सामान्यीकृत तरीके अपनाते हैं। चार और छह वर्ष के बीच की आयु में प्राय: शारीरिक प्रतिरोध घट जाता है और शाब्दिक तरीका बढ़ जाता है।

अनुकरण:- अनुकरण के सबसे प्रारंभिक रूप में माता-पिता को आदर्श माना जाता है। जब अन्य बालकों में रूचि पैदा होने लगती है तब बालक उनकी बोली क्रियाओं और संवेगों का अनुकरण करने लगता है। इस तरह से वह समूह के साथ अपना तादात्म्य कर रहा होता है।

प्रतिस्पर्धा:- दूसरों से आगे बढ़ जाने की चाह चौथे वर्ष में दिखाई देने लगती है। छोटे बालक का अपनी चीजों की तारीफ करना प्रतिस्पर्धा का ही एक रूप है। ऐसा प्राय: दूसरे की उपस्थिति में होता है, सामान्यत: ऐसे बुजुर्ग की उपस्थिति में जिसका ध्यान चाहने के लिए बालक प्रतिस्पर्धाशील होता है। छोटा बालक अपने समवयस्क के बजाय किसी प्रौढ़ का ध्यान आकर्षित करने के लिए अधिक व्यग्र होता है तथा उसे पाने के लिए कोई भी साधन अपना सकता है। प्रतिस्पर्धा घर के अंदर होती है, विशेष रूप से तब जब सहोदरों में ईर्ष्या होती है। ऐसे घरों में प्रतिस्पर्धा अधिक पाई जाती है जहाँ बालक, और बालिकाएँ दोनों होते हैं या जहाँ माँ एक बालक के प्रति अधिक झुकाव प्रकट करती है।

आक्रामकता:-आक्रामकता कुंठा के प्रति एक सामानय प्रतिक्रिया है। अत्यधिक आक्रामकता प्रदर्शित करने वाला बालक वह होता है जिसे बहुत ही कुंठा हो या जिसको आक्रामकता के कारण बहुत मारा-पीटा गया हो। ऐसे बालकों में आक्रामकता विशेष रूप

से प्रबल होती है जो शक्ति और प्रभाव चाहते हैं या किसी आक्रामक प्रौढ से अपना तादात्म्य किये होते हैं। लड़के लड़कियों की अपेक्षा सामान्यत: अधिक आक्रामक होते हैं। (देखिए चित्र 24)। लोकप्रिय बालक अपनी आक्रामकता को खेल के प्रसंग में प्रकट करते हैं और उनके आक्रमण का लक्ष्य कोई निश्चित व्यक्ति होता है; लेकिन अलोकप्रिय बालक किसी भी व्यक्ति पर जो पास होता है आक्रमण कर देते हैं, चाहे उस व्यक्ति से उनका अहित हुआ हो चाहे न हुआ हो। बालक की आक्रामकता दिन के समय, खेल के जमाव, और अन्य बालकों से उसके परिचय की मात्रा के अनुसार बदलती है। बालक का अन्य बालकों से जितना अधिक परिचय होगा वह संभवत: उतना ही अधिक आक्रामक होगा। जब आस-पास कोई ऐसा बुजुर्ग होता है जिसका ध्यान बालक अपनी ओर खींचना चाहता है, तब उसके अधिक आक्रामक होने की संभावना रहती है। यद्यपि थोड़ी आक्रामकता सभी प्रकट करते हैं, तथापि बालक और बालिकाएँ दोनों ही आक्रामक व्यवहार के बजाय स्नेहपूर्ण व्यवहार से सामाजिक संपर्क अधिक बनाते हैं। बालकों में आक्रामकता दूसरे वर्ष से चौथे वर्ष तक बढ़ती है और तब घटने लगती है।

आक्रामकता का रूप आयु के साथ बदलता है। पहले इसका रूप रोना और दूसरे बालक पर सीधे हमला करना होता है और बाद में बदल कर गाली-गलौच करना, दूर हट जाना तथा बुजुर्गों से शिकायत करना हो जाता है। चार-पाँच वर्ष का हो जाने तक बालक अपनी आक्रामकता को सीधे हमने से कम और जबानी हमने से अधिक प्रकट करता है। बालक जितना छोटा होगा उतना ही अधिक सीधा हमला करेगा और रोएगा। जब वह बड़ा हो जाता है तब उसका जबानी हमला प्राय: गाली-गलौच और दोषारोपण के रूप में होता है। वह किसी-किसी बालक के कामों की शिकायत भी बड़ों से करता है जो कि परोक्षत: आक्रमण करने का रूप है। जो बालक अन्य बालकों के द्वारा पसंद किये जाते हैं वे नापसंद किए जाने वाले बालकों की अपेक्षा प्रौढ़ का ध्यान अपनी ओर आकर्षित करने के लिए शाब्दिक आक्रमण का प्रयोग कम करते हैं। बालक जितना कम लोकप्रिय होगा वह शारीरिक या शाब्दिक आक्रमण के द्वारा अपनी और उतना ही अधिक ध्यान आकर्षित करने या यत्न करेगा।

कलह या झगड़ा:- छोटे बालकों का झगड़ा अधिकतर सहयोगी खेल के अनुभव के अभाव से होता है। जब बालक झगड़ता है तब वह दूसरे बालक के खेल के खिलौने छीन लेता है, उसके किए कराए को बिगाड़ देता है तथा प्राय: रोता, चिल्लाता, हाथ-पैर चलाता, और दाँतों से काटता है। इस तरह के उद्रेक तीव्र होते हुए भी प्राय: थोड़ी देर तक रहते हैं। जब वे शांत हो जाते हैं तब भुला दिए जाते हैं और झगड़े से पहले जो दोस्ती का संबंध था फिर कायम हो जाता है। बालक जितना ही छोटा होगा झगड़े के मौके उतने ही कम होंगे क्योंकि तब दूसरे बालकों से संपर्क बड़ी आयु की अपेक्षा थोड़ी देर के होते हैं,

तथा जब झगड़ा होगा भी तब वह थोड़ी ही देर तक रहेगा। तीन वर्ष की आयु में झगड़ा प्राय: अपनी पराकाष्ठा पर होता है। उसके बाद सामाजिक समायोजन में सुधार होने से झगड़ों की तीव्रता और आवृत्ति में कमी हो जाती है। लड़के लड़कियों से अधिक झगड़ालू होते हैं, विशेष रूप से तब जब वे अन्य लड़कों के साथ होते हैं। निचले सामाजिक-आर्थिक स्तर के बालक ऊँचे स्तर वालों की अपेक्षा अधिक झगड़ालू होते है। बालक का अन्य बालकों से सामाजिक संपर्क जितना अधिक होता है झगड़े की संभावना उतनी ही अधिक होती है। इसके बावजूद, सामाजिकीकरण में झगड़े का महत्व होता है क्योंकि उससे बालक यह सीखता है कि दूसरे किस बात को सहन करेंगे और किसको नहीं।

सहयोग:-चूँकि बहुत ही छोटे बालक अपने आप में सीमित रहने वाले और झगड़ालू होते हैं, इसलिए दूसरे बालकों के साथ खेलने में वे कम ही सहयोग करने वाले होते हैं। बड़ों के साथ भी वे कम ही सहयोग करते हैं क्योंकि बड़ों की प्रवृत्ति उनकी बात मान लेने की और उन्हें जो चाहें सो करने देने की होती है। लेकिन तीसरे वर्ष के अंत तक सहयोगी खेल और सामूहिक कार्य संख्या और अवधि की दृष्टि से बढ़ जाते हैं। अभ्यास से बालक अन्य बालकों से सहयोग करना और अधिकाधिक शांत तरीके से खेलना सीख लेता है। छोटे बालकों में दोस्ती जितनी पक्की होती है उनका खेल उतना ही सहयोग-पूर्ण होता है।

प्रभावी व्यवहार:- लगभग सभी छोटे बालकों में ''रौब गाँठने'' की जबर्दस्त प्रवृत्ति दिखाई देती है। बालक जो चीज चाहता है दूसरे बालकों से ले लेने की और अपने खेल के साथियों को अपनी इच्छा के अनुसार चलाने की कोशिश करता है। तीन वर्ष की आयु के बाद सामाजिक संपर्क के अधिक अवसर मिलने के साथ प्रभाविता बढ़ जाती है। पाँचवे वर्ष के आस-पास वह पराकाष्ठा पर पहुँच जाती है। प्रभावी व्यवहार की वृद्धि के साथ एकाकी व्यवहार में घटती होती जाती है, लेकिन अधीनता के व्यवहार में कम ही परिवर्तन होता है। प्रभावी व्यवहार का रौब गाँठने, नेतापन, या विशिष्ट प्रभाविता का रूप लेना अंशत: बालक के पर्यावरण पर निर्भर होता है। स्कूल-पूर्व आयु में दूसरे बालकों के साथ खेलते समय लड़कियाँ लड़कों से बहुत अधिक प्रभावी होती हैं।

स्वार्थपरता:- स्वार्थपरता चौथे और छठे वर्ष के बीच अपनी पराकाष्ठा पर होती है। यह कोई अचंभे की बात नहीं है कि जीवन के प्रारंभिक वर्षों में सबके ध्यान का केन्द्र होने से छोटा बालक आत्मकेन्द्रित हो जाता है और प्रत्येक बात को अपने ढंग से चाहता है। जब दूसरे बालकों के साथ खेलते हुए वह यह सीख लेता है कि स्वार्थपरता उसके रास्ते की रुकावट है केवल तभी वह अपने स्वार्थों को समूह के स्वार्थों के साथ एकाकार करने की कोशिश करता है। तब वह अपनी चीजों के बारे में अधिक उदार बनने लगता

है और अपने खेल के साथियों को भी उनका उपयोग करने देने के लिए तैयार रहता है। फिर भी, उदारता प्रारंभिक बाल्यावस्था में बहुत ही अविकसित रूप में होती है।

सहानुभूतिः-सहानुभूति के लिए दूसरों के भावों और संवेगों को समझना जरूरी होता है। दो-तीन वर्ष की आयु में बालक दूसरों के काले-नीले घावों, सूजनों, स्फोटों और अन्य छोटी-मोटी माँस विकृतियों के प्रति, दुखांत कहानियों के प्रति, दुर्घटनाओं की तस्वीरों के प्रति, विकलांक के प्रति, या जनाजे के प्रति सहानुभूतिपूर्ण अनुक्रिया नहीं करता। कभी-कभी तीन वर्ष का बालक किसी ऐसे घायल व्यक्ति के प्रति जिसकी वेदना दवाई के रंग में रंगी पट्टियों से और क्षत-चिन्हों और खरोंचों से प्रकट हो, किसी के शारीरिक कठिनाई में फँसने जैसे साईकिल से गिरने के प्रति, तथा दूसरे बालक से पिटे बालक के प्रति सहानुभूतिपूर्ण अनुक्रिया करता है। बालक अपनी सहानुभूति दूसरों की सहायता करने की कोशिश करके, कष्ट के कारण को हटाने की कोशिश करके, कष्ट में पड़े हुए की रक्षा करके, दूसरों को यह खबर देकर कि अमूक आदमी विपत्ति में पड़ा हुआ है, तथा उपाय का सुझाव देकर प्रकट करता है। लेकिन, कभी-कभी इस तरह की असहानुभूतिपूर्ण अनुक्रियाएँ भी होती हैं जैसे विपत्ति में पड़े हुए व्यक्ति को देख कर हँसना।

सामाजिक अनुमोदनः-वत्स की तरह छोटा बालक भी दूसरों का अनुमोदन चाहता है। शुरू में उसके लिए बड़ों के अनुमोदन का अन्य बालकों के अनुमोदन से अधिक महत्व होता है। छोटा बालक दृष्टिपात करके, सवाल पूछकर, टिप्पणी देकर और तत्काल अनुक्रिया करके बड़ों का ध्यान खींचकर उनका अनुमोदन प्राप्त करने का यत्न करता है। लड़के पुरुषों की अपेक्षा स्त्रियों का ध्यान अधिक चाहते हैं। ज्यों-ज्यों समूह के साथ रहने में रुचि बढ़ती जाती है त्यों-त्यों बालक के लिए साथियों का अनुमोदन बड़ों के अनुमोदन से अधिक महत्वपूर्ण होता जाता है। इसका फल यह हो सकता है कि बालक शरारती और उपद्रवी हो जाए। प्रायः बड़ों के अनुमोदन के बजाय अपने साथियों के अनुमोदन को पसंद करना बालक के समाज द्वारा स्वीकृति व्यवहार को अभिप्रेरित करता है।

साथीः- छोटे बालक के साथी संख्या और विविधता की दृष्टि से थोड़ी ही होते है। उसके साथियों में अधिकांशतः परिवार के बड़े लोग, सहोदर और निकट पड़ौस के बच्चे शामिल होते हैं। बालक के किसी धार्मिक पाठशाला, शिशु-विद्यालय या शिशु-विहार में जाने पर ही उसके साथी बढ़ते हैं। छोटे बालक के संबंध घर वालों के साथ जैसे होते हैं उनका घर के बाहर के बालकों से समायोजन होने में विशेष हाथ होता है। दूसरे बालकों के बीच में उदासीन बने रहने की संभावना एकलौते बालकों की या ऐसे बालकों की होती

है जिनके सहोदरों में आयु का अन्तर बहुत होता है या जिनके सहोदर भिन्न लिंग के होते हैं। जब सहोदर समलिंगीय होते हैं तब बालक को विपरीत लिंग के साथियों से आयु में छोटा होता है और जिसे अपनी आयु के साथी नहीं मिलते वह उनके बराबर चलने की बहुत कोशिश करता है और उनसे दबा रहता है। यदि वह अपने साथियों और सहोदरों से बड़ा हुआ तो वह प्रायः रौब गाँठने वाला होता है और उनका नेता बन जाता है। सहोदरों और घर के बाहर के साथियों के साथ खेलने के शुरू-शुरू के इस अनुभव का इस बात पर बहुत प्रभाव पड़ता है कि बालक स्कूल के जीवन में कितना सफल होगा। चार वर्ष की आयु तक बालक अपने ही लिंग वालों का साथ पसंद करने लगता है, और ज्यों-ज्यों वह बड़ा होता जाता है त्यों-त्यों उसकी अपनी ही जाति वालों का साथ चुनने की प्रवृत्ति बढ़ती जाती है। बड़े बालकों की अपेक्षा छोटे बालकों की मित्रता बहुत ही कम स्थिर होती है। चूँकि बालकों के साथी सच्चे मित्र नहीं बल्कि खेल के साथी होते हैं, इसलिए खेल की रुचियों के बदलने पर उनकी अपने साथियों से रुचि हट जाने की संभावना रहती है। शिशु विहार के बालकों के एक अध्ययन से ज्ञात हुआ कि दस सप्ताह की अवधि के भीतर लड़कों ने लड़कियों की अपेक्षा अधिक दोस्त बदले तथा सबसे ज्यादा तब्दीलियाँ चौथे और छठे सप्ताह के बीच हुईं। दूसरे बालकों के द्वारा 'जनाना' कहलाने से बचने के लिए लड़कों ने लड़कियों को छोड़ कर लड़कों को साथी बना लिया, और जब देखा कि जिस लड़के से उनका खेल का साथ है वह ''तगड़ा'' है तब उसे छोड़ कर दूसरे लड़के को साथी बना लिया। इसी तरह, लड़कियों ने भी लड़कों का साथ छोड़कर लड़कियों का साथ कर लिया, जिसमें लिंग संबंधी पसंद की शुरूआत दिखाई देती है। उत्तर-बाल्यावस्था में जो दोस्तियाँ की जाती है उनमें इस तरह की पसंद का बहुत हाथ होता है।

खेल के काल्पनिक साथीः- छोटे बालक अक्सर काल्पनिक साथी बना लेते हैं, विशेष रूप से तब जब माता-पिता के साथ संबंध अच्छे नहीं होते या जब बालक को असली साथी कम मिलते हैं। कई बालकों में यह विकास क्रम का स्वाभाविक अंग होता है और विशेष रूप से $2\frac{1}{2}$ से $4\frac{1}{2}$ वर्ष की आयु में होता है। यह वह समय होता है जब दूसरे बालकों से मैत्री की चाह होने लगती है। जिस बालक की यह चाह किसी कारण से पूरी नहीं हो पाती, वह प्रायः काल्पनिक साथी बना लेता है। लेकिन, यह अकेले बालक की समस्या का संतोषजनक हल नहीं है। काल्पनिक साथियों से खेलना सीख कर बालक सामाजिक सहयोग का प्रशिक्षण नहीं पाता, जो वास्तविक बालकों से संतोषप्रद तरीके से समायोजन करने के लिए आवश्यक होता है। इससे बालक को अपने खेल के साथियों को वश में करने की आदत पड़ सकती है जो कि काल्पनिक साथियों के साथ तो संभव है लेकिन प्रायः वास्तविक बालकों के साथ नहीं चल सकती। जब बालक यह समझ

लेता है कि काल्पनिक साथी के साथ जो तरीका इतना सफल रहा है वह वास्तविक बालकों के साथ नहीं चल सकता, तब उसके टोली का एक कुसमायोजित सदस्य बनने की आंशका रहती है।

नेतृत्वः- पूर्व बाल्यावस्था में नेता अपने समूह के अन्य सदस्यों से डील-डौल में, बुद्धि में और प्रायः आयु में भी बड़ा होता है। बड़ी आयु और श्रेष्ठ बुद्धि के कारण वह खेल के बारे में सुझाव देने में समर्थ होता है जिन्हें अन्य बालक प्रौढ़ों के सुझावों के ऊपर निर्भर रहने की अपनी आदत के कारण आसानी से मान लेते हैं। बड़े डील-डौल वाला बालक छोटे डील-डौल वाले बालक की तुलना में अच्छा रहता है क्योंकि प्रौढ़ों के आदेशों का पालन करने की अपनी आदतों के फलस्वरूप बालक बड़े डील-डौल को सम्मान की दृष्टि से देखने लगते हैं।

पूर्व बाल्यावस्था में अधिकतर नेता सख्त हाकिम होते हैं जो दूसरों की इच्छाओं का ख्याल कम करते हैं, दूसरों के व्यवहार पर काबू करने के लिए शारीरिक बल और धमकियों का प्रयोग करते हैं, तथा विद्रोह करने वालों रुष्ट हो जाते हैं। जब नेता बहुत ही सख्ती करने लगता है तब उसका पद छिन जाता है और दूसरा नेता बन जाता है। ''हाकिमाना'' यानी सताने वाले नेता के अलावा पूर्व-बाल्यावस्था में, कुछ नेता ''कूटनीतिज्ञ'' भी होते हैं जो टेढ़े-मेढे और छलपूर्ण सुझावों या सौदेबाजी से नेतृत्व करते हैं। इस आयु में लड़कियाँ प्रायः ऐसे समूहों का नेतृत्व करती हैं जिनमें लड़के भी होते हैं। पूर्व-बाल्यावस्था में नेता के शारीरिक आकर्षण, सामाजिक-आर्थिक स्थिति, धर्म, और राष्ट्रीयता का महत्व नहीं होता।

सामाजिक स्वीकार्यताः- जब बालक अन्य बालकों के साथ खेलना शुरू करता है तब इसका उनके द्वारा स्वीकृत या अस्वीकृत किया जाना जल्दी ही स्पष्ट हो जाता है। उसका लोकप्रिय होना या न होना समूह के अंदर उसके सक्रिय होने पर अत्यावश्यक रूप से निर्भर नहीं होता। कभी-कभी अत्यधिक हंकलाना बालक जो कि हर बात में टाँग अड़ाता फिरता है दूसरे बालक के द्वारा बिल्कुल नापसंद किया जाता है। दूसरे बालकों में लोकप्रिय होने के लिए जरूरी प्रमुख लक्षण है: किसी परिस्थिति को स्वीकार कर लेना, जैसे, जो दूसरे कर रहे हों उसे करने के लिए तैयार होना, प्रतिरोध न करना, प्रार्थनाएँ स्वीकार करना, तथा जो कुछ होता है उसे प्रसन्नता के साथ स्वीकार कर लेना। लोकप्रिय बालक समूह के तौर तरीकों का बारीकी से अनुसरण करता है। इस आयु में लड़कियाँ लड़कों की अपेक्षा दोनों ही लिंग के सदस्यों में अधिक लोकप्रियता प्राप्त करती है। अधिक बुद्धिमान बालक कम बुद्धिवालों की अपेक्षा प्रायः अधिक लोकप्रिय होते हैं। जो बालक प्रौढ़ों के ऊपर कम निर्भर रहता है और सामाजिक कार्यों में अधिक भाग लेता है

वह परनिर्भर बालक की अपेक्षा अधिक लोकप्रिय होता है। इसके बावजूद, ज्यों-ज्यों बालक समूह में काम करना सीखते जाते हैं त्यों-त्यों वे प्रौढ़ों के ऊपर कम निर्भर रहने लगते हैं। प्रौढ़ों के ऊपर निर्भर रहने या सामाजिक कार्यों में भाग लेने में लिंग-भेद से कोई विशेष अंतर नहीं पड़ता, लेकिन, आम तौर पर लड़कियाँ लड़कों से अधिक लोकप्रियता प्राप्त करती हैं।

इसके विपरीत, स्कूल-पूर्व आयु में अलोकप्रिय बालक वह होता है जो अत्यधिक, अक्सर मारपीट या धक्का-मुक्की करने वाला होता है। व्यक्तिगत अपमान करने और दूसरों के संपत्ति-संबंधी अधिकारों का सम्मान न करने के कारण वह दूसरों को मित्र नहीं बना पाता। आक्रामक व्यवहार के अलावा अलोकप्रिय होने के कारण ये भी हैं: जिम्मेदारी से भागने की अक्सर कोशिशें करना, जैसे किसी प्रौढ़ से चिपट जाना या भाग जाना; समय नष्टकरना; दूसरों का कहना न मानना; नित्यचर्या का अनुसरण करना। इसके अलावा, अलोकप्रिय बालक के अंदर प्राय: अवांच्छनिय व्यक्तित्व-लक्षण होते हैं। जिस बालक को दूसरे अस्वीकार कर देते हैं वह प्राय: समूह में जबर्दस्ती घुसने की कोशिश करता है और इससे उसकी अलोकप्रियता और भी बढ़ जाती है। असमर्थ बालक, जैसे वह बालक जिसे सुनने.में कठिनाई होती है, प्राय: समूह का सदस्य या नेता बनने के लिए लड़ पड़ता है। लेकिन, यदि समूह उसे ललकारे तो वह प्राय: पीछे हट जाएगा और अकेले खेलने लगेगा। दूसरों के द्वारा अस्वीकार किए जाने पर बालक ''आत्म-सीमित'' हो जाता है, और इससे कुछ ऐसी बाधाएँ खड़ी हो जाती हैं जो बड़े होने पर बालक के समूह में स्वीकार किए जाने में रुकावट डालती हैं।

खेल:- पूर्व बाल्यावस्था को प्राय: 'खिलौनों की आयु' कहा जाता है, क्योंकि इस काल में बालक जिस तरह के खेलों में आनंद लेते है उनमें खिलौनों का प्रमुख स्थान होता है। इस आयु में बालक यह कल्पना करता है कि खिलौने सजीव होते है और उसी की तरह उसके खिलौनों में भी बातचीत करने, काम करने और भावों का अनुभव करने में सामर्थ्य होती हैं। खिलौनों से खेलने में रुचि सात वर्ष की आयु तक बहुत रहती है, और फिर घट जाती है। खिलौने से बालक कितने समय तक खेलेगा और उसमें कितना आनंद लेगा, ये बातें अंशत: खिलौने पर और अंशत: इस बात पर निर्भर करेंगी कि वह अकेला खेल रहा है या समूह में। तब बालक के मुश्किल होने पर भी अधिक समय तक खेल में लीन रहता है।

पूर्व बाल्यावस्था में बालकों के खेलों के तरीकों और खेल की पसंद की चीजों पर बुद्धि और लिंग का प्रभाव पड़ता है। उदाहरण के लिए, उत्कृष्ट बुद्धि के बाद नाटक खेलना, रचनात्मक कार्य करना और मनोरंजन मात्र करने वाली पुस्तकों के बजाय

ज्ञानवर्धक पुस्तकें पढ़ना अधिक पसंद करते हैं। स्कूल-पूर्व आयु में भी बालको को इस तथ्य का ज्ञान हो जाता है कि कुछ प्रकार के खेल और खिलौने लड़कियों के लिए संचित माने जाते हैं और कुछ लड़कों के लिए इसका उनके खेल की चीजों और खेल के तरीकों पर प्रभाव पड़ता है। पूर्व-बाल्यावस्था में लड़कों की खेल-संबंधी रुचियाँ लड़कियों की अपेक्षा अधिक विस्तृत होती है। बालकों के पास खेल की जितनी सामग्री होती है उस पर और खेलने के लिए जितनी जगह की उन्हें जरूरत होती है उस पर परिवार की सामाजिक आर्थिक स्थिति का प्रभाव होता है और ये बालकों के खेल के रूप पर प्रभाव डालते हैं।

नाटकीकरणः- बालकों के खेल में दूसरे और तीसरे वर्ष नाटकीकरण का प्रवेश होने लगता है। गुड़िया, सिपाही और भुस भरे जानवर जीवित प्राणी बन जाते हैं, और माल डिब्बू, गुड़िया का मकान तथा सवारी डिब्बे, जो कि वास्तविक जीवन की चीजों की छोटे पैमानें पर नकल होते हैं, बालक के लिए वास्तविक जीवन के दृश्यों का खेल में नाटकीकरण संभव बना देते हैं। नाटकीय खेल का एक निश्चित क्रम होता है जिसमें तीन वर्ष की आयु से पहले व्यक्तित्वारोपण की, जैसे गुड़िया या भुसभरे जानवरों से बात करना इत्यादि, प्रधानता रहती है। इसके बाद चीजों का झूठ-मूठ प्रयोग होता है, जैसे खाली प्याले से झूठ-मूठ नकल करते हैं जिनमें साथी और चीजें शामिल होती हैं, जैसे मकान बनाने का नाटक करना, या सिनेमा, टेलीविजन अथवा किताबों के सुने हुए अंशों के दृश्यों का नाटक करना। नाटकीय खेल में बालक प्रायः वह होने का बहाना करता है जिसे वह प्यार करता है या जिसकी तरह होने की उसकी चाह होनी चाह होती है। अति बुद्धिमान बालक निम्न स्तर की बुद्धि के बालकों की अपेक्षा नाटकीय खेल अधिक करते हैं।

रचनाः-छोटा बालक अपने खेल का बहुत सा समय रेत, मिट्टी, कीचड़, गुटकों, दानों, रंगों, खड़िया, कैची और लेप से चीजें बनाने में लगाता है, उदाहरण के लिए, वह गुटकों से पुल, सुरंग या मकान बनाता है। उसकी अधिकांश रचनाएँ उन चीजों की नक्लें होती हैं जिन्हें वह वास्तविक जीवन में देखता है। छोटे बालक के बनाए हुए रेखा-चित्र और रंगीन चित्र प्रतीकात्मक होते हैं, न कि चीजों की हूबहू नक्लें। वह चीजों की तस्वीरें अपनी स्मृति के अनुसार बनाता है, और शक्ल, अनुपात, या परिप्रेक्ष्य की अपेक्षा रंगों में अधिक रुचि रखता है। तस्वीरों में वह विस्तार की बातें अपनी रुचि के अनुसार भरता है। तस्वीरों में वह विस्तार की बातें अपनी रुचि के अनुसार भरता है, जैसे आदमी की तस्वीर में कोट के बटन, और ये बातें भी प्रायः अनुपात के हिसाब से बहुत बड़ी होती है। उसके अधिकाँश चित्र लोगों प्रायः प्रौढ़ों, मकानों, पेड़ों, गाड़ियों, जानवरों और फूलों के होते हैं।

प्रतियोगिता वाले खेलः-चौथे-पाँचवे वर्ष के आस-पास बालक पड़ौस के बालकों से प्रतियोगिता वाले खेल-खेलने में रुचि लेने लगता है। पड़ौसी बालकों के साथ खेले

जाने वाले खलों, जैसे आँखमिचौनी, बिल्ली-चूहा, चोर-सिपाही इत्यादि में खेलने वालों की कोई निश्चित संख्या नहीं होती। बालक इनमें एक-दूसरे की नक्ल करते हैं और अगुआ के आदेशों का पालन करतें है जो कि प्राय: खेल का संगठन करने वाला बालक होता है। इस आयु में इस तरह के खेल सरल और थोड़े नियमों वाले होते है तथा प्राय: खेलते-खेलते बन जाते हैं। कौशल की परीक्षा करने वाले खेल भी जैसे रस्सी कूदना, गिट्टी खेलना, और गेंद उछालना, पूर्व बाल्यावस्था के अंत के आसपास बहुत पसंद किए जाते हैं। ये समूह के बजाय अकेले खेले जाते हैं और इनमें प्रतियोगिता बहुत कम होती है।

पढ़ना:- पढ़ने के योग्य होने से बहुत पहले बालक अपनी कहानी की पुस्तकों की तस्वीरें देखना और किसी से पढ़वाकर कहानियाँ सुनना पसंद करने लगता है। चूँकि वह जीवित और निर्जीव वस्तुओं का अंतर नहीं समझता, इसलिए इस आयु में परियों और प्राकृतिक चीजों की सरल कहानियाँ उसे बहुत अच्छी लगती हैं। परियों की परम्परागत कहानियाँ, आधुनिक कल्पना प्रधान कहानियाँ, तथा जानवरों और आदमियों जिनमें रोजाना की आम बातें करते दिखाया जाता है छोटें बालकों को बहुत भाती हैं। फिर भी, वे जो घटनाएँ घटी हैं उनकी कहानियों की अपेक्षा ऐसी कहानियाँ अधिक पसंद करते हैं, तथा ये तथ्यात्मक और वास्तविक कहानियों से अधिक आनंद उन कहानियों में लेते हैं जिनमें थोड़ा सा कल्पना का रंग होता है। इसके विपरीत, बालक ऐसी कहानियाँ पसंद नहीं करते जो बहुत ही झूठी होती हैं क्योंकि ये उनके अनुभवों से

सामाजिक व्यवहार का विकास

सामाजिक व्यवहार का अस्पष्ट आरम्भ उस समय से होता है जब दूसरें लोगों की उपस्थिति में शिशु सुखकर प्रतिक्रिया करता है। बच्चा जब पास के वयस्क लोगों के ध्यान का सुख भोग करता है, तब उसकी प्रतिक्रिया की अधिक स्पष्ट तथा विस्तृत हो जाती है किन्तु प्रारम्भिक आयु से ही वह अन्य बच्चों की उपस्थिति पर एक विशेष प्रकार की प्रतिक्रिया भी करता है। वह उनकों बहुत ध्यान से देखता है; कभी शब्द-क्रीड़ा करता है और उनकी ओर बढ़ने की प्रतिक्रिया भी करता है।

जब बच्चा लगभग दो वर्ष का होता है तब समानांतर खेल की घटना देखी जा सकती है। खेल के मैदान में अथवा रेत के ढेर के साथ अनेक बच्चे एक समान कार्य करेंगे। वे एक दूसरे को देखते हैं और एक दूसरे का अनुकरण भी करते हैं। समान खिलौनों अथवा उपकरणों के लिए वे उग्र संघर्ष भी करते हैं। परन्तु प्रत्येक बच्चा व्यक्तिगत रूप से अलग खेलता है। उनकी बातचीत ही स्वगत या एकालापों (monologues) का संग्रह मात्र होती है। प्रत्येक बच्चा अपने ही कार्य का वर्णन करता है। एक

स्वगत/ एकालाप पर उसके खेल के साथी की क्रीड़ा का प्रभाव हो सकता है परनतु इससे एक नवीन विषय की भी रचना होती है। यह किसी प्रकार भी उक्त पड़ौसी के शब्दों के प्रति एक निदेशित अनुक्रिया नहीं होती। तीन वर्ष की आयु के लगभग, समानांतर खेल में कुछ परिवर्तन होता है और एक अल्प-विकसित सहयोग के स्थानान्तरण का आभास होता है। प्रारंभिक विद्यालय की प्राथमिक श्रेणियों में ही सामाजिक खेल अधिक औपचारिक और अधिक संगठित हो जाता है। अनेक प्रकार का खेल बारी-बारी से क्रमावर्तित (rotating) खेल होता है। लँगड़ी टाँग या रस्सी कूदने के खेल में प्रत्येक बच्चे को उचित मात्रा में जटिल कार्य करने का अवसर बारी-बारी से देते हैं और अन्य लोग दर्शक अथवा आकस्मिक सहायक मात्र का कार्य करते हैं। प्रारम्भिक विद्यालय की अवधि के अन्त तक इन क्रमावर्तित खेलों के स्थान पर और अधिक सुव्यवस्थित दलगत खेल आरम्भ होते हैं, यथा, बेसबॉल, बास्केटबॉल अथवा फुटबाल, जिनमें प्रत्येक खिलाड़ी का निश्चित विशेष कार्य होता है और जिसके उक्त दल के प्रति विशेष भावना की आवश्यकता होती है।

सामाजिक संवेदनशीलता और उत्तरदायित्व

अपने जीवन के आरम्भ में एक शिशु, सामाजिक उत्तरदायित्व तो दूर रहा, स्वयं अन्य लोगों के सामाजिक व्यवहार पर पूर्णतया निर्भर करता है। जब वह अपने लिए अधिक दायित्व स्वीकार करता है तब वह सामाजिक उत्तरदायित्व की ओर पहला कदम बढ़ाता है। एक अधिक आदिम स्तर पर वह एक स्थान से दूसरे तक जाने के लिए क्रमशः अन्य लोगों की सहायता के आधार को छोड़ कर अपने ऊपर दायित्व लेने लगता है। वह भोजन करने, वस्त्र पहनने और अपने आपको स्वच्छ रखने में भी कुछ दायित्व सम्भालने लगता है। इस प्रकार वह धीरे-धीरे अपने सरल कार्यों के लिए अधिक दायित्व ग्रहण करता है।

अन्य लोगों द्वारा स्वीकृत होना

सामाजिक समायोजन प्रायः दो तरफी घटना होती है। इसमे केवल हमें अन्य लोगों की अनभिज्ञता प्राप्त करना तथा उनके कार्य में भाग लेना ही पर्याप्त नहीं होता प्रत्युत् यह भी आवश्यक है कि अन्य लोग भी हमें स्वीकार करें तथा न्यूनाधिक मात्रा में पसन्द करें। कुछ लोगों में अधिक उत्कट इच्छा होती है कि सब लोग उनको पसन्द करें। अन्य लोगों की इच्छाएँ कम विस्तृत होती हैं परन्तु प्रत्येक व्यक्ति कुछ स्वीकृति की आवश्यकता अनुभव करता है। जितनी बार किसी बच्चे को पसन्द किया जाता है, उसकी संख्या से हमें उसकी सामान्य लोकप्रियता अथवा उक्त दल में उसकी स्वीकृति की मात्रा की सूचना मिलती है। इसके दूसरी ओर एक पारस्परिक पसंद एक अन्योन्य मित्रता की सूचना देती है। अब हम सर्वप्रथम उन कारकों पर विचार करते हैं, जो सामान्य स्वीकृति अथवा

लोकप्रियता के साथ सम्बन्धित हैं। हर्लोक के अनुसार स्वस्थ सामाजिक विकास के लिए किशोर को अग्रांकित बातों की आवश्यकता रहती है-

1. सद् व्यवहार, वार्तालाप की योग्यता, समूह से मिलती-जुलती रूचियाँ।

2. लाभकारी अभिवृत्तियाँ जैसे दूसरों को पसन्द करना, उनके अच्छे कार्यों की प्रशंसा करना, उनके प्रति मैत्रीपूर्ण व्यवहार करना।

3. सुरक्षा एवं स्वतन्त्रता-वह छोटे-बड़े समूहों में निश्चिन्त रहे तथा स्नेह एवं सहायता हेतु दूसरों पर अधिक निभ्रर नहीं रहे।

4. दायित्व की भावना का आना।

5. समितियाँ एवं सामूहिक बैठकों में भाग लेना ताकि किशोर समूह योजना की प्रशंसा कर सके।

6. साथियों के साथ समायोजन।

7. पड़ौसियों के साथ मैत्रीपूर्ण उदार एवं सहयोगी भावना रखना।

8. समुदाय के प्रति व्यवहार इस प्रकार का हो कि समुदाय को लगे कि वह दायित्व वहन करने की इच्छा करे।

9. सांसारिक कार्यों के प्रति कल्याणकारी दृष्टिकोण।

लोकप्रियता

जिस छात्र की अधिक पूछ होती है अथवा जिसकी मित्रता की चाह अधिक संख्या में छात्र करते हैं वह प्राय: उन लोगों के समान ही होता है, जो उसका सम्मान करते है। उसकी वृद्धि औसत से कुछ अधिक हो सकती है। वह प्राय: उसी सामाजिक आर्थिक समूह से उदित होता है और समान धर्मावलम्बियों के साथ अधिक लोकप्रिय होता है। प्रारूपक परिस्थिति में वह अपने पसंद करने वालों के पास-पड़ौस में ही रहता है। बहुधा उसके माता-पिता जीवित होते हैं, जो उसके मित्रों का अपने घर में स्वागत करते हैं। वह देखने में औसत से अधिक सुन्दर तथा विशेष शारीरिक बाधा से मुक्त होता है। वह दयालु एवं बहुमुखी होता है; उसे कुछ परिहास का बोध होता है। नेतृत्व के लिए उसमें सामान्य अभिक्षमता होती है और उसमें वह उच्च लक्ष्य की कल्पना करता है। जो सहपाठी उसके पक्ष में मत देते हैं, वे भी उससे औसत से अधिक उपलब्धि की आशा करते हैं। अनेक अध्ययनों का सामान्य परिणाम यह है कि उसका मानसिक स्वास्थ्य भी औसत से बेहतर होता है। वह अपने विद्यालयी कार्य में भी कुछ आगे रहता है यद्यपि विशेष श्रेष्ठता नहीं देखी जाती। निश्चय ही वह कक्षा में अधिक आयु वालें छात्रों में से नहीं होता और नहीं

उनमें से होता है जो विद्यालय को शिक्षापूर्ण करने से पहले छोड़ जाते हैं। ऐसा प्रतीत होता है कि कुछ लोकप्रियता के लक्षण अधिक सतही मात्र होते हैं। कालेज की उच्च कक्षाओं के छात्र कुछ क्षणों के प्रत्यक्षालाप से ही सही अनुमान लगा सकते है कि किसी नये छात्र को किस मित्र मण्डली में सम्मिलित होना सम्भव है या नहीं।

कुछ लोगों का सुझाव है कि अधिक बार पसन्द आने वाले व्यक्ति में अन्य लोगों की भावनाओं को समझने की योग्यता औसत से अधिक होती है। यह जानने में भी वह विशेष चतुर होता है कि उसको कौन पसन्द कर सकता है किन्तु इस मत को चुनौती दी गई है। दूसरे लोगों का विचार है कि बार-बार चुने जाने वाला व्यक्ति, अपने अनेक प्रकार के सम्पर्क के कारण भाँप सकता है कि अन्य लोगों की दृष्टि में उसका क्या स्थान है?

जब परिस्थिति में परिवर्तन करने के लिए कुछ नहीं किया जाता, तब लोकप्रियता भी बुद्धि या उपलब्धि के समान सतत् स्थिर रहती है। यह तथ्य प्राय: सामान्य लोकप्रियता या मित्रता के पक्ष में सही होता है। किन्हीं दो बच्चों के बीच विशेष मित्रता की घटनाओं में इस प्रकार की समरूपता नहीं देखी जाती।

सामाजिक प्रतिभागित्व

अभी तक हम उस छात्र की चर्चा करते रहे हैं, जिसको सहपाठी अनेक बार पसन्द करते हैं। उस छात्र के विषय में क्या कह सकते हैं, जो स्वयं अधिकाधिक सम्पर्क बनाना चाहता है और विस्तृत बाह्य विद्यालयी कार्यक्रमों में भाग लेता है। स्वभावत: किसी हद तक भाग ग्रहण और स्वीकृति एक साथ चलते हैं। हम देखते हैं कि भाग ग्रहण करने वाला व्यक्ति आत्म-विश्वासी होता है और उसमें स्वीकृति की भावना भी होती है। विद्यालय के शिविर में विविध समूहों के साथ वह अनन्यता अनुभव करता है। उसके अनेक मित्र होते हैं और वह अनेक प्रकार के लोगों के प्रति सहिष्णु होता है। उसमें अधिक सामान्य संयम होता है, यद्यपि उसकी ख्याति अधिक सीधे अथवा निष्कपट व्यवहार के लिए भी होती है। उसकी शैक्षिक उपलब्धि भी अति सामान्य होती है।

मित्रताएँ

जैसा कि ऊपर बताया गया है कि मित्रता का स्वीकृति या लोकप्रियता से भेद होता है। इसमें एक बात तो यह है कि यह उभय पक्षीय घटना नहीं होती है और उसमें व्यक्तिगत भावना की विशेषता होती है, जो लोकप्रियता में आवश्यक नहीं होती। किसी व्यक्ति में अन्य के प्रति जो मित्रता की भावना होती है, उसका प्रत्यक्ष परास ( ) घनिष्ठ मैत्री से लेकर पहचान मात्र तक हो सकता है। इसके एक छोर पर तो भाई जैसे विश्वास पात्र होते हैं जो अधिक समय एक साथ ही बिताते हैं; वे एक दूसरे के समक्ष अधिक स्वच्छंदता और विश्वास अनुभव करते हैं। प्रत्येक व्यक्ति चाहता है कि वह उचित

स्वतन्त्रता से अपने आप को व्यक्त कर सके। किसी एक परिस्थिति में एक व्यक्ति का प्राय: एक ही मित्र हो सकता है परन्तु कालेज छात्र का अनन्य सखा किसी शिविर में बन सकता है और एक अन्य उसके गृह नगर में। घनिष्ठ मैत्री के अतिरिक्त विविध प्रकार की मैत्री अवस्थाएँ होती है; जैसे वह घनिष्ठ व्यक्ति, जिसके साथ हम अधिक सतही स्तर पर वार्तालाप और हँसी, मजाक कर सकते हैं; परिचित मनुष्य जिसे हम पसंद करते हैं परन्तु कुछ संयम के साथ, वह व्यक्ति, जिसके साथ हम कार्य करते हैं और जिसे मुख्यत: दफ्तर या कार्यालय, या समिति के सम्बन्ध से जानते है; और अन्त में वह व्यक्ति है, जिसे हमने देखा मात्र है और अंशत: उसको ख्याति से जानते हैं और जिसके साथ अवसर के अनुसार हम कभी 'हलो-हलो' का आदान-प्रदान करते हैं।

सामाजिक लैंगिक विकास

डॉ. जॉन के अनुसान शैशवकालीन कामभावना की पुनरावृत्ति किशोरावस्था में अधिक तीव्र एवं उच्चतर रूप में होती है। व्यक्ति तरुणावस्था को प्राप्त करते ही सन्तानोत्पत्ति के योग्य बन जाता है और लिंगीय दृष्टि से पूर्ण विकसित होता है। कामभावना का विकास किशोर में धीरे-धीरे होता है। उसकी तीन प्रमुख और स्पष्ट अवस्थाएँ होती हैं- (1) स्वप्रेम (Auto erotism), (2) समलिंगीय प्रेम (Homo-sexuality), और (3) विषमलिंगीय प्रेम (Hetro-sexuality) की अवस्था। उपरोक्त अवस्थाएँ व्यक्ति में क्रम से आती हैं। किन्तु यह भी सम्भव हो सकता है कि किसी व्यक्ति में ये तीनों ही प्रकार के प्रेम एक साथ पाए जाते हों। अत: एक-एक करके सभी की चर्चा कर लेना उचित होगा।

1. स्वप्रेम (Auto Erotism)- किशोर अपने ही शरीर से प्रेम करने लगता है और अपनी कामभावना की तृप्ति के लिये अपने लिंग अवयव को स्पर्श करता है। यह स्पर्श हस्तमैथुन जैसे अप्राकृतिक कार्यों तक पहुँच जाता है। हैवलॉक एलिस के विचार से "यह स्वाभाविक अभिव्यक्ति है। काम भावना के जाग्रत हो जाने पर उसकी तुष्टि के विषय के अभाव में इस प्रकार के परिणामों का होना स्वाभाविक ही है। काम-भावना की पूर्ति न होने के फलस्वरूप प्रौढ़ावस्था से पहले तो इस प्रकार की क्रियाएँ दृढ़तापूर्वक स्वाभाविक ही समझी जाती है।"

2. समलिंगी कामुकता (Homo-Sexuality)- यह वह अवस्था है जबकि समान लिंग के व्यक्तियों में परस्पर प्रेम उत्पन्न हो जाता है और वह कामुकता की दशा को पहुँच जाता है। किशोर काल के प्रारम्भ में लड़के-लड़कों से और लड़कियाँ लड़कियों से मिलना जुलना अधिक पसन्द करती है। उनमें समान लिंगों के प्रति ही अधिक रुचि दिखाई पड़ती है। फिर भी कुछ किशोर और किशोरियों में विषमलिंगी के प्रति भी रुचि देखी जाती है। भारतवर्ष में जहाँ कि लड़के-लड़कियों से बिल्कुल पृथक रखे जाते हैं,

समाज उन्हें स्वतन्त्र से मिलने जुलने की आज्ञा नहीं देता, अतः यहाँ समलिंगी कामुकता की अवस्था स्पष्ट लक्षित होती है।

यह प्रवृत्ति उन शिक्षण संस्थाओं में अधिक पाई जाती है, जिनमें या तो केवल बालक ही बालक पढ़ते हैं अथवा केवल बालिकाएँ। उन शिक्षा-संस्थाओं में जहाँ बालक-बालिका साथ-साथ पढ़ते हैं, समलिंगी कामुकता की प्रवृत्ति अपेक्षाकृत कम पाई जाती हैं क्योंकि वहाँ वे विषम लिंगी के प्रति आकर्षित हो जाते हैं और उनकी काम-भावना को स्वाभाविक अभिव्यक्ति मिलती है।

3. विषम-लिंगी कामुकता की अवस्था (Hetro-Sexual Phase)- इस अवस्था में कामुकता विषमलिंगी होती है। इस प्रवृत्ति का विकास किशोरावस्था के उत्तर-काल में होता है किन्तु वह अन्य दो प्रारम्भिक प्रवृत्तियों के विकास काल के समय उनके साथ-साथ पाई जाती है।

विषम-लिंगी प्रेम में यह भी सम्भावना हो सकती है कि दो व्यक्तियों का प्रेम विशुद्ध प्रदर्श के आधार पर स्थित हो; उनमें कुछ भी शारीरिक सम्बन्ध न हो। ऐसा प्रेम प्लेटोनिक प्रेम (Platonic Love) के नाम से पुकारा जाता है। बहुत से लोगों की यह धारणा होती है कि यदि किशोरावस्था में बालक बालिकाओं को स्वतंत्र रूप से मिलने दिया जाएगा तो अनुभवहीनता और कामुकता की उत्तेजना के कारण वे अपनी काम वासना को मैथुर के रूप में परिणत कर देंगे, जो सर्वथा हेय एवं निन्दनीय है, किन्तु यह धारणा सर्वथा सत्य नहीं होती। प्रायः किशोर बालक-बालिकाओं से शारीरिक सम्बन्ध स्थापित करने से हिचकता है, जब तक कि बालक अथवा बालिका किसी अत्यन्त दूषित वातावरण में न पले हों। उनका प्रेम प्रायः आदर्श प्रेम की सीमा तक ही सीमित रहता है क्योंकि आदर्शवादिता किशोर का एक प्रमुख लक्षण होता है।

वस्तुतः हमारे समाज की वर्तमान स्थिति अत्यन्त ही दयनीय है। वैसे तो भारतीय युवकों में सभी प्राचीन परम्पराओं और रूढ़ियों के प्रति विद्रोह पाया जाता है किन्तु लैंगिक पृथक्करण के प्रति उनके मन में भारी असन्तोष है तथा इससे जनित मानसिक संघर्ष एवं अन्तर्द्वन्द्व की समस्या को हल करने में वे असमर्थ हैं। युवकों के अन्दर विषमलिंगी के प्रति स्वाभाविक आकर्षण होता है किन्तु उससे बातचीत करने तथा उससे सम्पर्क स्थापित करने की स्वीकृति समाज नहीं देता। इसका परिणाम यह होता है कि किशोर का व्यवहार अभद्र एवं समाज विरोधी बन जाता है। किशोर लड़कियों को छेड़ने लगता है; उन्हें चिढ़ाता है; कक्षा में बैठकर बालिकाओं पर टिप्पणी करता है; उनके प्रति भद्दे शब्दों का प्रयोग करता है तथा साथी लड़के एवं लड़कियों के बारे में भद्दी कहानियाँ गढ़ने में आनन्द लेता है। इन किशोर-कालीन समस्याओं का समाधान केवल एक ही विधि से हो सकता

है कि बालक और बालिकाओं में सामाजिक सम्पर्क स्थापित करने का अधिक समय दिया जाए, जिससे वे समझ सकें कि विषम लिंगी भी उन्हीं के समान मानव हैं, उनमें कुछ इतनी विशेषताएँ नहीं हैं। वस्तुतः उनकी लिंग सम्बन्धी जिज्ञासा की अपूर्णता ही उन्हें बालापराध करने और तत्सम्बन्धी समस्याओं को जन्म देने के लिए सहज रूप से प्रेरित करती हैं। इसलिए किशोर और किशोरियों को अधिक मिलने-जुलने उनको सामूहिक एवं सहकारी रूप से सामाजिक कार्यों में भाग लेने की सुविधा प्रदान करनी चाहिए जिससे विषम-लिंगी से मिलने का अभाव उन्हें खटकता न रहे। जब एक दूसरे के प्रति आकर्षण स्वाभाविक है तो उनके सम्पर्क के अभाव से जनित समस्याओं का समाधान उनके सामाजिक सम्पर्क स्थापित करने में ही हो सकता है। इसलिए उन्हें सहयोगी कार्यों और खेलों में भाग लेने का अवसर प्रदान करना चाहिए। किशोरावस्था में काम सम्बन्धी शिक्षण भी परम उपयोगी होता है। उससे किशोर की काम सम्बन्धी जिज्ञासा की पूर्ति होती है; वह अन्धकार में नहीं भटकता है; उसे लिंग सम्बन्धी जानकारी सही-सही और पूर्ण प्राप्त हो जाती है। इस प्रकार काम सम्बन्धी शिक्षण युवकों को उनके व्यवहार के व्यवस्थापन में बहुत सहायता पहुँचाता है।

सामाजिक स्तरों का महत्त्व

हम कभी-कभी लोगों को बड़े तिरस्कार के साथ यह कहते हुए सुनते हैं कि उसकी हरकत कुछ बच्चों जैसी है। इस बात का स्पष्ट आशय है कि कुछ हरकतें ऐसी होती हैं, जो बच्चों के लिए तो बिल्कुल उपयुक्त मानी जाती हैं लेकिन बड़े आदमी में वही हरकतें सामाजिक अपरिपक्वता की सूचक बन जाती हैं। इसमें यह आशय भी निहित है कि हमें सामाजिक आचरण के स्तर से प्रगति करके दूसरे स्तर तक पहुँचना चाहिए।

सामाजिक स्तरों की परिभाषा

आचरण चाहे सामाजिक हो अथवा अन्य किसी प्रकार का, उसके स्तरों की परिभाषा इतनी आसानी से नहीं की जा सकती। मनुष्य का आचरण इतना जटिल है और मूल्यांकन इतने विभिन्न पहलुओं से किया जा सकता है, कि व्यवस्थित मनोविज्ञान के विद्यार्थियों तक में ऐसे महत्त्वपूर्ण सवाल पर भी कोई मतैक्य होना बहुत कठिन है कि आचरण के स्तर होते भी हैं या नहीं। सामाजिक स्तरों की परिभाषा करने के लिए हमें कुछ नकारात्मक अनुबन्ध करने होंगे। यहाँ पर ''स्तरों'' का प्रयोग अन्तर्जात भेद के अर्थ में नहीं किया गया है। यह तो मानी हुई बात है कि सामान्य तथा विशिष्ट दोनों ही प्रकार की योग्यता में इस प्रकार के अन्तर्जात स्तर होते हैं। सैंडीफोर्ड की इस बात को स्वीकार कर लिया गया है कि बुद्धि की व्यापकता में भी विकास होता है और उसके स्तर भी अर्थात् अनुप्रस्थ भी (horizontal) और ऊर्ध्वाधर (longitudianal) भी। सीधे-सादे

शब्दों में कहा जाए तो इस संकल्पना का अर्थ यह है कि कुछ काम अपेक्षाकृत छोटे ''मस्तिष्कों'' से पूरे किये जा सकते हैं, कुछ दूसरे काम ऐसे होते हैं जिन्हें पूरा करने के लिए अधिक जटिल मानसिक क्रियाओं की जरूरत होती है। इन ''मानसिक-मस्तिष्क'' स्तरों पर विचार ऊर्ध्वाधर दिशा में जड़ बुद्धि के मानसिक आयु-स्तर पर होता है परन्तु किसी ऊर्ध्वान्मुख स्तर पर अनुप्रस्थ विकास बहुत व्यापक हो सकता है। कभी-कभी किसी अनुप्रस्थ स्तर विशेष पर जो विकास होता है उसे गलती से उच्चतर ऊर्ध्वाधर स्तर का विकास समझ लिया जाता है। कई ऐसे लोगों को बहुत विद्वान और बुद्धिमान समझ लिया जाता है, जिन्होंने केवल बहुत सी ऐसी जानकारी का भंडार जमा कर लिया है, जिनमें से किसी एक जानकारी के लिए, या जानकारी के समूह के लिए भी, ऊर्ध्वाधर दिशा में काफी निम्न स्तर की योग्यता की आवश्यकता होती है।

बहुधा तथ्यों के किसी समूह के विशेषक (traits) जिनमें सामाजिक तथ्य भी शामिल हैं, पूरी जानकारी प्राप्त कर लेने की भरपूर मानसिक योग्यता रखते हुए भी कुछ लोग इसमें सफल नहीं हो पाते, क्योंकि किसी भी मानसिक आयु-स्तर पर कोई व्यक्ति ऐसे आचरण का परिचय दे सकता है, जो अनुप्रस्थ दिशा में होते हुए भी प्रगामी और अनुक्रमिक हो सकता है। लगभग हर साधारण व्यक्ति में अपने समूह का लोकाचार पूरी तरह सीखने की मानसिक क्षमता होती है फिर भी बहुत से लोग ऐसा नहीं कर पाते। जो लोग ऐसा नहीं करते वे सामाजिक परिपक्वता की निम्न अवस्था में होते हैं। (ऊर्ध्वाधर तथा अनुप्रस्थ स्तरों का अन्तर स्पष्ट रखने के लिए किसी भी स्तर पर विकास को व्यक्त करने के लिए अवस्था शब्द का प्रयोग किया गया है।)

प्रश्न यह उठता है कि क्या सभी सामाजिक समंजनों के लिए केवल सामान्य योग्यता की आवश्यकता होती है। यद्यपि यह बात मोटे तौर पर सच है परन्तु शब्दश: सच नहीं है। अति संमजित लोगों में जो सामाजिक प्रविधि मौजूद होती है उसे मानसिक योग्यता के वैसे ही उच्च स्तरों में रूपान्तरित करना आवश्यक होता है। उदाहरण के लिए सामाजिक समंजन का एक अंश ऐसा होता है, जिसका सम्बन्ध शुद्धत: माँसपेशियों और प्रेरक तंत्र से होता है और उसका परिचय उचित ढंग से उठने बैठने और चलने फिरने में मिलता है। पर्याप्त अभ्यास करने पर सामान्य शरीर रचना वाले अधिकांश लोग इस प्रकार के प्रेरक समंजन कर सकते हैं। परन्तु जैसा कि लियरी ने तर्क तथा अधिगम के उच्च स्तरों के बारे में अपनी विवेचना में बताया है, सामाजिक समंजन और समाजीकरण के किस स्तर पर पहुँच गया है इसका पता इस बात से चलता है कि उसकी आयु और उसके समूह के लोगों में प्रेरक संवेगात्मक और अमूर्त मानसिक नियन्त्रण में सामान्यत: जितना समंजन होना चाहिए; उसमें और उस व्यक्ति के आचरण में क्या सम्बन्ध है।

सामाजिक विकास की समस्याएँ

1. अनुरूपता–हम में से अधिकतर लोग बाह्य दबाव से सामाजिक बहुमत को बहुत कम स्वीकार करते हैं। बाह्य दबाव के बिना ही अधिकतर लोग अपने अल्प-मत विचार-व्यवहार से व्याकुल होते हैं। हमें दु:ख होता है, जब हमें बताया जाता है कि अधिकतर लोगों का मत हमसे भिन्न है। यदि कोई प्रभावशाली अपरिचित व्यक्ति हो (जिसे संभवत: अनुसंधानकर्ता ने वहाँ बिठाया था) तब हम उसका मत तुरन्त स्वीकार कर लेते हैं। परन्तु यदि एक समूह है, जिसके लिए हमें अधिक रूचि है, तो उसका विचार हम पर विशेष प्रभाव डालता है। यदि किसी समूह या संस्था के साथ अधिक मोह होता है, तब व्यावहारिक अनुरूपता की आवश्यकता से हम तार्किक परिणाम अथवा प्रत्यक्षानुभव से प्रतिकूल कार्य भी कर सकते है। कभी-कभी हम अपने आवश्यक समूह की बहुसंख्या के विपरीत औपचारिक मतदान करते हैं। परन्तु उस परिस्थिति में हम अपने आप स्वीकार करते है, कि अन्य सदस्यों में से अधिकांश वास्तव में हमारे पक्ष में ही मत देते, यदि उनको मतदान की स्वतंत्रता होती। अल्पसंख्यक विचार-व्यवहार से हमें दु:ख केवल महत्त्वपूर्ण विचार-वस्तु के विषय में ही नहीं होता, किन्तु बहुत सामान्य या तुच्छ बातों के लिए भी हो सकता है। कल्पना करें कि आप दो x और y की लंबाई रेखाओं को कुछ दूर से देख कर तुलना कर रहे हैं और आपको लगता है कि x से y अधिक लम्बी है। परन्तु आपको पता लगता है (अथवा किसी प्रकार आपको विश्वास होता है) कि अधिकतर लोग उन रेखाओं की तुलना करते हुए y के अधिक लम्बे होने का निर्णय करते हैं। इस प्रकार की परिस्थिति में हमारे जैसे अधिकांश लोग अपना मत बहुमत के अनुकूल परिवर्तित करेंगे। बहुमत का अभाव 75-25 के अनुपात तक बढ़ता रहेगा। इससे अधिक अनुपात से प्रभाव में अधिक वृद्धि नहीं होती। जब परिस्थिति शंकापूर्ण होती है अथवा सामग्री अपरिचित होती है, तब बहुमत का प्रभाव अधिक होता है। परिस्थिति के अनुसार 30 से 80 प्रतिशत वयस्क अपने निर्णय को बहुमत के अनुकूल परिवर्तित करते हैं। जो लोग बहुमत के दबाव का विरोध करते हैं और अपने प्रत्यक्ष अनुभव (या तर्क) पर स्थिर रहते हैं, वे अपेक्षाकृत अधिक बुद्धिमान होते है और उनमें "अहम्" शक्ति अधिक निर्धारित होती है।

अभिवृत्ति परिवर्तन के लिए सामूहिक दबाव का प्रयोग करना

एक वांछित समूह के मानव-व्यवहार की अनुरूपता की प्रेरणा का प्रयोग युवक कार्यकर्ता और सुधारक चिरकाल से करते आ रहे हैं, विशेषत: जब वे समूहों तथा उनके नेताओं पर प्रभाव करने का प्रयास करते है। समूह-गतिवाद और सामाजिक इंजीनियरी के वृहत् नवीन संचलन में इस जानकारी को सुव्यवस्थित किया गया है। उदाहरणार्थ यदि एक छात्र समूह की पठन-अभिरूचि के क्षेत्र को कॉमिक पुस्तिकाओं के अतिरिक्त अन्य

साहित्य के लिए विस्तृत करने का प्रयास किया जा रहा है तथा एक ही समय में प्रत्येक सदस्य को समझाने का प्रयत्न कर यह आशा की जाती है कि इस प्रकार सारे समूह की अभिवृत्ति में परिवर्तन हो सकता है किन्तु प्रत्येक छात्र के साथ हमें, उक्त अपरिवर्तित समूह के खिंचाव के विरुद्ध कार्य करना होगा। यह कार्य सामूहिक वाद-विवाद द्वारा अधिक सरलता व शीघ्रता से हो सकता है।

1. अनुरूपता को परिमित रखना-अनुरूपता अपने आप में न तो अच्छी है, और न ही बुरी। कभी-कभी व्यावहारिक अनुरूपता, यथा मार्ग पर सही रास्तें से आना, परमावश्यक है किन्तु विश्वास की अनुरूपता उस प्रकार जीवन-मरण का प्रश्न नहीं बन सकती, अत: अनुरूपता के अर्थ का दबाव डालना स्पष्ट दुराचार है। यदि इस दबाव के कारण प्रेक्षक एवं तर्क शास्त्र के विरुद्ध मत को स्वीकारना पड़ता है। विविधता और मतभेद से अधिकतर सत्य और सही हल उदित होता है अत: विशेष अनुरूपता उक्त विविधता का विरोध करके हानिप्रद हो सकती है। अनुचित अनुरूपता से हम किसी प्रकार बच सकते हैं। यह तो हमने देखा है कि कुछ लोग अपेक्षाकृत अधिक संवेदनशील होते हैं। सामान्यत: विषय-वस्तु के साथ अधिक अनुभव वाला व्यक्ति प्राय: सामूहिक मत का अतार्किक अंश भी स्वीकार कर लेता है। जब हम देखते हैं कि कुछ अन्य लोग उक्त सामूहिक विचार-व्यवहार को अस्वीकार करते हैं, तब हमारी अनुरूपता की भी कम सम्भावना होती है। यह परिस्थिति विशेष रूप से सत्य होती है, जब सामूहिक मत विरोध करने वाला व्यक्ति हमारा विश्वस्त मित्र या साथी होता है। एक सुझाव है कि कुशल नेता अल्पमत पक्ष को अपना विचार प्रकट करने के लिए प्रोत्साहित कर सकता है। तब एक प्रतिक्रिया की शृंखला आरम्भ हो सकती है और एक समस्त समूह को सामान्य से भिन्न होने के भय से उत्पन्न भ्रमों को त्याग देने का प्रोत्साहन मिलता है।

2. नेतृत्व- नेता की सामाजिक प्रतिष्ठा तथा उसकी महत्त्वपूर्ण स्थिति के कारण मनोवैज्ञानिक नेतृत्व के गुणों की खोज के लिए निरन्तर प्रयत्नशील हैं। यद्यपि नेता संख्या में कम होते हैं, उनका प्रभाव उनकी सामाजिक स्थिति के कारण हमेशा बड़ा होता है। पिछली दशाब्दी से नेतृत्व में मनोवैज्ञानिकों की रुचि बढ़ती जा रही है। इसका मुख्य कारण यही है कि विश्व को अनेक गतिविधियों के लिए बुद्धिमान नेताओं की बहुत बड़ी आवश्यकता है।

नेतृत्व का अर्थ

किसी भी प्रकार के समूह में एक व्यक्ति ऐसा होता है जो दूसरों से ऊँचा दिखाई पड़ता है। वह यह जानता है कि समूह के अन्य सदस्यों से कैसा व्यवहार करना चाहिए तथा कैसे उनका सहयोग प्राप्त करना चाहिए। लापियरे एवं फारन्सवर्थ के अनुसार,

''नेतृत्व वह व्यवहार है जो दूसरे व्यक्तियों के व्यवहारों को उससे कहीं अधिक प्रभावित करता है, जितना कि उनका व्यवहार नेता को प्रभावित करता है।''

नेतृत्व एक ऐसी प्रक्रिया है, जिसमें दो पार्टियाँ सम्मिलित होती हैं। एक वह जो नेतृत्व करती है, निर्देश देती है, एक आदर्श की तरह काम करती है और आदेश प्रदान करती है। दूसरी पार्टी अनुयायी बनती है, निर्देशों को ग्रहण करती है और आदेशों का पालन करती हैं। नेतृत्व के उचित कार्यों के लिए इन दोनों का सहयोग आवश्यक है। यदि अनुयायी नेता का अनुकरण नहीं करते तो नेता अपना उच्च स्थान खो देता है। अत: यह आवश्यक है कि नेता सदैव अपने अनुयायियों की इच्छा के अनुसार समायोजित होने को तत्पर रहे। अत: नेता स्वयं, उन व्यक्तियों द्वारा पथ प्रदर्शित होता है, जिनका वह नेतृत्व करना चाहता है।

नेता की परिभाषा

नेता एक ऐसा व्यक्ति होता है, जो कि जिस समूह का वह सदस्य है उसको सबसे अधिक प्रभावित करता है। ''नेतृत्व एक अवधारणा है, जो कि व्यक्तित्व-वातावरण-सम्बन्ध में प्रयोग की जाती है, ताकि उस स्थिति का वर्णन किया जाए जबकि व्यक्तित्व-वातावरण में इस प्रकार से उपस्थित है कि व्यक्ति की इच्छा, भाव एवं अन्तर्दृष्टि दूसरों को आदेश देती है और उनका नियन्त्रण करती है, ताकि एक समान उद्देश्य की प्राप्ति हो सके।''

नेता के कार्य

एक नेता के कार्य उस समूह पर निर्भर करते हैं, जिसका कि वह नेतृतव करता है। अत: नेता का कार्य समूह की बनावट एवं उसके उद्देश्य पर निर्भर करता है। किन्तु कुछ ऐसे कार्य है, जिनका किया जाना सब समूहों के नेताओं द्वारा आवश्यक है। यहाँ उन्हीं कार्यों को बताया जाता है-

1. अधिशासी का कार्य;
2. योजना-निर्माण का कार्य;
3. नीति निश्चित करने का कार्य;
4. विशेषज्ञ का कार्य;
5. समूह के बाह्य प्रतिनिधित्व का कार्य;
6. आन्तरिक सम्बन्धों में नियन्त्रक का कार्य;
7. पुरुस्कार एवं दण्ड-निर्धारण का कार्य;

8. पंच एवं मध्यस्थ का कार्य;

9. सामूहिक प्रतीक एवं आदर्श बनने का कार्य;

10. विचारक का कार्य।

नेतृत्व के गुण

समाज एक बदलने वाली स्थिति में रहता है। अत: नेतृत्व के गुण भी उसी के अनुसार परिवर्तित होते रहते हैं। उदाहरण-स्वरूप एक राष्ट्र युद्ध के समय एक प्रकार का नेतृत्व चाहता है तो युद्ध के बाद दूसरे प्रकार का। अत: नेतृत्व के गुण के कोई निश्चित प्रतिमान नहीं हैं। नेतृत्व के गुण गिब (Gibb) के अनुसार इस प्रकार हो सकते हैं- "सब या कुछ व्यक्तित्व के ऐसे गुण जो किसी विशेष परिस्थिति में किसी व्यक्ति को इस योग्य बनाएँ कि (1) वह मान्य लक्ष्य की ओर प्रेरित करने वाली समूह गति को संचालित कर सके तथा (2) समूह के अन्य सदस्यों द्वारा इसका अहसास करवा सकें।"

बर्नार्ड (Bernard) ने नेतृत्व के लिए 39 गुणों की सूची दी है तो बर्ड (Byrd) ने 80 विशेषताओं का वर्णन किया है। कॉफिन (Coffin) महोदय ने 11 विशेषताएँ बतायी हैं जो निम्न प्रकार से हैं-

1. बुद्धि
2. नैतिक संवेदनशीलता
3. कल्पना
4. संयम
5. संकल्प-शक्ति
6. उत्तरदायित्व
7. गतिशील और शारीरिक विशेषताएँ
8. निर्श्चितता
9. सामाजिकता
10. आत्मविश्वास
11. दूसरों से अच्छे सम्बन्ध सरलता से बनाए रखना।

इन लोगों ने नेतृत्व के विपरीत गुण भी बतलाए हैं, जो इस प्रकार हैं- संकीर्ण दृष्टिकोण, डरपोकपन, जिद्दीपन इत्यादि।

एक मनोवैज्ञानिक के लिए यह निश्चय करना कठिन है कि कौनसा बालक नेता बन जाएगा, परन्तु विशेष अन्वेषण से वह व्यक्तित्व के कुछ गुणों के आधार पर यह आभास दे सकता है कि भावी पीढ़ी का नेतृत्व कौन करेगा।

कोले (Cole) ने आवश्यक गुणों की सूची निम्न प्रकार दी है:-

1. जन्म-जात एवं अर्जित क्षमताएँ (Inborn and acquired capacities) श्रेष्ठ बुद्धि, मानसिक जागरूकता, अच्छा शारीरिक गठन, शक्ति और स्वास्थ्य, दक्षता, वाक्-चातुर्य, स्फूर्ति, प्रफुल्लता, अदम्य साहस, परिपक्वता;

2. विशेष योग्यताएँ एवं उपलब्धियाँ (Special qualities and attainments) विद्यालय कार्य, खेल-कूद, विशिष्ट ज्ञान के क्षेत्रों में;

अधिक समायोजित करने की दिशा में कार्य करेगी। वह लूसी के घर भी गई; उसके परिवार के सदस्यों से मिली तथा उसके माता-पिता से भी सहयेाग की इच्छा की। इसी बीच सौभाग्य से लूसी को उसके पड़ौस से कुछ कार्य मिल गया; इससे उसकी आर्थिक समस्या हल होने में सहायता मिली। वह अब अधिक साफ-सुथरी रह सकती थी तथा अपने साथियों जैसे कपड़े पहन सकती थी। उसमें यह विश्वास भी आया कि वह कुछ करने योग्य है। वर्ष के अन्त तक उसके सामाजीकरण की दिशा में भी सुधार लक्षित हुआ। किशोर के सामाजीकरण के लिए यह आवश्यक है कि जब वे विकास की इस स्थिति में पहुँच जाएँ कि सामाजिक गतिविधियों में भाग ले सकें, तब उनकी रुचि की सामाजिक क्रियाओं के मार्ग खुले रहने चाहिए। यदि परिवार, विद्यालय व अन्य अभिकरण उसे समय-समय पर सामाजिक गतिविधियों में सम्मिलित होने के अवसर प्रदान करते रहते हैं तो समाजीकरण की दिशा में निश्चय ही एक लाभकारी कदम रहता है।

सांस्कृतिक अपेक्षाएँ

किशोर पर उस सांस्कृतिक वातावरण, रीति-रिवाज एवं परम्पराओं का भी प्रभाव पड़ता है, जिसमें कि वह पैदा हुआ है और उसका लालन-पालन हुआ है; जैसे कि भारतीय परिवार में जन्म लेने वाले बालक का सामाजिक व्यवहार यूरोप या अमेरीका में जन्म लेने वाले बालक से भिन्न होगा। वहाँ के बालक-बालिकाओं के सम्बन्धों में भारतीय मापदंडों से बड़ा भारी अन्तर है। भारत में किशोर-किशोरियों के सामाजिक गोष्ठियों, सार्वजनिक स्थानों आदि में साथ-साथ जाने का प्रश्न ही नहीं उठता। यहाँ प्रणय निवेदन या प्रिय मिलन की परम्परा भी नहीं है। सिनेमा, क्लब या नाट्यशाला में भी वे साथ-साथ नहीं जा सकते। प्रत्येक संस्कृति के अपने नियम, रूढियाँ, परम्पराएँ आदि होते हैं। अमरीकी संस्कृति में किशोरावस्था की अवधि को बढ़ा दिया जाता है जबकि अनेक आदिम संस्कृतियों में बाल्यावस्था से बालक शीघ्र ही प्रौढ़ावस्था में प्रवेश कर लेता

है; उसमें किशोरावस्था होती ही नहीं है। इस प्रकार विभिन्न संस्कृतियों की विभिन्न अपेक्षाएँ होती हैं। उन्हीं के अनुसार समाज अपने सदस्यों से व्यवहार की अपेक्षा करता है- यद्यपि उसमें भी आयु, लिंग, सामाजिक-आर्थिक स्तर के अनुसार अन्तर बना रहता है।

सामाजिक समायोजन एवं वर्ग स्तर

भिन्न सामाजिक स्तर के किशोरों के उद्देश्य, अभिवृत्तियाँ, व्यवहार के प्रतिमान आदि भी भिन्न होते हैं। निम्न वर्ग एवं मध्यम वर्ग के किशोरों की अपेक्षाओं में भी अन्तर रहता है। एक निम्न वर्ग का बालक एवं उसके माता-पिता विद्यालयी शिक्षा की समाप्ति के सम्बन्ध में चिंतित नहीं रहते; इसके विपरीत वे तो शिक्षा के प्रति उदासीन ही रहते हैं। अभिभावकां की ओर से उन पर नियन्त्रण भी कम रहता है तथा उनसे यौन-सम्बन्ध छिपाव दुराव भी नहीं रहता। जो भी थोड़ा बहुत पैसा किशोर कमाता है, उसके खर्च पर भी कोई नियन्त्रण नहीं रहता। उनका विवाह भी अपेक्षाकृत कम आयु में ही हो जाता है। अतः किशोरावस्था की अवधि घट जाती है और वे छोटी आयु में ही दायित्व बोध से दब जाते हैं। इसके विपरीत मध्यम वर्ग के किशोर एवं अभिभावक शिक्षा के प्रति चिन्तित रहते हैं तथा जीविका का साधन निश्चित होने तक विवाह नहीं करते। माता-पिता उनके मनोरंजन के साधन, मित्र, यौन-रुचि आदि सभी पर नियन्त्रण रखते हैं। ये आक्रामक एवं झगड़ालू प्रवृत्ति के नहीं होते। उच्च सामाजिक गतिशीलता की ओर इन्हें प्रेरित किया जाता है। समाज में उठने-बैठने के इनके तौर-तरीकों आदि पर भी जोर दिया जाता है।

समाजीकरण की विफलताएँ

बोनी (Bonney) ने अपने अध्ययन में यह जानने का प्रयास किया कि सामाजिक रूप से सामान्यतः स्वीकृत व्यक्ति के क्या गुण होते हैं तथा सामाजिक रूप से अस्वीकृत व्यक्ति में कौन से अभाव होते हैं। इस अध्ययन के लिए सामग्री एकत्रित करने में उसने दो विधियाँ अपनाईं-

1. विशेषकों की दर ज्ञात क्ररना (trait ratings)
2. मित्रों का चयन।

इस अध्ययन से वे इस निष्कर्ष पर पहुँचे कि सामान्यतः लोकप्रिय किशोर आक्रामक प्रवृत्ति के तथा बहिर्मुखी होते हैं। उन्होंने पाया कि समाज दब्बू एवं भीरू लोगों को अधिक मान्यता नहीं देता। लोकप्रिय बनने के लिए आवश्यक गुणों का विकास होना आवश्यक है। ये गुण हैं सुदृढ़ एवं आकर्षक व्यक्तित्व, उत्साह, मित्रताएँ, योग्यताएँ आदि। जो किशोर रूढ़िग्रस्त होते हैं, जिन पर अधिक नियन्त्रण रखे जाते हैं, वे मुरझाए रहते हैं, लोकप्रिय नहीं बन पाते।

आयु के साथ-साथ सामाजिक सम्बन्धों में अनेकरूपता आती रहती है; इसमें नवीन सामाजिक दक्षताओं की आवश्यकता पड़ती है। बालक जब प्राथमिक विद्यालय से माध्यमिक विद्यालय में प्रवेश करता है, उसके सम्पर्क में नवीन व्यक्ति आते हैं; अजनबी सहपाठी आते हैं। विविध पृष्ठभूमि के परिवार के बालकों से उसका सम्पर्क होता है। उसे इन सबके साथ समायोजन एवं बदलती हुई स्थिति में विद्यालय की गतिविधियों में हिस्सा लेना सीखना पड़ता है। विद्यालय में शिक्षकों की एवं सहपाठियों की संख्या में वृद्धि, कार्यक्रम में बढ़ोतरी आदि होती है। यदि वह इस समाजीकरण की प्रक्रिया में सफल नहीं हो सकता है, तो अन्तर्मुखी हो जाएगा और उसका बहुत सा समय दिवा-कल्पनाओं में व्यतीत हो जाएगा।

किशोरावस्था में सामाजिक सम्बन्धों में अनेक रुकावटें आती हैं। धर्म, रंग राष्ट्रीयता, वर्ग आदि के भेद-भाव बढ़ते जाते हैं। किशोर के सामने यह महत्त्वपूर्ण विषय बन जाता है कि वह अपने मित्रों का चुनाव किस प्रकार करे- उसका यह वर्द्धित मानसिक जीवन एक नये आत्म का निर्माण करता है। यह नया आत्म अभिव्यक्ति चाहता है। यह अभिव्यक्ति वांछित दिशाओं में अभिव्यक्त हो सकें, इसके लिए सहानुभूतिपूर्ण निर्देशन की आवश्यकता होती है।

□□□

8

मानव विकास पर आनुवंशिकता और परिवेश का प्रभाव

व्यक्तित्त्व एवं चरित्र के निर्माण दो बातों पर निर्भर करती है वंश और परिवेश, हमें अपने माता–पिता से जीन हमारी शारीरिक बनावट और हमारा लिंग निर्धारित करते हैं। हमारी शक्ल–सूरत, हमारा रंगरूप, लड़का या लड़की होना इन्हीं जीनों से निर्धारित होता है। परिवेश का प्रभाव भी हमारे व्यवहार पर छोटी उम्र से शुरू हो जाता है। भ्रूणावस्था से ही, जब मनुष्य अपनी माँ के गर्भ में रहता है, माँ की मानसिक और शारीरिक दशा और उसके वातावरण का प्रभाव बच्चे पर पड़ने लगता है। माँ के अण्डाणु और पिता के शुक्राणु के मिलने से जायमाँट बनता है जिससे मानव जीवन की शुरूआत होती हैं। विकास की शुरू की अवस्था को भ्रूणावस्था कहते हैं। भ्रूण व्यवहार का विकास तंत्रिका संस्थान की वृद्धि एवं तैयारी पर निर्भर करता है भ्रूण पर दो तत्त्व हानिकारक प्रभाव डालते हैं मां की शारीरिक व मानसिक दशा। शारीरिक दशा अंतर्गत मां बनने की पूर्ण उपयुक्तता और 17 वर्ष से 35 वर्ष के मध्य होनी चाहिए। माँ को पर्याप्त भोजन न मिलने पर भ्रूण कमजोर जन्म ले सकता है, यदि भावनात्मक

तनाव से गुजरती है तो गर्भपात, अविकसित जन्म और बच्चे की भावनात्मक मनोदशा पर गम्भीर असर पड़ेगा। प्रसव उपरान्त शिशु की शारीरिक क्रियाओं का विकास क्रमबद्ध होता है और यह बच्चे के विकास और वृद्धि पर निर्भर करता है और प्रत्येक शिशु के विकास में काफी व्यक्तिगत अंतर देखे जा सकते हैं। बच्चों की बोली और भाषा विकास–जन्म पश्चात् सिर्फ बालक कुछ आवाजें निकालता है जैसे–जैसे–श्रवण तंत्र विकसित होता है बच्चे के शब्दों में वृद्धि हो जाती है। वाणी इन्द्रियों और मांसपेशियों की मिली–जुली होती हैं करीब वर्ष भर का बालक बोलना शुरू कर देता है और उम्र के साथ भाषा विकास बेहतर होता जाता है।

आनुवांशिकी एवं परिवेश–कोशिका के नाभि में मौजूद छोटे–छोटे कणों में जीन पाया जाता है जो कि मनुष्य के गुण या लक्षण के लिए उत्तर–दायी होते हैं क्रोमोजामस कहलाते हैं। शरीर की हर कोशिका में क्रोमोजोम्स पाए जाते हैं। हर जोड़े मे एक मां का और दूसरां पिता का होता है। जीन द्वारा हमारे गुण जैसे–आँख, बाल का रंग वगैहरा निर्धारित होता है।

क्रोमोजोम्स में एक बड़ी संख्या में मौजूद दो रसायन अनुवंशीय हस्तांतरण में ज्यादा महत्त्वपूर्ण है वह डी.एन.ए. (DNA- डाक्सीरिलेड न्यूकलिक एसिड) और आरएनए (रिबो नयूकलिक एसिड) यह दो जटिल रसायन एक साथ मिलकर काम करते हैं शारीरिक विशेषताएं जैसे–आँख, बाल, त्वचा का रंग, गंजापन मस्तिष्क की विशेषताएं आदि डी एन ए से तय होती हैं।

फीनोटाइप–जीनोटाइप–शरीर की विशेषताएं के लिए प्रबल जीन जिम्मेदार है। दिखने वाली विशेषताएं हैं आँखो का रंग इन्हें फीनोटाइप कहते हैं (प्रबल जीन गुप्त रहता है तथा वह तब तक प्रकट नहीं होता है जब तक कि उसका जोड़ा भी उसी तरह का हो। बिना प्रकट हुए आनुवांशिकता का हंस्तांतरण को जीनोटाइप कहते हैं। वे गुण जो बच्चे को माता–पिता से विरासत में मिलता हे जैसे–आँखो का रंग, शक्ल सूरत प्रकृति कहलाती है वहीं बच्चे के विकास में परिवेश का प्रभाव जैसे–संगीत में विशेष रूचि को पालन–पोषण या वातावरण का प्रभाव मानते हैं। एक ही भौतिक परिवेश में पलने वाले भाई–बहन अलग तरह से विकसित हाते हैं अर्थात परिवार का परिवेश अलग'अलग सदस्यों के व्यक्तित्त्व से सामंजस्य स्थापित करने में बदलता रहता है यह टी.ए मॉडल स्पष्ट करता है विकास के टी ए मॉडल के अनुसार बच्चे परिवेश में बदलाव लाते हैं और यह बदलाव बच्चे में बदलाव लाता है।

समाजीकरण और उसके स्रोत

परिवार की भूमिका बच्चे को इस तरह पालन–पोषण करने से है कि उसकी सकारात्मक क्षमताओं के विकास का पूरे अवसर मिलें और नकारात्मक प्रवृत्तियों को नियन्त्रित किया जाए। बच्चे के समग्र विकास में माता–पिता का प्रमुख योगदान होता है।

एक व्यक्ति के जीवन में अलग–अलग आयु के चरणों में बहुत से रीति रिवाज किए जाते हैं संस्कार कहलाते हैं बच्चो का जीवन के चरण में परिवर्तन होता है जिससे बच्चों की पहचान बनती है।

जन्म के पूर्व का विकास–युग्माणु (जायगॉट) का निर्माण माँ के अण्डाणु व पिता के शुक्राणु के मिलने से होता है। इसी से मानव जीवन की शुरूवात होती हैं। यह युग्माणु एक कोशिका से अनेक कोशिकाओं में विभाजित हो जाता है। इन कोशिकाओं में अगल–अलग कार्यों के करने की क्षमता होती हैं। विकास की प्रारम्भिक अवस्था में इसे भ्रूण कहा जाता है। भ्रूणावस्था के शुरू में (गर्भाधान के 8–9 सप्ताह बाद) शरीर के हिलने–डुलने के रूप में मानव व्यवहार की शुरूवात होती हैं। भ्रूण के व्यवहार का विकास तंत्रिका संस्थान की वृद्धि एवं तैयारी पर निर्भर करता है। दूसरे महीने के अंत में सिर का माप पूरे शरीर का आधा होता है। पर विकास के क्रम में सिर का माप शरीर के अनुपात में छोटा हो जाता है। इंन्द्रियो के रास्ते आने वाली सूचना और गति से संबन्धित कार्य का विकास एक खास क्रम में होता है। इनका विकास सबसे पहले भ्रूण के सिर के क्षेत्र में और उसके बाद अन्य क्षेत्र में होता है।

जन्म पूर्व परिवेश का प्रभाव :–भ्रूण पर दो तत्त्व हानिकारक असर डाल सकते हैं:

(i) **प्रथम** :–मां की मानसिक व शारीरिक दशा यह निम्न प्रकार प्रभावित करती है। 17 साल से कम और 35 साल से अधिक आयु की स्त्री के माँ बनने की स्थिति में बच्चे के जन्म के पूर्व और जन्म के समय काफी खतरा रहता है और बच्चे की मृत्यु तक हो सकती है।

(ii) माँ को पर्याप्त भोजन व सुपोषण न मिलने की स्थिति में बच्चे में पैदायशी गडबड़ी या मरे हुए बच्चे पैदा होने की संभावना बढ़ जाती है।

(iii) माँ यदि भावात्मक तनाव से गुजरती है तो भी गर्भपात बच्चे का समय से पूर्व जन्म, और बच्चे के भावानात्मक मनोदशा पर गंभीर प्रभाव पड़ सकता है।

2. परिवेश के तत्त्व :—परिवेश के विभिन्न तत्त्व, जैसे—रोग, वायरस हानिकारक दवायें रसायन व विकिरण (हानिकारक किरणें) जन्म पूर्व उचित विकास व जन्मजात दोषों के खतरे बढ़ा देते हैं। इन्हें टेराटोजन्स (विरूपता पैदा करने वाले) कहते हैं। माँ को यदि जर्मन मीजिल्स (एक प्रकार का खसरा) प्रजनन अंगों, सिफलिश, प्रजनन अंगों में हर्पीज, एड्स, चिकनपॉक्स, कॉलरा डायबिटिज, पीलिया मम्प्स, टी.बी., इन्फलुएंजा आदि बीमारियों शराब मेरीजुआना, तंबाकू, कोकेन, हिरोइन, एल एस डी आदि नशीलें पदार्थ एन्टिबायोटिक और दूसरी दवाओं का शरीर में आवश्यकता से अधिक पहुँचना, एक्स—रे और दूसरे रेडिएशन बहुत से रसायन व पर्यावरणीय प्रदूषण सभी टेराटोजेन्स हैं। और में बच्चे में जन्मजात दोष, भ्रूण विकास और नये जन्में बच्चे में जन्मजात दोष, भ्रूण विकास और नये जन्में बच्चे के विकास में बाधक होते हैं।

3. कतिपय अन्य क्रियाएं :—छोटे बच्चे की कुछ क्रियाएं बिना बाहरी उत्तेतना के भी होती हैं, जैसे—रोना, शरीर को फैलाना, छींकना, चबाना व मुस्कुराना स्वयं होता है। जन्म के समय बाह्यय उत्तेजना से कुछ खास प्रतिक्रियाएं कहलाती है। चूसने की प्रतिक्रिया बच्चे में जन्म से ही मौजूद रहती है। जो कि ओठ या गाल को छूने से शुरू हो जाती है। बच्चे के तलुओं को खुजलाने से बच्चा पैर खुजलाता है इसे बेबिनसकी रिफलेक्स कहते हैं।

इंद्रियों का विकास—कुछ इन्द्रियों का विकास बच्चे के जन्म से पहले ही हो जाता है। इनका वर्णन निम्न प्रकार हैं—

1. बच्चा के जन्म होते ही रोशनी की चमक में अन्तर जान लेता है।

2. वे रंग भी देख सकते हैं।

3. जन्म के कुछ ही दिनों बाद जब कान से द्रवीय पदार्थ निकलता है तब बच्चे की आवाजों के प्रति प्रतिक्रिया पर ध्यान जाता है।

4. स्वाद व गंध महसूस करने की शक्ति, तापमान में अन्तर समझने की शक्ति बच्चों में शुरू से ही देखी जा सकती है।

5. ठंडा या गर्म दूध का फर्क करना, उसमें शुरू से देखा जा सकता है।

6. भूख—प्यास बच्चा शुरू से ही महसूस करता है।

7. दर्द के प्रति भी संवेदनशशीलता जन्म से मौजूद रहता है।

8. उसकी शारीरिक क्रियाओं में संतुलन शुरू से ही देखा जा सकता है।

भाषा सीखनें में हुए परिवर्तन–जन्म के पश्चात बच्चे की बोली व भाषा का विकास निम्न प्रकार होता है–

(i) जन्म के समय बच्चा रोता है।

(ii) कुछ हफ्तों बाद बच्चा और आवाजें निकालना शुरू करता है। कुछ उसकी तकलीफ या बैचेनी से जुड़ी होती हैं कुछ का कोई खास कारण नहीं होता।

(iii) जैसे–जैसे–श्रवण तंत्र विकसित होते हैं, बच्चा माँ–माँ, दा–दा आवाजें निकालता है। उस समय उसके लिये इनका कोई मतलब नहीं होता हैं ये आवाजें वह आसानी से निकाल सकता है।

(iv) धीरे–धीरे सामाजिक संदर्भ महत्त्वपूर्ण हो जाता है और बच्चा **माँ** आवाज को अपनी माँ से जोड़ने लगता है। यह अर्थपूर्ण भाषा की शुरूआत है।

बोली–बोली इन्द्रिय और मांसपेशियों की मिली–जुली क्रिया है। वह भाषा तब बनती है जब शब्दों के साथ अर्थ भी जुड़ जाते हैं। बच्चा एक साल में बोलना शुरू करता है। जैसे–जैसे–बच्चा चारों ओर की चीजों को देखता है, शब्दों को उनसे जोड़ना सीख लेते हैं। उसी के साथ–साथ उसकी भाषा का विकास बेहतर होते जाता है।

वंशानुगत तथा परिवेश का बच्चे पर पड़ने वाले प्रभाव तथा उसके परस्पर आदान–प्रदान का वर्णन निम्न प्रकार हैं–

(i) प्रकृति–प्रकृति से अभिप्राय उन चीजों से है जो कि बच्चा अपने माता–पिता से विरासत में पाता है, जेसे–आखें, रंग, शक्ल–सूरत आदि। पोषण करते हैं। कुछ समय पूर्व ध्यान या तो प्राकृतिक विशेषताओं या फिर पालन–पोषण पर केन्द्रित किया जाता है। यह सामान्य विश्वास था कि हर व्यक्ति में कुछ जन्मजात गुण होते हैं जो यह निर्णय करते हैं जो हम हैं या आगे होंगे।

(ii) परिवेश–दूसरे दृष्टिकोण से सम्पूर्ण जोर परिवेश पर रहता था। हम वही करते या सीखते हैं जिसके लिये हमें पुरस्कार या प्रशंसा मिलती है। हम वही नहीं करते जिसके लिये हमें दण्ड या निन्दा मिलती है।

(iii) वास्तविक दृष्टिकोण–वस्तुतः उपर्युक्त दोनों ही दृष्टिकोणों में कुछ सच्चाई है लेकिन दोनों ही अधूरें है। एक व्यक्ति के विकास में हमें अनुवंश और परिवेश के मिश्रित प्रभाव को देखना होगा।

उदाहरण–एक बच्चे में संगीत की जन्मजात योग्यता है। वह संगीत सुनता है तथा साथ ही स्वयं गाता है। माता–पिता बच्चे की संगीत में रूचि पर ध्यान देते हैं। उसे और ज्यादा संगीत सुनने का मौका देते हैं। वे बच्चे के लिये एक तारा या बांसुरी लाकर देते हैं। बच्चे की संगीत में रूचि और ज्यादा बड़ती है। उसके जन्मजात गुण का विकास होता है। माता–पिता बच्चे को उसे कन्सर्ट या मैच पर संगीत गाने व बजाने का मौका देते हैं। इससे बच्चे के स्वयं संगीत बजाने की इच्छा और बढ़ती है।

इस प्रकार बच्चे के विकास में जन्मजात गुण या परिवेश दोनों का हाथ है। बच्चे में जन्मगत संगीत की योग्यता थी पर वह काफी नहीं या। बच्चे के माता–पिता ने उसे संगीत सुनवाने के और अवसर दिए। यह आदान–प्रदान बराबर चलता रहता है। विकास के इस नजरियें को ट्रांसेक्शनल मॉडल (टी.ए. मॉडल) कहते हैं।

कभी–कभी एक ही परिवंश में पालन वाले भाई–बहन भिन्न–भिन्न प्रकार से विकसित होते हैं। इसका तात्पर्य यही है कि पारिवारिक जीवन का परिवेश हर सदस्य के व्यक्तित्त्व से सामंजस्य स्थापित करने के लिये बदलता रहता है बड़ा बच्चा, मंझले व छोटे बच्चे अलग–अलग अनुभवों से गुजरते हैं। एक बच्चा बिना किसी कारण के गुस्सा ज्यादा दिखाता है। उसका अनुभव अपने माता–पिता के साथ अपने दूसरे भाई–बहानों से अलग होगा जो ऐसा नहीं करते ।

बच्चे के बड़ें होने के साथ–साथ उसे सामाजिक मूल्य सिखाने का प्रयास किया जाता है। बच्चे को समाज मे उचित व्यवहार के नियम सीखनें पड़ते हैं। माता–पिता, शिक्षक, बड़ें व संगी साथी सब बच्चे के व्यवहार पर प्रभाव डालते हैं और इसे नियंत्रित करते हैं। इसी को समाजीकरण कहते हैं।

समाजीकरण के कारक या एजेन्ट

1. परिवार–परिवार की भूमिका यह होती हैं कि बालक को सकारात्मक क्षमताओं को बढ़ावा दे (पालन) ताकि उसका अच्छा विकास हो तथा नकारात्मक प्रवृत्तियों को नियंत्रित किया जाएं। बच्चे पर परिवार के अलावा अपने परिवेश के और भी कई प्रभाव पड़ते हैं। समाजीकरण के दूसरे महत्त्वपूर्ण स्त्रोत मीडिया बच्चे की देखभाल के लिए क्रेच, संगी साथ, स्कूल व धर्म हैं।

2. माता–पिता–बच्चे के विकास में सबसे सीधा असर माता–पिता पर होता है वे बच्चों के लिये आदर्श नमूने हैं। बच्चों के व्यवहार पर उनकी प्रतिक्रिया, उनकी तारीफ, उनकी नाराजगी, उनके द्वारा निंदा का बच्चों के

व्यक्तित्त्व निर्माण व व्यवहार पर प्रभाव डालते हैं। सामाजिक नियमों को सीखनें में यह महत्त्वपूर्ण भूमिका निभाते हैं। ये बच्चों को म्यूजियम, गिरजाधर मंदिर, मस्जिद, गुरूद्वारे ले जाते हैं। बाबा, दादी, नाना, चाचा, बुआ, मौसी आदि का बच्चों के समाजीकरण में काफी योगदान रहता है। बच्चे शि टाचार माता–पिता को देखकर सीखते हैं।

3. संगी–साथी–जब बच्चा थोड़ा बड़ा होता है तो उस पर उसके संगी साथियों का बहुत प्रभाव पड़ता है। अपनी उम्र के बच्चों के साथ वह टीम में काम करना, मिल बांट कर काम करना व विश्वास करना सीखता है। बच्चा दूसरों के दृष्टिकोण समझने व उनसे समझौता करना सीखता है।

4. स्कूल–समाजीकरण में स्कूल की भी महत्त्वपूर्ण भूमिका है। बच्चा स्कूल में विभिन्न प्रकार की शारीरिक, सामाजिक व बौद्धिक योग्यताएं सीखता है। स्कूल एक लघु समाज की तरह है जहाँ बच्चा सही मूल्य व नियमों के बारे में जानकारी व उन्हें व्यवहार में लाना सीखता है। बच्चे अपने शिक्षकों को आदर्श मानकर उनका अनुकरण करते हैं। ईमानदारी, लोकतंत्र और न्याय जैसे–मूल्य सीखते हैं।

5. धर्म–भारत में अपनी पसन्द के धर्म अपनाने की स्वतंत्रता है। धर्म हमें ईश्वर में विश्श्वास करना, हमारे अस्तित्त्व के उद्देश्य, पारिवारिक, सामाजिक और आध्यात्मिक जीवने शैली के बारे में बताता है। अनेक त्यौहार व रीति–रिवाजों से हम दूसरों के साथ मिलजुलकर रहना, दूसरों की सहायता करना, और दूसरों के लिये त्याग करना सीखते हैं।

6. मीडिया–आज के बच्चे टीवी, पुस्तकें, पत्रिकाओं, कॉमिक्स, रेडियो और फिल्मों से काफी जानकारी व ज्ञान प्राप्त करते हैं। बच्चे के समाजीकरण में मीडिया की महत्त्वूपर्ण भूमिका है। अच्छे धारावाहिकों से परिवार का महत्त्व समझाना एक सकारात्मक टीवी में हिंसा देखने को नकारात्मक प्रभाव पड़ता है। बच्चा इससे आक्रामक व्यवहार करना सीखता है।

7. क्रेच–आज जब माता–पिता दोनों ही काम करते हैं तो बच्चों को क्रेच या देखभाल केन्द्रों में छोड़ना पड़ता है। वहाँ पर भी बच्चे का समाजीकरण होता हैं। वहाँ दूसरों के साथ मिल–जुलकर रहना और सही सामाजिक व्यवहार करना सीखते हैं।

8. आँगनबाड़ी–निर्धन बचचे आँगनबाडी में काफी सामाजिक व्यवहार करना व सामुदायिक जीवन का महत्त्व उन्हें यही समझ में आता हैं।

सैद्धान्तिक विकास

विकास का अर्थ परिवर्तन है। परिवर्तन एक प्रक्रिया है जो हर समय चलती रहती है। अतः प्रत्येक क्षण विकास भी हो रहा है। **हरलॉक** के अनुसार, ''विकास बड़े होने तक ही सीमित नहीं है। वस्तुतः यह तो व्यवस्थित तथा समानुगत प्रगतिशील क्रम है जो परिपक्वता प्राप्ति में सहायक होता है।''

विकास चिन्तन का मूल है। यह एक बहुमुखी क्रिया है और इसमे केवल शरीर के अंगों के विकास का ही नहीं प्रत्युत सामाजिक, सांवेगिक अवस्थाओं में होने वाले परिवर्तनों को भी सम्मिलित किया जाता है। इसी के अन्तर्गत शक्तियों और क्षमताओं के विकास को भी गिना जाता है। **हेनरी सीसल वील्ड** ने विकास को इस प्रकार परिभाषित किया है-

1. विकास के कारण और उसकी प्रक्रिया, किसी क्रिया में निहित प्रक्रिया।

2. मानव मस्तिष्क में सभ्यता की, प्राणी के जीवन के विकास की अवस्था या विकास की वह प्रक्रिया जो अभिवृद्धि, प्रसार आदि में योग देने की स्थिति में हो,

3. विकास की प्रक्रिया का परिणाम जो अनेक कारण, दशाएँ, वर्ग-भेद आदि सामाजिक समस्याओं के रूप में प्रकट होते हैं।

इसी प्रकार **जेम्स ड्रेवर** ने विकास की परिभाषा दी है- ''विकास वह दशा है जो प्रगतिशील परिवर्तन के रूप में प्राणी में सतत् रूप से व्यक्त होती है। यह प्रगतिशील परिवर्तन किसी भी प्राणी में भ्रूणावस्था से लेकर प्रौढ़ावस्था तक होता है। यह विकास तन्त्र को सामान्य रूप में नियत्रित करता है। यह प्रगति का मानदण्ड है और इसका आरम्भ शून्य से होता है।''

विकास का अध्ययन

1. प्राचीन से आधुनिक काल तक-आज ज्ञान-विज्ञान के विकास के साथ-साथ बाल विकास का अध्ययन महत्त्वपूर्ण होता जा रहा है ' वेदों में भी बाल, विकास पर विशेष ऋचाएँ मिलती हैं- हे प्रिय बालक। तेरा मन, वाणी, प्राण, नेत्र, श्रोत्र सुविकसित हो। तेरे स्वभाव से क्रूरता दूर हो, तू शुद्ध और पवित्र हो जाये, तेरा धैर्य सुविकसित हो। दिन-रात तुझे शान्ति दें और माता-पिता सुरक्षा प्रदान करते रहें। चार सौ वर्ष पूर्व **प्लेटो** (Plato) ने बालक के विकास तथा प्रशिक्षण पर बल दिया था। रूसो ने **प्रकृति की ओर चलो** (Back to Nature) का नारा लगाया और प्रगतिशील की योजना में एमिल (Emile) एवं सोफी (Sofi) नामक पात्रों के माध्यम से बालक के विकास की प्रक्रिया को समझाया। इसी प्रकार हरलॉक ने **बाल-विकास एवं विकासात्मक मनोविज्ञान**

नामक पुस्तकों में बाल विकास के अध्ययनों, विचारधाराओं एवं प्रक्रिया पर प्रकाश डाला है।

2. जीवशास्त्रीय पक्ष-बाल-विकास के जीवशास्त्रीय अध्ययन का आरम्भ डार्विन (Darwin) के प्राकृतिक उद्विकास (Natural Evolution) एवं अस्तित्व के लिए संघर्ष (Struggle for Existence) से हुआ। इसी प्रकार मेंडल (Mendal) ने चूहों, मटरों, मुर्गी के चूजों पर प्रयोग करके बाल-विकास के महत्त्वपूर्ण पक्ष वंशक्रम तथा वातावरण की नवीन उद्भावनाएँ प्रकाशित कीं। पॉवलव (Pavlov) ने कुत्तों पर प्रयोग करके अनुकूलित अनुक्रिया (Conditioned Response) पर प्रकाश डाला। शिशुओं में सांवेगिक दशाओं का अध्ययन करने के लिए वाटसन (Watson) ने अनेक प्रयोग किये।

3. जीवन-वृत्त-जीवन-वृत्त (Biographies) के द्वारा भी बाल-विकास का अध्ययन किया गया। उठारहवीं शताब्दी में टीडमैन ने डेढ़ से दो वर्ष तक के बालकों के शारीरिक तथा मनोवैज्ञानिक विकास का अध्ययन किया। शिशुओं के अनेक जीवन-वृत्त बीसवीं शताब्दी में प्रकाशित हुए हैं। यद्यपि ये जीवन-वृत्त अधिकारिक नहीं हैं किन्तु बाल-विकास के अध्ययन में ये सहायक हुए हैं।

4. प्रयोगात्मकता-वैज्ञानिक दृष्टिकोण विकसित होने से प्रयोगात्मक तथा निरीक्षणात्मक अध्ययनों का विकास हुआ। जी. स्टेनल हॉल ने बाल-विकास के क्षेत्र में प्रयोगात्मक दिशा प्रदान की है। कोंकलिन, ग्रैसल, गोडार्ड, कुल्हमैन, मतीर एवं टर्मन ने मानव विकास के अध्ययन हेतु अनेक विधियों तथ प्रणालियों का आविष्कार किया है। हॉल ने किशोरों के अध्ययन सम्बन्धी दो प्रतिवेदनों में बाल-विकास सम्बन्धी नवीन उद्भावनाएँ स्थापित की हैं। बीने ने बालकों के मनोवैज्ञानिक विकास के अध्ययन में कीर्तिमान स्थापित किया है। इसने साइमन के साथ मिलकर अनेक बुद्धि-परीक्षणों की रचना की है। आज विश्व भर में अनेक विद्वान तथा अनेक संस्थाएँ बाल-विकास के अध्ययन में लगी हैं। इनके द्वारा किये गये अध्ययनों के परिणामों से अनेक योजनाएँ आरम्भ की गई हैं और बालकों के व्यक्तित्व का विकास किया गया है। भारत में इन्स्टीट्यूट ऑफ पब्लिक कोऑपरेशन एण्ड चाइल्ड डवलपमेंट, इस दिशा में कार्य कर रहा है।

अभिवृद्धि और विकास

बालक के विकास का स्वरूप दो सामान्य कारकों से प्रभावित होता है-

1. बालक के पिता के पितृ-सूत्रों (Germcelss) की रचना तथा वंशक्रम,
2. गर्भ स्थिति के बाद पड़ने वाले प्रभाव।

जैविक वंशक्रम तथा सामाजिक वंशक्रम की प्रक्रिया में अनेक छोटे-मोटे कारक-प्रतिकारक विद्यमान रहते हैं। पितृ-सूत्रों पर पड़ने वाले प्रभावों से बालक की विकास प्रक्रिया प्रभावित होती है। विकास के जैविक स्वरूप की व्याख्या जीवन-प्रतिमान (Life pattern) के अन्दर्भ में सभी अवस्थाओं में की जानी चाहिए। विकास, सर्वांगीण पक्ष (Allround aspect) को लेकर चलता है। इसमें किसी एक पहलू का अध्ययन पृथक् रूप से नहीं किया जा सकता।

1. विकास का परिपक्वता से सम्बन्ध-अभिवृद्धि (Growht) का सम्बन्ध शारीरिक तथा मानसिक परिपक्वता से है। विकास वातावरण से भी परिवर्तन का योग है जबकि अभिवृद्धि किसी विशेष पक्ष अथवा आंशिक स्वरूप को ही व्यक्त करती है। परन्तु हम यह स्पष्ट रूप से कह सकते हैं कि अभिवृद्धि तथा विकास (Growht and Development) एक-दूसरे के पूरक दो शब्द हैं।

2. समान प्रतिमान नहीं-अभिवृद्धि में विकास का प्रतिमान समान नहीं होता। अभिवृद्धि में व्यक्तिगत भेद पये जाते हैं। प्रत्येक बालक की अभिवृद्धि भिन्न होती है। विकास के पदों में समानता पाई जाती हे, परन्तु इसकी दर, सीमा तथा भिन्नता में अन्तर होता है। अभिवृद्धि पर वातावरण से सम्बन्धित कारकों का प्रभाव पड़ता है। अभिवृद्धि पर यह प्रभाव लाभप्रद है अथवा हानिप्रद, यह वातावरणीय कारकों पर निर्भर करता है। व्यक्ति अपने वातावरण के प्रति प्रतिक्रिया व्यक्त करता है और परिपक्वता के विकास का सम्बन्ध अभिवृद्धि से है।

3. व्यवस्थित पद-जहाँ तक विकास का सम्बन्ध है, वह एक व्यवस्थित पहलू है। यह एक प्रक्रिया है जिसमें आन्तरिक शारीरिक परिवर्तनों एवं मनोवैज्ञानिक प्रक्रियाओं द्वारा उद्दीप्त परिवर्तन का अध्ययन किया जाता है। एण्डरसन ने विकास को शारीरिक परिवर्तन ही नहीं माना अपितु वह इसे संरचना (Structure) एवं प्रकार्य (Function) को समन्वित करने की प्रक्रिया के रूप में स्वीकार करता है।

विकास की विशेषताएँ

विकास की विशेषताएँ बहुमुखी होती हैं। इसमें स्वपरिदृश्यात्मक पहलुओं पर यदि विचार करें तो अनेकों तथ्य हमारे मस्तिष्क पटल पर उभर कर सामने आते हैं। हम सर्वप्रथम उन्हीं पहलुओं पर विचार करते हैं।

1. परिपक्वता (Maturation) का सिद्धान्त-जब व्यक्ति अपनी आन्तरिक शक्तियों एवं वातावरण के प्रति कुशलतापूर्वक प्रतिक्रिया करता है, तब हम यह मान लेते हैं कि वह किन्हीं विशिष्ट क्रियाओं को करने में सक्षम अथवा परिपक्व हो गया है। परिपक्वता में सामान्यत: स्थायित्व आ जाता है। यह स्थायित्व कद, व्यक्तित्व निष्पादित

आदि में होता है जिसका प्रभाव अन्ततः बालक के सीखने की क्षमता पर पड़ता है। परिपक्वता एवं सीखना या अधिगम, विकास के दो पहलू हैं। ये एक-दूसरे से इतने जुड़े हैं कि इनकों अलग नहीं किया जा सकता। परिपक्वता की क्षमता पर वंशक्रम तथा वातावरण का भी प्रभाव पड़ता है।

2. मूल-प्रवृत्यात्मक अधिगमन (The Instinct Approach) -विकास के सन्दर्भ में **मैक्डूगल** ने मूल प्रवृत्यात्मक व्यवहार का विश्लेषण किया है। मैक्डूगल ने नारियों में मातृत्व मूल-प्रवृत्ति बताई और इस बात पर बल दिया कि उनका विकास इन मूल प्रवृत्ति के आधार पर होता है। यदि मूल-प्रवृत्ति का प्रयोग केवल जटिल व्यवहारोंके प्रतिमानों के लिए होता है और ये प्रतिमान विकास को प्रभावित करते हैं तो हम यह मान सकते हैं कि इनके अभाव में सीखने की क्रिया सम्पन्न नहीं हो सकती। **क्लार्क एवं बीर्च** ने नर चिम्पांजी के शरीर में स्त्री-हारमोन (Female Harmones) प्रवेश कराये और इसे परिणामस्वरूप उसमें आज्ञापालन तथा सामाजिक प्रभुत्व के गुण आ गये। इसका कारण यह है कि मनुष्य का व्यवहार किन्हीं ग्रन्थियों के विकास तथा उनकी रासायनिक क्रिया से प्रभावित होता है।

3. सहज क्रिया अभिगमन (The Reflex Approach)-वाटसन का कहना है कि सभी बालक जन्म के समय समान होते हैं। उनकी निश्चित शारीरिक रचना होती है, उनमें कुछ सहज क्रियाएँ होती हैं एवं तीन संवेग होते हैं-प्रेम, भय और क्रोध। इनके अतिरिक्त कुद अधिग्रहणात्मक (Manipulative) प्रवृत्तियाँ होती हैं। वातावरण के अनुसार बालक इनका प्रयोग करता है और यही उनकी अनुक्रिया होती है। यह सहज क्रिया ही बालक के विकास की ओर संकेत करती है।

विकास की कुछ विशिष्ट विशेषताएँ

1. सामान्य से विशिष्ट की ओर-इस सिद्धान्त के अनुसार बालक का विकास सामान्य परिस्थिति से होता है। धीरे-धीरे यह विकास विशिष्ट स्थिति की ओर होता है। आरम्भ में बालक पूरे हाथ का संचालन करता है। धीरे-धीरे वह अंगुलियों पर भी नियन्त्रण कर लेता है। इसी प्रकार समबन्धों का विकास होता है। आरम्भ में वह केवल उत्तेजना अनुभव करता है। कालान्तर में वह संवेगों की अभिव्यक्ति करना भी सीख लेता है। भाषा का विकास भी क्रन्दन से आरम्भ होता है। निरर्थक सार्थक शब्दों के माध्यम से वह वाक्यों के विकास तक पहुँचता है।

2. मस्तकोधमुखी सिद्धान्त (Cephaulocandal)-इस मत के अनुयायियों का कथन है कि विकास की क्रिया का आरम्भ सिर से होता है। भ्रूणावस्था में भी पहले सिर का विकास होंता है। सिर के पश्चात् धड़ एवं टाँगों आदि का विकास होता है। जन्म के

पश्चात् भी पहले बालक अपने सिर को इधर-उधर घूमाता है तथा उसे ऊपर उठाने का प्रयत्न करता है। बैठने तथा चलने की प्रक्रिया वह बाद में करता है। यह सिद्धान्त शारीरिक विकास की प्रक्रिया पर आधारित है।

3. निकट-दूर (Proximodigital) सिद्धान्त-इस मत के मानने वालों का कहना है कि विकास का केन्द्र-बिन्दु स्नायुमण्डल होता है। पहले स्नायुमण्डल का विकास होता है, इसके पश्चात् स्नायुमण्डल के निकट के भागों का विकास होता है, जैसे-हृदय, छाती, कुहनी आदि। इसके पश्चात् उँगलियों आदि का विकास होता है।

4. संगठित प्रक्रिया (nified Process)-बालक के विकास से अभिप्राय केवल शारीरिक विकास से नहीं है। शारीरिक विकास के साथ-साथ मानसिक, संवेगात्मक, सामाजिक विकास होने से व्यक्तित्व में पूर्णता आती है। इसीलिए **ओलसन एवं ह्यूज** ने आवयविक (Organistic) आयु का विचार विकसित किया है। इस विचार के अनुसार शारीरिक दृष्टि से कोई बालक 8 वर्ष का है तो वह मानसिक दृष्टि से 12 वर्ष का हो सकता है। संवेगात्मक दृष्टि से वह 124 वर्ष का हो सकता है। अत: विकास को आयु की किसी एक सीमा में नहीं बांधा जा सकता है वह तो एक संगठित प्रक्रिया है।

5. भिन्नता (Variation) का सिद्धान्त-विकास की गति समान नहीं होती, यह गति जीवन भर चलती रहती है। परन्तु इसके स्वरूप भिन्न-भिन्न होते हैं। विकास की गति शैशव में तीव्र होती है। बाल्यावस्था में गति धीमी होती है और किशोरावस्था में यह तीव्र होती हुई पूर्णता प्राप्त करती है। लड़कों तथा लड़कियों का विकास भी समान ढंग से नहीं होता उसमें भी भिन्नता पाई जाती है।

6. अनवरत (Continuous) प्रक्रिया-विकास की प्रक्रिया गर्भाधान से मृत्युपर्यन्त तक चलती रहती है। सच यह है कि यह अनवरत् प्रक्रिया है जिसमें प्रत्येक प्राणी को गुजरना पड़ता है। व्यवहार का आधार प्रतिक्षण बदलता रहता है और व्यवहार परिवर्तन से ही विकास की गति की पहचान की जाती है।

7. विकास प्रक्रिया के समान प्रतिमान (niform Pattern)-इस मत के मानने वालों का कथन है कि समान प्रजाति में विकास की गति समान प्रतिमानों से प्रवाहित होती है। मनुष्य चाहे अमेरिका में पैदा हुआ हो या भारत में, उसका शारीरिक, मानसिक, संवेगात्मक, भाषा आदि का विकास अन्य व्यक्तियों के समान होता है।

विकास का स्वरूप

विकास के सामान्य तथा विशेष सिद्धान्तों का अध्ययन करने से एक प्रमुख बात स्पष्ट होती है, वह है-विकास की प्रक्रिया अपनी कुछ विशेषताओं को लेकर आगे बढ़ती है। इससे हमें यह ज्ञात होता है-

1. प्रत्येक बालक से उसकी विकास की अवस्था पर क्या सम्भावना हो सकती है।

2. विकास की इन अवस्थाओं पर व्यवहार का कौन-सा रूप विकसित होता है।

3. बालक की आयु, कद, भार एवं मानसिक विकास के अनुसार उसके लिए मार्ग-प्रदर्शन की सम्भावनाओं का विकास कर सकते हैं विकास प्रक्रिया के दौरान ये विशेषताएँ प्रकट होती हैं-

(1) आकार तथा भार (Size and Weight)-शारीरिक अभिवृद्धि के समय बालक के आकार तथा भार में परिवर्तन दृष्टिगत होता है। जैसे-जैसे बालक बढ़ता है, उसके शरीर के भार में, कद में, व्यास में असामान्य वृद्धि होती है। आन्तरिक अवयवों में ह्दय, फेफड़े, आँतें, उदर आदि की अभिवृद्धि होती है। इसी प्रकार मानसिक विकास भी होता है।

(2) अनुपातिक परितर्वन (Change in Proportion) -विकास की प्रक्रिया के मध्य बालक के के शारीरिक विकास में आनुपातिक परिवर्तन होता है। इसी आधार पर बालक लघु प्रौढ़ के रूप में स्वीकार नहीं किया जा सकता। प्रौढ़ व्यक्ति के शरीर के अनुपात में इसकी वृद्धि होती है। बालक के मानसिक विकास में भी आनुपातिक परिवर्तन दिखाई देते हें। बालक की रुचि, योग्यता, क्षमता, क्रियाशीलता में आनुपातिक परिवर्तन होता है।

(3) पुरानी रूपरेखा में परिवर्तन (Change in Old Feature)-विकास के साथ-साथ बालक की शारीरिक रूपरेखा में परिवर्तन होते रहते हैं। ये परितर्वन जांघ, दांत, छाती आदि में थाइमस तथा पीनियम ग्रन्थियों के कारण होता है। चिन्तन, गतिशीलता, रेंगतना, घुटनों कबल चलना, स्वाद, घ्राण शक्ति आदि में भी परिवर्तन होते हैं।

(4) नवीन रूपरेखा ग्रहण करना (Acquisition of New Features)-विकास प्रक्रिया के मध्य जहाँ पुरानी रूपरेखा समाप्त होती है, वहाँ पर बालक का शरीर नवीन रूपेरखा ग्रहण करने लगता है। उसका शारीरिक मानसिक स्वरूप नवीन रूप में भरने लगता है। पुराने तथा नए दाँत निकलना, यौन विशेषताओं का उभरना आदि इसके उदाहरण हैं। विकास की विशेषताओं के सन्दर्भ में **हैविंगहर्स्ट** ने कहा है-"जब शरीर परिपक्व को जाता है और व्यक्ति किसी भी कार्य को करने के लिए तैयार रहता है, समाज को उसकी आवश्यकता होता है। ऐसे समय विकास प्रक्रिया में व्यक्ति नवीन ज्ञान तथा कौशल को सीखता है।"

(5) विकास की घोषणा (Predictability of Development)-विकास की गति क्या है? इनका स्वरूप क्या होगा? इन सबकी घोषणा करना सम्भव है। बालक की

कलाई के एक्सरे चित्र द्वारा उसके भावी आकार की घोषणा की जा सकती है। बालक के विकास की गति से उसी के आधार पर भावी आयोजना की जा सकती है।

(6) विकास निश्चित प्रतिमान (Definite Pattern of Development)–विकास जिस भी स्वरूप में होता है, उसका निश्चित प्रारूप होता है। देखने में हमें वह भले ही अव्यवस्थित लगता हो परन्तु वह निश्चित क्रम में अभरता है। **गैसल** ने इसे प्रकृति का नियम माना है।

(7) विकास में विशिष्टता पाई जाती है (Each development task has Characteristics of it)–विकास की प्रत्येक अवस्था में कुद संकुलों (Traits) का विकस होता है। **फ्रील्डमैन** के अनुसार, मानव जीवन अनेक अवस्थाओं में गुजरता है, च्मानव जीवन गर्भीय-अवस्था से किसी भी अवस्था में कम नहीं है। प्रत्येक अवस्था में प्रभावशाली विशेषताएँ उभरती हैं, उनमें विशिष्टताएँ होती हैं। इसमें एकता तथा वैशिष्ट्य पाया जाता है।

विकास की इन विशेषताओं को संक्षेप में इस प्रकार कहा जा सकता है–

1. विकास का निश्चित स्वरूप होता है
2. विकास प्रकृति द्वारा निर्धारित क्रम से होता है7
3. विकास सामान्य से विशेष की ओर होता है।
4. विकास एक सतत् क्रिया है।
5. विकास की दर में भिन्नता पाई जाती है।
6. शरीर के विभिन्न भागों का विकास-भिन्न भिन्न रूपों में होता है।
7. विकास के अधिकांश संकुल (Traits) पारस्परिक रूप से सम्बन्धित होते हैं।
8. विकास की भावी घोषणा सम्भव है।
9. विकास की प्रत्येक अवस्था की अपनी विशेषताएँ होती हैं।
10. हम जिन व्यवहारों को विकास की प्रक्रिया के दौरान असामान्य समझते हैं, वे सामान्य होते हैं।
11. प्रत्येक व्यक्ति विकास की प्रक्रिया से होकर गुजरता है।

विकास के सिद्धान्त

अनेक विद्वानों ने विकास के सिद्धान्तों का अध्ययन किया किन्तु **इरिक एच. इरिकसन, जीन पियाजे तथा रॉबर्ट आर. सीयर्स** का योगदान इस प्रवृत्ति तथा विद्या को

विकसित करने में विशेष रहा है। इन तीनों विद्वानों ने विकास के पृथक्-पृथक् पहलुओं-संवेगात्मक, मानसिक तथा सामाजिक विकास के सन्दर्भ में चिन्तन किया है। ये सभी सिद्धान्त बाल-विकास के सन्दर्भ को समग्र रूप प्रदान करते हैं। ये सिद्धान्त इस प्रकार हैं-

मनोविश्लेषणात्मक सिद्धान्त

इस मत के प्रतिपादक **इरिक एच. इरिकसन** हैं। इनका जन्म जर्मनी के फ्रैंकफर्ट क्षेत्र में डेनिस माता-पिता से सन् 1902 में हुआ था। पिता की मृत्यु शीघ्र हो जाने के कारण इनकी माता ने पुनर्विवाह किया और इनके सौतेले पिता ने इनको गोद ले लिया। इनका आरम्भ का नाम हॉमबर्गर था परन्तु बाद में इन्होंने अपना नाम बदल लिया। इरिकसन ने अपनी धारणा का विकास फ्रायड के सिद्धान्तों पर किया। इरिकसन अपनी बौद्धिकता के प्रति इतना ईमानदार रहा है कि वह कहता है-"मैं नये सिद्धान्त का विकास नहीं कर रहा हूँ।" इसका मत फ्रायड के मत से तीन रूपों में भिन्न है-

1. इरिकसन इड (Id) से इगो (Ego) तक के परिवर्तन पर बल देता है। इस धारणा का विकास फ्रॉयड **प्रॉब्लम्स ऑफ इंक्जाइटी** में कर चुका है। इरिकसन यह मानकर चलता है कि इड तथा इगो से ही पारस्परिक सामाजिक सम्बन्धों का विकास होता है।

2. इरिकसन ने व्यक्ति को उसके परिवेश में देखा है। यह परिवेश व्यक्ति, परिवार, समाज तथा संस्कृति का होता है। इससे सामाजिक गतिशीलता का विकास होता है।

3. इरिकसन समय की माँग के प्रति भी सचेत रहा है। मनोवैज्ञानिक बाधाओं पर विजय प्राप्त करके ही व्यक्ति को विकास के अवसर प्राप्त होते हैं।

इरिकसन द्वारा प्रतिपादित विकास के मनोविश्लेषणात्मक सिद्धान्तों का सार यह है-

(i) यह सिद्धान्त सम्पूर्णता तथा संगठन पर बल देता है।

(ii) मानव जीवन में विकास का क्रम होता है।

(iii) वह आधारभूत मानव मूल्यों में विश्वास करता है।

(vi) मानव व्यवहार का संचालन करने वाले तत्त्वों, यथा-शक्ति-चालक, काम-प्रवृत्ति के अस्तित्व पर विश्वास करता है।

(v) वह फ्रायड के इस मत का पूर्ण रूप से समर्थक है कि मानवीय कार्यो से जीवन के अनेक पक्षों का विकास होता है।

(vi) मानव विकास के लिए सामाजिक, सांस्कृतिक, वैचारिक वातावरण का निर्माण अनिवार्य है।

इरिकसन का योगदान बाल विकास के क्षेत्र में नयी धारणाओं तथा मान्यताओं को विकसित करने में महत्त्वपूर्ण रहा है। **हैनरी डब्ल्यू. मेयर** के अनुसार, ''फ्रायड के बाद अनुसंधानकर्ता, सृजनात्मक चिन्तक तथा लेखक के रूप में इरिकसन ने सम्पूर्ण परिवेश के सन्दर्भ में व्यक्ति का अध्ययन किया है। मनोवैज्ञानिक सिद्धान्त के क्षेत्र में उसने महान् कार्य किया है। उसने व्यक्ति को वातावरण के सन्दर्भ में आन्तरिक शक्तियों का उपयोगकर्त्ता माना है।''

ज्ञानात्मक सिद्धान्त

इस मत के प्रतिपादक जीन पियाजे का जन्म सन् 1896 में न्यू चैटल में हुआ था। इनके अपने विकास पर पागल माँ और बुद्धिमान पिता का प्रभाव पड़ा। पियाजे के विचारों पर प्राकृतिक विज्ञान के साथ-साथ दर्शन तथा मनोविज्ञान का प्रभाव भी परिलक्षित होता है। पियाजे का मत एक-पक्षीय है। यह मानव व्यवहार पर अधिक बल देता है। उसने अपने अध्ययन का आधार जीवशास्त्र (Biology) को बनाया। उसके अध्ययन का आरम्भ सर्वेक्षण तथा अनुसंधान है। उसने विभिन्न प्रक ार के प्राणियों का सर्वेक्षण करके आधाभूत सूचनाएँ एकत्र कीं। उसने आधार पर सार्वभौमिक नियम (Biology) को बनाया। उसके अध्ययन का आरम्भ सर्वेक्षण तथा अनुसंधान है। उसने विभिन्न प्रकार के प्राणियों का सर्वेक्षण करके आधारभूत सूचनाएँ एकत्र कीं। उसने इस आधार पर सार्वभौमिक नियम (Cosmos order) के दर्शन किये। विकास क्रम-विश्व भर में एकता होती है और वह प्राकृतिक है। अलग-अलग प्राणियों में यह पृथक्-पृथक् रूप से पाया जाता है। उसने व्यक्तित्व के विकास में चेतन, अचेतन, पहचान, खेल, संवेग आदि का योग बताया। उसके विचार में व्यक्ति परिवेश में विकसित आवश्यकताओं को पूण्र करने की प्रक्रिया से ही विकास-पथ पर बढ़ता है। पियाजे के मत का सार इस प्रकार है-

(i) सभी विकास एक दिशा में होते हैं।

(ii) विकास के सभी पक्ष मानसिक स्तरों पर पाये जाते हैं।

(iii) बालक तथा प्रौढ़ के व्यवहार में अन्तर आता है।

(iv) सभी प्रकार के परिपक्व व्यवहारों का मूल शैशवावस्था के व्यवहार में है।

पियाजे ने विकास के सिद्धान्त को **इन्द्रियगति** (Sensory motor) **संज्ञान की आरम्भिक अवस्था** तथा **संज्ञानावस्था** में बाँटा है। आरम्भ के 24 मास में इन्द्रियगति का विकास होता है। इसके बाद संज्ञानात्मक विकास होता चलता है। इसी में चिन्तन, तर्क तथा कल्पना का विकास होता है। पियाजे द्वारा प्रतिपादित विकास की दर इतनी क्रमबद्ध है कि उसने अनेक नवीन धारणाओं को विकसित किया है-

(i) विकास के सभी पक्ष समान क्रम में आगे बढ़ते हैं।

(ii) विकास की जटिल प्रक्रिया में विकास प्राकृतिक एवं स्वाभाविक रूप से बढ़ता है।

(iii) हर प्रकार का विकास शुद्ध सामान्य समस्या से आरम्भ होता है।

(iv) पहले शारीरिक, फिर सामाजिक तथा वैचारिक विकास होता है।

(v) व्यक्तित्व के विकास से अहं (श्वद्दश) का योग प्रमुख रहता है।

(vi) बौद्धिक व्यवहार सक्रिय तथा निष्क्रिय रूप से विकसित होता है।

(vii) विकास स्थूल से सूक्ष्म की ओर होता है।

(viii) नैतिकता, न्याय एवं अवरोध का विकास सामाजिक पारस्परिक से अधिक होता है।

(ix) विकास के समय पूर्व अवस्था में प्राप्त गुण एवं विशेषताएँ उम्र भर साथ रहती हैं।

हैनरी डब्ल्यू. मेयर ने ठीक ही कहा है, ''पियाजे की विकासात्मक प्रवृत्तियाँ व्यक्ति की क्षमता का वर्णन करती है। इससे हम व्यक्ति की दशा, अवबोध के विस्तार आदि की घोषणा विकास के मध्य कर सकते हैं।''

अधिगम सिद्धान्त

विकास के अधिगम सिद्धान्त का प्रतिपादन रॉबर्ट रिचर्डसन सीयर्स ने किया है। इनका जन्म सन् 1908 में पालो अल्टो कैलीफोर्निया में हुआ था। इनकी विशेष रुचि बालक के अधिगम की प्रक्रिया में थी। इनके विचारों पर क्लार्क हल का प्रभाव था। इनके द्वारा प्रतिपादित विचारों में व्यवहारवाद तथा मनोविश्लेषणवाद, दोनों का समन्वय पाया जाता है। अधिगम सिद्धान्त बालक की आधारभूत आवश्यकताओं तथा उनके आधार पर सीखने की क्षमता के विकास पर बल देता है। आवश्यकताएँ उन चालकों को जन्म देती हैं, जो व्यक्ति को किसी क्रिया के सीखने के लिए प्रेरित करते हैं। बालक स्तन चूस सकता है, वस्तु पकड़ता है, खता है, पीता है, सभी क्रियाओं के मूल में उसकी आवश्यकताएँ निहित होती हैं। सीयस्र का मत व्याख्यात्मक है। यह ऐसे विकास की ओर संकेत करता है जो अछूते रहे हैं। बालक के विकास के सम्बन्ध में उसका मत है-

(i) विकास के साथ-साथ बालके के सीखने तथा कार्य करने की गति में भी परिवर्तन होता रहता है।

(ii) बालक में जिज्ञासा तथा इच्छा सामाजिक सम्पक्र के कारण उत्पन्न होती है।

बालक का शारीरिक तथा सामजिक विकास उसके वातावरण पर निर्भर करता है। पूर्व व्यवहार के क्रम पर ही विकास की गति निर्भर करती है। सामाजीकरण की प्रक्रिया भी इसी आधार पर होती है। माता-पिता की भूमिका इस प्रक्रिया में अत्यन्त जटिल हो जाती हे। सीयर्स बाल-विकास की प्रक्रिया में सामाजिक-आर्थिक कारकों पर बल नहीं देता। इसलिए वह कहता है-"बालक का पोषण एक सतत् क्रिया है। वह प्रत्येक क्षण, जो बालक अपने माता-पिता के साथ व्यतीत करता है, उसके भावी व्यवहार की ओर संकेत करता है। बालक का विकास क्रमबद्ध प्रक्रिया है। वह जीवन की दशाओं के अनुरूप नवीन व्यवहार को ग्रहण करता है।" इसलिए यह कहा जा सकता है कि बालक का विकास बालक के व्यवहार की पूर्णता है। बालक जैसा व्यवहार करता है, उसका वैसा ही विकास होता है। उसका व्यवहार, उसके सामाजिक अनुभवों की देन है। यह अभिभावक एवं बालक के विकास की प्रस्फुटित होने वाली प्रक्रिया है।

जन्म काल से प्रौढ़ावस्था तक के विकास में साधारण व्यक्ति के जीवन का लगभग एक-तिहाई भाग व्यतीत हो जाता है। जैसा कि हम जानते हैं, स्त्री के अण्ड (ovum) और पुरुष के शुक्र (sperm) संयोग से व्यक्ति के जीवन का प्रारम्भ होता है। मानव-भ्रूण को पूर्ण विकसित होने में लगभग 9 मास लगते हैं। जब यह पूर्ण परिपक्व होता है तो माँ के गर्भ (ovary) से बाहर आता है। जन्म के प्रथम वर्ष में बालक का भार जन्म से तिगुना हो जाता है और लम्बाई में भी द्रुत गति से वृद्धि होती है जो तीसरे वर्ष तक चलती रहती है। बच्चे की शारीरकि वृद्धि एक विशेष ध्यान योग्य नाटकीय प्रक्रिया है जो अध्यापक को दृष्टिगोचर होती है। विद्यालय के बच्चों में हो रहे नाटकीय शारीरिक परिवर्तनों की ओर ध्यान देने से चूकना कठिन है, परन्तु फिर भी हमारे लिए यह स्वाभाविक है कि हम उनकी सार्थकता की ओर ध्यान नहीं दे पाते। हम किशोर अवस्था में अपर्याप्त वस्त्रों में से लटकती भुजाओं और टाँगों को प्राय: देख सकते हैं परन्तु उक्त अंग अनुपात के परिवर्तन के सहचरी गर्व तथा अविश्वास की जटिल मनोवृत्ति से प्राय: अनभिज्ञ भी रह सकते हैं। प्रत्यक्ष शारीरिक परिवर्तनों के साथ अनेक प्रकार के सूक्ष्म अथवा गुप्त परिवर्तन भी होते हैं जैसे ग्रन्थियों में परिवर्तन। किशोर को पूर्णत: समझने के लिए यह शारीरिक एवं शरीर क्रियात्क परिवर्तनों को समझना वांछनीय है।

कद और भार में वृद्धि

कद की ऊँचाई के व्यक्तिगत भेद-वयस्क पुरुषों के कद की ऊँचाई में जिस प्रकार का विस्तार देखा जाता है, प्राय: उसी प्रकार का परिवर्तन हम दोनों लिंगों के सब आयु के बच्चों के कद में देख सकते हैं। आयु के प्रारम्भिक वर्षों में बालक तथा

बालिकाओं के कद का उठान लगभग एक समान होता है। परन्तु ग्यारहवें वर्ष में बालिकाओं के कद में बालकों की अपेक्षा कुछ द्रुत विकास होता है लेकिन पन्द्रह वर्ष की आयु में पहुँ च कर यह प्रवृत्ति उलट जाती है और अब बालकों के कद में वृद्धि तेजी से होती है। व्यक्ति के विकास के अधिकांश प्रारम्भिक अध्ययनों में बालकों के एक बहुत बड़े समूह के कद-भार और अन्य मापों के बारे में तथ्य-सामग्री जमा करने की अनुप्रस्थ काट की प्रणाली प्रयोग में लाई जाती है। इस प्रणाली में विभिन्न आयु-स्तरों के बहुत से बच्चों का एक ही परीक्षण किया जाता था। इस एकत्रित सामग्री से प्रतिनिधि विकास वक्रों की रचना कर तुलनात्मक अध्ययन किए जाते थे परन्तु पिछली कई दशाब्दियों के दौरान किए गए विकास-सम्बन्धी विस्तृत अध्ययनों से पता चलता है कि हर बालक का विकास अपने ही पृथक् ढंग से होता है और उसका निर्धारण पूरे समूह के औसत पर आधारित मानकों की बजाय उसकी अपनी विकास गति के प्रसंग में किया जाना चाहिए।

आयु के साथ ऊँचाई का परिवर्तन-आयु के साथ में ऊँचाई में भी परिवर्तन आते हैं यद्यपि यह गति प्रायः क्रमिक तथा अपूर्ण होती है। आयु के साथ ऊँचाई में वृद्धि सबसे अधिक संख्या में बालक तथा बालिकाओं की किशोरावस्था के स्फुरण की अवधि में देखी जाती है परन्तु यह आयु सभी बालकों तथा बालिकाओं की सर्वाधिक द्रुत प्रगति के अनुकूल नहीं होती।

बुद्धि की गति और काम-परिपक्वता-व्यक्ति की ऊँचाई परिपक्वता का एक आश्यवक अंग मात्र है परन्तु विभिन्न वृद्धि-सूचकों का अध्ययन बतलाता है। कि परिपक्वता का वृद्धि के साथ अच्छा सह-सम्बन्ध ऊँचाई के अतिरिक्त काम-परिपक्वता भी वयस्कता की दिशा में प्रगति की सर्वाधिक नाटकीय सूचक होती है। हम देखते हैं कि वृद्धि की सर्वाधिक प्रगति की अवधि का काम-परिपक्वता के आरम्भ के साथ सम्पात (coincidence) होता है। अधिकांश बालकों की प्रायः 14 से 15 वर्ष की अवधि में द्रुत प्रगति होती है और प्रायः इसी अवधि में प्रथम वीर्य-पात की सूचना अधिकतर बालकों से प्राप्त होती है इसी प्रकार बालिकाओं के सर्वाधिक प्रगति की अवधि 12 से 13 वर्ष के बीच पाई जाती है, और प्रायः इसी अवधि में प्रथम मासिक धर्म की सूचना प्राप्त होती है।

आयु के व्यष्टि भेद-भार पर न केवल कद, आयु और लिंग का प्रभाव पड़ता है बल्कि रहन-सहन की परिस्थितियों और शरीर रचना का भी। भार का विवरण ऊँचाई के विवरणों के समान सममित (symmetrical) नहीं है क्योंकि कुछ आठ वर्ष के बालक कुछ सोलह वर्ष के बालकों से अधिक भारी हो सकते हैं।

आयु के साथ भार में परिवर्तन-भार में आयु के अनुकूल क्रमिक वृद्धि होती है। बालक अपना वयस्क प्रायः देर से ग्रहण करता है। एक तीन वर्ष का बालक अपनी

वयस्क ऊँचाई का आधार भाग प्राप्त कर लेता है, परन्तु भार में वह वयस्क भार के छठवें भाग तक ही पहुँच पाता है। बारह-तेरह वर्ष की आयु में वह वयस्क भार की आधी मात्रा तक पहुँच पाता है। भार की वृद्धि में ऊँचाई के समान स्थिरता नहीं होती है। तेरह वर्ष से इक्कीस-बाईस वर्ष तक ऊँचाई की वृद्धि समाप्त हो जाती है, परन्तु भार में वृद्धि हमें कभी भी परेशान कर सकती है।

स्त्री और पुरुष की ऊँचाई और भार में अन्तर-जीवन के प्रारम्भिक वर्षों में लड़के ऊँचाई मे लड़कियों से बढ़ जाते हैं और यह आम तौर से देखा जाता है कि औसत पुरुष औसत स्त्री की अपेक्षा कई इंच अधिक लम्बा होता है। किन्तु एक अवधि ऐसी होती है, जिसमें कि समान आयु तथा पारिवारिक पृष्ठभूमि में लड़कियाँ लड़कों की अपेक्षा किंचित् लम्बी हो जाती है। सामान्यतः यह भी पाया गया है कि कुछ समय तक लड़कियाँ लड़कों की अपेक्षा वजन में भारी हो जाती हैं, लेकिन वृद्धि-चक्र एक-दूसरे को पार कर जाते हैं और लड़कियों की बाढ़ मन्द पड़ जाने के बाद भी लड़के काफी बढ़ते ही चले जाते हैं।

शारीरिक अनुपातों में परिवर्तन-शरीर के भिन्न-भिन्न भाग भिन्न-भिन्न गति से बढ़ते हैं और भिन्न-भिन्न समयों में पूर्णता प्राप्त कर लेते हैं। उदाहरणार्थ, जन्म काल में बच्चे के सिर की लम्बाई पूरे शरीर के अनुपात में प्रौढ़ावस्था की अपेक्षा बहुत अधिक होती है। जन्म के समय उसकी टाँगे अनुपाततः प्रौढ़ावस्था की अपेक्षा बहुत छोटी होती है। उसी प्रकार से जन्म काल में टाँगों और जाँघों की अपेक्षा धड़ लम्बा होता है। वैसे ही, बाँहों की अपेक्षा धड़ लम्बा होता है। इस प्रकार वृद्धि की गतियाँ भिन्न-भिन्न होती हैं। उनमें प्रायः गर्भाधान के समय से ही बच्चों के विकास के सम्बन्ध में दो सिद्धान्तों का निदर्शन होता है। पहला सिद्धान्त यह है कि शरीर की वृद्धि की प्रगति सिर से नीचे की ओर होती है और दूसरा सिद्धान्त यह है कि मुख्य धड़ से छोरों की ओर होती है। शरीर के छोरों में जो भारी परिवर्तन होते हैं, उनके लिए बढ़ते हुए बच्चों के भीतर प्रेरक पुनः **समंजनों** (adjustments) का होना आवश्यक होता है। वस्तुतः कुछ किशोरों को थोड़े समय तक अपने बड़े पैरों और टाँगों से अभ्यस्त होने में कठिनाई-सी मालूम पड़ती है।

शरीर रचना से यौन परिपक्वता की गति का सम्बन्ध-प्रायः शीघ्र परिपक्व होने वाले बालकों के नितम्ब चौड़े और कन्धे संकीर्ण होते हैं जबकि देर से परिपक्वता प्राप्त करने वाले बालकों के नितम्ब पतले और टाँगे अपेक्षाकृत लम्बी होती हैं। देर से परिपक्व होने वाली बालिकाओं के कन्धे प्रायः चौड़े होते हैं। दूसरे शब्दों में शीघ्र परिपक्व होने वाले बालक का शारीरिक गठन प्रायः उन बालिकाओं से मिलता-जुलता होता है जो बालकों की अपेक्षा शीघ्र परिपक्व हो जाती हैं। दूसरी ओर देर से परिपक्व होने वाली

बालिका का शारीरिक गठन कुछ परुषों जैसा हो जाता है, जैसाकि कन्धों का चौड़ा होना आदि।

किशोर विकास के लक्षण

1. स्वर (Voice)-किशोर विकास का आम तौर से पहचान में आने वाला, एक लक्षण है, बालक का स्वर परिवर्तन। यह परिवर्तन किसी नियत आयु में नहीं आता है। अन्य तारुण्य परिवर्तनों से इसके घटित होने का भी कोई निश्चित सम्बन्ध नहीं है। किन्तु सामान्यत: यौन परिपक्वता के विभिन्न चिन्हों के प्रगट होने पर ही बालक के स्वर में गम्भीरता आती हुई देखी जाती है। किशोरावस्था में सामान्यत: बालिकाओं का स्वर भी कुछ गम्भीर हो जाता है। इस स्वर परिवर्तन का किशोर के व्यवहार पर कभी-कभी विलक्षण प्रभाव पड़ता है। अपने स्वर की गम्भीरता से उन्हें घबराहट होने लगती है। वे बालक जो नि:संकोच होकर खुले गले से आनन्दपूर्वक गाया करते थे, स्वर-परिवर्तन की प्रक्रिया जारी रहने पर आत्म-संकोची हो जाती हैं तथा सार्वजनिक समारोहों में गाने से मना कर देते हैं।

2. जननेन्द्रियों के वर्धित आकार (Increased size of genital organs)-बालकों की बाह्य जननेन्द्रियों की त्वरित वृद्धि उनकी यौन परिपक्वता का दूसरा लक्षण है। अण्डकोषों की वृद्धि, शिश्न वृद्धि के पूर्व ही प्रत्यक्ष हो जाती है। यह सामान्य वृद्धि की घटना भी किशोर के लिए चिन्ता क विषय बन जाती है क्योंकि उसे वस्तु-स्थिति की जानकारी नहीं होती है। बालकों के लिए जननेन्द्रियों की वृद्धि के अनेक मनोवैज्ञानिक आशय हो सकते हैं, विशेषत: उन समूहों में, जिनमें यह धारण प्रचलित है कि शिश्न का बड़ा होना पौरुष का विशेष महत्त्वपूर्ण चिन्ह है।

3. स्तन-विकास, श्रोणि-वृद्धि तथा वसा-संग्रह (Breast development, growth of the pelvis, and fat deposits)-स्तनों की वृद्धि तथा श्रोणि के आकार की वृद्धि यौवनारम्भ के ऐसे शारीरिक विकास है, जिनका बहुत महत्त्वपूर्ण प्रभाव किशोरी की "शारीरिक आत्म"(physical self) सम्बन्धी धारणा पर हो सकता है। इनका स्वस्थ प्रभाव यह हो सकता है कि वह इन्हें तारुण्य के स्पष्ट लक्षण समझ पर गर्व का अनुभव करे। दूसरी ओर उनमें आत्म-संकोच की भावना भी आ सकती है, उसके मन में यह आंशका भी आ सकती है कि कहीं उसका शरीर बेडौल न हो जाए। कभी-कभी बालकों को भी वसा-वृद्धि का सामना करना होता है। इस कारण उनकी खिल्ली उड़ाई जाती है। उन्हें इस कारण कठिन परिस्थिति का सामना करना पड़ता है अत: उसमें हीन भावना घर करने लगती है। ऐसी स्थिति में उसे आवश्यकता होती है ऐसे व्यक्ति की, जो उसकी आशंकाओं को मिटाने में सहयोग करे।

4. केश-वृद्धि (Hair growth)-तारुण्य का एक लक्षण है काँखों की स्वेद ग्रन्थियों की वर्धित क्रियाशील। इस क्षेत्र की ग्रन्थियाँ उसी प्रकार की है, जिस प्रकार की ग्रन्थियाँ शरीर के अन्य सीमित क्षेत्रों-स्तन, ऊरुसंधि, जननेन्द्रिय तथा गुदा की, किन्तु वे उन ग्रन्थियों से भिन्न होती हैं जो सामान्यत: पूरे शरीर में फैली रहती है। इन स्वेद ग्रन्थियों को गन्धोत्सर्गी कहते हैं। इनका विकास प्रजनन-तन्त्र की स्थिति से सम्बन्ध जान पड़ता है। तारुण्य की काफी प्रगति हो जाने पर ही इन ग्रन्थियों का पूरा विकास हो पाता है।

रज: स्राव (Sweat glands)-बालिकाओं में रज: स्राव का आरम्भ लैंगिक परिपक्वता का सूचक है। प्रथम रज: स्राव को यौवनारम्भ की कसौटी नहीं माना जा सकता, परन्तु यह यौन विकास का एक महत्त्वपूर्ण चिह्न है। रज:-स्राव के सम्बन्ध में अनेकों भ्रान्त धारणाएँ एवं अन्धविश्वास प्रचलित रहे हैं। इनमें से कुछ तो स्त्री जाति के लिए तनिक भी शोभनीय नहीं हैं। इस घटना को अभिशाप माना जाता है तथा यह मान्यता है कि इन दिनों स्त्री शारीरिक एवं मानसिक रूप से दुर्बल हो जाती है, उसके छूने से भोजन खराब हो जाता है, उसे स्नान नहीं करना चाहिए इत्यादि। परन्तु अब इन धारणाओं में शनै:शनै: परिवर्तन आ रहा है।

आर्त्तव-चक्र (Menstruation)-के साथ होने वाली शारीरिक पीड़ा और बेचैनी का अनुभव भिन्न-भिन्न बालिकाओं को भिन्न-भिन्न होता है। भाव दशा परिवर्तन यथा निरुत्साह, उदासीनता, उत्तेजनशीलता आदि की सीमा भी भिन्न-भिन्न बालिकाओं में भिन्न-भिन्न होती हैं। रज:-स्राव की मनोवैज्ञानिक प्रतिक्रयाओं के सम्बन्ध में एक सिद्धान्त यह है कि इन प्रतिक्रियाओं का सम्बन्ध इस बात से है कि स्त्री के रूप में अपनी भूमिका स्वीकार करती है अथवा नहीं। इस मत के अनुसार जो स्त्री रज:-स्राव को कठिन समझती है उसे नारीत्व के अन्य पहलुओं को अंगीकार करने में कठिनाई हो सकती है यथा माँ बनने में, बच्चों की देखभाल करने में, बच्चों को स्तनपान कराने में। यह भावना बहुत कुछ बालिका के माँ के साथ सम्बन्धों पर निर्भर करती है। कई माताएँ भी उनकी पुत्री के रज:-स्राव पर उदासीन, चिन्तित या क्रोधित हो जाती है; इससे बालिका इसे सामान्य घटना नहीं मानकर एक रोग या विकार समझ बैठती है।

7. कान और आँख (Menstrual-cycle)-बालक और प्रौढ़ आदमी के कानों में आकार के अन्तर के अतिरिक्त मुख्य अन्तर कान को गले से जोड़ने वाली नली यूस्टेकियन ट्यूब में होता हैद्ध बचपन में यह नली अत्यन्त कोमल स्थिति में होती है ओर गला खराब होने पर उसका असर कान पर भी पड़ सकता है। दोनों आँखों की दृष्टि में सामंजस्य का विकास भी इन्हीं दिनों होता है।

8. रक्त परिभ्रमण तंत्र-किशोरावस्था से पूर्व ह्दय और फेफड़े का विकास बड़ी तेजी से होता है परन्तु बाद में ह्त-पिण्ड बढ़ता रहता है परन्तु विकास नहीं होता है। इसी प्रकार प्रारम्भिक बाल्यास्था में पड़के और लड़कियों के रक्तचाप में बहुत कम अन्तर होता है, परन्तु तेरह वर्ष की आयु के आस-पासलड़कियों का रक्तचाप लड़कों से अधिक रहता है। तेरह वर्ष की आयु के बाद लड़कों का रक्तचाप लड़कियों से अधिक रहता है और आयु के साथ यह अन्तर बढ़ता जाता है।

किशोरावस्था में शारीरिक क्रिया एवं योग्यता

किशोर की शारीरिक क्रियाओं के अन्तर्गत उसकी शक्ति, क्षिप्रता (speed) एवं उसकी शारीरिक क्रिया का सामर्थ्य आते हैं। किशोर के जीवन दर्शन में अपने सम्बन्ध में उसकी अवधारणा एवं दूसरों के प्रति उसे व्यवहार में इन शारीरिक योग्यताओं को महत्त्वपूर्ण योगदान रहता है। शारीरिक क्रियाओं, विशेषत: खेलकूद की योग्यता का अधिकतर बालकों के जीवन में प्रमुख स्थान रहता है। परन्तु शारीरिक क्रिया एवं शरीर संचालन बालिकाओं के व्यक्तित्व निर्माण एवं अभिव्यक्ति में भी समान महत्त्व रखते हैं। किशोरावस्था के प्रारम्भिक भाग को ''बेढंगी उम्र''(awkward age) कहा जाता है। अपनी अंगस्थिति तथा चाल-ढाल के बारे में बहुतेरे किशोर आत्म-संकोची हो जाते हैं। कुछ किशोरों की शारीरिक गति देखकर लगता है कि उन्हें कोई अन्तर्बाधा या हिचकिचाहट है, मानों उन्होंने अपनी पेशियों पर रोक लगा रखी हो और अपने को स्वाभाविक रूप से गतिशील होने देने की स्वाधीनता का अनुभव नहीं कर रहे हों। व्यक्ति ने बाल्यावस्था में अपने अधिकांश सामाजिक सम्पर्क शारीरिक क्रियाओं एवं गति-प्रेरक कौशल द्वारा ही स्थापित किए थे। किशारोवस्था में भी उसको अपना स्वरूप पहचानने में और दूसरों के बीच अपना स्थान प्राप्त करने में शारीरिक क्रियाएँ किसी न किसी रूप में भारी सहायता पहुँचाती है। इस शारीरिक क्रिया का बहुत-सा अंश तो खेल का रूप ले लेता है परन्तु यह खेल भी गम्भीर व्यवसाय है। विकास के कुछ अत्यन्त महत्त्वपूर्ण कार्य खेल-सी प्रतीत होने वाली क्रियाओं के माध्यम से ही सम्पन्न होते हें।

शक्ति, क्षिप्रता एवं शारीरिक क्रिया में परिवर्तन (Changes is strength, speed, and physical activity)-उत्तर बाल्यावस्था एवं किशोरावस्था में शारीरिक आकार की अपेक्षा पेशीय शक्ति, क्षिप्रता समन्वित शारीरिक गति की क्षमता में जो वृद्धि होती है, उसी के माध्यम से शरीर की शक्तियों का प्राय: अधिकतम विकास हो जाता है। किशोरावस्था की समाप्ति के पहले भी कुछ कार्यो में अधिकतम योग्यता प्राप्त हो सकती है। बाल्यावस्था में बालक के सरकने या रेंगने से जो क्रियाशीलता आरम्भ होती है वह सत्रह अठारह वर्ष तक प्रबल रहती है परन्तु फिर धीरे-धीरे घटने लगती है। परिपक्वता का एक चिह्न है, बैठे रहने की प्रबल प्रवृत्ति।

प्रेरक कार्यों में वृद्धि की प्रवृत्तियाँ (Growth trends is motor performances)-प्रेरक एवं यांत्रिक कार्यों में लिंग-भेद देखे जाते हैं। जहाँ क्षिप्रता एवं गति की तीव्रता होती है, उन क्रियाओं में लड़के आगे रहते हैं। गति परिशुद्धता जाँचने वाली क्रियाओं में लड़कियाँ आगे रहती हैं। परन्तु इन सबका वास्तविक अन्तर लिंग-भेद के कारण उतना नहीं है, जितना ही रूचि, अनुभव और अभ्यास की मात्रा में अन्तर के कारण है। इसका एक अन्य कारण यह भी है कि खेलकूद के मैदान या व्यायाम कक्ष में बालिकाओं को जो सीखना या करना होता है, वह प्रत्यक्षत: उनके सामाजिक हितों के प्राय: अनुरूप नहीं पड़ता है। इन कार्यों में अरुचि का कारण है-व्यायाम करने की शारीरिक प्रवृत्ति का अभाव, केश-विन्यास एवं शारीरिक सजावट पर इसका कुप्रभाव होने की सम्भावना, पेशियों के बढ़ जाने का भय, पोशाक में परिवर्तन करने की अनिच्छा।

शारीरिक योग्यता एवं अन्य व्यक्तित्व कारकों के बीच सम्बन्ध (Relationship between physical ability and other personality factors)-किशोरावस्था में लोकप्रियता का घनिष्ठ सम्बन्ध शारीरिक शक्ति एवं खेलकूद में दक्षता होता है। बुद्धि, विद्यालय सम्प्राप्ति, सामजिक-आर्थिक स्थिति का लोकप्रियता से कोई विशेष सम्बन्ध नहीं होता है। यह निष्कर्ष कैलिफोर्निया-अध्ययन पर आधारित है। किशोर बालक सामाजिक भूमिका तथा शारीरिक क्रियाओं के बीच क्या सम्बन्ध है, इसका अध्ययन टायन ने किया है। टायन ने बतलाया कि बहादुरी, नेतृत्व, खेलकूद में दक्षता, लड़ाई-भिड़ाई आदि गुणों का होना इस बात का सूचक है कि किशोर में शारीरिक कौशल, शक्ति, बहादुरी और परिस्थिति का सामना करने की क्षमता है। सामाजिक स्थितियों में व्यक्ति की सहजता एवं भिन्न लिंगियों से उसे समंजन का इन सहगामी गुणों से घनिष्ठ सम्बन्ध दिखाई पड़ता है। दूसरी ओर जहाँ ये गुण बहुत कम मात्रा में पाए जाते हें, वहाँ दुर्बलता, खेलकूद में कौशल का अभाव और कदाचित् अन्य अवांछनीय बातें विद्यमान रहती हैं। उपरोक्त अध्ययनों से यह स्पष्टत: लक्षित है कि किशोरावस्थ खेलकूद एवं शारीरिक गतिविधियों की अवस्था है। विद्यालयों को अपने कार्यक्रम में शारीरिक शिक्षा एवं मनोरंजन को महत्त्वपूर्ण स्थान देना चाहिए। परन्तु यह आशय कदापि नहीं है कि वैयक्तिक मूल्यांकन में खेलकूद की योग्यता को ही सबसे प्रमुख अथवा एक मात्र मानक मान लिया जाए। यदि ऐसा कर भी लिया जाता है तो आगे चलकर इस योग्यता का ह्रास होने पर यही योग्यता किशोर के दु:ख का सबसे बड़ा कारण बन जाएगी।

प्रेरक योग्यता (Motor ability)-का सामाजिक आर्थिक स्थिति से बौद्धिक योग्यता की भाँति सम्बन्ध नहीं है। अच्छी सामाजिक-आर्थिक स्थिति वाले किशोरों में जहाँ बौद्धिक योग्यता अधिक होती है, प्रेरक-योग्यता उनमें कम होती है।

शारीरिक योग्यता का अर्थ

1. शारीरिक रूप से बलशाली व्यक्ति अपने को अधिक समंजित पाते हैं।

2. जिन बालकों में परिपक्वता विलम्ब से आती है, उन्हें अनेक कठिनाईयों का सामना करना पड़ता है। उनकी अपने समूह में लोकप्रियत भी कम हो जाती है।

3. शारीरिक क्रियाओं द्वारा व्यक्ति की नूतनता (novelty), साहस (adventure), उत्तेजना (excitement) आदि की चाह को अभिव्यक्ति मिलती है। इन क्रियाओं द्वारा सामाजिक अनुमोदन (social approval), अवधान (attention), प्रतिष्ठा (status) और मान्यता (recognition) की आवश्यकता भी व्यक्त हो सकती है। प्रभुत्व (mastery), सामर्थ्य (power), सफलता (success) एवं उपलब्धि (achievent) की भावना इन क्रियाओं का प्रेरणा-स्रोत हो सकती है।

गामक कुशलता का अर्थ-शारीरिक कार्यों में बल, सामर्थ्य, सहनशक्ति तथा सारे शरीर की गतिविधि पर नियंत्रण की योग्यता पर अधिक बल दिया जाता है। यह तो सत्य है कि कौशल एक महत्त्वपूर्ण गुण है परन्तु इस कौशल का प्रयोग भी तो शक्ति के साथ किया जाता है। बहुत से अन्य आर्य भी होते हैं जिनमें बल का महत्त्व कम होता है किन्तु उनकी सफलता के निमित्त गति, दक्षता एवं परिशुद्धता, समन्वय अथवा तालमेल की अधिक आवश्यकता होती है। सामान्यत: जिस प्रकार के कार्य में गामक कुशलता की विशेषता होती है, उसमें सामान्यत: प्रतिक्रिया-काल पर विशेष बल देते हैं यथा टपटप करना, लीवरों तथा क्रैंकों का द्रुत गति से हस्त-प्रयोग करना आदि।

शीघ्र तथा विलम्ब से आने वाली यौन परिपक्वता के मनोवैज्ञानिक प्रभाव

बालिका का शीघ्र परिपक्व हो जाना कई दृष्टियों से उसके लिए हानिप्रद है, जबकि बालक को इससे अनेक लाभ हो सकते हैं। शीघ्र परिपक्व होने वाली बालिका को यौवनारम्भ के तनावों का सामना अपेक्षाकृत कम उम्र में करना पड़ता है और ये तनाव कुछ तीव्रतर जान पड़ते हैं। वह बड़ी हो जाती और उसका शरीर ध्यानाकर्षी हो जाता है। उसके आकार, शारीरिक अनुपात एवं अधिक परिपक्व होने के साथ प्रकट होने वाले अन्य लक्षणों के कारण उसे तथा उसी उम्र की अन्य बालिकाओं को परस्पर एक-दूसरे के समान भाव से स्वीकार करने में कठिनाई होती है। इसके अतिरिक्त, जब उसका शरीर बढ़ चुका होता है उस समय तक उसके समवस्यक अधिकांश बालिकाओं में बालपन बना रहता है और वे उसके इस शारीरिक परिवर्तन को समझ नहीं पाती हैं। सम्भवत: उसकी ओर बालकों की अभिवृत्ति कुछ सतर्क हो जाती है। यह भी हो सकता है कि शारीरिक परिपक्वता के अनुरूप सामाजिक अथवा बौद्धिक परिपक्वता उसमें न दिखाई पड़े। ऐसी स्थिति में अपने समान शारीरिक विकास प्राप्त, किन्तु उम्र में बड़ी बालिकाओं

से मिलने-जुलने को वह तैयार न होगी। सम्भव है कि उसके माता-पिता अब भी उसे बहुत छोटी बालिका समझें और बालकों से उसक प्रेम मिलन पर सयानी लड़कियों के समान पोशाक पहनने पर, ओष्ठ-रंजक लगाने पर तथा इसी प्रकार की दूसरी बातों पर रोक लगावें। फलत: उसके मन में विशेष प्रकार के अन्तर्द्वन्द्व चल सकते हैं।

किन्तु शीघ्र परिपक्वता प्राप्त करने वाली बालिका की परिस्थिति बिल्कुल अन्धकार-पूर्ण नहीं होती है। शीघ्र परिपक्वता प्राप्त करना तो सापेक्ष वस्तु है। कुछ समूहों में यह लाभदायक हो सकता है, यदि समूह विशेष की सर्वाधिक लोकप्रिय एवं प्रभावशाली सदस्याएँ शीघ्र परिपक्वता प्राप्त करने वाली हों। ऐसी परिस्थिति में विलम्ब से परिपक्व होने वाली बालिका को लगता है कि वह पीछे छूट गई। जिन बालिकाओं से मिलना-जुलना उसे पसन्द है, यदि वे परिपक्व हो जाती है, और वह नहीं होती तो अपने बारे में उसे चिन्ता होने लगती है। बारह वर्ष की एक बालिका को अपनी समवयस्काओं के बीच ऐसी ही कठिन परिस्थिति का सामना करना पड़ा। जिन आधा दर्जन लड़कियों के साथ रहना उसे रुचता था, उनमें तरुणाई प्रस्फुटित हो रही थी। वे अपने साथ बस पर सिनेमा जाने से उसे रोकती थीं। उनका कहना था कि वह चौदह वर्ष की सी नहीं लगती हैं और ऐसी छोटी लगने वाली लड़की को साथ ले जाने से लोगों के बीच चौदह-पन्द्रह वर्ष की लड़कियों के समान आचरण करने में उन्हें कठिनाई होगी। तथापि यह बालिका कुछ ऐसी जटिल स्थितियों से बच गई, जिनका सामना शीघ्र परिपक्व होने वाली बालिकाओं का करना पड़ता है। शीघ्र परिपक्वता प्राप्त करने वाली बालिका के विपरीत, शीघ्र परिपक्व होने वाले बालक को कुछ सुविधाएँ प्राप्त हो सकती हैं। कुछ समय तक वह अनेक अन्य बालकों की अपेक्षा अधिक बड़ा और बलवान बना रहेगा, यद्यपि कालान्तर में उनमें से कुछ बालक उसे कद और बल दोनों में ही आगे बढ़ सकते हैं। अधिक बलवान और बड़ा होने के कारण प्रतियोगी खेलकूद में उसे विशेष सुविधा प्राप्त हो सकती है। खेलकूद में अपने पराक्रम के फलस्वरूप अनेक समुदायों में उसके लोकप्रिय तथा सम्मानित होने की सम्भावना रहती है। लाथम 1951 के एक अध्ययन में बताया गया है कि जूनिथर हाई स्कूल स्तर के जिन बालकों में यौन परिपक्वता अधिक रहती है, खेलकूद के कार्यों में उनके नेता चुने जाने की अधिक सम्भावना रहती है।

मानसिक एवं शारीरिक वृद्धि के पारस्परिक सम्बन्ध

यदि किसी व्यक्ति की बनावट का कोई प्रमुख अंग औसत से उच्चतर है तो लगभग सभी आयु-स्तरों पर इसकी अधिक सम्भावना रहती है कि अपनी बनावट-सम्बन्धी अन्य बातों में भी वह औसत से नीचा नहीं बल्कि रहेगा। इस प्रवृत्ति के अनुरूप ही, बुद्धि-परीक्षणों द्वारा मापित मानसिक-योग्यता तथा कतिपय शारीरकि मापों के बीच सकारात्मक

उच्च सहसम्बन्ध (positive correlations) पाए गए हैं किन्तु मानसिक योग्यता एवं शारीरिक आकार के बीच, तथा वृद्धि एवं प्रेरक गति-योग्यता के बीच के सह-सम्बन्ध सार्थक एवं सकारात्मक होते हुए भी अल्प है।

शारीरिक रूप में मनोवैज्ञानिक एवं शारीरिक तत्त्वों का प्रायोगिक योग

जैसा कि पहले बताया जा चुका है कि किशोर की स्व-सम्बन्धी अभिवृत्तियों पर तथा उसके प्रति दूसरों की अभिवृत्तियों पर उसके शारीरिक विकास का मनोवैज्ञनिक प्रभाव पड़ता है। वह भी सत्य है कि उसकी मनोवैज्ञानिक अभिवृत्तियाँ उसके शारीरिक रूप को प्रभावित करती है। हम नित्य सामान्य बोल चाल में सुनते हैं कि अमुक व्यक्ति की सूरत भद्दी है। वह उद्विग्न दिखाई पड़ता है, वह हमेशा थका-थका सा लगता है, वह सनकी जैसा, परेशान, चिन्तित, प्रसन्न, सुखी, झिलमिलाता हुआ दीख पड़ता है। इसी प्रकार के अन्य शब्दों व कथनों का भी प्रयोग किया जाता है।

अभिवृत्ति तथा शारीरिक रूप की ध्यान में आने वाली बातों के बीच जो सम्बन्ध है, वह तब प्रत्यक्ष हो जाता है, जब व्यक्ति स्पष्टतः अपने रूप को बनाकर दिखलाने की चेष्टा करता है। उदाहरणार्थ यह सम्बन्ध तब प्रगट होता है जब रंजिस बालों और नकली भौं के कारण किसी बालिका के रूप में कृत्रिमता आ जाती है, या जब कोई किशोर मानों हठ ठानकर बेढंग भेष बनाए रहता है। एक दूसरा उदाहरण लें, जिसमें यह कुछ अधिक सूक्ष्म रूपों से प्रकट होता है। हम प्रायः यह विचित्र बात देखते हैं कि जिन व्यक्तियों के होंठ खिंचे हुए होते हैं , बाल दृढ़ता से गुँथे रहते हैं तथा जिनकी मुखाकृति कुछ बनावटी होती है, उनके व्यवहार और बातचीत में भी कुछ औपचारिक रूक्षता होती है। हम यह उस समय भी देखते हैं जब अपने स्त्री-रूप को स्वीकार करने में असमर्थ सी लगती हुइ बालिका अपने लिए ढंग की पोशाक आदि चुनती है, जो संभवतः उसे औरों की दृष्टियों से छिपा सके, जैसे कि वह ऊँचे गले के ब्लाउज छातियों को छिपा देने वाले ढ़ीले कपड़े अथवा अपने शरीर की स्वाभाविक आकृति को आवृत्त कर देने वाली पोशाक पहनती है। यहाँ यह नोट दिया जा सकता है कि कभी-कभी सफल मनोवैज्ञानिक परामर्श के परिणामस्वरूप व्यक्ति की साज-सज्जा और पोशाक अधिक स्वाभाविक और उपयुक्त हो जाती है। शिक्षकों को इस ओर भी ध्यान देना चाहिए।

शरीर की ऊँचाई तथा उसके विभिन्न भागों के आकार एवं आकृति को कोई परिवर्तित करना चाहे, तो निश्चय ही वैसा करने की अधिक गुंजाइश नहीं हैं किन्तु अपने शारीरिक लक्षणों की ओर वर्धमान व्यक्ति की अभिवृत्तियों को प्रभावित करने की दिशा में बहुत कुछ किया जा रहा है और किया जा सकता है। जो उसे प्राप्त है, उसका उत्तमोत्तम उपयोग करने के लिए वह बहुत सीख सकता है। जहाँ तक बालिकाओं का

सम्बन्ध है, केश-विन्यास और बनावट, तथा पोशाक की समीचीन शैली के सहारे बहुत कुछ किया जा सकता है। एक अच्छा दर्जी कन्धे की गद्दियों तथा उस प्रकार के दूसरे साधनों द्वारा बालकों की भी प्राकृतिक त्रुटियों को सुधारने में सहायता कर सकता है। प्रत्यक्षत: किसी व्यक्ति की पोशाक में फेर-बदल करना उसके व्यक्तित्व के प्रति व्यवहार करने का कोई बहुत कारगर उपाय नहीं है किन्तु कुछ किशोरों के लिए पोशाक की बात बहुत महत्त्वपूर्ण है। सम्भवत: बहुत से किशोर ऐसे हैं, जिन्हें आत्म-सम्बन्धी अनुभूति में तथा शारीरिक रूप से सम्ब्रन्ध में सहायता दी जा सकती है किन्तु यह तभी सम्भव है जब प्रौढ़ लोग उनकी समस्याओं को समझकर और विद्यालय के अधिकारी उस ओर ध्यान देकर नव-वयस्कों को पोशाक, साज-सज्जा और व्यक्तिगत सजावट के मामले में प्रयोग करने को प्रोत्साहित करें। शारीरिक रूप सम्बन्धी कुछ बातें प्रौढ़ व्यक्ति को कुछ तुच्छ-सी लग सकती है किन्तु किशोर की निजी दृष्टि से वे गर्व अथवा लज्जा की बातें हैं। यह एक कारण है जिससे कि प्रचलित फैशन के अनुसार ओष्ठ रंजक तथा बनाव श्रंगार की अन्य वस्तुओं के व्यवहार और पोशाक को लेकर माता-पिता और बालिका के बीच कटु विवाद उठ खड़े होते हैं। बालिकाएँ अधिकांशत: अपनी माता के अनुसार श्रंगार करने की ठान रखती हैं।

माता-पिता को नववयस्क व्यक्ति का दृष्टिकोण समझना और उसके प्रति सहानुभूति प्रकट करना आवश्यक है। प्रौढ़ व्यक्ति के लिए यह भी आवश्यक है कि वह अपने उद्देश्यों की जाँच करें। सम्भव है कि नववयस्क व्यक्ति की पोशाक तथा साजसज्जा सम्बन्धी इच्छाओं का विरोध वह किसी पूर्वाग्रह अथवा ईर्ष्या के कारण कर रहा हो, अथवा इसलिए कि बच्चे को बढ़ने देने में उसे भय लगता हो। अथवा इस विरोध का कारण यह भी हो सकता है कि प्रौढ़ व्यक्ति किशोरों के पहनावे और साज-सज्जा के सम्बन्ध में पड़ौसियों की रायों के अनुरूप चलना चाहता हो। उसका विरोध इस विषय के सम्बन्ध में किशोर के अव्यावहारिक विचारों के समान ही अविवेकपूर्ण हो सकता है। एक बात स्पष्ट है कि शारीरिक लक्षणों की ओर व्यंग्यात्मक अथवा अनादर-सूचक ढंग से ध्यान आकृष्ट करने की भद्दी प्रथा से हमें बचना चाहिए।

किशोरों के पालन-पोषण के क्रम में ऐसी अनेक बातें होती है, जो अपने शरीर तथा उसके कार्यों के प्रति उनकी अभिवृत्तियों को प्रभावित करती है। उदाहरणार्थ काम के प्रति एवं काम के शारीरिक पक्षों के प्रति प्रौढ़ों की अभिवृत्तियों का प्रभाव किशोरों की अपनी जननन्द्रियों एवं काम के सभी शारीरिक पक्षों सम्बन्धी अभिवृत्तियों पर पड़ता है। कुछ दूसरे प्रकार के प्रभाव भी होते हैं, उदाहरणार्थ, यह बात समझ में आती है कि यदि किसी किशोर को बारम्बार सीधे बैठने को कहा गया है, तो वह अपनी अंग स्थिति के लिए अपने को दोषी मान सकता है। यदि बारम्बार उसे कहा गया है कि बहुत अधिक मिश्री

या बहुत कम पालक खाओगे तो बीमार पड़ जाओगे, या बहुत तेज दौड़ोगे अथवा अन्धाधुन्ध खेलोगे तो चोट आ जाएगी, तथा अनेक प्रकार से उसे चेतावनी दी गई है, तो हम समझ सकते हैं कि वस्तुत: बीमार हो जाने पर या पैर टूट जाने पर या इसी प्रकार का दूसरा कुछ होने पर, यह सम्भवत: उसके लिए अपने को दोषी माने। किशोर के शारीरिक रूप एवं व्यक्तित्व को प्रभावित करने वाली अभिवृत्तियाँ दीर्घकालीन वैयक्तिक अंतर्द्वन्द्वों में निहित हो सकती है। अपने शारीरिक रूप को घटाकर आँकने अथवा अपने को महाकुरूप समझने की उसकी प्रवृत्ति का कारण कदाचित् अपने सम्बन्ध में और अपनी योग्यता के सम्बन्ध में उसका हीन विचार है, जो उसके अन्तस्तल में बैठा हुआ है। यदि यौन मनोवेगों ने उसे विचलित कर दिया है, या हस्तमैथुन के लिए वह अपने को अपराधी समझता है, तो संभव है कि वह अपने मन में अपने शारीरिक लक्षणों के विषय में अन्य लोगों की धारणाओं को अतिरंजित कर ले या झुठला दे। वह यह भी सोच सकता है कि उसके मुँ से या चेहरे की कोई दूसरी चीज, अथवा आँखों के भाव किसी गुप्त पा को प्रकट कर हरे हैं।

किशोरावस्था में जिसे ''लज्जालुता'' कहते हैं, वह बहुत कुछ नववयस्क व्यक्ति की इस भावना से उत्पन्न होती हुई जान पड़ती है, कि अपनी जिन बातों को देखकर उसे बेचैनी होती है, उन बातों को दूसरे लोग भी देख रहे हैं। उदाहरण के लिए, इस प्रकार की लज्जालुता अंगस्थिति में व्यक्त हो सकती है। तेजी से बढ़ने के समय वह कम से कम अपनी दृष्टि से कुछ भद्दा सा प्रतीत हो सकता है। इसी प्रकार किसी बालक में अपनी जननेन्द्रियों के विषय में आत्म-संकोच की भावना आ सकती है। उसे आशंका हो सकती है कि कहीं उनके स्वरूप और आकार कपड़ों के भीतर से प्रकट तो नहीं हो रहे हैं। और कोई बालिका अपनी छातियों के आकार तथा रूप के सम्बन्ध में विशेष रूप से संवेदनशील हो सकती है। केवल शारीरिक परिवर्तन के कारण नहीं, बल्कि नववयस्कों की आत्म सम्बन्धी अभिवृत्तियों के कारण भी भद्दापन एवं आत्म-संकोच विशेष रूप से प्रकट हो सकते हैं। किशोरावस्था की शारीरिक वृद्धि सम्पन्न हो जाने के बाद भी यह भद्दापन लगा रहता है। उत्तर-किशोरावस्था तथा प्रौढ़ावस्था में पहुँचे हुए कुछ ऐसे व्यक्ति मिलते हें जिनकी अंग-स्थिति और चाल-ढाल तथा किसी भी कमरे में प्रेवश करते समय की मुद्रा अथवा हाथ मिलाने का ढंग लगभग क्षमा-याचक के से लगते हैं।

बाल्यावस्था

बाल्यावस्था जन्म से लेकर किशोरावस्था तक की अवधि है जिसे तीन चरणों शैशवावस्था, प्रांरभिक या पूर्व बाल्यावस्था और मध्य बाल्यावस्था के चरणों में विभाजित होते हैं।

शारीरिक और क्रियात्मक विकास–शिशुओं में शारीरिक वृद्धि बहुत तीव्र होती हैं वजन जन्म के समय से लगभग तिगुना हो जाता है एवं शरीर लम्बाई भी एक तिहाई गुनी वृद्धि करती है। नवजात शिशु कुछ प्रतिवर्ती, सांवेदिक एवं सीखनें की क्षमताओ के साथ जो शिशु को वातावरण के साथ अनुकूलन में सहायता देते हैं, जीवन के लिए जैविक रूप से तैयार होता है। बच्चे की लंबाई एवं वजन परिवतर्तित होते हैं अस्थि एवं मांसपेशीय रचनाओं में भी परिवर्तन होता है। हड्डियां कठोर, लम्बी मोटी होने लगती है और शरीर की मांसपेशियां लम्बी एवं सघन हो जाती है। शरीर के ऊपरी एवं केन्द्रीय हिस्से निचले एवं परिधीय हिस्सो की तुलना में जल्दी परिपक्व हो जाता है। मस्तिष्क के दोनों गोलार्ध शरीर की गतियों का पार्श्वर्थक नियत्रंण रखते हैं जैसे–बायां गोलार्ध शरीर के बायें भागों को नियंत्रित करता है।

संज्ञानात्मक विकास–प्रक्रमों, संज्ञानात्मक प्रक्रिया के माध्यम से बच्चे में समझने व जानने की शक्ति उत्पन्न होती हैं उनमें बाल्यावस्था में विकास एवं परिवर्तन होता है। मनोवैज्ञानिक पियाजे ने पाया कि बच्चे वयस्कों की तरह नहीं सोचते हैं। हमारी चिंतन प्रक्रिया का विकास पूर्व कथनीय एवं क्रमबद्ध अनुक्रमों, जिसे अवस्थायें कहते हैं के अन्तर्गत होता है। बच्चे इन अवस्थाओं से गुजरते हुंए आगे बढ़ते हैं जिसमें कि वातावरण में विद्यमान लोगों एवं वस्तुओं के अतः क्रिया द्वारा बच्चों को अपनी दुनिया को जानने और सोचने का तरीका बदल जाता है। अतः इन क्रियाओं के द्वारा बच्चे दुनिया के बारे में अपने मस्तिष्क चित्रण को संगठित करते हैं। इस मानसिक चित्र निर्माण की प्रक्रिया को अनुकूलन कहते हैं। इस प्रक्रिया के दो तत्त्व है–आत्मसातीकरण एवं समायोजना नई सूचनाओं को वर्तमान मानसिक ढाचें में व्यवस्थित करने की प्रवृत्ति को आत्मसातीकरण कहते हैं। नये अनुभवों के अनुक्रिया के प्रति वर्तमान मानसिक संरचना संप्रत्यय, एवं विचारों में, यह परिवर्तन का प्रक्रम समायोजन कहलाता है। ये दोनों पूरक प्रक्रियायें है।

पियाजे के अनुसार, हमारा संज्ञानात्मक विकास एवं बौद्धिक क्रियाएं हमारे निकटवर्ती दुनिया की अंतः क्रियाओं एवं अनुभवों के द्वारा चलने वाली अनुकूलन प्रक्रियाओं का परिणाम होती हैं। अनुकूलन की प्रक्रिया के द्वारा हमारा संज्ञानात्मक विकास आयु अनुसार कुछ अवस्थाओं के एक निश्चित अनुक्रम में होता हैं ये चार अवस्थायें है 1. संवेदी अवस्था 2. पूर्व संक्रियात्मक अवस्था 3. मूर्त संक्रियात्मक अवस्था 4. औपचारिक संक्रियात्मक अवस्था

सामाजिक एवं व्यक्तित्त्व विकास

जब नवजात शिशु विकास करता है, वह सामाजिक बंधनों को बनाता है और अपनी प्रमुख विशेषताओं, अन्तः क्रिया के तरीकों, संवेगों एवं मूल्यों के द्वारा जाने जाते हैं। प्रत्येक बालक का अपना व्यक्तित्त्व होता है जो व्यवहार के विभिन्न तरीकों के समग्र सवरूप को व्यक्त करता है।

बच्चों का सामाजिक विकास एवं उनकी देखरेख करने वाले एवं उनके निकट स्थित अन्य लोगों के साथ उनके लगाव या स्नेह बंधनो द्वारा प्रभावित होता है। बच्चों के सामाजिक विकास में संवेगों की महत्त्वपूर्ण भूमिका होती हैं। जो बच्चे अपने संरक्षकों के साथ लगाव को अत्यधिक सुरक्षित मानते हैं वे असुरक्षित बच्चों की तुलना में सामान्य रूप से अधिक उत्सुक, सहयोगी, मित्रवत होते हैं। कठोर पालन–पोषण में बड़े होने वाले कम सामाजिक होते हैं।

बच्चे उन व्यवहारों को सीखते हैं जो उनके जैविक लिंग के अनुसार सांस्कृतिक रूप से उपयुक्त होते हैं एवं यौन निर्धारण के प्रक्रम द्वारा लिंग अस्मिता का विकास करते हैं।

समाज में महत्त्वपूर्ण माने जाने वाले व्यवहारों, मानकों, मूल्यों एवं विश्श्वास को सीखनें का प्रक्रम समाजीकरण कहलाता है। इसके अन्तर्गत, बच्चों के व्यवहारों को नियत्रित करना एवं उनके अवांछनीय व्यवहारों और उपयुक्त व्यवहारिक प्रवृत्तियों को अनुशासित करना, सम्मिलित है।

विकास की विशेषताएँ

विकास की विशेषताएँ बहुमुखी होती हैं। इसमें स्वपरिदृश्यात्मक पहलुओं पर यदि विचार करें तो अनेकों तथ्य हमारे मस्तिष्क पटल पर उभर कर सामने आते हैं। हम सर्वप्रथम उन्हीं पहलुओं पर विचार करते हैं।

1. परिपक्वता का सिद्धान्त–जब व्यक्ति अपनी आन्तरिक शक्तियों एवं वातावरण के प्रति कुशलतापूर्वक प्रतिक्रिया करता है, तब हम यह मान लेते हैं कि वह किन्हीं विशिष्ट क्रियाओं को करने में सक्षम अथवा परिपक्व हो गया है। परिपक्वता में सामान्यतः स्थायित्व आ जाता है। यह स्थायित्व कद, व्यक्तित्व निष्पादित आदि में होता है जिसका प्रभाव अन्ततः बालक के सीखने की क्षमता पर पड़ता है। परिपक्वता एवं सीखना या अधिगम, विकास के दो पहलू हैं। ये एक–दूसरे से इतने जुड़े हैं कि इनकों अलग नहीं किया जा सकता। परिपक्वता की क्षमता पर वंशक्रम तथा वातावरण का भी प्रभाव पड़ता है।

2. मूल-प्रवृत्यात्मक अधिगमन -विकास के सन्दर्भ में **मैक्डूगल** ने मूल प्रवृत्यात्मक व्यवहार का विश्लेषण किया है। मैक्डूगल ने नारियों में मातृत्व मूल-प्रवृत्ति बताई और इस बात पर बल दिया कि उनका विकास इन मूल प्रवृत्ति के आधार पर होता है। यदि मूल-प्रवृत्ति का प्रयोग केवल जटिल व्यवहारोंके प्रतिमानों के लिए होता है और ये प्रतिमान विकास को प्रभावित करते हैं तो हम यह मान सकते हैं कि इनके अभाव में सीखने की क्रिया सम्पन्न नहीं हो सकती। **क्लार्क एवं बीर्च** ने नर चिम्पांजी के शरीर में स्त्री-हारमोन प्रवेश कराये और इसे परिणामस्वरूप उसमें आज्ञापालन तथा सामाजिक प्रभुत्व के गुण आ गये। इसका कारण यह है कि मनुष्य का व्यवहार किन्हीं ग्रन्थियों के विकास तथा उनकी रासायनिक क्रिया से प्रभावित होता है।

3. सहज क्रिया अभिगमन -वाटसन का कहना है कि सभी बालक जन्म के समय समान होते हें। उनकी निश्चित शारीरिक रचना होती है, उनमें कुछ सहज क्रियाएँ होती हैं एवं तीन संवेग होते हैं-प्रेम, भय और क्रोध। इनके अतिरिक्त कुद अधिग्रहणात्मक प्रवृत्तियाँ होती हैं। वातावरण के अनुसार बालक इनका प्रयोग करता है और यही उनकी अनुक्रिया होती है। यह सहज क्रिया ही बालक के विकास की ओर संकेत करती है।

विकास की कुछ विशिष्ट विशेषताएँ

1. सामान्य से विशिष्ट की ओर-इस सिद्धान्त के अनुसार बालक का विकास सामान्य परिस्थिति से होता है। धीरे-धीरे यह विकास विशिष्ट स्थिति की ओर होता है। आरम्भ में बालक पूरे हाथ का संचालन करता है। धीरे-धीरे वह अंगुलियों पर भी नियन्त्रण कर लेता है। इसी प्रकार समबन्धों का विकास होता है। आरम्भ में वह केवल उत्तेजना अनुभव करता है। कालान्तर में वह संवेगों की अभिव्यक्ति करना भी सीख लेता है। भाषा का विकास भी क्रन्दन से आरम्भ होता है। निरर्थक सार्थक शब्दों के माध्यम से वह वाक्यों के विकास तक पहुँचता है।

2. मस्तकोधमुखीसिद्धान्त -इस मत के अनुयायियों का कथन है कि विकास की क्रिया का आरम्भ सिर से होता है। भ्रूणावस्था में भी पहले सिर का विकास होता है। सिर के पश्चात् धड़ एवं टाँगों आदि का विकास होता है। जन्म के पश्चात् भी पहले बालक अपने सिर को इधर-उधर घूमाता है तथा उसे ऊपर उठाने का प्रयत्न करता है। बैठने तथा चलने की प्रक्रिया वह बाद में करता है। यह सिद्धान्त शारीरिक विकास की प्रक्रिया पर आधारित है।

3. निकट-दूर सिद्धान्त-इस मत के मानने वालों का कहना है कि विकास का केन्द्र-बिन्दु स्नायुमण्डल होता है। पहले स्नायुमण्डल का विकास होता है, इसके पश्चात् स्नायुमण्डल के निकट के भागों का विकास होता है, जैसे-हृदय, छाती, कुहनी आदि। इसके पश्चात् उँगलियों आदि का विकास होता है।

4. संगठित प्रक्रिया -बालक के विकास से अभिप्राय केवल शारीरिक विकास से नहीं है। शारीरिक विकास के साथ-साथ मानसिक, संवेगात्मक, सामाजिक विकास होने से व्यक्तित्व में पूर्णता आती है। इसीलिए **ओलसन एवं ह्यूज** ने आवयविक आयु का विचार विकसित किया है। इस विचार के अनुसार शारीरिक दृष्टि से कोई बालक 8 वर्ष का है तो वह मानसिक दृष्टि से 12 वर्ष का हो सकता है। संवेगात्मक दृष्टि से वह 124 वर्ष का हो सकता है। अतः विकास को आयु की किसी एक सीमा में नहीं बांधा जा सकता है वह तो एक संगठित प्रक्रिया है।

5. भिन्नता का सिद्धान्त-विकास की गति समान नहीं होती, यह गति जीवन भर चलती रहती है। परन्तु इसके स्वरूप भिन्न-भिन्न होते हैं। विकास की गति शैशव में तीव्र होती है। बाल्यावस्था में गति धीमी होती है और किशोरावस्था में यह तीव्र होती हुई पूर्णता प्राप्त करती है। लड़कों तथा लड़कियों का विकास भी समान ढंग से नहीं होता उसमें भी भिन्नता पाई जाती है।

6. अनवरत प्रक्रिया-विकास की प्रक्रिया गर्भाधान से मृत्युपर्यन्त तक चलती रहती है। सच यह है कि यह अनवरत् प्रक्रिया है जिसमें प्रत्येक प्राणी को गुजरना पड़ता है। व्यवहार का आधार प्रतिक्षण बदलता रहता है और व्यवहार परिवर्तन से ही विकास की गति की पहचान की जाती है।

7. विकास प्रक्रिया के समान प्रतिमान-इस मत के मानने वालों का कथन है कि समान प्रजाति में विकास की गति समान प्रतिमानों से प्रवाहित होती है। मनुष्य चाहे अमेरिका में पैदा हुआ हो या भारत में, उसका शारीरिक, मानसिक, संवेगात्मक, भाषा आदि का विकास अन्य व्यक्तियों के समान होता है।

विकास का स्वरूप

विकास के सामान्य तथा विशेष सिद्धान्तों का अध्ययन करने से एक प्रमुख बात स्पष्ट होती है, वह है-विकास की प्रक्रिया अपनी कुछ विशेषताओं को लेकर आगे बढ़ती है। इससे हमें यह ज्ञात होता है-

1. प्रत्येक बालक से उसकी विकास की अवस्था पर क्या सम्भावना हो सकती है।

2. विकास की इन अवस्थाओं पर व्यवहार का कौन-सा रूप विकसित होता है।

3. बालक की आयु, कद, भार एवं मानसिक विकास के अनुसार उसके लिए मार्ग-प्रदर्शन की सम्भावनाओं का विकास कर सकते हैं विकास प्रक्रिया के दौरान ये विशेषताएँ प्रकट होती हैं-

(1) आकार तथा भार -शारीरिक अभिवृद्धि के समय बालक के आकार तथा भार में परिवर्तन दृष्टिगत होता है। जैसे-जैसे बालक बढ़ता है, उसके शरीर के भार में, कद में, व्यास में असामान्य वृद्धि होती है। आन्तरिक अवयवों में ह्दय, फेफड़े, आँतें, उदर आदि की अभिवृद्धि होती है। इसी प्रकार मानसिक विकास भी होता है।

(2) अनुपातिक परितर्वन -विकास की प्रक्रिया के मध्य बालक के के शारीरिक विकास में आनुपातिक परिवर्तन होता है। इसी आधार पर बालक लघु प्रौढ़ के रूप में स्वीकार नहीं किया जा सकता। प्रौढ़ व्यक्ति के शरीर के अनुपात में इसकी वृद्धि होती है। बालक के मानसिक विकास में भी आनुपातिक परिवर्तन दिखाई देते हैं। बालक की रुचि, योग्यता, क्षमता, क्रियाशीलता में आनुपातिक परिवर्तन होता है।

(3) पुरानी रूपरेखा में परिवर्तन-विकास के साथ-साथ बालक की शारीरिक रूपरेखा में परिवर्तन होते रहते हैं। ये परितर्वन जांघ, दांत, छाती आदि में थाइमस तथा पीनियम ग्रन्थियों के कारण होता है। चिन्तन, गतिशीलता, रेंगतना, घुटनों कबल चलना, स्वाद, घ्राण शक्ति आदि में भी परिवर्तन होते हैं।

(4) नवीन रूपरेखा ग्रहण करना -विकास प्रक्रिया के मध्य जहाँ पुरानी रूपरेखा समाप्त होती है, वहाँ पर बालक का शरीर नवीन रूपरेखा ग्रहण करने लगता है। उसका शारीरिक मानसिक स्वरूप नवीन रूप में भरने लगता है। पुराने तथा नए दाँत निकलना, यौन विशेषताओं का उभरना आदि इसके उदाहरण हैं। विकास की विशेषताओं के सन्दर्भ में **हैविंगहर्स्ट** ने कहा है-"जब शरीर परिपक्व को जाता है और व्यक्ति किसी भी कार्य को करने के लिए तैयार रहता है, समाज को उसकी आवश्यकता होता है। ऐसे समय विकास प्रक्रिया में व्यक्ति नवीन ज्ञान तथा कौशल को सीखता है।"

(5) विकास की घोषणा -विकास की गति क्या है? इनका स्वरूप क्या होगा? इन सबकी घोषणा करना सम्भव है। बालक की कलाई के एक्सरे चित्र द्वारा उसके भावी आकार की घोषणा की जा सकती है। बालक के विकास की गति से उसी के आधार पर भावी आयोजना की जा सकती है।

(6) विकास निश्चित प्रतिमान-विकास जिस भी स्वरूप में होता है, उसका निश्चित प्रारूप होता है। देखने में हमें वह भले ही अव्यवस्थित लगता हो परन्तु वह निश्चित क्रम में अभरता है। **गैसल** ने इसे प्रकृति का नियम माना है।

(7) विकास में विशिष्टता पाई जाती है -विकास की प्रत्येक अवस्था में कुद संकुलों का विकस होता है। **फ्रीेल्डमैन** के अनुसार, मानव जीवन अनेक अवस्थाओं में गुजरता है, च्मानव जीवन गर्भीय-अवस्था से किसी भी अवस्था में कम नहीं है। प्रत्येक

अवस्था में प्रभावशाली विशेषताएँ उभरती हैं, उनमें विशिष्टताएँ होती हैं। इसमें एकता तथा वैशिष्ट्य पाया जाता है।

विकास की इन विशेषताओं को संक्षेप में इस प्रकार कहा जा सकता है-

1. विकास का निश्चित स्वरूप होता है
2. विकास प्रकृति द्वारा निर्धारित क्रम से होता है7
3. विकास सामान्य से विशेष की ओर होता है।
4. विकास एक सतत् क्रिया है।
5. विकास की दर में भिन्नता पाई जाती है।
6. शरीर के विभिन्न भागों का विकास-भिन्न भिन्न रूपों में होता है।
7. विकास के अधिकांश संकुल पारस्परिक रूप से सम्बन्धित होते हैं।
8. विकास की भावी घोषणा सम्भव है।
9. विकास की प्रत्येक अवस्था की अपनी विशेषताएँ होती हैं।
10. हम जिन व्यवहारों को विकास की प्रक्रिया के दौरान असामान्य समझते हें, वे सामान्य होते हैं।
11. प्रत्येक व्यक्ति विकास की प्रक्रिया से होकर गुजरता है।

विकास के सिद्धान्त

अनेक विद्वानों ने विकास के सिद्धान्तों का अध्ययन किया किन्तु **इरिक एच. इरिकसन, जीन पियाजे तथा रॉबर्ट आर. सीयर्स** का योगदान इस प्रवृत्ति तथा विद्या को विकसित करने में विशेष रहा है। इन तीनों विद्वानों ने विकास के पृथक्-पृथक् पहलुओं- संवेगात्मक, मानसिक तथा सामाजिक विकास के सन्दर्भ में चिन्तन किया है। ये सभी सिद्धान्त बाल-विकास के सन्दर्भ को समग्र रूप प्रदान करते हैं। ये सिद्धान्त इस प्रकार हैं-

1. मनोविश्लेषणात्मक सिद्धान्त -इस मत के प्रतिपादक **इरिक एच. इरिकसन** हैं। इनका जन्म जर्मनी के फ्रैंकफर्ट क्षेत्र में डेनिस माता-पिता से सन् 1902 में हुआ था। पिता की मृत्यु शीघ्र हो जाने के कारण इनकी माता ने पुनर्विवाह किया और इनके सौतेले पिता ने इनको गोद ले लिया। इनका आरम्भ का नाम हॉमबर्गर था परन्तु बाद में इन्होंने अपना नाम बदल लिया। इरिकसन ने अपनी धारणा का विकास फ्रायड के सिद्धान्तों पर किया। इरिकसन अपनी बौद्धिकता के प्रति इतना ईमानदार रहा है कि वह कहता है-''मैं नये सिद्धान्त का विकास नहीं कर रहा हूँ।'' इसका मत फ्रायड के मत से तीन रूपों में भिन्न है-

1. इरिकसन इड (Id) से इगो (Ego) तक के परिवर्तन पर बल देता है। इस धारणा का विकास फ्रॉयड **प्रॉब्लम्स ऑफ इंक्जाइटी** में कर चुका है। इरिकसन यह मानकर चलता है कि इड तथा इगो से ही पारस्परिक सामाजिक सम्बन्धों का विकास होता है।

2. इरिकसन ने व्यक्ति को उसके परिवेश में देखा है। यह परिवेश व्यक्ति, परिवार, समाज तथा संस्कृति का होता है। इससे सामाजिक गतिशीलता का विकास होता है।

3. इरिकसन समय की माँग के प्रति भी सचेत रहा है। मनोवैज्ञानिक बाधाओं पर विजय प्राप्त करके ही व्यक्ति को विकास के अवसर प्राप्त होते हैं।

इरिकसन द्वारा प्रतिपादित विकास के मनोविश्लेषणात्मक सिद्धान्तों का सार यह है-

(1) यह सिद्धान्त सम्पूर्णता तथा संगठन पर बल देता है।

(2) मानव जीवन में विकास का क्रम होता है।

(3) वह आधारभूत मानव मूल्यों में विश्वास करता है।

(4) मानव व्यवहार का संचालन करने वाले तत्त्वों, यथा-शक्ति-चालक, काम-प्रवृत्ति के अस्तित्व पर विश्वास करता है।

(5) वह फ्रायड के इस मत का पूर्ण रूप से समर्थक है कि मानवीय कार्यो से जीवन के अनेक पक्षों का विकास होता है।

(6) मानव विकास के लिए सामाजिक, सांस्कृतिक, वैचारिक वातावरण का निर्माण अनिवार्य है।

इरिकसन का योगदान बाल विकास के क्षेत्र में नयी धारणाओं तथा मान्यताओं को विकसित करने में महत्त्वपूर्ण रहा है। **हैनरी डब्ल्यू. मेयर** के अनुसार, ''फ्रायड के बाद अनुसंधानकर्ता, सृजनात्मक चिन्तक तथा लेखक के रूप में इरिकसन ने सम्पूर्ण परिवेश के सन्दर्भ में व्यक्ति का अध्ययन किया है। मनोवैज्ञानिक सिद्धान्त के क्षेत्र में उसने महान् कार्य किया है। उसने व्यक्ति को वातावरण के सन्दर्भ में आन्तरिक शक्तियों का उपयोगकर्त्ता माना है।''

2. ज्ञानात्मक सिद्धान्त-इस मत के प्रतिपादक जीन पियाजे का जन्म सन् 1896 में न्यू चैटल में हुआ था। इनके अपने विकास पर पागल माँ और बुद्धिमान पिता का प्रभाव पड़ा। पियाजे के विचारों पर प्राकृतिक विज्ञान के साथ-साथ दर्शन तथा मनोविज्ञान का प्रभाव भी परिलक्षित होता है। पियाजे का मत एक-पक्षीय है। यह मानव व्यवहार पर अधिक बल देता है। उसने अपने अध्ययन का आधार जीवशास्त्र को बनाया। उसके

अध्ययन का आरम्भ सर्वेक्षण तथा अनुसंधान है। उसने विभिन्न प्रक ार के प्राणियों का सर्वेक्षण करके आधाभूत सूचनाएँ एकत्र कीं। उसने आधार पर सार्वभौमिक नियम को बनाया। उसके अध्ययन का आरम्भ सर्वेक्षण तथा अनुसंधान है। उसने विभिन्न प्रकार के प्राणियों का सर्वेक्षण करके आधारभूत सूचनाएँ एकत्र कीं। उसने इस आधार पर सार्वभौमिक नियम के दर्शन किये। विकास क्रम-विश्व भर में एकता होती है और वह प्राकृतिक है। अलग-अलग प्राणियों में यह पृथक्-पृथक् रूप से पाया जाता है। उसने व्यक्तित्व के विकास में चेतन, अचेतन, पहचान, खेल, संवेग आदि का योग बताया। उसके विचार में व्यक्ति परिवेश में विकसित आवश्यकताओं को पूण्र करने की प्रक्रिया से ही विकास-पथ पर बढ़ता है। पियाजे के मत का सार इस प्रकार है-

(1) सभी विकास एक दिशा में होते हें।

(2) विकास के सभी पक्ष मानसिक स्तरों पर पाये जाते हें।

(3) बालक तथा प्रौढ़ के व्यवहार में अन्तर आता है।

(4) सभी प्रकार के परिपक्व व्यवहारों का मूल शैशवावस्था के व्यवहार में है।

पियाजे ने विकास के सिद्धान्त को **इन्द्रियगति संज्ञान की आरम्भिक अवस्था** तथा **संज्ञानावस्था** में बाँटा है। आरम्भ के 24 मास में इन्द्रियगति का विकास होता है। इसके बाद संज्ञानात्मक विकास होता चलता है। इसी में चिन्तन, तर्क तथा कल्पना का विकास होता है। पियाजे द्वारा प्रतिपादित विकास की दर इतनी क्रमबद्ध है कि उसने अनेक नवीन धारणाओं को विकसित किया है-

(1) विकास के सभी पक्ष समान क्रम में आगे बढ़ते हैं।

(2) विकास की जटिल प्रक्रिया में विकास प्राकृतिक एवं स्वाभाविक रूप से बढ़ता है।

(3) हर प्रकार का विकास शुद्ध सामान्य समस्या से आरम्भ होता है।

(4) पहले शारीरिक, फिर सामाजिक तथा वैचारिक विकास होता है।

(5) व्यक्तित्व के विकास से अहं (श्वद्दश) का योग प्रमुख रहता है।

(6) बौद्धिक व्यवहार सक्रिय तथा निष्क्रिय रूप से विकसित होता है।

(7) विकास स्थूल से सूक्ष्म की ओर होता है।

(8) नैतिकता, न्याय एवं अवरोध का विकास सामाजिक पारस्परिक से अधिक होता है।

(9) विकास के समय पूर्व अवस्था में प्राप्त गुण एवं विशेषताएँ उम्र भर साथ रहती हैं।

हैनरी डब्ल्यू. मेयर ने ठीक ही कहा है, "पियाजे की विकासात्मक प्रवृत्तियाँ व्यक्ति की क्षमता का वर्णन करती है। इससे हम व्यक्ति की दशा, अवबोध के विस्तार आदि की घोषणा विकास के मध्य कर सकते हैं।"

किशोरावस्था

बाल्यावस्था से वयस्क होने के परिवर्तन काल को किशोरावस्था कहते हैं। इस काल में तीव्र शारीरिक परिवर्तन और नये सामाजिक कर्त्तव्यों के निर्वाह की मांग की जाती है। किशोरावस्था का प्रांरभ तारूण्य या वयःसंधि जब यौन परिपक्वता या प्रजनन की क्षमता का विकास हो जाता है से माना जाता है। किशोरी में इसका प्रारंभ प्रथम रजो स्त्राव से होता है। किशोर में ऐसा कोई निश्चित बदलाव नही होता है पर शारीरिक कई बदलाव दिखते हैं। जैसे–चेहरे, छाती पर बाल, हाथ–पैर की हड्डियों की लंबाई में वृद्धि, लड़कों में सोते समय वीर्य स्खलन होता है। इस आयु में बालक स्वःनिर्भर बनता है। इस अवधि में भौतिक और सामाजिक परिवर्तनो में प्रति समायोजन करना होता है। जो बाल्यावस्था को व्यस्क के व्यवहार से भिन्न करते हैं।

तारूण्य अवस्था हर व्यक्ति में अलग होती हैं। व्यक्ति के आनुवंशिक कारक, सामाजिक–आर्थिक स्थिति, स्वास्थ्य और पोषण भावनात्मक स्तर के साथ मिलकर किशोरावस्था में उसकें विकास के स्वरूप को निर्धारित करता है। लड़की की 13 वर्ष और लड़का थोड़ी देर से करीब 14वर्ष में वयःसन्धि प्राप्त करते हैं।

किशोरावस्था सिर्फ शारीरिक परिवर्तन ही नही लाता अपितु गुणात्मक रूप से भी बच्चे को भिन्न व्यक्ति बना देता है। ये बदलाव जीवन के समायोजन और व्यक्तित्त्व को प्रभावित करते हैं।

संज्ञानात्मक विकासः–बौद्धिक विकास में परिवर्तन प्रदर्शित होता है। किशोर इस अवस्था में अमूर्त चिन्तन करने योग्य हो जाता है। गुणात्मक चिंतन प्रारंभ होता है इसकें अन्तर्गत वह कई कारकों को एक साथ जोड़ता है, समस्या का समाधान करता है। एक कारक का प्रभाव दूसरे कारक पर भी दिखता है। संभाव्यता के आधार पर कारकों को जोड़ता या अलग करता है। सोच संबंधी ये विशेषतांए दिखती नही है और भिन्न–भिन्न होती हैं।

भावनात्मक विकासः—किशोरों में तीव्र शारीरिक परिवर्तन होते हैं ये भावनात्मक तनाव उत्पन्न करते हैं। किशोर नई सामाजिक स्थिती, अपेक्षायें, नए व्यवहार से असुरक्षित महसूस करते हैं। अवसाद में वृद्धि हो जाती है। तत्काल क्रिया का आवेश भी दिखायी देता है जिससे खतरा लेने वाला व्यवहार दिखता है। समवयी किशोरों का समर्थन इस व्यवहार के निणर्य को प्रभावित करता है। तीव्र शारीरिक परिवर्तन के कारण से किशोरो में शरीर के प्रति चेतना और रूचि में वृद्धि होती हैं। शरीर की धारणा खुशी, गौरव,शर्म और कभी दुख का कारण होती हैं।

अभिवृत्ति, रूचि और अन्र्तवैयक्तिक संबंधो में परिवर्तनः—किशोरावस्था अभिवृत्ति, रूचि और व्यक्तित्त्व के प्रतिमान मे परिवर्तन का कारण होती हैं। किशोरों में सामाजिक रूचि भी परिवर्तित होती हैं। वे एक जैसे—रूचियों और मूल्यों के दोस्तों का चुनाव करते हैं। परिवार से अधिक दोस्तों का अभिवृत्ति, मूल्यों और व्यवहार पर प्रभाव पड़ता है। संसारिक, राजनैतिक और सरकार के प्रति रूचि इसी अवधि में विकसित होती हैं। किशोरावस्था में खेलकूद, सह—शैक्षिक क्रियाओं और वार्त्ता, वाद—विवाद आदि में भी रूचि उत्पन्न होती हैं। वे परोपकार करने की इच्छा रखतें है व समाज के लिए भी कार्य करना चाहते हैं। किशोरों को नई परिस्थितियों में समायोजन करना भी सीखना पड़ता है। कुछ नकारात्मक गुण जैसे—आत्म—केन्द्रित, दिखावा, भावनात्मक, अपरिपक्वता, चिड़चिड़ापन, असंतुष्ट परिवारिक संबध भी उनके व्यवहार में दिखतें है और व्यक्तित्त्व को प्रभावित करतें है।

किशोरावस्था के विकासात्मक कार्य—किशोरावस्था में किशोर अपने शारीरिक परिवर्तनो को स्वीकार करता हैं जो तीव्र होते हैं। वे अपने साथियों के साथ परिपक्व संबधों जो जीवनपर्यन्त रहते हैं का गठन करते हैं। वे समाज के उत्तर—दायी सदस्य बनने हेतु नए सामाजिक कर्त्तव्यों को स्वीकार करतें हैं वे अपने लक्ष्यों की प्राप्ति हेतु मूल्यों को निर्धारित करते हैं जैसे—सत्यता कार्य के प्रति समर्पण आदि। किशोर कैरियर का चयन हेतु विषय चयन और तैयारी करते हैं। और तत्पश्चात इसी अवधि को विवाह एंव पारिवारिक जीवन की तैयारी हेतु प्रमुख अवधि माना गया है। किशोरों के सफल और स्वास्थ्य विकास को कुछ व्यक्तिगत कारक जैसे—स्वंय का स्वभाव, बुद्धि, सम्प्रेषण कौशल, सामाजिक कौशल, परिवार के सदस्यों का स्नेह लगाव और सामुदायिक कारक जैसे—मीडिया, प्रभावी रोल मॉडल, ध्यान रखने वाले पड़ौसी, सामाजिक कार्यकर्त्ता भी प्रभावित करते हैं।

पालन शैलीः–किशोरावस्था पालन शैली से भी प्रभावित होती हैं निरंकुशता रखने पर किशोर आक्रामक, मूडी, सम्प्रेक्षण में कम कुशल होते हैं। उनका अनुमोदन करने पर वे बड़ों का आदर करना नही सीखते, वे आवेशी, नियंत्रण हीन बन जाते हैं। प्रभुत्ववादी पालन करने पर किशोर आत्मविश्वासी, आत्मनियंत्रित, सामाजिक बन पाते हैं। बच्चे और माता–पिता के प्रभावी संबंधो के लिए आवश्यक है।

(अ) एक दूसरे का आदर करना

(ब) मनोरंजन साथ करना

(स) बच्चों को प्रोत्साहन देना जिससे वे आत्मविश्वासी बनें।

किशोरों में अस्मिता संकट :–अस्मिता की प्राप्ति का अर्थ है सामाजिक परिवेश में अपने को स्थापित करना। किशोरावस्था अपने मूल्यों का विकास का समय हैं जिसके कारण कभी–कभी परिवार और समाज के बड़ों के साथ द्वन्द्व की स्थिति पैदा हो जाती है। किशोरावस्था के दौरान आत्मविश्वास और असुरक्षा की भावना कें मध्य दोलन होता हैं अस्मिता संबंधी भ्रम किशोरावस्था की एक मुख्य विशेषता है।

माता–पिता, शिक्षक, तथा समाज के सदस्यों से अपेक्षा की जाती हैं कि वे किशोरों की इस आवश्यकता को पहचाने तथा उनके लक्ष्य, जो उन्हें उनको सार्थक अस्मिता देता हो, प्राप्ति में उनकी सहायता करें।

किशोरावस्था की समस्यायें :–शारीरिक और मनोवैज्ञानिक विशेषताओं के साथ विकासात्मक कार्य किशारों के समक्ष चुनौतियों की रचना करते हैं जो समायोजन से संबधित होते हैं ये समस्याँए शारीरिक जैसे–शारीरिक परिवर्तन, मुहाँसे, त्वचा का रंग, मूडी होना, गुस्सा, अतिसंवेदनशील, अपरिपक्व आर्कषणक, दिवास्वप्न हैं । कुछ समस्याएं घर से संबधित हो सकती हैं जैसे–अभिभावकों से कम घनिष्ठता, निम्न सामाजिक आर्थिक स्थिति, जगह का अभाव, विद्यालय में भेदभाव का व्यवहार, कठोर शिक्षक, स्कूल का बंद होना, समय लंबा होना, अधिक गृहकार्य, कम अंक, साथियों से मत–भेद हो सकते हैं कुछ सामाजिक समस्याएँ भी हो सकती है। किशोरो में गंभीर समस्याए जैसे–नशीले पदार्थों का सेवन धूम्रपान, यौनग्रस्ता आदि भी हो सकती है।

पीढ़ी अंतराल :–दो पीढ़ी के लोगों की रूचि, विचारों और अभिवृत्तियों में अन्तर होता है ये पढ़ाई, सामाजिक स्थिति और सांस्कृतिक परिवर्तन के कारण

हो सकता है। घर के नियम, पढ़ाई के लिए अभिभावकों की अभिवृत्ति, सामाजिक व्यवहार पीढी अंतराल को दर्शाते हैं। ये अस्थायी होता है। और संबध सुधरते ही परिवारिक माहौल में परिवर्तन निश्चित है।

किशोरावस्था के समय होने वाले मुख्य शारीरिक परिवर्तन

1. लड़कें–लड़की दोनों के कद में वृद्धि होती हैं।

2. लड़कें मे मांसपेशियों का विकास और लड़कियों में अधस्त्वक् और मांसल ऊतकों का विकास होता है।

3. लड़कों के कंधों का चौड़ा और लड़कियों के कूल्हे का चौड़ा होना देखा गया है।

4. लड़कों के चेहरे बगल और जांघों में बालों का बढ़ना और लड़कियों में बगल और जांघों में बालों का बढ़ना देखा गया है।

5. लड़कों में लिंग के आकार में वृद्धि देखी गई है और लड़कियों के स्तनों में विकास होता है।

6. लड़कों में वीर्य स्खलन होता हैं और लड़कियों में मासिक धर्म की शुरूआत होती हैं।

किशोरावस्था में मुख्य व्यक्तित्त्व परिवर्तन निम्न है :–

किशोरावस्था हर व्यक्ति में भिन्न होता है। वास्तव में व्यक्ति के आनुवांशिक कारक, सामाजिक–आर्थिक स्थिति स्वास्थ्य, भावनात्मक स्तर के साथ मिलकर किशोरावस्था में उसके विकास के स्वरूप को निर्धारित करता है तथापि सामान्य रूप से एक लड़की 12 वर्ष की अवस्था तक वयःसंधि की अवस्था प्राप्त करती है। इसी प्रकार एक लड़का एक साल बाद यानि 14 वर्ष की अवस्था में इसे प्राप्त करते हैं।

किशारों में अस्मिता संकट का अर्थ–स्मिता की प्राप्ति का अर्थ है सामाजिक परिवेश में अपने को स्थापित करना। किशोरावस्था मूल्यों के विकास का समय हैं जिसके कारण कभी–कभी परिवार और समाज के बड़ों के साथ द्वन्द्व की स्थिति उत्पन्न हो जाती है। किशोरावस्था के दौरान आत्मविश्वास और असुरक्षा की भावना के मध्य दोलन होता है। अस्मिता संबंधी भ्रम किशोरावस्था की एक मुख्य विशेषता है। माता–पिता, शिक्षक और समाज के सदस्यो से अपेक्षा की जाती है कि वे किशोरों की इस आवश्यकता को पहचाने और उनके लक्ष्य, जो उन्हें उनको सार्थक अस्मिता देता हो, प्राप्ति में उनकी सहायता करें।

किशोर अपने अमूर्त चिन्तन की क्षमता के कारण संज्ञानात्मक परिपक्वता जल्दी प्राप्त कर लेता है। किशोरावस्था के अंत तक उनका काफी वैज्ञानिक और तर्कसंगत हो जाता है। किशोर अपने सोच से बहुत रचनात्मक होते हैं। उनकी सोच अपरिपक्व इसलिए लगती है क्योंकि वे अपने और अपनी अस्मिता के बारे में बहुत निश्चित नहीं होते।

किशोरावस्था में व्यक्तिगत सम्बन्धो और अभिवृत्ति –किशोरावस्था अभिवृत्ति, रूचि और व्यक्तित्त्व के प्रतिमान में परिवर्तन के कारण होती हैं। किशोरों के सामाजिक रूचि में काफी परिवर्तन होता हें किशोर दोस्तों के चुनाव में तथा समूह के साथ अपनी पहचान बनाने में नये मूल्यों का प्रयोग करते हैं। एक जैसे–रूचियों और मूल्य दोस्तों के चुनाव का निर्धारित करती है। परिवार से अधिक दोस्तों की अभिवृत्ति, मूल्यों और व्यवहार पर प्रभाव होता है। संसार से संबंधित मामले राजनीति और सरकार के प्रति रूचि इसी समय विकसित होती हैं। किशोरावस्था में रूचि, खेलकूद, पठ्येतर क्रियाकलाप और वाद–विवाद आदि में होता है। परोपकारी कार्य करने की नि कपट इच्छा होती हैं। नई परिस्थितियों के प्रति समायोजन कराना भी सीखता है। किशोरों में भी अनके नकारात्मक गुण जैसे–आत्म्क–केन्द्रित, दिखावा, भावनात्मक अपरिपक्वता चिड़चिड़ापन तथा परिवार के साथ असंतुष्ट संबंध आदि जैसे–अरोचक व्यक्तित्त्व गुण भी दिखाई पड़ता है।

□□□

9

सामाजिक संस्थाएँ

परिवार समाज की बुनियादी इकाई है यहाँ हम मिलकर रहना सीखते हैं, हम सभी परिवार के अंग हैं। परिवार के मध्य ही मनुष्य नैतिक मूल्य और सामाजिक तौर तरीके तरीके हैं समाज के कुछ नियम या तरीके भी होते हैं जिसे सामाजिक मानक या नियम कहते हैं और जिनका हमें पालन करना जरूरी है। भारतीय संस्कृति में पहले संयुक्त परिवार का ही चलन था पर अब पाश्चात्य समाज के भाँति यहाँ भी एकाकी परिवारों की अधिकता बढ़ रही है।

परिवार के लाभ–संयुक्त परिवार के बहुत से लाभ है यहाँ छोटे बच्चे, बड़ें–बूढ़े, कमजोर व बीमार की अच्छी देखभाल होती हैं वहाँ ये सभी बहुत सुरक्षित महसूस करते हैं। और उनके सही ढंग से विकास के लिए संयुक्त परिवार एक समग्र परिवेश उपस्थित करता है। बच्चों के विकास में परिवार के माहौल एक महत्त्वपूर्ण भूमिका है, परिवार ही शारीरिक, मानसिक व भावनात्मक विकास में सहायक होता है। उनमें आत्मविश्वास उत्पन्न होता है। अभिभावक बच्चों की जिज्ञासा को ध्यानपूर्वक सुनतें है और धीरजपूर्वक उत्तर–देते हैं। परिवार का निर्माण तब हुआ जब स्त्री–पुरूष और अन्य लोगों का आपसी आत्म–निर्भरता का अहसास हुआ। परिवार का स्वरूप व ढाँचा समय के अनुसार

बदलता रहा है, आज वह और तेजी से बदल रहा है परतुं परिवार की भूमिका वही है।

समुदायः—जैसे—बालक वृद्धि करता हैं वह पड़ौस के बच्चे और दूसरे लोगों के संपर्क में आता हैं यह बड़ा समूह समुदाय या सामाजिक परिवेश बनाता हैं हमारे मित्र समान धर्म मानने वाले, हमारी जाति के लोग सब हमारे समुदाय का हिस्सा है। और बालक के विकास को प्रभावित करते हैं। विद्यालय में बच्चा अलग—अलग पृष्ठभूमि से आते हैं यह सभी बच्चे सामाजिक माहौल बनाते हैं परिवार के बाद बच्चें पर सबसे अधिक प्रभाव शिक्षकों और संगी साथियों का पड़ता है। ये साथी पड़ौस के व समान आयु वाले होते हैं।

स्कूल का प्रभावः— बच्चे के जीवन में परिवार के बाद यह महत्त्वपूर्ण स्थान हैं स्कूल एवं कॉलेज को एलमा मेटर भी कहते हैं अर्थात मां की तरह पोषण करने वाला। बच्चें शिक्षक की बात मानते हैं, इन्हें प्यार करते हैं,डरते हैं व आदर भी करते हैं स्कूल में बच्चों की क्षमता व योग्यता का विकास होता है वह मित्र बनाकर मिलजुलकर, अनुशासन में रहना और एक जिम्मेदार नागरिक बनता है। शिक्षा के अन्तर्गत ज्ञान, प्रशिक्षण व मार्गदर्शन शामिल हैं इस सतत प्रक्रिया द्वारा जन्मजात क्षमताओं और प्रतिभावों को विकसित करते हैं। बालक का चरित्र निर्माण होता है। वह घर व संस्कृति के बारे मे जानता है। सामाजिक गुण जैसे—समाज व देश की निस्वार्थ सेवा भाव, समाज की बुराईयों को दूर करना, बेहतर समाज का निर्माण, नेतृत्व गुण विकसित करना बराबरी का व्यवहार, सेवा कर विकसित होना, समाज से वे भावनात्मक रूप से जुड़ते हैं। वैज्ञानिक व तकनीकी विकास होता है। ज्ञान से बालक में आत्मविश्वास, परिपक्वता आती है। बालक का संर्वागीण विकास होता है।

संस्कृति और उसका प्रभाव—हर समाज की एक संस्कृति होती हैं। इसमें कला, साहित्य, शिष्टाचार या किसी भी क्षेत्र में विद्वता हासिल करना शामिल है। यह पीढी दर पीढ़ी चलती है। हमारी सस्कृति हर क्षेत्र में काफी सपन्न है। चाहे धार्मिक ग्रंथ हो, सुन्दर भव्य इमारतें, संगीत, नृत्य, चित्र, मूर्ति कला, हमें उन्हें भावी पीढ़ी के लिए बचा कर रखना है। हम अपनी सांस्कृतिक विरासत से बहुत कुछ सीखते हैं ये धर्म हमें एक पहचान देते हैं, धार्मिक शिक्षा, रीति रिवाज हम पर प्रभाव डालते हैं और इस से भाईचारा, एकजुटता की भावना पनपती है। ध र्म अनुशासन सीखाता है और इससे हमें बल मिलता है जिससे कि हम जीवन की कठिन समस्याओं का सामना कर पाते हैं। बच्चें के ज्ञान पर प्रभाव आज के

दृश्य श्रव्य साधनों का भी पड़ता है। टेलिविजन, कम्यूटर इत्यादि का भी प्रभाव बालक पर पड़ता है और इनके चयन का उत्तर–दायित्व अभिभावको पर है कि वे बच्चों को क्या दिखा–सिखा रहे हैं।

इन सभी का प्रभाव बच्चें के विकास पर प्रभावी रूप से दिखता है। परंतु बच्चा एक स्वतंत्र इकाई है उसका व्यक्तित्त्व इन सबके परस्पर आदान–प्रदान से ही बनता है। एक से वातावरण, परिवार में पलने वाले बच्चे को अलग–अलग व्यक्तित्त्व देखने में आता है। ये उसके देखने, पढ़ने सुनने व अनुभव करने पर निर्भर करता हैं यह उसके अपने नजरिए व ग्रहण करने पर निर्भर करता है।

आज का बालक बुद्धिमान व जागरूक है वे सही गलत की पहचान कर सकता है और उम्मीद है कि पहले की पीढ़ी के बालक की अपेक्षाकृत ज्यादा प्रगति करेंगें।

समूह की परिस्थितियों में मानव व्यवहार

समूह, दल, परिषद् आदि का कुछ लक्ष्यों की प्राप्ति के लियें निर्माण करते हैं। अपने लक्ष्यों को पाने के लिए सामाजिक जीवन का एक सामान्य लक्षण बन गया है। इस तरह समूह हमारें साझे के मानव स्वभाव के लिए आधार प्रदान करते हैं।एक समूह दो या अधिक परस्पर अंतःक्रिया करने वाले व्यक्तियों से बनता है जो एक से लक्ष्य रखने हैं और स्थायी या लम्बें समय तक सम्बन्ध बनायें रखनें हैं और किसी न किसी तरह परस्पर निर्भर रहते हैं और यह अनुभव करते हैं कि वह एक समूह के अंग है।

समूह हमारी महत्त्वपूर्ण मनोवैज्ञानिक तथा सामाजिक आवश्यकताओं की पूर्ति करते हैं। ध्यान और स्नेह देने और पाने और जुड़ने के भाव की पूर्ति करते हैं। समूह उन लक्ष्यों की प्राप्ति के लिए है जो अकेले नही पाये जा सकते। दूसरों के साथ काम करके हम प्रायः ऐसे काम कर पाते हैं जिन्हें अकेले नहीं कर पाते। समूह के सदस्य प्रायः ऐसी जानकारी और सूचना प्रदान करते हैं जो हम किसी और तरह से नहीं पा सकते या केवल कठिनाई से ही पा सकते हैं। समूह हमारी सुरक्षा की आवश्यकता को पूरा करते हैं, कई बार सुरक्षा हमारी संख्या में निहित होती हैं, विशेष रूप से जब हम खतरनाक शहरी वातावरण में रहते हैं। समूह की सदस्यता हमारी सकारात्मक पहचान स्थापित करती है।

समूह अपने सदस्यों पर महत्त्वपूर्ण प्रभाव डालता है। और सदस्यों को प्रभावित करते हैं एक समूह के विभिन्न व्यक्ति अलग–अलग कार्य करते हैं और विभिन्न लक्ष्यों को पाने की प्रत्याशा रखते हैं। वे भिन्न–भिन्न भूमिकायें अदा

करते हैं। व्यक्ति की समूह के अंदर स्थिति या प्राप्त पद भी महत्त्वपूर्ण हैं। समूह में विभिन्न भूमिकायें या पद प्रायः भिन्न–भिन्न संस्थितियों से जुड़ी होती हैं क्योंकि संस्थिति अक्सर व्यापक वांछित परिणामों से जुड़ी होती हैं। जैसे–वेतन व अन्य लाभ! संसक्ति उन सभी शक्तियों को इंगित करती है जो समूह के सदस्यों को समूह में बने रहने के लिए उत्तर–दायी हैं, इसमें अन्य सदस्यों के लिये पसंद भी सम्मिलित है। इसमें समूह को बनायें रखने या समूह से जुड़े रहने की इच्छा सम्मिलित है।

सामाजिक मानकः समाज या एक समूह के प्रतिनिधि व्यवहार संरूप को व्यक्त करता हैं। ऐसे व्यवहार जो समाज के सदस्यों को स्वीकृत हो उन्हें प्रतिबिम्बित करता है।

मानक सामाजिक परिस्थिति मे व्यक्त और अव्यक्त नियम होते हैं जो यह बताते हैं कि हमें कैसा आचरण करना चाहिए ये नियम या सामाजिक मानक विस्तृत और सटीक होतें हैं। जैसे–लिखित कानून–पार्किग निषेध, फूल–पत्ते न तोडें इत्यादि। इसकें विपरित कुछ मानक अनकहे या प्रच्छन्न होते हैं जैसे–दूसरों के घर जाने से पहले घंटी बजायें। अधिकांश लोग अधिकतर इनका पालन करते हैं।

वर्णनात्मक मानक वे होते हैं जो मात्र यह बताते हैं कि अधिकांश लोग एक परिस्थिति में कैसा व्यवहार करते हैं। बाधक मानक ये बताते हैं एक परिस्थिति विशेष में स्वीकृत या अस्वीकृत व्यवहार क्या है। ये दोनों ही हमारे व्यवहार पर प्रभाव डालते हैं। लोगों के व्यवहार को बदलने का प्रयास उन मानकों को सक्रिय करने के दिशा में केन्द्रित होने चाहिए जिनके सफल होने की संभावना ज्यादा होती हैं। समूह की दशा के लोग धीरे–धीरे कुछ समूह मानकों का निर्माण करते हैं, समूह के सभी सदस्य, समूह विशेषताओं के अनुरूप एक सीमित क्षेत्र में अपने निर्णय लेते हैं ये मानक दूसरे समूह के मानक जैसे–या भिन्न भी हो सकते हैं। समूह व्यक्तियों के निष्पादन को सहज बना सकते हैं या बाधित कर सकते हैं। जैसे–हम डरावनी फिंल्म समूह में सहज कर देख सकते हैं परंतु समूह में अध्ययन करने में बाधा आ सकती है।

सामाजिक अनुत्तरदायित्व–प्रयास तथा प्रेरणा में सभी जो उस स्थिति में घटित होती हैं। जब लोग मिलकर एक समूह में कार्य करते हैं अपेक्षाकृत तब जब वे अकेले स्वतंत्र रूप से कार्य करते हैं। सामाजिक अनुत्तरदायिन्व पुरूषों और स्त्रियों दोनों में पाया जाता हैं और बच्चों और प्रौढों में, भी समूह की

दशा–बड़ा या छोटों के अनुसार जोखिम लेने का निर्णय का धुव्रीकरण हो जाता है।

मूल्य का संरूप–मूल्य उच्चस्तरीय सांस्कृतिक तथा तकनीकी विकास को व्यक्त करती है और सभ्य बनाने का अर्थ है उन्नत तथा तार्किक दृष्टि से व्यवस्थित करना। सभ्यता मानकों और नियमों की व्यवस्था है जो व्यक्तियों के आचरण को नियमित करती है। ताकि वों अच्छी तरह काम और प्रगति कर सकें। सामाजिक मानक ऐसे समझौते होते हैं जो समाज को सतुलित करतें है। वे ऐसी परिस्थितियों को रोकते हैं। जिसमें कुछ लोग अपनी आवश्यकताओं को दूसरों की कीमत पर स्वंतत्रतापूर्वक पूरा करते हैं।

मूल्य, सामाजिक मानकों के परिष्कार को व्यक्त करते हैं जो नैतिक अर्थ में पुनःपरिभाषित होते हैं तथा समाज के सदस्यों के द्वारा अपनायें जाते हैं मूल्य वांछित व्यवहार के ऐसे मानकों को व्यक्त करते हैं जो समाज या समुदाय द्वारा स्वीकृत होते हैं। कानून इन मानकों को व्यक्त करता है। इन मानकों को आत्मसात करना मूल्य व्यवस्था के रूप में व्यक्त होता है। जो समाज मूल्य दृष्टी के समाजीकरण में जितना सफल होता है उसे अपने मानकों को बनायें रखने के लिए पुलिस (कानून) की आवश्यकता उतनी ही कम पड़ती है।

समाजीकरण की प्रक्रिया में सीखना और व्यापक रूप से शिक्षा, दोनों ही सम्मिलित है। सीखनें में प्रमुख ज्ञान का अर्जन और बौद्धिक उपलब्धि सम्मिलित है जबकि शिक्षा में मूल्य और मूल्य दृष्टि का अर्जन निहित है। आरंभिक समाजीकरण में प्रमुख व्यवहारों को सिखाया जाता है। परंतु लोग जैसे–जैसे–प्रौढ़ होते हैं उनसे सामाजिक मानदंडों को आत्मसात करनें और मूल्यों की एक व्यवस्था बनाने की आशा की जाती है। एक मूल्य दृष्टि को प्राप्त करना व्यक्ति को प्रभावी और सभ्य ढंग से स्वनिर्देशित रूप से व्यवहार हेतु सक्रिय कारक है। मूल्य मानव जीवन के सभी पक्षों में केन्द्रीय और प्रभावी भूमिका निभाते हैं और हमारा दैनिक व्यवहार अन्तर्निहित मूल्यों को व्यक्त करता है और हम चेतन रूप से उनसे अवगत भी नही रहते। मूल्य व्यक्ति के सम्पूर्ण विश्वास व्यवस्था के अंतर्गत केन्द्रीय रूप से स्थित है।

❑❑❑

10

नेतृत्व

नेतृत्व सामाजिक प्रक्रिया का एक अनिवार्य हिस्सा है। कोई समूह संघ, सगठन या समुदाय उसी तरह से कार्य करता है। जिस तरह उसका नेता नेतृत्व प्रदान करता है। किसी भी दी गयी स्थिति में जहाँ लोगों का समूह एक साझे का लक्ष्य हासिल करना चाहता हो नेता आवश्यक होता है। नेतृत्व का व्यवहार लगभग सभी औपचारिक और अनौपचारिक सामाजिक स्थितियों में घटित होता है। नेतृत्व हेतु नेता को स्थितियों के प्रति अनुकुलनशीनता, सामाजिक स्थिति के प्रति सतर्कता, सहयोगी भावना, कृतसकंल्प, भरोसेमंद आग्रही, आत्मविश्वासी, अध्यवसायी, जानकार होना आवश्यक है। नेतृत्व प्रभावित करने की प्रक्रिया है जिसमें एक व्यक्ति औपचारिक पद या अधिकार हासिल करके या बिना हासिल किये अन्य लोगों को विश्वास और प्रतिबद्धता हासिल करता है और एक या अधिक कार्यों को पूरा करने के लिए समूह को सक्रिय करता है। परिस्थिति और उसमें शामिल व्यक्तियों के अनुसार प्रत्येक घटक की भूमिका भिन्न–भिन्न हो सकती है। सेना कमांडर को लक्ष्योंन्मुखी होना चाहिए। उसे अपना लक्ष्य एक निश्चित समय सीमा में पूरे करने होंगे। उसे दृढ़ता से काम कराने वाला व्यक्ति होना चाहिए। अनुयायियों को निर्देश प्राप्त करने और

उनका पालन करने में ईमानदारी से काम करना होगा। उसमें अप्रत्याशित स्थितियों से निपटने की क्षमता होनी चाहिए। एक राजनीतिक स्थिति और लोकतांत्रिक व्यवस्था में नेताओं द्वारा अपेक्षित कौशल और अनुयायियों का स्वरूप पूरी तरह भिन्न होगा। नेता को व्यापक सत्ता पर नियंत्रण रखने में सक्षम और साथ ही परोपकारी और मददगार के रूप में देखा जाना चाहिए। उसें जनता में लोकप्रिय होना चाहिए कौशल किसी व्यक्ति की एक नेता के रूप में सफलता सुनिश्चित कर भी सकते हैं और नहीं भी।

परिस्थिति और संदर्भ नेतृत्व गुण में महत्त्वपूर्ण भूमिका अदा करते हैं। अच्छे नेता का स्वरूप भिन्न–भिन्न स्थितियों में अलग–अलग होगा और वह अनुयायियों के स्वरूप तथा नेतृत्व की सफलता के विशिष्टि मानदंडों पर भी निर्भर करेंगे। ये प्रमुख मांनदंड विशेष स्थिति और समयानुसार परिभाषित होंगे। यह सभी प्रकार की नेतृत्व स्थितियों पर लागू होगी चाहे वह आर्थिक, राजनीतिक, सामाजिक संगठनों में किसी के भी नेतृत्व की बात क्यों न हो। नेता को समूह या संगठन को ऐसी स्थिति में अवश्य रखना होगा, जहाँ सफलता के लिए कार्यक्षमता का सर्वोच्च स्तर हो। प्रतिबद्धता में किसी प्रकार की कमी न हो। नेतृत्व के प्रति विभिन्न प्रकार के दृष्टिकोण दिए गए हैं।

महापुरूषों का दृष्टिकोंण–इस धारणा पर आधारित था कि प्रभावशाली नेताओं में व्यक्तित्त्व के काफी भिन्न गुण पाये जाते हैं इन महापुरूषों का अनुकरण करना भी कठिन प्रक्रिया है।

शीलगुणों का दृष्टिकोण–नेतृत्व के गुणों को व्यक्ति विशेष के साथ नहीं जोड़ा गया है। इसकी बजाय इसमें अनेक गुणों की सूची शामिल की गयी है, जिनके बारे में आमतौर पर यह माना जाता है कि प्रभावकारी नेतृत्व में उनका होना अनिवार्य है। इस दृष्टिकोण को सिद्धान्तों के एक समूह के रूप में परिभाषित किया जा सकता है जिनमें वैयक्तिक, सामाजिक तथा बौद्धिक गुणों के आधार पर नेताओं को गैर नेताओं से अलग किया जाता है।

अभिवृत्ति दृष्टिकोंण–अभिवृत्ति दृष्टिकोण का अभिप्राय उन दृष्टिकोणों से है जिनमें नेतृत्व व्यवहार के प्रति अभिवृत्तियो अथवा नेतृत्व व्यवहार के व्यक्तिगत गुण पर बल दिया जाता है। इसके प्रमुख दो आयाम निर्धारित किये गये हैं :–

1. पोषण करना और 2. पालन करना।

किसी विशेष नेतृत्व की प्रभाव क्षमता उस स्थिति पर निर्भर करती है, जिसमें उसका उपयोग किया जा रहा हो।

नेता बदलती मांगों के साथ अपने व्यवहार को अनुकूल बनाने में सक्षम होने के लिए बहुमुखी प्रतिभा और लचीलेपन का परिचय देते हैं। यदि स्थिति परक उपागमों में नेतृत्व के लिए प्रेक्षित व्यवहार पर बल दिया जाता है न कि किसी अर्जित क्षमता अथवा संभावना पर। कार्योन्मुखी नेता अनुकूल और प्रतिकूल, दोनों ही तरह की परिस्थितियों में बेहतर निष्पादन करते हैं। संबंध–उन्मुखी नेता संतुलित स्थितियों में अधिक प्रभावकारी ढंग से काम कर सकते हैं। तात्पर्य यह कि आप या तो स्थिति के अनुसार नेता को बदल दें या फिर नेता के अनुसार स्थितियों को।

नेता भी कई तरीके के होते हैं। जैसे–दृष्टि संपन्न–जिनके लक्ष्य दीर्धावधि के हों, जो बर्हिमुखी, अर्थव्यवस्था राजनीति में विशेष रूचि रखते हों। उनका प्रमुख कार्य लक्ष्य वक्तव्य, आदर्श तथा मूल्य तय करना है। एकीकरण नेता जिनके लक्ष्य मध्यम अवधि के होते हैं अंतर्मुखी होते हैं ध्यान मुख्य रूप से संगठन पर केन्द्रित होता है। आवश्यकता–पूरक वाला नेता जिसके लक्ष्य अल्पावधि के होते हैं। वह जानकार, विशेषज्ञ और परिणामोन्मुखी व्यक्ति होता है जो ग्राहक सेवा के बारे में सोचता है। संचालनकारी नाता वे हे जो कर्मचारियों की कुछ जरूरतों को पूरी करके, जैसे–वेतन बढ़ाना पदोन्नति देना, कार्य संतुष्टि में सुधार लाना या सम्मान प्रदान करना, बदले में कोई अपेक्षित कार्य उनसे पूरा कराते हैं। परिवर्तनकारी नेतृत्व एक ऐसी प्रक्रिया है, जिसमें साझा मूल्यों और साझा लक्ष्य के संदर्भ में कर्मचारियों की प्रतिबद्धता का इस्तेमाल किया जाता है। यह प्रक्रिया विशेष रूप से परिवर्तन के संदर्भ में अधिक प्रासंगिक है। इसमें नेताओं और अनुयाययियों के बीच आपसी विश्वास का संबंध कारगर होता है।

संप्रेषणः मूल्य सिद्धान्त

दो या दो से अधिक व्यक्तियों अथवा व्यक्ति और वातावरण की पारस्परिक क्रिया को संप्रेषण कहते हैं। व्यक्ति अपने विचारों और भावों का परस्पर आदान–प्रदान करते हैं माध्यम शब्द, हाव–भाव, संकेत, मुद्रा आदि।

संप्रेषण (Communication)'कम्यूनिस' शब्द से बना है जिसका अर्थ है, समानता सम मिलकर बनता है शब्द 'संप्रेषण' अर्थात् समानता इसकी प्रमुखता है। इस समानता की पुष्टि करते हुंए संप्रेषण की परिभाषा है, '' संप्रेषण एक ऐसी प्रक्रिया है जिसके द्वारा दो या दो से अधिक व्यक्ति अपने विचारों, तथ्यों, भावनाओं और धारणाओं का आदान– प्रदान इस प्रकार करते हैं कि उनमें से

प्रत्येक दिए गए संदेशों को समान रूप से ग्रहण करता है।" संप्रेषण दुतरफा प्रक्रिया है। इसमें एक व्यक्ति प्रेषक और दूसरां प्राप्तकर्त्ता होता है। प्रेषक और प्राप्तकर्त्ता व्यक्ति या फिर समूह हो सकता है। संदेश का होना प्रत्येक संप्रेषण में आवश्यक हैं समान ग्रहण शक्ति हो प्रेषक और प्राप्तकर्त्ता के मध्य। ग्रहणश्शक्ति में समानता का अर्थ है, संप्रेषण करने वाले व्यक्तियों की संस्कृति और रहन–सहन में समानता हो और वे समान भाषा का प्रयोग करते हो। प्रेषित संदश की प्रतिक्रिया के रूप में प्राप्तकर्त्ता के व्यवहार मे थोड़ा बहुत अतिरिक्त मुद्रा, हाव–भाव, संकेतों के माध्यमों का भी संदेश शब्दों के माध्यम से या संप्रेक्षण में बहुलता से प्रयोग किया जाता हैं।

संप्रेषण मुख्यतः दो भागों में बांटा जा सकता है श्शाब्दिक संप्रेषण, शब्द हीन। दो या दो से अधिक व्यक्तियों की शब्दों के माध्यम से की गई पारस्परिक क्रिया को शाब्दिक संप्रेषण कहते हैं। शाब्दिक संप्रेषण मौखिक और लिखित दो रूपों में होता है। शब्दो के बिना भी संप्रेषण संभव है। हमारी इन्द्रियां कान,नाक, आंख, स्पर्श संप्रेषण के कुशल माध्यम हैं वातावरण, मौसम, पशुओं के साथ यहीं प्रभावपूर्ण संप्रेषण होता है।

प्रभावपूर्ण संप्रेषण की कुछ विशेषताएं हैं।

समाज संदर्भ–संदेश प्रेषक और प्राप्तकर्ता की पारस्परिक क्रिया का स्तर समान होना चाहिए, प्रेषण संदेश इस प्रकार प्रस्तुत करें कि प्राप्तकर्ता उसे सरलता से समझ सकें।

समान रूचि–संप्रेषण प्रेषक और प्राप्तकर्त्ता की पारस्परिक क्रिया का स्तर समान होना चाहिए, प्रेषण संदेश इस प्रकार प्रस्तुत करें कि प्राप्तकर्ता उसे सरलता से समझ सकें।

समान रूचि–संप्रेषण का विषय एक होना चाहिए जिसमें प्रेषक और प्राप्तकर्ता की समान रूचि हो अन्यथा प्राप्तकर्त्ता संदेश प्राप्त करने का प्रयास नहीं करेंगा।

समान भाषा–भाषा शाब्दिक संप्रेषण का सशक्त माध्यम है। यदि प्रेषक और प्राप्तकर्ता समान भाषा–भाषी हो तो उनका पारस्परिक संप्रेषण सरल और प्रभावपूर्ण होता है। क्योंकि दोनों भाषा को समझ लेते हैं।

समान वातावरण–समान पृष्ठभूमि के व्यक्ति एक दूसरे का संदेश सरलता से समझ लेते हैं।

मनुष्य और वातावरण का परस्पर शब्द हीन संप्रेषण मनुष्य को जीवन ज्ञान देता है और आत्म–विकास का मार्ग दिखाता है। प्रचार का अर्थ '' परिवर्तन के उद्धेश्य से किसी विशेष सिद्धान्त, सत्य या असत्य सूचना अथवा मत का योजनाबद्ध प्रसार हैं प्रचार एक सुनियोजित प्रयास, उद्धेश्य विशेष सूचना समुदाय प्रचार करना हैं यह सूचना समुच्चय सत्य भी हो सकता है और असत्य भी और प्रमुख उद्धेश्य परिवर्तन लाना हैं। प्राचीन समय से प्रचार का प्रयोग धार्मिक और सामाजिक सिद्धान्तों को फैलाने प्रचार के लिए किया जाता रहा है। रेडियों, दूरदर्शन, समाचारपत्र आदि जनसंचार के नवविकसित साधनों द्वारा प्रचार–प्रसार और अधिक सुगम हो गया हैं। प्रचार के भातिं अफवाह भी सूचना का जन–प्रचार है। वैब्सटर कहता है ''अफवाह सभी गपबाजी, सामयिक खबर कथन है, जिनकी सत्यता का कोई प्रमाण नहीं होता।''

सामाजिक समस्याएं

भारत एक स्वतंत्र राष्ट्र है विभिन्न क्षेत्रों में विकास करने के बाद भी अनेक समस्याओं से ग्रसित है उनमें गरीबी एक प्रमुख समस्या है। गरीबी ऐसी अवधारणा है जो वस्तु परक भी है और व्यक्ति परक भी। वस्तुपरक दृष्टि से गरीबी एक अमानवीय स्थिति है जिसमें लोगों की बुनियादी जरूरतें पूरी नहीं हो पाती। व्यक्तिपरक गरीबी एक आनुभाविक उपेक्षा या वंचना है अर्थात कोई भी व्यक्ति किसी अमीर से तुलना करके अपने को गरीब महसूस करते हैं। गरीबों के पास भोजन, आवास, स्वास्थ्य और शिक्षा जैसे–बुनियादी जरूरतें पूरी करने के लिए अपेक्षित संसाधनों और क्षमता का अभाव होता है। गरीबी के अनेक कारण है, व्यक्ति के सामाजिक ढांचे में या लोगों की संस्कृति में समाविष्ट पाए गए हैं। भारत में सामाजिक और आर्थिक ढांचा असमानता और सामाजिक शोषण को बढ़ावा देता है। गरीबी की स्थिति में जीवन कुछ व्यवहार पद्धतियों, मूल्यों और समाधान शैलियों को सुदृढ़ करता है, जिससे रचनात्मक सामाजिक गतिशीलता के अवसर कम हो जाते हैं।

भारतीय समाज का निर्माण विभिन्न धर्मों, समुदायों भाषायी और जातीय पृष्ठभूमि के लोगों से हुआ है। स्वतंत्रता–पश्चात् सामाजिक आर्थिक विकास के मार्ग पर अग्रसर करने के प्रयास किए जाते रहे हैं। एक आत्म–निर्भर और सशक्त सत्ता के रूप में राष्ट्र का रूपान्तरण एक कठिन चुनौती सिद्ध हुआ है। औपनिवेशिक अतीत, समाज में व्याप्त सामाजिक आर्थिक विषमताओं और बढ़ी हुई आकांशाओं में स्थिति को जटिल बना दिया है। भारतीय समाज अनेक

सामाजिक तनावों से गुजर रहा है। ये तनाव सामाजिक परिवर्तनों के कारण से हैं विशेषकर मध्य वर्ग का उदय, गाँवों से श्शहरों में लोगों का पलायन, आर्थिक असमानता के स्तर मे वृद्धि, शिक्षा के प्रसार और मीडिया की इस परिवर्तन में विशेष भूमिका है। अधिकतर संघर्ष और तनाव अस्मिता (अपनी सत्ता का भाव) के आस–पास केन्द्रित है व्यक्ति स्वंय पर अधिक बल या बढ़ावा चाहता है, एक प्रमुख समस्या है।

व्यक्ति और सामाजिक जीवन के वृद्धि और विकास के लिए स्त्री और पुरूष दोनों का समान महत्त्व है। आज समाज में महिलाओं की स्थिति अच्छी नहीं है। भारतीय समाज में स्त्री–पुरूष का लिंग अनुपात बदल रहा है और महिलाओं के प्रतिकूल होता है। भारतीय समाज मे महिलाओं का परिवार और समाज दोनों में ही योगदान महत्त्वपूर्ण समझा जाता है। महिलओं के साथ शिक्षा में भेदभाव, छेःज हत्या, शोषण, कम उम्र में विवाह, बालिका हत्या, घरेलु काम–काज पर बल जैसे–अनेक समस्याएं है ये शोषण लड़कियों के विकास वृद्धि में रूकावट बनते हैं। न वे अपनी क्षमताएँ जान पाती है और ना ही समाज में अपना योगदान दे पाती है। आज स्थिति में काफी परिवर्तन है पंरतु फिर भी समानता के अधिकार में वे बहुत पीछे है।

भ्रष्टाचार का अर्थ ऐसे लेन–देन से है जिससे कुछ ऐसे लोगों को अवांछित लाभ पहुचाये जाते हैं जो उनके योग्य अथवा हकदार नहीं होते। इस तरह के लेन–देन के अंतर्गत कुछ लोगों को वित्तीय लाभ, भौतिक और सामाजिक संसाध ान दिए जाते हैं ताकि उन्हें अन्य लोगों के खिलाफ अधिकार का दुरूपयोंग करने और उनके लिए पुरस्कार या दंड देने पर नियंत्रण हेतु दुष्प्रेरित किया जा सके। निरक्षता भी एक ज्वंलत समस्या हैं देश में बड़ी संख्या मे निरक्षर है जो लिखने–पढ़ने के कौशल के अभाव में ऊपर उठने वाली सामाजिक गतिश्शीलता के अवसरों से वंचित रह जाते हैं। ये दूसरों पर निर्भर रहते हैं और उनका शोषण होता है। प्रत्येक शिक्षित से उम्मीद की जाती है कि वह साक्षरता अभियान में योगदान करें और इसे सफल बनाए।

शहरीकरण की समस्या भी बढ़ रही है गांवों से शहरों में लोगों का पलायन निंरतर बढ़ रहा हैं और शहरों में जनसंख्या दबाव बढ़ रहा है। इन समस्याओं के समाधान के लिए विभिन्न विषयों से संबधित उपायों की आवश्यकता है। मनोविज्ञान की प्रमुख भूमिका हैं क्योंकि इसका संबधं व्यवहार के साथ है। दृष्टिकोण, भावनाओं और व्यवहार के तौर तरीकों में सुधार का विशेष महत्त्व है

और मनोविज्ञान द्वारा इन लक्ष्यों को प्राप्त करने के नीतिगत मनोविज्ञान सहायता प्राप्त हो सकती है।

मानव कल्याण

कल्याण की सामान्य अनुभूति से प्रसन्नता मिलती है। कल्याण की अनुभूति शारीरिक तथा मानसिक स्वास्थ्य को बढ़ाती हैं जीवन की विभिन्न समस्याओं और तनावों को निपटाने के लिए हमें बेहतर ढंग से तैयार करती है। कल्याण की अनुभूति दीर्घकालीन होती हैं। इसका स्त्रोत अधिकांशतः आंतरिक होता है और हमारे अपने सकारात्मक सोच, आत्म सम्मान, सहानुभूतिशील, आत्मानुशासन, नैतिक आचरण, यथार्थवादी दृष्टिकोण ये सभी विशेषताएं घनिष्ठ रूप से परस्पर संबंधित है। व्यक्ति का आत्म सम्मान इसमें महत्त्पूर्ण है। घटनाओं की वास्तविकता को समझना, स्वयं के जीवन की वास्तविकता स्वीकार करना, अपने कहने करने में अनुशासन, सही आचरण घटनाओं तथा व्यक्तियों आदि के सकारात्मक पहलुओं को देखना कल्याण की अनुभूति में योगदान है। अभिवृत्तियों और व्यवहारों को अपनाकर हम कल्याण मे वृद्धि कर सकते हैं। ईमानदारी और अनुशासित प्रयासों से वांछित बदलाव परिवर्तन लाया जा सकता है। हमें सीमाएँ समझनी है ताकि हमारे प्रयास परिवर्तन ला सकें जो यथार्थवादी दृष्टिकोण कहलाता है और जो आत्म स्वीकृति को बढ़ाता है।

उचित अभिवृत्ति और समझ से जीवन की अनेक समस्याओं का समाधान किया जा सकता है। आवश्यकता किन्हीं वस्तुओं जैसे–भोजन, आवास, वस्त्र की कमी, को प्रकट करती है। जबकि इच्छाए किन्हीं वस्तुओं से हमारी प्रसन्नता की अपेक्षाओं को प्रकट करती है। हमारी रूचिया तथा शौक इस श्रेणी में आते हैं जिन्हें हम संतुष्टिकारक कह सकते हैं। हमारी भौतिक आवश्यकताएँ असंतुष्टिकारक कहलाती है। सतुष्टि कारकों मे हमें दीर्घकालीन प्रसन्नता तथा कल्याण की अनुभूति देने की अत्यधिक क्षमता होती हैं। प्रत्येक समाज या संस्कृति में अपने मानदंडों और अपेक्षाओं का एक समुच्चय होता है जो उसके सभी सदस्यों के लिए भूमिका और आचरण की नियमावली तय करता है इन मानदंडों को हम धीरे–धीरे आत्मसात करते जाते हैं।

समस्थिति एक जैविक संकल्पना है। यह हमारे आंतरिक वातावरण के आसपास शरीर की प्रत्येक कोशिका में संतुलन को प्रकट करती है। इसकी अनेक विशेषताएं है जैसे–आक्सीजन स्तर, ग्लूकोज स्तर, जल स्तर, रक्त दाब और तापमान जो शरीर को कोशिकाओं के पर्याप्त ढंग से कार्य करने के लिए

सक्रिय रहनी चाहिए। यदि इनमें एक निश्चित स्तर से अधिक विचलन होता है और कोशिकाएं जीवित नही रहती तो व्यक्ति की मृत्यु संभव है। आतंरिक संतुलन में किसी प्रकार का परिवर्तन शरीर के लिए तनाव उत्पन्न करता है इस असंतुलन को ठीक करने के लिए कई क्रियायें है जो तत्काल क्रियाशील हो उठती है और मस्तिष्क कुशलतापूर्वक कार्य करता है। कोई भी स्थिति जो किसी प्रकार के समायोजन अथवा सामना करने वाले व्यवहार की मांग करती है। वह तनाव का कारण होगी और ऐसी स्थितियां अनेक हैं जो तनाव देती हैं। भिन्न–भिन्न तनाव की तीव्रता अलग–अलग होती हैं।

समाज परिवार हमारे बहुत सी आवश्यकताओं की पूर्ति करता है। परस्पर निर्भरता का चेतन बोध तथा हमारें अधिकार और कृतज्ञता हमारे चारों ओर स्वस्थ्य वातावरण का निर्माण कर सकते हैं। हमारी क्रियाए तथा विचार दूसरों के जीवन को प्रभावित करते हैं। और उनकी क्रियाऐं और अभिवृत्तियां हमारे जीवन को प्रभावित करती हैं।

आत्म प्रत्यक्षीकरण और आत्म बोध स्वंय की रूझान और क्षमता को खोजने तथा उसका पूर्णतः विकास करने की प्रक्रिया है। आत्मज्ञान का अर्थ है हम में से हर व्यक्ति में एक या दूसरी क्षमता की संभावना होती हैं तथा ईमानदारी और कठोर परिश्रम द्वारा पूरी तरह विकसित करना है।

आत्मज्ञान के अनुसार जिसे हम स्वंय के रूप में समझते हैं वह वास्तव में पहचान की अनुचित अनुभूति है। शुद्ध चेतना सभी सृजन का स्त्रोत है जिसमें सत्य, ज्ञान, और आनंद की विशेषताए होती हैं जिसे आत्मा या ब्रह्म भी कहा जाता है जो इस सत्य को देखता है। वह आत्मज्ञानी व्यक्ति है।

सुख पाने और जीवन के तनावों में कमी लाने का प्रयास

तनाव का तात्पर्य दबाव से है मानव जीवन का यह असहज अनुभव है। यह एक कष्टकारी मनोवैज्ञानिक और शरीर क्रियात्मक अवस्था है। जो कुछ आंतरिक या बाह्म मांगों के कारण पैदा होती हैं जो हमारी क्षमता से बाहर की होती हैं। तनाव के दो पहलू हैं सकारात्मक और नकारात्मक। सकारात्मक पहलू को प्रसन्नदायी और नकारात्मक पहलू को वेदना के रूप में जाना जाता है। हम बहुत उच्च स्तर के तनाव का सामना करने में असमर्थ होते हैं और बहुत कम तनाव हमें निष्क्रिय तथा अप्रभावी बनाता हैं तनाव के दो प्रमुख कारण है।

(क) कुंठा (ख) द्वन्द्व

कुंठा एक नकारात्मक संवेगात्मक अवस्था है या किसी को अपने लक्ष्य तक पंहुचने से रोकने पर पैदा होती हैं। विभिन्न प्रकार की बाधाएं कुंठा पैदा करती है। कुंठा का अनुभव बाह्य और आंतरिक कारकों के कारण हो सकता है। बाह्य कुंठा के अंतर्गत विलंब, विफलता, हानि या लक्ष्य में अन्य प्रकार के प्रत्यक्ष बाधा जैसे–कारक सम्मिलित होते हैं। आतंरिक कुंठा के अंतर्गत स्वयं व्यक्ति से जुड़े कारक सम्मिलित होते हैं। व्यक्तिगत कुंठा व्यक्तिगत विशेषताओं (गुणों/कार्यों) पर आधारित होती हैं। लक्ष्य में बाधा कुंठा उत्पन्न करती है। कुंठां के प्रति सर्वाधिक सामान्य प्रतिक्रिया आक्रामकता है। जैसे–बच्चे की इच्छाएं पूरी नहीं होती तो वह वस्तुओं को फेंकना, चिल्लाना आदि शुरू कर देता है। दूसरी प्रमुख प्रतिक्रिया पलायन या परर्वतन (मार्ग बदलना) व्यक्ति कुंठा के स्रोत से दूरी बनाकर कुंठा के अनुभव को कम करने की कोशिश कर सकता है।

द्वंद्व ऐसी स्थिति को व्यक्त करता है जिसमें दुविधा, प्राथमिकता और मांगे सम्मिलित होती हैं तथा जिन्हें साथ–साथ व्यवस्थित नहीं किया जा सकता। द्वन्द्व तब उत्पन्न होता है जब व्यक्ति को असंगत या विरोधात्मक आवश्यकताओं, कामनाओं (इच्छाओं), विचारों, रूचियों या व्यक्तियों में से चुनना पड़ता है। द्वन्द्व के चार प्रमुख रूप है जो विभिन्न प्रकार की स्थितियों का वर्णन करते हैं।

कुछ तनाव काफी लंबे समय तक चलते हैं वे दीर्धकालिक तनाव कहलाते हैं। दीर्ध कालिक तनाव का हम प्रतिरोध करने में असमर्थ हो जाते हैं और उनको सहन करने की हमारी शक्ति समाप्त हो जाती है। तनाव के प्रति मानव विभिन्न प्रकार से प्रतिक्रियाएं–एकाग्रता की कमी, सीखनें व याद करने की गति, कार्य कुशलता की कमी, विस्मरण, निर्णय लेने की विफलता, विस्मरण, संशय, नकारात्मक तथा दूषित विचार है।

भावनात्मक प्रतिक्रियाएं–भावनात्मक प्रतिक्रियाओं का संबंध हमारी संवेदनाओं से है–चिंता, अवसाद, क्रोध, चिड़चिड़ापन, सांवेगिक रूप से लड़खड़ाना

शारीरिक प्रतिक्रियाएं–शारीरिक परिवर्तन जैसे–हृदय, नब्ज की तीव्र धड़कन, मांसपेशियों में तनाव, गले या मुंह का सूखना, कांपना, जी मिचलाने की अनुभूति तनाव को दूर करने का सरल उपाय उसके स्रोत का रूपान्तरण है या उसे दूर करना। तनाव को कम करने में महत्त्वूपर्ण भूमिका निभाने वाले कुछ प्रमुख कारक इस प्रकार हैं–स्थिति को नियंत्रित करने की व्यक्ति की बोधक्षमता, उसके व्यक्तित्त्व की बनावट, परिवार तथा संबंधों जाल तंत्र की सहायता की

उपलब्धता आदि। कुछ व्यक्ति तनाव सहने वाले तथा आशावादी होते हैं और कुछ कम सहनश्शील और निराशावादी होते हैं भिन्न प्रकार से तनाव के प्रति प्रतिक्रिया करते हैं। शारीरिक प्रतिक्रियाओं को नियंत्रित करके व्यायाम और ध्यान द्वारा, अप्रभावी व्यवहार में परिवर्तन करके जैसे–कार्य को मंद गति से करना, संगठित करके, स्वयं की सीमाओं को पहचानना और उन्हें स्वीकार करना, सामाजिक समर्थन प्राप्त करना, अस्त–व्यस्त करने वाले विचारों की उपेक्षा द्वारा, योगासन और प्राणायाम द्वारा सकारात्मक चिंतन से और लक्ष्यों के पुनर्मूल्यांकन से हम तनाव को कम कर सकते एवं नियंत्रित करने का प्रयास करते हैं।

मानसिक स्वास्थ्य और आरोग्य

विश्व स्वास्थ्य संगठन के अनुसार स्वास्थ्य का अर्थ एक संपूर्ण रूप से तन्दुरूस्त शारीरिक मानसिक, सामाजिक और आध्यात्मिक स्वास्थ्य सिर्फ बीमारी न होना ही स्वास्थ्य का चिन्ह नहीं है यह एक समग्र तथ्य है जो किसी व्यक्ति के संपूर्ण रूप से आरोग्य होने को कहा जाता है। मानसिक स्वास्थ्य एक ऐसी सकारात्मक अवस्था है जिसमें मन द्वन्द्व, डर और नकारात्मक चिंतन से मुक्त रहता है। मानसिक स्वास्थ्य व्यक्ति के बौद्धिक, भावात्मक, शारीरिक, सामाजिक और आध्यात्मिक गुणों का एक सम्मिश्रित रूप है।

योग में मन को इतना शक्तिशाली माना गया है कि वह शरीर को हर संभव तरीके से प्रभावित कर सकता है। इसके अनुसार मानसिक अनुशासन के बिना अकेला शारीरिक व्यायाम मनचाहा परिणाम नहीं दे पाता है। आरामदायक मुद्रा, शांत और सकारात्मक मानसिक स्थिरता इसके लिए आवश्यक हैं ध्यानस्थ होने में एकाग्रता का उद्रदेश्य है विचार या सोचने के प्रवाह को संचलित करना। यह किसी एक वस्तु पर मन को स्थिर करके ही संभव होता है।

किसी व्यक्ति से सकारात्मक मानसिक स्वास्थ्य के लक्षणों की अनुपस्थिति मानसिक अस्वस्थता को दर्शाती है एक व्यक्ति जो दूसरों लोगों के लिए नकारात्मक अभिवृत्ति रखता है, अविश्वास करता है नकारात्मक मनोभाव रखता है, मानसिक रूप से अस्वस्थ है। अस्वस्थ व्यक्ति अपने जीवन में दुखी और असमायोजित रहता है और जीवन के प्रति उसमें कोई उत्कंठा नहीं होती ।

व्यवहार की विकृति को मानसिक रोग कहते हैं जैसे–मानसिक असंतुलन। सिजोफ्रेनिया भी एक मानसिक रोग है जिसमें व्यक्ति के व्यवहार और क्रिया का संमूर्ण तंत्र बिखर जाता है तथा व्यक्ति को अस्पताल में भर्ती करने की

आवश्यकता होती हैं। सकारात्मक मानसिक स्वास्थ्य प्राप्त करने के लिए मानव की कार्य प्रणाली के भौतिक और मानसिक स्तरों पर ध्यान देना जरूरी है। शरीर और मन दोनों का स्वास्थ्य रहना आवश्यक हैं अतः युवावस्था से वृद्धावस्था तक व्यक्ति सचेत, ऊर्जा से भरपूर, खुशहाल और सक्रिय रहे। इसके लिए शारीरिक स्तर ओर मानसिक स्तर पर अच्छी और स्वस्थ आदतों का निर्माण किया जाए। शारीरिक स्तर पर स्वस्थ रहने हेतु अच्छी आदतों का निर्माण जैसे–नियमित व्यायाम, संतुलित भोजन जो आयु, शरीर, रहन–सहन परिश्रम के अनुसार उचित पोषण दे। मानसिक स्तर हेतु जीवन में निजी जिसके अंतर्गत आप स्वयं की भावनाओं को समझे और सही समय व तरीके से अभिव्यक्त करें और सामाजिक व व्यावसायिक क्षेत्र में सामाजिक समायोजन करके प्राप्त कर सकते हैं।

मानसिक आरोग्य एक विज्ञान और कला है जिससे मानसिक स्वास्थ्य की अभिवृद्धि की जा सकती है इसमें मानसिक अस्वस्थता हटाने से जुड़े हुए सभी आवश्यक बिन्दुओं को तथा सामाजिक और भावनात्मक स्तरों पर व्यक्ति के समायोजन पर बल दिया जाता है मानसिक अस्वस्थता यथार्थ का प्रत्यक्षीकरण, आवेगों पर नियंत्रण, स्वाभिमान, सकारात्मक चिंतन का विकास समय प्रबंधन को दूर करने के कुछ उपाय हैं। स्वस्थ जीवन शैली स्वस्थ और खुशहाल जीवन के लिए आवश्यक है। आयुर्वेद में स्वस्थ जीवन शैली हेतु चार तत्त्व आहार, विहार (मनोरंजन), दिनचर्या और विचार बताए गए हैं।

□□□

11

असाधारण बालक

विद्यालयों या शिक्षण संस्थाओं में शिक्षा प्राप्त करने के लिए अनेक सामान्य बालक आते हैं। इनके अलावा, कुछ ऐसे बालक भी आते हैं, जिनकी अपनी कुछ शारीरिक और मानसिक विशेषतायें होती हैं। इनमें कुछ प्रतिभाशाली, कुछ मन्द-बुद्धि कुछ पिछड़े हुए और कुछ शारीरिक दोषों वाले होते हैं। इनको 'विशिष्ट' बालकों की श्रेणी में रखा जाता है। प्रतिभाशाली बालक सामान्य बालकों से भिन्न होते हैं। ऐसे बालकों की बुद्धि-लब्धि 120 से ऊपर होती है। टरमन तथा मैरिल ने इनकी बुद्धि-लब्धि 140 से अधिक बताई है। यथार्थ रूप से 2 प्रतिशत से अधिक बालक विद्यालय में इस श्रेणी में नहीं होते किन्तु इनमें कुछ बालक ऐसे हो सकते हैं, जिनकी बुद्धि-लब्धि 170 और 190 भी हो सकती है। बुद्धि-लब्धि ही प्रतिभाशाली बालक का माप-दण्ड नहीं है। वर्तमान बुद्धि-परीक्षणों में त्रुटियाँ हैं और अभी तक कोई भी बुद्धि-परीक्षण विशेष रूप से प्रतिभाशाली बालकों के लिए निर्मित नहीं किया गया है। कई बालक ऐसे भी होते हैं, जो बुद्धि-परीक्षण में तो बहुत अधिक अंक प्राप्त कर लेते हैं, परन्तु जीवन के व्यावहारिक क्षेत्रों में उनकी उपलब्धि अच्छी नहीं होती है। अत: ऐसे बालकों को प्रतिभाशाली बालकों की संज्ञा नहीं दी जा सकती।

प्रतिभाशाली बालक एक साधारण बालक से अधिक योग्य होते हैं। ऐसे बालक उस कार्य को बहुत शीघ्र कर सकते हैं, जो उन्हें दिया जाता है। एक साधारण बालक उतनी गति से उन्हें समाप्त नहीं कर सकता। कक्षा में जहाँ उन्हें साधारण बालकों के साथ रखा जाता है अथवा औसत से भी निम्न बालकों के साथ, तो कक्षा उनके लिए अरुचिपूर्ण हो जाती है और उन्हें कक्षा के कार्य में कोई उत्तेजना नहीं मिलती है। ऐसे बालक पाठशाला के कार्य से कोई सम्बन्ध नहीं रखते और अशोभनीय कार्यों में पड़ जाते हैं। उनके अन्दर सुस्ती, बेचैनी और नटखटपन उत्पन्न हो जाता है।

प्रतिभाशाली बालक का अर्थ

प्रतिभाशाली बालक, सामान्य बालकों से सभी बातों में श्रेष्ठतर होता है। इस सम्बन्ध में कुछ विद्वानों के विचार निम्नलिखित हैं—

1. Crow & Crow के अनुसार—प्रतिभाशाली बालक दो प्रकार के होते हैं—(i) वे बालक जिनकी बुद्धि-लब्धि 130 से अधिक होती है और जो असाधारण बुद्धि वाले होते हैं। (ii) वे बालक जो कला, गणित, संगीत, अभिनय आदि में से एक या अधिक में विशेष योग्यता रखते हैं।

2. Skinner & Harriman के अनुसार—'प्रतिभाशाली' शब्द का प्रयोग उन एक प्रतिशत बालकों के लिये किया जाता है, जो सबसे अधिक बुद्धिमान होते हैं।

3. टरमन व ओडन के अनुसार—''प्रतिभाशाली बालक-शारीरिक गठन, सामाजिक समायोजन, व्यक्तित्व के लक्षणों, विद्यालय-उपलब्धि, खेल की सूचनाओं और रुचियों की बहुरूपता में सामान्य बालकों से बहुत श्रेष्ठ होते हैं।''

"Gifted children rate far above the average in physique, social adjustment, personality traits, school achievement, play information and versatility of interests."

—Terman & Oden

4. कॉलेसनिक के अनुसार—'प्रतिभाशाली' शब्द का प्रयोग उस प्रत्येक बालक के लिए किया जा सकता है, जो अपनी आयु-स्तर के अन्य बालकों में कुछ योग्यताओं में श्रेष्ठ हो और समाज महत्त्वपूर्ण योगदान देने वाले गुणवान व्यक्ति के रूप में उसका विशिष्ट स्थान हो।

"The term gifted has been applied to every child who, in his age group, is superior in some ability whicfmay make him an outstanding contributor to the welfare and quality of living in our society."

—Kolesnik

5. सिम्पसन और ल्यूकिंग के अनुसार—''प्रतिभाशाली बालक वे हैं, जिनका केन्द्रीय तन्त्रिका तन्त्र श्रेष्ठ होता है। इससे वे उन कार्यों को सफलतापूर्वक करते हैं जिनमें तुलनात्मक रूप से उच्च बौद्धिक विचारशीलता अथवा सृजनात्मक कल्पना अथवा दोनों की आवश्यकता होती है।''

"Those who possess a superior central nervous system characteristed by the potential to perform tasks requiring a comparatively higfdegree of intellectual abstraction or creative imagination or both."

—Simpson & Luking

प्रतिभाशाली बालकों की पहचान

साधारण बालकों में से प्रतिभाशाली बालकों को छाँट लेना भी बहुत कठिनाई उत्पन्न करता है। बालकों को छाँटने के लिए कई प्रकार की चेष्टाएँ की गई हैं, जो निम्नलिखित हैं—

(1) बहुत से प्रतिभाशाली बालकों का अध्ययन करके यह पता लगाया गया है कि ऐसे बालक जिनमें साधारण योग्यता होती है, किस प्रकार के परिवारों में उत्पन्न होते हैं। यह भी पता लगा कि इस प्रकार के बालक उच्च कुल में अधिक उत्पन्न होते हैं। अधिकतर इनके माता-पिता, व्यापार या किसी स्वतन्त्र जीवीकोपार्जन के पैसे को अपनाये रहते हैं। छोटे पैशे को अपनाने वाले व्यक्तियों की सन्तानों में बहुत ही कम मात्रा में प्रतिभावान बालक होते हैं। प्रतिभावान लड़के और लड़कियाँ बराबर संख्या में पाये जाते हैं।

(2) अध्यापकों का निर्णय भी इस सम्बन्ध में लिया गया, परन्तु वह अधिक उपयोगी तथा लाभदायक सिद्ध न हो सका। उन्होंने कक्षा में सबसे योग्य बालकों को ही प्रतिभावान बताना उचित समझा, बिना इस बात को ध्यान में रखे हुए कि ये अन्य बालकों से कहीं अधिक उग्र हो सकते हैं। इसी प्रकार परीक्षा का ढंग भी अधिक उपयोगी सिद्ध न हो सका। अध्यापक द्वारा व्यक्तिगत परीक्षा में बहुत से प्रतिभावान बालक पिछड़ जाते हैं, क्योंकि अध्यापक उनकी प्रतिभा को नहीं पहचान पाते हैं और उनके उत्तरों को त्रुटिपूर्ण समझते हैं।

(3) बुद्धि की वस्तुनिष्ठ परीक्षाएँ, विद्यालय की सूचना सम्बन्धी तथा बुद्धि-सम्बन्धी परीक्षाएँ प्रतिभाशाली बालकों को सही रूप से स्पष्ट कर सकती हैं और उनके मानसिक मापों को भी ले सकती हैं। अब इस प्रकार की परीक्षाएँ सम्भव हैं और हम प्रतिभाशाली बालकों को सही प्रकार से पहचान सकते हैं।

प्रतिभाशाली बालकों की पहचान की विधियों का वर्गीकरण इस प्रकार भी किया जा सकता है—

1. बुद्धिपरीक्षणों द्वारा—(i) व्यक्तिगत बुद्धि-परीक्षण, (ii) सामूहिक बुद्धि-परीक्षण एवं (iii) निष्पत्ति परीक्षण।

2. माता-पिता से साक्षात्कार करके सूचना आधारित परीक्षण।

3. शिक्षक-परीक्षणों द्वारा।

प्रतिभाशाली बालकों की विशेषतायें

Terman & Hollingwortf के अनुसार प्रतिभाशाली बालकों में निम्नलिखित विशेषतायें पायी जाती हैं—

(1) शारीरिक गुणों में अपने साथ के आयु-वर्ग वाले अन्य बालकों की तुलना में भी प्रतिभाशाली बालक उच्च होते हैं। ऐसे बालक जन्म के समय औसतन दूसरे बालकों से अधिक बड़े होते हैं, जल्दी चलना आरम्भ कर देते हैं, उनकी साधारण स्वास्थ्य की अवस्था अच्छी होती है और उनमें किशोरावस्था के लक्षण शीघ्र उत्पन्न हो जाते हैं।

(2) ऐसे बालकों के माता-पिता उच्च कुल के होते हैं। ऐसे बालक अच्छी सामाजिक और आर्थिक स्थिति वाले परिवारों में अधिक मात्रा में पाये जाते हैं।

(3) इनमें से अधिकतर अधिक अध्ययन योग्यता को रखते हैं। पढाई में इनकी वास्तविक रुचि होती है, ये ज्ञान प्राप्त करने में रुचि रखते हैं। ऐसे बालकों की कार्यक्षमता अधिक विकसित होती है। प्रतिभाशाली बालक कला, गायन आदि में रुचि रखने वाले होते हैं।

(4) अमूर्त्त वस्तुओं और अमूर्त्त चिन्तन में अधिक रुचि लेते हैं। ऐसे बालक सरल की अपेक्षा कठिन विषयों में अधिक रूचि लेते हैं।

(5) प्रतिभाशाली बालक खेल में अधिक रुचि नहीं रखते हैं। ऐसे बालक अपने से अधिक उग्रता वाले साथियों के साथ चिन्तनयुक्त कार्यों में अधिक रुचि लेते हैं। ये बालक पाठ्यक्रम से अधिक पढ़ने में रुचि लेते हैं।

(6) प्रतिभाशाली बालकों की बुद्धि-लब्धि अधिक होती है। ऐसे बालकों में अवधान की शक्ति भी अधिक होती है। ये बालक किसी वस्तु पर अधिक समय तक ध्यान-केन्द्रित कर सकते हैं, इससे उनकी चिन्तन, मनन, तर्क तथा कल्पना शक्ति का विकास होता है।

(7) प्रतिभाशाली बालकों को किसी कार्य के लिए कम निर्देशन एवं मार्ग-प्रदर्शन की आवश्यकता होती है। बालक में मौलिकता एवं बौद्धिक जिज्ञासा की प्रबलता रहती है। ऐसे बालक सूझ-बूझ और पूर्वानुभवों के सहारे किसी भी कार्य को करने की क्षमता रखते हैं। ये अपनी समस्याओं को सरलतापूर्वक सुलझा लेते हैं।

(8) ऐसे बालकों में सामाजिकता की भावना प्रबल होती है और संवेगात्मकता भी दृढ़ होती है।

(9) प्रतिभाशाली बालकों में मानवीय गुण, जैसे—ईमानदारी, परोपकार की भावना, सहिष्णुता एवं सहयोग तथा दयालुता अधिक मात्रा में होते हैं।

(10) ऐसे बालकों में मानसिक क्रिया की तीव्रता होती है। ये बालक अपूर्व नेतृत्व क्षमता रखते हैं।

(11) व्यक्तित्व को मापने वाली बहुत-सी परीक्षाओं में ये बालक निश्चित रूप से उत्तम होते हैं। ये बुद्धिमें भी अति उत्तम होते हैं। इनकी श्रेष्ठता का वर्गीकरण इस प्रकार क्रम से किया जा सकता है—(i) इच्छा शक्ति सम्बन्धी, (ii) संवेगात्मक, (iii) चारित्रिक, (iv) शारीरिक, (v) सामाजिक।

Skinner & Harriman के अनुसार—प्रतिभाशाली बालक में निम्नलिखित विशेषतायें पायी जाती हैं—

1. विशाल शब्दकोष।
2. मानसिक प्रक्रिया की तीव्रता।
3. दैनिक कार्यों में विभिन्नता।
4. सामान्य ज्ञान में श्रेष्ठता।
5. सामान्य अध्ययन में रुचि।
6. अध्ययन में अद्वितीय सफलता।
7. अमूर्त्त विषयों में रुचि।
8. आश्चर्यजनक अन्तर्दृष्टि का प्रभाव।
9. मन्दबुद्धिऔर सामान्य बालकों में अरुचि।
10. पाठ्‌य-विषयों में अत्यधिक रुचि या अरुचि।
11. विद्यालय के कार्यों के प्रति बहुधा उदासीनता।
12. बुद्धि-परीक्षाओं में उच्च बुद्धि-लब्धि (130 + से 170 + तक)।

जेम्स जे. गैलागाहर ने अनेक परिभाषाओं का परीक्षण किया और उन विशेषताओं की सूचियों पर ध्यान दिया जो कि अत्यन्त योग्य सीखने वालों की पहचान करने के लिए प्रयोग की गई थी। उसने निष्कर्ष निकाला कि ऐसे व्यक्तियों में जो एक समान गुण होते हैं, वे हैं—"अमूर्त्तवान प्रत्ययों को ग्रहण करने की योग्यता, उनका अधिक प्रभावशाली ढंग से संगठन करना और उनका अधिक वांछित ढंग से उन बालकों की तुलना में जो औसत स्तर पर हैं, प्रयोग करना।"

प्रतिभाशाली बालकों का शिक्षण

अपनी उच्च क्षमता के कारण ऐसे बालकों की विशेष शैक्षिक आवश्यकताएँ होती हैं। उनमें स्वतन्त्र अध्ययन की आदतों एवं सृजनात्मकता का विकास करने की आवश्यकता होती है। ऐसे बालकों को अध्ययन की सामग्री के चयन में सहायता करनी चाहिए। एक अध्यापक को भी प्रतिभाशाली बालक को पढ़ाते समय विशेष ध्यान देना चाहिए। प्रतिभावान बालकों को सामान्य बालकों की तरह शिक्षा प्रदान करने से उनके व्यक्तित्व का समुचित विकास नहीं हो सकेगा। इन सब तथ्यों को ध्यान में रखकर प्रतिभाशाली बालकों की शिक्षा व्यवस्था निम्नलिखित प्रकार से की जा सकती है—

1. विशेष विद्यालय एवं कक्षाओं की व्यवस्था—प्रतिभाशाली बालकों के लिए अपने को व्यवस्थित करना कठिन होता है। इसका कारण यह होता है कि पाठशाला की परिस्थितियाँ एक विशेष प्रकार की होती हैं। हमें प्रतिभाशाली बालकों के तीव्र गति से पढ़ने के लिए एवं शिक्षा के प्राथमिक तथा माध्यमिक स्तर पर विशेष विद्यालय एवं कक्षाओं की व्यवस्था करनी चाहिए।

2. समायोजन हेतु अवसर प्रदान करना—यद्यपि विशेष कक्षाओं का होना आवश्यक है, फिर भी ऐसे बालकों को दूसरे बालकों से मिलने के लिए अवसर प्रदान करने चाहिए जो उनसे कम बुद्धिवाले हैं। कुछ मनोवैज्ञानिकों का तर्क है कि विशेष विद्यालय और अलग कक्षाएँ प्रतिभाशाली बालकों में असमायोजन की दोषपूर्ण प्रवृत्ति को सबल बनाते है। उन्हें इस प्रवृत्ति से मुक्त रखने और उनमें समायोजन के गुण विकसित करने के लिए यह आवश्यक है कि उनको सामान्य बालकों के साथ ही शिक्षा प्रदान की जाए, क्योंकि जब वे बड़े हो जाएंगे तो उन लोगों के साथ उन्हें समायोजन करना पड़ेगा। अतः इस प्रकार समायोजन के लिए पाठशाला के शिक्षा काल में ही उन्हें अवसर देने चाहिए।

3. योग्य एवं प्रशिक्षित अध्यापकों की व्यवस्था—प्रतिभाशाली बालकों को पढ़ाने के लिए विशेष प्रकार से योग्य एवं प्रशिक्षित अध्यापकों की आवश्यकता होती है, जो स्वयं प्रखर बुद्धिके हों, जिन्हें प्रतिभावान बालकों के मनोवैज्ञानिक अध्ययन का पूर्ण ज्ञान हो तथा ईर्ष्या और अन्धविश्वास जैसी मनोवृत्तियों से दूर हों। अध्यापकों को ऐसे

बालकों के संवेगात्मक सन्तुलन के विकास में सहायता करनी चाहिए। इसके लिए उन्हें अभिभावकों का सहयोग प्राप्त करना चाहिए।

4. सामान्य रूप से कक्षोन्नति—कुछ मनोवैज्ञानिकों का विचार है कि प्रतिभाशाली बालकों को एक वर्ष में दो बार कक्षोन्नति दी जानी चाहिए। इसके विपरीत, दूसरे मनोवैज्ञानिकों का मत है कि ऐसा करना, उनको सीखने की प्रक्रिया के क्रमिक विकास के लाभ से वंचित करना है। उनका विचार है कि यह आवश्यक नहीं है कि उनकी सब विषयों में विशेष योग्यता हो। ऐसी दशा में उच्च कक्षा में पहुँच कर उनमें असमायोजन उत्पन्न हो जाता है।

अत: Crow & Crow का परामर्श है—"प्रतिभाशाली बालक को सामान्य रूप से विभिन्न कक्षाओं में अध्ययन करना चाहिये।" इसका अभिप्राय यह है कि प्रतिभाशाली बालकों को वर्ष के अन्त में उसी प्रकार कक्षोन्नति दी जानी चाहिये, जिस प्रकार अन्य बालकों को दी जाती है।

5. विशेष व विस्तृत पाठ्यक्रम—एक वर्ष में दो बार कक्षोन्नति देने के बजाय प्रतिभाशाली बालकों के लिये विशेष और विस्तृत पाठ्यक्रम का निर्माण किया जाना चाहिये। इस पाठ्यक्रम में अधिक और कठिन विषय होने चाहिए, ताकि वे अपनी विशेष योग्यताओं के कारण अधिक ज्ञान का अर्जन कर सकें।

प्रतिभाशाली बालकों के पाठ्यक्रम के सम्बन्ध में अपने विचार व्यक्त करते हुए **Skinner** ने लिखा है—इन बालकों के पाठ्यक्रम का निर्माण इस प्रकार किया जाना चाहिये, जिससे उनकी मौखिक योग्यता, सामान्य मानसिक योग्यता और तर्क, चिन्तन एवं रचनात्मक शक्तियों का अधिकतम विकास हो सके। इस उद्देश्य की प्राप्ति के लिये उनको खोज, मौखिक और स्वतन्त्र कार्यों, क्रियात्मक एवं प्रयोगात्मक कार्यों के लिये उत्तम अवसर प्रदान किये जाने चाहिये।

6. शिक्षक का व्यक्तिगत ध्यान—शिक्षक को प्रतिभाशाली बालकों के प्रति व्यक्तिगत रूप से ध्यान देना चाहिये। उसे उनको नियमित रूप से परामर्श और निर्देशन देना चाहिये। इन विधियों का अनुसरण करके ही वह उनको उनकी विशेष योग्यताओं के अनुसार प्रगति करने के लिए अनुप्राणित कर सकता है।

7. संस्कृति की शिक्षा—Hollingwortfने लिखा है कि प्रतिभाशाली बालकों को अपनी संस्कृति के विकास की शिक्षा दी जानी चाहिये, ताकि वे समाज में अपना उचित स्थान ग्रहण कर सकें।

8. विशेष अध्ययन की सुविधायें—प्रतिभाशाली बालकों की सामान्य विषयों के अध्ययन में विशेष रुचि होती है। उनकी इस रुचि का विकास करने और उनको अधिक अध्ययन के लिये प्रोत्साहित करने के विचार से प्रत्येक विद्यालय में विभिन्न विषयों की पुस्तकों से सुसज्जित पुस्तकालय होना चाहिये। इस प्रकार की शैक्षिक सुविधायें उनको अधिक ज्ञान का अर्जन करने में अपूर्व सहायता दे सकती हैं।

9. पाठ्यक्रम सहगामी क्रियाओं का आयोजन—प्रतिभाशाली बालकों में रुचियों का बाहुल्य होता है। उनकी तुष्टि केवल अध्ययन से ही नहीं हो सकती। अत: विद्यालय को अधिक से अधिक पाठ्यक्रम सहगामी क्रियाओं, जैसे—बालचर, वाद-विवाद, निबन्ध लेखन एवं पत्र वाचन, भाषण-प्रतियोगिता, शैक्षिक भ्रमण आदि का आयोजन करना चाहिये।

10. सामाजिक अनुभवों के अवसर—प्रतिभाशाली बालकों को सामान्य बालकों की समााजिक क्रियाओं से पृथक् नहीं रखना चाहिये। इन क्रियाओं में भाग लेकर ही उनको सामाजिक अनुभव प्राप्त हो सकते हैं। ये अनुभव उनको निश्चित रूप से सामाजिक समायोजन करने में सहायता दे सकते हैं। इन अनुभवों के अभाव में वे असमायोजित हो सकते हैं। **क्रो एवं क्रो** ने लिखा है—"प्रतिभाशाली बालक को सामाजिक अनुभव प्राप्त करने के अवसर दिये जाने चाहिये, ताकि वह सामाजिक असमायोजन से अपनी रक्षा कर सके।"

11. नेतृत्व का प्रशिक्षण—**Crow & Crow** का कथन है—"क्योंकि हम प्रतिभाशाली बालक से नेतृत्व की आशा करते हैं, इसलिये उसको विशिष्ट परिस्थितियों में नेतृत्व का अवसर और प्रशिक्षण दिया जाना चाहिये।" उन्हें कक्षा से बाहर की उन क्रियाओं में भी भाग लेना चाहिए जो उनकी शिक्षा से सम्बन्धित नहीं होती हैं। यह आशा की जा सकती है कि प्रतिभाशाली उनमें नेतृत्व करें, किन्तु अध्यापक को उन्हें नेतृत्व पद अपनी ही इच्छा से नहीं देना चाहिए, नहीं तो दूसरे बालक उनसे क्रोधित हो जाएंगे तथा ईर्ष्या करने लगेंगे।

12. व्यक्तिगत योजनाओं को महत्त्व—प्रतिभाशाली बालकों को व्यक्तिगत रूप से अध्ययन की योजनाओं को लेने के लिए प्रोत्साहित करना चाहिए। इस प्रकार की योजनायें सीखने के ठेके की भाँति दी जा सकती हैं। उदाहरणार्थ—यदि कक्षा जापान का अध्ययन कर रही है, तो शिक्षक एक विशिष्ट अध्ययन योजना ऐसे बालकों को जापान के उद्योगों अथवा जापान के परिवार प्रतिमानों के सम्बन्ध में दे सकता है।

13. विशिष्ट अध्यापन विधियाँ—ऐसे बालकों के शिक्षण के लिये उनकी बौद्धिक क्षमता के अनुसार तीव्र गति वाली विशिष्ट अध्ययन विधियों का प्रयोग किया जाना चाहिए।

14. खेलों एवं अध्ययन की सामग्री—प्रतिभाशाली बालकों के समुचित विकास के लिए खेलों एवं अध्ययन सामग्री की समुचित व्यवस्था करनी चाहिए।

15. व्यक्तित्व का पूर्ण विकास—प्रतिभाशाली बालक की शिक्षा का मुख्य उद्देश्य सदैव उसके व्यक्तित्व का पूर्ण विकास करना होना चाहिये। इस दिशा में परिवार, विद्यालय और समाज को एक-दूसरे को इस प्रकार सहयोग देना चाहिये कि प्रारम्भिक बाल्यावस्था से किशोरावस्था तक उसके व्यक्तित्व का पूर्ण विकास हो जाए।

16. छात्रवृत्तियों की सुविधा—प्रतिभाशाली बालकों के आर्थिक सहयोग हेतु समयानुसार उन्हें छात्रवृत्तियाँ प्रदान करनी चाहिए।

प्रतिभाशाली बालकों की शिक्षा के सम्बन्ध में **Havighurst** ने लिखा है—''प्रतिभाशाली बालकों के लिये शिक्षा का सफल कार्यक्रम वही हो सकता है, जिसका उद्देश्य उनकी विभिन्न योग्यताओं का विकास करना है।''

इसी प्रकार **L.S. Hollingwortf**ने लिखा है—''प्रतिभावान बालकों को सभ्य समाज में स्थान देने के लिए हमें विशेष प्रकार से उन्हें संस्कृति का उद्विकास, जो अब तक हो चुका है, बताना चाहिए और क्योंकि 8 अथवा 9 वर्ष तक वे इस संस्कृति की विशेषता को समझाने के योग्य नहीं होते, अत: हमें उन्हें संस्कृति सम्बन्धी साधारण वस्तुएँ बतानी चाहिए जिन पर संस्कृति का प्रभाव पड़ता है। सामान्य वस्तुओं में भोजन, रक्षा, आवागमन और इसी प्रकार की वस्तुएँ सम्मिलित हैं। इस माध्यम से बालक उत्तेजित किए जाते हैं और उनके अन्तर की बौद्धिक उत्सुकता को सन्तुष्ट भी किया जाता है।''

❑❑❑

12

मानसिक मन्दता

मानसिक मन्दता का सामान्य अर्थ है—औसत से कम मानसिक योग्यता। मानसिक मन्दता वाले बालकों की बुद्धि-लब्धि, साधारण बालकों की बुद्धि-लब्धि से कम होती है। अतः उनमें विभिन्न मानसिक शक्तियों की न्यूनता होती है। साधारण रूप से जिन बालकों की बुद्धि-लब्धि 60 से कम होती है, उन्हें हम मानसिक न्यूनता ग्रन्थियों की श्रेणी में रखते हैं, किन्तु इस श्रेणी में हम यहाँ सामान्य से नीचे बुद्धिवालों की भी गणना करेंगे (जिनकी बुद्धि-लब्धि 70 और 85 के बीच में होती है), अतः मानसिक ग्रसितों में ऐसे बालकों को लेंगे जिनकी बुद्धि-लब्धि 0 से 85 है। 0 से 24 तक की बुद्धि-लब्धि जड़ की होती है। 25 से 49 तक बुद्धि-लब्धि के मूढ़ होते हैं। 50 से 70 तक की बुद्धि-लब्धि के मूर्ख और जो लोग 85 से कम बुद्धि-लब्धि रखते हैं, वे मन्द बुद्धि की श्रेणी में आते हैं।

Skinner के अनुसार—मानसिक मन्दता वाले बालकों के लिए अनेक पर्यायवाची शब्दों का प्रयोग किया जाता है, जैसे—मन्द-बुद्धि (Mentally Retarded), अल्प-बुद्धि(Mentally Deficient), विकल-बुद्धि(Mentally Handicapped), धीमी गति से सीखने वाले (Slow Learners), पिछड़े हुए (Backward) और मूढ़ (Dull)।

सन् 1913 तक मन्द-बुद्धिऔर पिछड़े हुए व्यक्तियों में किसी प्रकार का अन्तर नहीं किया जाता था। उस वर्ष England ने "Mental Deficiency Act" बनाकर इस अन्तर को जन्म दिया। इससे सम्बन्धित वहाँ अमेरिका के मनोवैज्ञानिकों ने और अध्ययन आरम्भ किये। परिणामत: अमरीका में मन्द-बुद्धिबालकों और पिछड़े बालकों में स्पष्ट अन्तर कर दिया गया। साथ ही 'मानसिक मन्दता' की सरकारी परिभाषा इस प्रकार की गई—''मानसिक मन्दता औसत से निम्न मानसिक कार्यक्षमता का उल्लेख करती है। इसका आरम्भ बालक के विकास की अवधि में होता है और यह अग्रलिखित में से एक या अधिक से अनुकूल व्यवहार की कमी द्वारा सम्बन्धित रहती है—(i) परिपक्वता, (ii) अधिगम और (iii) सामाजिक समायोजन।''

"Mental retardation refers to subaverage general intellectual functioning whicforiginates during the developmental period and is associated witfimpairment of adaptive behaviour in one or more of the following—(i) Maturation, (ii) Learning and (iii) Social adjustment."

—Statistical Manual of the American Association of Mental Deficiency, 1959.

बहुत से अभिभावक इस बात पर विश्वास नहीं करते कि उनके बालक मानसिक रूप से पूर्ण नहीं हैं। उनका विचार यह होता है कि यदि बालक अच्छी प्रकार से अध्ययन नहीं कर पा रहा है तो वह उतनी मेहनत से नहीं पढ़ता, जितनी उसे चाहिए। यदि उनसे कोई कहता है कि उनका बालक मानसिक रूप से अपूर्ण है तो वे उस पर क्रोध करने लगते हैं। ऐसा बालक साधारण ज्ञान को प्राप्त करने में भी असमर्थ रहता है।

मन्द-बुद्धिबालक

मन्द-बुद्धिबालक मूढ़ (Dull) होता है। इसलिए उसमें सोचने, समझने और विचार करने की शक्ति कम होती है। ऐसे बालक अधिकतर सामाजिक रूप से कुसमायोजित रहते हैं। वे उन सामाजिक योजनाओं को सोचने में असमर्थ होते हैं जो उन्हें सन्तोष दे सकती हैं। वह बालक अच्छी प्रकार समाज में समायोजित हो सकता है जो अपनी सेवाओं को अच्छी सामाजिक योजनाओं में दे सकता है।

1. अमेरिकन एसोसिएशन ऑफ मेण्टल डेफीशियेन्सी (AAMD) ने मन्द-बुद्धिबालक को इस प्रकार परिभाषित किया है—''मंदितमना सार्थक औसत से कम बौद्धिक कार्य निष्पन्न का संकेत देती है जो कि अनुकूलन व्यवहार सम्बन्धी दोषों के साथ-साथ ही पाई जाती है और जो कि विकास काल के समय स्फुट होती है।''

"Mental retardation refers to significantly subaverage intellectual functioning existing concurrently witfdefects in adaptive behaviour and manifested during the developmental period."

—**AAMD**

AAMD मंदितमना या मन्द-बुद्धिशब्द का प्रयोग उन बालकों के लिए करता है जिनका I.Q. 67 अथवा इससे कम है। इसके अनुसार 67 से कम I.Q. का वर्गीकरण इस प्रकार से किया जाता है—

हल्की मन्द-बुद्धि	I.Q. 67 और 52 के बीच
साधारण मन्द-बुद्धि	I.Q. 51 और 36 के बीच
गम्भीर मन्द-बुद्धि	I.Q. 19 और इससे कम

2. Crow & Crow के अनुसार—जिन बालकों की बुद्धि-लब्धि 70 से कम होती है, उनको मन्द-बुद्धिबालक कहते हैं।

3. Skinner ने लिखा है—प्रत्येक कक्षा के छात्रों को एक वर्ष में शिक्षा का एक निश्चित कार्यक्रम पूरा करना पड़ता है जो छात्र उसे पूरा कर लेते हैं, उनको 'सामान्य छात्र' कहा जाता है और जो छात्र उसे पूरा नहीं कर पाते हैं, उनको मन्द-बुद्धिछात्रों की संज्ञा दी जाती है। विद्यालयों में यह धारणा बहुत लम्बे समय से चली आ रही है और अब भी है।

4. आधुनिक समय में मन्द-बुद्धिबालकों से सम्बन्धित उपर्युक्त धारणा में अत्यधिक परिवर्तन हो गया है। इस पर प्रकाश डालते हुए पोलक व पोलक ने लिखा है—"मन्द-बुद्धिबालक को अब क्षीण-बुद्धिबालकों के समूह में नहीं रखा जाता है, जिनके लिए कुछ भी नहीं किया जा सकता है। अब हम यह स्वीकार करते हैं कि उनके व्यक्तित्व के उतने ही विभिन्न पहलू होते हैं, जितने सामान्य बालकों के व्यक्तित्व के होते हैं।"

"The mentally retarded children are no longer grouped together as feeble-minded and dismissed at that. We now recognize that they have as many different facets to their personalities as normal children."

—**Pollock & Pollock**

मन्द-बुद्धिबालकों की पहचान हेतु विशेषताएँ

विभिन्न लेखकों ने मन्द-बुद्धिबालक की विभिन्न विशेषताओं का उल्लेख किया है। हम उनमें से मुख्य-मुख्य का वर्णन कर रहे हैं, यथा—

(क) Crow & Crow के अनुसार—

1. दूसरों को मित्र बनाने की अधिक इच्छा।

2. दूसरों के द्वारा मित्र बनाये जाने की कम इच्छा।

3. विद्यालय में असफलताओं के कारण निराशा।

4. संवेगात्मक और सामाजिक असमायोजन।

(ख) Skinner के अनुसार—

5. सीखी हुई बात को नई परिस्थिति में प्रयोग करने में कठिनाई।

6. व्यक्तियों और घटनाओं के प्रति ठोस और विशिष्ट प्रतिक्रियाएँ।

7. मान्यताओं के सम्बन्ध में अटल विश्वास।

8. दूसरों की तनिक भी चिन्ता करने के बजाय केवल अपनी चिन्ता।

9. किसी बात का निर्णय करने में परिस्थितियों की अवहेलना, उदाहरणार्थ—धन की चोरी बुरी बात, परन्तु भोजन और अन्य वस्तुओं की चोरी बिल्कुल ठीक बात।

10. कार्य और कारण के सम्बन्ध में ऊटपटाँग धारणाएँ, उदाहरणार्थ—अपनी बीमारी के लिए थर्मामीटर पर दोषारोपण।

(ग) Frandsen के अनुसार—

11. आत्म-विश्वास का अभाव।

12. 50 से 70 या 75 तक बुद्धि-लब्धि।

13. विभिन्न अवसरों पर विभिन्न प्रकार का व्यवहार, जैसे—प्रेम, भय, मौन, चिन्ता, विरोध, पृथकता या आक्रमण पर आधारित व्यवहार।

14. "मन्द-बुद्धिबालक धीरे सीखते हैं, अनेक गलतियाँ करते हैं, जटिल परिस्थितियों को ठीक तरह नहीं समझते हैं, कार्य-कारण सम्बन्धों को समझने में साधारणत: असफल होते हैं और अनेक कार्यों के परिणामों पर उचित विचार किए बिना बहुधा भावावेशपूर्ण व्यवहार करते हैं।" इनके अतिरिक्त कुछ अन्य विशेषताएँ इस प्रकार होती हैं—

1. सीखने की धीमी गति।

2. अमूर्त्त चिन्तन का अभाव।

3. मौलिकता का अभाव।

4. सीमित रुचि।

5. संकेत पाने वाले।

6. शारीरिक विकास में अनियमितताओं का प्रभाव।

7. पेशीय समन्वय का अभाव।

8. समायोजन का अभाव।

मन्द-बुद्धिबालकों का शिक्षण

मन्द-बुद्धिबालक साधारण ज्ञान को प्राप्त करने में भी असमर्थ रहते हैं, अत: अध्यापक का प्रथम कर्त्तव्य है कि वह अभिभावकों को उनके बालकों के मानसिक विकास के सम्बन्ध में अवगत कराये जिससे वे अपने बालक के लिए उचित शिक्षा की व्यवस्था के बारे में सोच सकें। बालकों की मानसिक योग्यता की परीक्षा होनी चाहिए और अभिभावकों को इसका पूर्ण ज्ञान कराना चाहिए। अत: उन्हें बालक को अच्छा बनाने के लिए भरसक प्रयत्न जो वे कर सकते हैं, करना चाहिए। मन्द-बुद्धिबालकों के प्रति अन्याय होगा, यदि उनके अभिभावक उन्हें उनकी शक्ति से अधिक कार्य करने को बाध्य करते हैं। बालक के अन्दर बहुत सी संवेगात्मक समस्याएँ उत्पन्न हो जायेंगी और उसका समायोजन कठिन हो जाएगा। मन्द-बुद्धिबालकों के समायोजन की समस्या प्रतिभाशाली तथा साधारण बालकों से एकदम भिन्न है। मन्द-बुद्धिबालकों के साथ हमारा व्यवहार बड़ा ही सहानुभूतिपूर्ण तथा धैर्यपूर्ण होना चाहिए। हमें उनके चरित्र का भली-प्रकार विकास करना चाहिए। मन्द-बुद्धिबालकों को विद्यालय में उचित शिक्षा का अवसर देना चाहिए। उनको साधारण शब्दकोष सिखाना चाहिए। उनके पढ़ने की सामग्री रुचिपूर्ण होनी चाहिए और साधारण रूप से शिक्षा तथा सीखना, दोनों ही साथ-साथ चलने चाहिए। मन्द-बुद्धिबालकों को ऐसी व्यावसायिक शिक्षा भी देनी चाहिए जिससे वे सफलता प्राप्त कर सकें। उनको औद्योगिक शिक्षा देनी चाहिए जिससे वे उद्योग में सफल हो सकें और उचित रूप से अपनी जीविका को चला सकें।

मन्द-बुद्धिबालकों के लिए कार्यान्वित किये गये कार्यक्रमों, पाठ्यक्रम निर्माण के सिद्धान्तों और कुछ अन्य उल्लेखनीय बातों को निम्न प्रकार से स्पष्ट कर सकते हैं, यथा—

(अ) कार्यक्रम—**Skinner** के अनुसार—मन्द-बुद्धिबालकों के शिक्षण हेतु तीन विशेष कार्यक्रम आरम्भ किये गये हैं, यथा—

1. अपनी देखभाल का प्रशिक्षण—मन्द-बुद्धिबालकों को अपनी देखभाल का प्रशिक्षण, कपड़े पहनने और उतारने के अभ्यास, भोजन करते समय के शिष्टाचार, सफाई की आदतों अपनी वस्तुओं एवं वस्त्रों की रक्षा करने की शिक्षा द्वारा दिया जाता है।

2. सामाजिक प्रशिक्षण—मन्द-बुद्धिबालकों को सामाजिक प्रशिक्षण सहयोगी खेलों, सामूहिक कार्यों, पर्यटनों, अध्ययन की योजनाओं और विशिष्ट शिष्टाचार की शिक्षा द्वारा दिया जाता है।

3. आर्थिक प्रशिक्षण—मन्द-बुद्धिबालकों को आर्थिक प्रशिक्षण, हस्तशिल्पों और छोटे-छोटे घरेलू कार्यों की शिक्षा द्वारा दिया जाता है।

(ब) पाठ्यक्रम—**Skinner** के अनुसार—अमरीका के Illinois राज्य में मन्द-बुद्धिबालकों के लिये उनके जीवन की समस्याओं के आधार पर निम्नलिखित पाठ्यक्रम तैयार किया गया है—

1. शारीरिक और मानसिक स्वास्थ्य की शिक्षा।
2. पौष्टिक भोजन, सफाई और आराम की आदतों के साथ-साथ वास्तविक आत्म-मूल्यांकन की शिक्षा।
3. सुरक्षा, प्राथमिक चिकित्सा और आचरण सम्बन्धी नियमों की शिक्षा।
4. सुनने, निरीक्षण करने, बोलने और लिखने की शिक्षा।
5. घर और परिवार के उत्तरदायित्वों एवं उनके सदस्यों के रूप में सभी कार्यों को करने की शिक्षा।
6. स्थानीय यात्राओं को कुशलता से करने की शिक्षा।
7. निष्क्रिय और सक्रिय मनोरंजनों की शिक्षा।
8. अन्तर वैयक्तिक और सामूहिक समाजीकरण में कुशलता प्राप्त करने की शिक्षा।
9. विभिन्न वस्तुओं का मूल्य आँकने की शिक्षा।
10. धन, समय और वस्तुओं का उचित प्रबन्ध करने की शिक्षा।
11. कार्य, उत्तरदायित्व एवं साथियों और निरीक्षकों से मिलकर रहने की शिक्षा।
12. मान्यताओं और विवेकपूर्ण निर्णयों की शिक्षा।

(स) व्यक्तिगत शिक्षण व छात्र संख्या—**Frandsen** के अनुसार—मन्द-बुद्धिबालकों को व्यक्तिगत शिक्षण की आवश्यकता है। अत: कक्षा में छात्रों की संख्या 12 से 15 तक होनी चाहिए।

(द) विशिष्ट कक्षाएँ—**Frandsen** के अनुसार, मन्द-बुद्धिबालक अपनी सीमित योग्यताओं के कारण सामान्य कक्षाओं में ज्ञान का अर्जन नहीं कर पाते हैं। ये कक्षाएँ

उनमें सामाजिक असमायोजन का दोष भी उत्पन्न कर देती हैं। अत: उनको विशेष रूप से प्रशिक्षित शिक्षकों द्वारा विशिष्ट कक्षाओं में शिक्षा दी जानी चाहिये।

(य) शिक्षा के उद्देश्य—**Frandsen** के अनुसार, मन्द-बुद्धिबालकों की शिक्षा के निम्नांकित उद्देश्य होने चाहिए—

1. जन्मजात शक्तियों का विकास करना।

2. दैनिक जीवन में वैयक्तिक, सामाजिक और आर्थिक आवश्यकताओं की पूर्ति करना।

3. शारीरिक स्वास्थ्य की उन्नति करना।

4. स्वस्थ आदतों का निर्माण करना।

5. स्वतन्त्रता और आत्म-विश्वास की भावनाओं का विकास करना।

मन्द-बुद्धिबालकों का शिक्षक

मन्द-बुद्धिबालकों को शिक्षा देने वाले अध्यापक में निम्नलिखित गुण, विशेषताएँ या योग्यताएँ होनी चाहिए—

1. शिक्षक को बालकों का सम्मान करना चाहिए।

2. शिक्षक को बालकों को सहायता, परामर्श और निर्देशन देने के लिए तैयार रहना चाहिए।

3. शिक्षकों को बालकों में संवेगात्मक सन्तुलन और सामाजिक समायोजन के गुणों का विकास करना चाहिए।

4. शिक्षक को बालकों की आवश्यकताओं का अध्ययन करके, उनको पूर्ण करने का प्रयास करना चाहिए।

5. शिक्षक को बालकों के स्वास्थ्य, समस्याओं और सामाजिक दशाओं के प्रति व्यक्तिगत रूप से ध्यान देना चाहिए।

6. शिक्षक को बालकों की कमियों का पूर्ण ज्ञान होना चाहिए, पर साथ ही उसे विश्वास होना चाहिए कि वे प्रगति कर सकते हैं।

7. शिक्षक को बालकों को दी जाने वाली शिक्षा का उनके वास्तविक जीवन से सम्बन्ध स्थापित करना चाहिए।

8. शिक्षक को बालकों को एक या दो हस्तशिल्पों की शिक्षा देने में कुशल होना चाहिए।

9. शिक्षक को बालकों को उनकी संस्कृति से परिचित कराने के लिए सांस्कृतिक विषयों की शिक्षा देनी चाहिए।

10. शिक्षक को स्वयं शारीरिक श्रम को महत्त्व देना चाहिए और बालकों को उसे महत्त्व देने की शिक्षा देनी चाहिए।

11. शिक्षक को बालकों को शिक्षा देने के लिए सरल विधियों, मूर्त्त वस्तुओं और सामूहिक क्रियाओं का प्रयोग करना चाहिए।

12. शिक्षक को धीमी गति से पढ़ना चाहिए और पढ़ाये हुए पाठ को बार-बार दोहराना चाहिए।

13. शिक्षक को अपने शिक्षण को रोचक बनाने के लिए सभी प्रकार के उपयुक्त उपकरणों का प्रयोग करना चाहिए।

14. शिक्षक में धैर्य और संकल्प के गुण होने चाहिए, ताकि वह बालकों की मन्द प्रगति से हतोत्साहित न हो जाए।

15. शिक्षक में बालकों के प्रति प्रेम, सहानुभूति और सहनशीलता का व्यवहार करने का गुण होना चाहिए।

निष्कर्ष रूप में, हम **Kuppuswamy** के शब्दों में कह सकते हैं—"मन्द-बुद्धिबालकों के शिक्षकों को, उनको शिक्षा देने के लिए विशिष्ट कुशलता और प्रशिक्षण से सुसज्जित होने के अलावा बहुत धैर्यवान, सहनशील और सहानुभूतिपूर्ण होना चाहिए।"

बाल-अपराध एवं बालापराधी

प्रत्येक समाज अपने सदस्यों को अनेक सुविधाएँ एवं व्यवस्थाएँ प्रदान करता है। ये सुविधाएँ एवं व्यवस्थाएँ समाज द्वारा निर्धारित नियम-कानूनों से बँधी होती हैं। सामाजिक व्यवस्था को बनाए रखने के लिए इन नियम-कानूनों का पालन करना सबके लिए अनिवार्य होता है, चाहे वह वयस्क हो या बालक। यदि वयस्क इन नियम-कानूनों की अवहेलना करके समाज-विरोधी कार्य करता है तो उसका कार्य, 'अपराध' कहा जाता है। यदि बालक या किशोर इस प्रकार का कार्य करता है, तो उसका कार्य, 'बाल-अपराध' या 'किशोर-अपराध' कहा जाता है। एक बालक जो समाज की सुविधाओं का प्रयोग तो करता है किन्तु समाज द्वारा जिस व्यवहार की उससे आशा की जाती है, वह नहीं करता है- ऐसे बालक को हम 'बालापराधी' कहते हैं या जो बालक कानून की दृष्टि से दण्डनीय अपराध करता है, वह 'बालापराधी' कहा जाता है। किन्तु हम बालापराधी उसी बालक को कहते हैं जिसकी सामाजिक क्रियाएँ इतनी गम्भीर रूप धारण कर लेती हैं कि उसे देश के नियमों के अनुसार दण्ड देना पड़ता है। इस अर्थ में बाल-अपराध का

तात्पर्य है- किसी नियम का खण्डन। बालापराधी वे बालक होते हैं जो चोरी करते हैं तथा मारपीट करते हैं। कुछ बालापराधी डकैती से लेकर खून तक करते हैं। बालापराध अनैतिक स्तर पर होता है। बहुधा बालापराधी ने सही तथा गलत का अन्तर नहीं सीखा होता है। विभिन्न देशों में बाल-अपराधियों की निम्नतम और उच्चतम आयु भिन्न-भिन्न है। भारत में उसी बालक या किशोर का समाज-विरोधी कार्य, 'अपराध' माना जाता है, जिसकी निम्नतम आयु 7 वर्ष और अधिकतम आयु 16 वर्ष होती है।

❑❑❑

13

अपराध का स्वरूप

बाल-अपराध के लिए कदाचार तथा अपचार जैसे शब्दों का भी प्रयोग किया जाता है। बाल-अपराध के स्वरूप को हम उन अपराधों से सरलतापूर्वक समझ सकते हैं, जिनको बालक या किशोर करते हैं। इस प्रकार के कुछ अपराध हैं—चोरी करना, झूठ बोलना, नशा करना, जेब काटना, झगड़ा करना, चुनौतियाँ देना, सिगरेट पीना, व्यभिचार करना, तोड़-फोड़ करना, दूसरों पर आक्रमण करना, विद्यालय से भाग जाना, अपराधियों के साथ रहना, कक्षा में देर से आना, छोटे बालकों को तंग करना, बड़ों के विरुद्धविद्रोह करना, दिन और रात में निरुद्देश्य घूमना, बस और रेल में बिना टिकट यात्रा करना, दीवारों पर उचित या अनुचित बातें लिखना, जुए के अड्डों और शराबखानों में आना-जाना, चोरों, डाकुओं, आवारा, बदचलन और दुष्ट व्यक्तियों से मिलना-जुलना, माता-पिता की आज्ञा के बिना घर से गायब हो जाना, सड़क पर चलते समय इस पर चलने के नियमों का पालन न करना, किसी की खड़ी हुई मोटर-कार में बैठकर सैर के लिए चल देना आदि-आदि।

बाल-अपराधी की पहचान के लिए विशेषताएँ

बाल-अपराधी की विशेषताओं को विभिन्न मनोवैज्ञानिकों ने अपने-अपने ढंग से बताया है। इनमें से प्रमुख इस प्रकार हैं—

(अ) Klausmeier & Goodwin के अनुसार

1. गठा हुआ और पुष्ट शरीर।

2. जिद्दी, स्वार्थी, साहसी, बहिर्मुखी, आवेगपूर्ण, विनाशकारी, आक्रमणकारी।

3. प्रेम, ज्ञान, नैतिकता और संवेगात्मक संतुलन से रहित परिवार का सदस्य।

4. संभोग में क्रूरता, व्यवहार में व्याकुलता और सामाजिक स्थिति प्राप्त करने की उत्सुकता।

5. शीघ्र क्रुद्धहोना, दूसरों का विरोध करना, दूसरों को चुनौती देना, दूसरों पर संदेह करना, समाज-विरोधी कार्य करना, अधिकारियों की आज्ञा न मानना, समस्या को उचित विधि से हल न करना।

(ब) Ellis के अनुसार

अध्ययन में मन न लगना, औसत छात्रों से कम पढ़ना, बालकों और बालिकाओं का अनुपात 80 और 20 होगा।

(स) Kuppuswamy के अनुसार

अपराधी बालक के चरित्र की मुख्य विशेषता यह है कि वह वर्तमान आनन्द के सिद्धान्त में विश्वास करता है और भविष्य की चिन्ता नहीं करता है।

इस प्रकार बालापराधी साहसी होते हैं, धुन के पक्के होते हैं, अच्छा शारीरिक स्वास्थ्य होता है, चेहरा रूखा तथा तेजहीन होता है, स्वयं के प्रति लापरवाह होते हैं, नैतिक स्तर नहीं होता है, क्रोधी होते हैं, विरोधी होते हैं, क्रूर होते हैं, इत्यादि। किन्तु ये सभी विशेषताएँ सभी बालापराधियों में नहीं पाई जाती हैं। कुछ बालापराधी ऐसे भी देखे गए हैं जो बड़े शान्त तथा सौम्य दिखते हैं, अच्छे शिष्ट कपड़े पहनते हैं, खूब लिखते-पढ़ते हैं किन्तु अवसर मिलते ही किसी न किसी प्रकार का बड़ा अपराध कर लेते हैं। इसी प्रकार एक ऐसे बालापराधी से परिचय है जो एक-दो हत्या कर चुका है और अब भी कहता है कि क्या है दो-चार साल की जेल हो जाएगी, एक और करने में डर काहे का। किन्तु वह प्रत्येक लड़की को बड़े सम्मान व इज्जत से देखता है। यदि इस दृष्टिकोण से देखें तो वह बड़ा ही उच्च चरित्र बालक है। चोरी करना पाप समझता है, किसी की कोई चीज इधर-उधर नहीं करता है। इस प्रकार स्पष्ट है कि बालापराधियों की सुनिश्चित व स्पष्ट विशेषताओं का वर्णन करना कठिन है। जटिल व क्लिष्ट समाज में तो इनकी विशेषताएँ बताना और भी कठिन है क्योंकि इन समाजों में दुहरे व्यक्तित्व बहुत अधिक पाये जाते हैं।

बाल-अपराध के कारण

मेडिनस व जॉन्सन का मत है—''सामाजिक समस्या के रूप में बाल-अपराध में वृद्धिहोती हुई जान पड़ती है। यह वृद्धिकुछ तो जनसंख्या की सामान्य वृद्धिके परिणामस्वरूप और कुछ जनसंख्या के अधिक भाग के ग्रामीण वातावरण के बजाय शहरी वातावरण में रहने के परिणामस्वरूप हो रही है।''

1. आनुवंशिक कारण

1. अपराधी-प्रवृत्ति—अनेक बालकों को अपराध करने की प्रवृत्ति वंशानुक्रम से मिलती है। यह ठीक उसी प्रकार से है जैसे- कुत्ता कुत्ते को जन्म देता है, बिल्ली बिल्ली को जन्म देती है तथा अपराधी अपराधी को जन्म देता है और इस स्थिति में अपराधी प्रवृत्ति का उपचार संभव नहीं है क्योंकि यह प्रवृत्ति जन्मजात होती है। जो कुछ भी जन्मजात होता है; उस गुण का उन्मूलन सम्भव नहीं है।

वंशानुक्रम के ही सम्बन्ध में दूसरा मत है कि बुद्धिजन्मजात क्षमता है। कुछ बालक मूढ़ होते हैं। मूढ़ बालकों में आवश्यक मात्रा में बुद्धि की कमी होती है जिसके कारण वे अपराध प्रवृत्ति विकसित कर लेते हैं। नैतिक मूल्यों का विकास करने में असमर्थ रहते हैं। इन्हें नैतिक मूढ़ कहते हैं। सिरिल बर्ट (Cyril Burt) के अनुसार—''नैतिक मूढ़ वे बालक हैं जिनमें जन्म से या प्रारम्भिक आयु से ही मानसिक दोष देखे जाते हैं जिनमें अपराधी प्रवृत्तियाँ होती हैं और जिन पर दण्ड का प्रभाव बिल्कुल नहीं होता है।''

कुछ विद्वानों का मत है कि नैतिक तथा अनैतिक का भाव बालक अपने पूर्वजों से प्राप्त करता है। इनके अनुसार नैतिकता जन्मजात होती है। मनोचिकित्सक इसे नैतिक पागलपन कहते हैं जिसके कारण वह नैतिक मूल्यों का विकास नहीं कर पाता है।

सीजर लोम्ब्रासो को अपराध-विज्ञान का जनक माना जाता है। लोम्ब्रासो ने अनेक अपराधी बालकों के वंश-वृक्ष का अध्ययन करके निष्कर्ष निकाला कि कुछ 'जन्मजात अपराधी' होते हैं। अनेक मनोवैज्ञानिकों का मत है कि बाल-अपराधियों का जन्म होता है जिनमें लोम्ब्रासो के अतिरिक्त मोस्ले (Maudsley) और डगदाले (Dugdale) विशेष रूप से उल्लेखनीय हैं। उन्होंने अपने अन्वेषणों से सिद्धकिया है कि बालकों को अपराधी-प्रवृत्ति अपने माता-पिता से वंशानुक्रम द्वारा प्राप्त होती है। ज्यूक्स तथा कालीकाक परिवारों के अध्ययन इसके उदाहरण हैं। इसीलिए वेलेन्टाइन (Valentine) ने लिखा है—''आनुवंशिक लक्षण, अपराधी प्रवृत्तियों को प्रोत्साहित करते हैं।''

2. उत्पादक गुण-सूत्र—मेडिनस व जॉनसन Medinnus & Johnson के अनुसार व्यक्तियों में साधारणतः दो प्रकार के गुण-सूत्र होते हैं—स्त्रियों में XX और पुरुषों में

XY। यह गुणों की सामान्य स्थिति है जिनके मिलने से बालक का जन्म होता है और वह सामान्य बालक होता है किन्तु कभी-कभी स्त्री का केवल X तथा पुरुष के XYY गुणसूत्र मिलकर बालक का निर्माण करते हैं। यह बालक अपराधी होगा। इस प्रकार कुछ वैज्ञानिकों ने शरीर-विज्ञान के आधार पर अपराधी प्रवृत्ति के हस्तान्तरण का विश्लेषण किया है।

3. शारीरिक रचना—बालक की शारीरिक रचना का आधारभूत कारण उनका वंशानुक्रम होता है। बाल-अपराधियों को अपने वंशानुक्रम से विशेष प्रकार की शारीरिक रचना प्राप्त होती है, जिसे खिलाड़ियों का-सा शरीर कहते हैं। इस शारीरिक रचना वाले बालक का शरीर गठा हुआ और पुष्ट होता है। ग्लीक एवं ग्रीक (Glueck & Glueck) ने अपनी पुस्तक Physique & Delinquency में अपने स्वयं के अध्ययनों के आधार पर लिखा है कि इस प्रकार की शारीरिक रचना और बाल-अपराध में घनिष्ठ सम्बन्ध होता है।

2. शारीरिक कारण

1. शारीरिक दोष—बालक यदि शारीरिक दोषों से ग्रस्त है तो वह एक प्रकार से अपने में कमी समझने लगता है। बालक के शारीरिक दोष उसके तिरस्कार के कारण बनते हैं। इस तिरस्कार से उसके आत्म-सम्मान को ठेस पहुँचती है। फलस्वरूप, वह तिरस्कार का बदला लेने के लिये दूसरों को कष्ट देने और सताने का अपराध करने लगता है। इसका कारण यह भी है कि उसमें समाज के विरुद्धएक प्रतिक्रिया का विकास हो जाएगा। वह चाहेगा कि समाज को तोड़फोड़ कर नष्ट कर दे। वह अपने दोष का उत्तरदायी समाज को ही समझने लगेगा। क्लिफोर्ड माम्साट (Clifford Mamshadt) ने इसका एक उदाहरण दिया है कि एक बालक की आँखें कमजोर थीं और वह पढ़ नहीं सकता था। दूसरे लड़के उसका मजाक उड़ाते थे। इससे उसके आत्म-सम्मान को चोट लगती थी। अत: उसने चश्मा लगाने वाले लड़कों के चश्मे चुराने आरम्भ कर दिये। पहले तो उसने ऐसा उनको तंग करने के लिये किया, परन्तु धीरे-धीरे उसको चोरी करने की आदत पड़ गई। हैडफील्ड भी मानते हैं कि शारीरिक क्रियाओं में दोष आ जाने से अपराध को प्रोत्साहन मिलता है। उनके अनुसार ऐसे अपराध स्वाभाविक अपराध कहलाते हैं। स्त्रियों में ऋतु-स्राव के समय अपराधीपन बढ़ जाता है। एलिस Ellis का कथन है कि यदि कोई स्त्री दुकान से कोई चीज उड़ा रही है तो यह सम्भावना है कि उसका ऋतु-स्राव हो रहा है।

2. असंतुलित शारीरिक विकास—यदि किसी बालक का विकास उसी आयु के बालक से तीव्र या मन्द गति से चलता है तो उसके समायोजन में भी कठिनाई उपस्थित

हो जाती है। ऐसे बालक अपनी आयु वाले से बड़े या छोटे प्रतीत होते हैं। यह बात उनमें अपने विकास के सम्बन्ध में असन्तोष उत्पन्न कर देती है और यह कभी-कभी उन्हें असामाजिक व्यवहार की ओर धकेल देती है।

3. यौनांगों का तीव्र विकास—जिन बालकों और बालिकाओं के यौनांगों का तीव्र विकास होता है, वे अनेक प्रकार के काम-सम्बन्धी अपराध करने लगते हैं, जैसे- हस्तमैथुन और सम या विषमलिंगी व्यक्तियों से सम्भोग।

3. मनोवैज्ञानिक कारण

1. निम्न सामान्य बुद्धि—निम्न सामान्य बुद्धिभी अनैतिक व्यवहार को कभी-कभी प्रोत्साहित करती है। एक बालक जो निम्न बुद्धिका होता है, उसे अनैतिक व्यवहार की ओर सरलता और शीघ्रता से खींचा जा सकता है। उसमें यह समझने की शक्ति ही क्षीण होती है कि उच्च सामाजिक व्यवहार क्या है। उसे प्रलोभन दिए जाएँ तो वह असामाजिक व्यवहार की ओर शीघ्रता से अग्रसर होने लगता है। बर्ट Burt ने जिन बाल-अपराधियों का अध्ययन किया, उनमें से 4/5 (8 प्रतिशत) में औसत से कम बुद्धिथी अर्थात् उनकी बुद्धि-लब्धि 100 से कम थी।

2. मानसिक रोग—बालकों के मानसिक रोग उनको अपराधी बनाने के लिये उत्तरदायी होते हैं। इन रोगों से ग्रस्त बालकों में मानसिक तनाव, विचारशून्यता, असंतुलन या अन्तर्द्वन्द्व उत्पन्न हो जाता है। ऐसी दशा में वे अपना आत्म-नियंत्रण खोने के कारण अपराध कर बैठते हैं।

3. अवरुद्धइच्छा—मैक्डूगल ने बताया है कि प्रत्येक मूल-प्रवृत्ति के साथ एक संवेग जुड़ा रहता है। उदाहरण के लिए—'पलायन' की प्रत्येक मूल-प्रवृत्ति के साथ 'भय' का संवेग सम्बद्धरहता है। जब मूलप्रवृत्ति अवरुद्धहो जाती है, तब यह 'भावना-ग्रन्थि' का निर्माण कर देती है। इससे बालक में बेचैनी पैदा हो जाती है। यह बेचैनी उसकी दूसरी इच्छाओं को भी प्रभावित करती है। यही कारण है कि बालक धमकाने पर झूठ बोल सकता है, घर से भाग सकता है और दूसरे पर आक्रमण कर सकता है। अवरुद्धइच्छाओं के कारण बालक में मानसिक संघर्ष उत्पन्न हो जाता है, जो अनेक अपराधों का कारण होता है।

4. निराशा— (हरलॉक) Hurlock के अनुसार—"आक्रमण, निराशा की सामान्य प्रतिक्रिया है। व्यक्ति जितना अधिक निराश होता है, उतना ही अधिक आक्रमणकारी हो जाता है।" इस कथन के आधार पर हम कह सकते हैं कि निरन्तर निराश रहने वाला बालक आक्रमणकारी बनकर बाल-अपराध का दोषी बनता है।

5. ग्रन्थियाँ—जिस बालक में 'ग्रन्थियों' का निर्माण हो जाता है, वह थोड़े-बहुत समय के बाद कोई न कोई अपराध अवश्य करने लगता है। उदाहरणार्थ, 'विमाता-ग्रन्थि' या 'हीन भावना की ग्रन्थि' उसमें प्रतिशोध की भावना उत्पन्न करके उससे कोई भी असामाजिक कार्य करवा सकती है।

6. संवेगात्मक असंतुलन—बाल-अपराध के मनोवैज्ञानिक कारणों में संवेगात्मक असंतुलन को सबसे महत्त्वपूर्ण माना जाता है। संवेगात्मक असुरक्षा, अपर्याप्तता, हीनता की भावना, प्रेम और सहानुभूति का अभाव और कठोर अनुशासन के प्रति पूर्ण समर्पण या उद्दंड कार्य न केवल बालक के व्यवहार और व्यक्तित्व को असमायोजित कर देता है, वरन् उसे अपराध करने की भी प्रेरणा देता है। हीले एवं ब्रोनर Healy & Bronner ने जिन बाल-अपराधियों का अध्ययन किया, उनमें से 91 प्रतिशत ने यह बयान दिया कि इनके जीवन के कटु अनुभवों ने उनमें इतना संवेगात्मक असंतुलन उत्पन्न कर दिया था कि वे मानसिक रूप से परेशान हो गये थे।

4. सामाजिक कारण

1. साथी—अकेला बालक बहुत कम अपराध करता है, इसके साथ प्राय: कोई न कोई होता है। ग्लीक Glueck ने अपने अन्वेषणों से सिद्धकिया है कि जिन 500 अपराधी बालकों का उसने अध्ययन किया, उनमें से 95 प्रतिशत शराबियों, जुआरियों, व्यभिचारियों और गुंडों की संगति में रहे थे। हीले Healy के अनुसार अपराधी बालक किसी न किसी गुट के सदस्य अवश्य होते हैं। अत: हम कह सकते हैं कि बालक बुरे साथियों की संगति में पड़कर अपराध करते हैं।

2. घर का दूषित वातावरण—घर का दूषित वातावरण भी बालकों में अपराध की प्रवृत्ति को बढ़ावा देता है, इसके कई कारण हो सकते हैं, यथा—

(i) घर में विमाता या विपिता होना।

(ii) माता-पिता के आपसी झगड़े।

(iii) माता-पिता का बालक के प्रति कम प्यार।

(iv) माता या पिता या दोनों का बालक पर अधिक प्यार।

(v) माँ-बाप की बालक के प्रति उच्च आकांक्षा। उनका उसे वास्तविक रूप से उस उच्च स्तर पर देखने की कामना करना जिस तक वे स्वयं नहीं पहुँच पाये हैं।

(vi) कुटुम्ब के अन्य सदस्यों से झगड़ा।

(vii) कुटुम्ब के अन्य सदस्यों की तुलना में बालक को हीन बताना। बहुत से माता-पिता एक बालक की तो बहुत प्रशंसा करते हैं और दूसरे की बुराई। इस प्रकार

दूसरा बालक आत्महीनता का अनुभव करने लगता है, और उसे अनैतिक व्यवहार करने की प्रेरणा मिल जाती है।

(viii) घर में दूषित अनुशासन का होना- या तो सरल या फिर कठोर अनुशासन होना।

(ix) माता-पिता का शराबी या जुआरी होना।

(x) माता-पिता में काम-सम्बन्धी दोषों का होना। उनका चरित्रहीन होना।

(xi) माता या पिता का मानसिक असन्तुलन।

(xii) माता या पिता का तलाक दे देना।

(xiii) माता का नौकरी करना जिससे बालक के ऊपर नियन्त्रण न रह सके और न उसकी आवश्यकताओं की देखभाल हो सके।

3. घर से बाहर का वातावरण—

(i) घर के चारों तरफ दूषित वातावरण का होना, जैसे-वेश्यालय, जुआघर आदि।

(ii) बहुत अधिक चलचित्र देखना जिससे काम सम्बन्धी उत्तेजना मिलती है।

(iii) ऐसे मित्रों का साथ जो स्वयं बालापराधी हैं। ऐसे मित्र बालक को अनैतिक कार्य के लिए प्रोत्साहित करते हैं। इसके अतिरिक्त जब बालक समूह में होता है तो वह अनैतिक व्यवहार करने को शीघ्र तत्पर हो जाता है। वह ऐसे व्यवहार में अपने दूसरे साथियों का अनुसरण करने लगता है।

(iv) छोटे बालकों का फैक्टरी या अन्य उद्योग-धन्धों में लग जाना। यह कारण हमारे देश में मुख्य कारण हो सकता है। साक्षरता के अभाव में बहुत से बालक तो पाठशाला का मुँह तक नहीं देख पाते हैं। जैसे ही वे कुछ करने के योग्य हो जाते हैं, उन्हें काम पर लगा दिया जाता है। ऐसे बालक बचपन से ही बीड़ी-सिगरेट पीना, चलचित्र देखना तथा शराब पीना तक आरम्भ कर देते हैं, और इस प्रकार उनमें अनैतिक व्यवहार का सृजन हो सकता है।

(v) पाठशाला में अध्यापकों का अनुचित व्यवहार।

(vi) शिक्षा विधि तथा शिक्षा-साधनों का अरोचक होना।

(vii) पाठशाला में कड़ा या ढीला-ढाला अनुशासन होना।

(viii) उचित मनोरंजन के साधनों का अभाव, खेल के मैदान आदि का न होना।

4. अवकाश—यदि बालकों को अपना अवकाश बिताने के लिए मनोरंजन या खेल के उचित साधन प्राप्त नहीं हैं, तो उनका अनुचित दिशा में जाना स्वाभाविक होता है। बोगोट Bogot ने अपने अध्ययनों से यह सिद्धकरने का प्रयास किया है कि बाल-अपराध अधिकतर या तो शनिवार और रविवार को होते हैं या 4-5 बजे के बीच में होते हैं, जब बालकों का समय खाली रहता है।

5. नगरीय वातावरण—आधुनिक नगरों का वातावरण अत्यधिक कृत्रिम, दूषित और अनैतिक है। इसमें बाल-अपराध को प्रोत्साहन देने वाले सभी साधन विद्यमान हैं, जैसे-मदिरालय, वेश्यालय, सस्ते मनोरंजन, कामुक चलचित्र, जुआ और सट्टा खेलने के अड्डे, लाउडस्पीकरों पर अश्लील गाने इत्यादि। जिस बालक पर उसके माता-पिता का नियंत्रण पर्याप्त ढंग से नहीं रहता है, वह इनके प्रभाव से वंचित नहीं रह पाता है। परिणामत: यह कुमार्ग पर चलने लगता है।

6. गन्दी बस्तियाँ—मेडिनस एवं जॉनसन के अनुसार—"समाज-शास्त्रियों का तर्क है कि अधिकांश बाल-अपराधी गन्दी बस्तियों के होते हैं।" उनके इस कथन को सत्य सिद्धकरने के लिए शॉ एवं मैके Shaw & Mackey ने अमेरिका के लगभग 15 नगरों में बाल-अपराधों का अध्ययन किया जिनके परिणामस्वरूप वे इस निष्कर्ष पर पहुँचे कि गन्दी बस्तियों में बाल-अपराधों की दरें सबसे अधिक थीं।

7. **युद्ध**—युद्ध, बाल-अपराधों को तीन विशेष कारणों से प्रेरणा देते हैं। पहला, जिन बालकों के अभिभावक युद्धक्षेत्र में चले जाते हैं, उनकी ठीक देखभाल नहीं हो पाती है। दूसरा, जो मनुष्य युद्धमें मारे जाते हैं, उनमें से अधिकांश के बच्चे असहाय हो जाते हैं। तीसरा, जिन देशों पर बम गिराये जाते हैं, उनके अनेक बच्चे अनाथ हो जाते हैं। ये सभी बच्चे अपने उदर की पूर्ति करने के लिये किसी भी प्रकार का अनैतिक कार्य कर सकते हैं।

8. देश का विभाजन—इस कारण का हमारे देश से विशेष सम्बन्ध है। विभाजन से पूर्व यहाँ बाल-अपराधों की संख्या बहुत कम थी। विभाजन के परिणामस्वरूप देश में हिन्दू-मुस्लिम साम्प्रदायिक झगड़ों की समस्या बढ़ गई। इन झगड़ों में वयस्कों के अलावा किशोरों ने विशेष रूप से भाग लिया। फलस्वरूप, कुछ समय तक बाल-अपराधों की दरों में बहुत तेजी से वृद्धिहुई।

9. दूषित साहित्य—समाज में उपलब्ध साहित्य का बालकों पर प्रभाव पड़ता है। यदि समाज में उपलब्ध साहित्य दूषित है, जिसमें अपराध, आक्रमण, बलात्कार, चोरी तथा अन्य अनैतिक कार्यों की ही चर्चा होती है तो बालक के व्यवहारों पर इस साहित्य का स्पष्ट कुप्रभाव पड़ता है।

10. समाज की दूषित राजनीति—समाज में प्रचलित राजनीति में यदि बालकों को घसीटा जाए तथा राजनीतिक दल बालकों को अपने उद्देश्य की पूर्ति का साधन बना लें तो बालक के ऊपर इसका बुरा प्रभाव पड़ता है। राजनीति में प्रवेश से छात्रों में परस्पर द्वेषपूर्ण व संघर्षपूर्ण विचारधाराओं का विकास हो जाता है।

11. समाज में आर्थिक असमानताएँ—समाज में व्याप्त घोर आर्थिक असमानताएँ आपराधिक प्रवृत्तियों को बढ़ावा देती हैं। समाज में शोषण तथा दमन अपराध प्रवृत्ति को बढ़ाते हैं जिनका सीधा प्रभाव बालक के व्यवहारों पर पड़ता है। शोषक तथा शोषित दोनों ही प्रकार के परिवारों के बालक अलग-अलग प्रकार के आपराधिक कार्य करने लगते हैं। आर्थिक दृष्टि से सम्पन्न समाज के बालक सामान्यत: यौन-अपराध करते हैं तथा आर्थिक दृष्टि से विपन्न समाज के बालक चोरी जैसे अपराध करने लगते हैं।

12. बेरोजगारी की समस्या—समाज में व्याप्त बेरोजगारी के कारण भी अनेक अपराधों में वृद्धिहोती है। रोजगार के अभाव में परिवार के सम्मुख जीविकोपार्जन की समस्या उत्पन्न होती है। भूखमरी से परिवार को बचाने के लिए स्त्री तथा पुरुष दोनों ही अनैतिक कार्य करने लगते हैं तथा बालक कारखानों में छोटा-मोटा कार्य करने लगते हैं जिससे बालकों में शराब पीना, जुआ खेलना, बीड़ी-सिगरेट पीना, सिनेमा देखना जैसी आपराधिक प्रवृत्तियाँ विकसित हो जाती हैं। युवा लड़कियाँ भी चरित्रहीनता की ओर बढ़ने लगती हैं।

5. पारिवारिक कारण

1. परिवार का वातावरण—परिवार का दूषित वातावरण बालक को शीघ्र ही अपराध के मार्ग पर अग्रसर कर देता है। परिवार का ढीला अनुशासन नीचे नैतिक मूल्य व चरित्र तथा मनोरंजन के स्वस्थ साधनों का अभाव आदि कारणों से बालक अपराधी-प्रवृत्ति अपना लेते हैं। यदि बच्चों के भाई-बहिन अपराधी हैं, यदि उनके माता-पिता उनको कठोर अनुशासन में रखते हैं, यदि परिवार के सदस्य आपस में लड़ते-झगड़ते हैं, यदि बच्चों पर शिथिल नियन्त्रण है, तो वे अपराध के मार्ग पर चलने लगते हैं। यदि घर में उनके खेलने के लिए स्थान नहीं होता है, तो वे गलियों में घूमने लगते हैं और बुरी संगति में पड़कर अपराधी बन जाते हैं।

2. बरबाद परिवार—ऐसे परिवार जिनको जीवन की आवश्यकताओं को पूरा करने के लिए कोई साधन उपलब्ध नहीं होता है बरबाद परिवारों की श्रेणी में आते हैं। परिवार में जब धनोपार्जन करने वाले की मृत्यु हो जाती है, या वह परिवार से सम्बन्ध तोड़ लेता है, या अनैतिकता का मार्ग अपनाकर किसी की भी चिन्ता नहीं करता है ऐसी दशा में उसके परिवार के बालक अपराध करने की ओर प्रवृत्त होते हैं। जॉनसन ने

अपराधी बालकों के आँकड़े एकत्र करने पर पाया कि उनमें से 52 प्रतिशत बरबाद परिवारों से थे। हीले और ब्रोनर ने अमेरिका के शिकागो और बोस्टन नगरों में 4,000 बालकों का निरीक्षण किया और उनमें से 2,000 को बरबाद परिवारों का पाया।

3. टूटे परिवार—टूटे परिवार वे होते हैं जो किन्हीं कारणों से टूट जाते हैं या विच्छिन्न हो जाते हैं अर्थात् जब कमाने वाला स्वयं परिवार से पृथक् हो जाता है, या अधिक शराब पीने के कारण परिवार की तरफ ध्यान नहीं देता है तो ऐसी स्थिति में बालक जल्दी ही अपराधी बन जाते हैं क्योंकि उन पर अनुशासनकर्ता का कोई नियन्त्रण नहीं रहता है, वे स्वतन्त्र हो जाते हैं तथा उनके सामने आर्थिक कठिनाइयाँ आने लगती हैं।

4. अनैतिक परिवार—जिस परिवार में माता-पिता या अन्य सदस्य अनैतिक होते हैं, उनके बच्चे भी उन्हीं के समान होते हैं। मोब्ले इलियट (Moble Elliot) ने अमेरिका के स्लाटेनफार्म (Slaten Farm) पर अपराधी लड़कियों का अध्ययन करने पर यह पाया कि उनमें से 67 प्रतिशत लड़कियाँ अनैतिक परिवारों की थीं। वेलेन्टाइन ने लिखा है कि बर्ट को अपने अध्ययन में 54 प्रतिशत बालक अनैतिक परिवारों के मिले। इस प्रकार स्पष्ट है कि बालक जैसे वातावरण में जीवन व्यतीत करता है, वह वैसा ही बन जाता है।

5. परिवार की निर्धनता— कुप्पू स्वामी (Kuppuswamy) के अनुसार—"अपराधी चरित्र का विकास करने में निर्धनता एक अति महत्त्वपूर्ण कारक है।" परिवार की गिरी हुई आर्थिक स्थिति का बालक के व्यवहारों पर बड़ा ही प्रतिकूल प्रभाव पड़ता है। बालक की अनेक आर्थिक आवश्यकताएँ होती हैं। अत्यधिक निर्धन परिवार के बालकों को आरम्भ से ही खाने की वस्तुओं की चोरी करने या भीख माँगने के लिए बाध्य होना पड़ता है। कुछ परिवार ऐसे होते हैं, जिनमें बालकों और बालिकाओं को भोजन तो मिल जाता है, परन्तु धनाभाव के कारण उनकी अन्य इच्छाएँ पूर्ण नहीं हो पाती हैं। बालक—पान, सिगरेट, सिनेमा आदि के लिए और बालिकाएँ साज-श्रृङ्गार हेतु धन चाहती हैं। अत: बालक चोरी और बालिकाएँ व्यभिचार करके धन प्राप्त करने लगती हैं। ग्रीक ने 500 बाल-अपराधियों का परीक्षण करके यह खोज की कि उनमें से 66 ऐसे परिवारों के थे, जिनकी दैनिक आवश्यकताएँ पूरी नहीं होती थीं और 252 ऐसे परिवारों के थे, जो बड़ी कठिनाई से अपनी दैनिक आवश्यकताओं को पूरा कर पाते थे। वेलेन्टाइन ने लिखा है कि बर्ट ने जिन बाल-अपराधियों का अध्ययन किया, उनमें से आधों के परिवार निर्धन या अत्यधिक निर्धन थे।

6. तिरस्कृत बच्चे—जो बच्चे माता-पिता द्वारा तिरस्कृत होते हैं, वे अपराध की ओर अग्रसर होते हैं। इस तिरस्कार का कारण मुख्य रूप से सौतेली माता या सौतेले पिता का होना माना जाता है। इस प्रकार के तिरस्कृत बच्चों को अपने माता-पिता के प्यार के

स्थान पर गलियों में घूमने वाले आवारा लोगों का प्यार मिलता है और वे कुछ समय के बाद उनके द्वारा बताए हुए अपराधी कार्यों को करने लगते हैं।

7. बच्चों के प्रति दुर्व्यवहार— कुप्पूस्वामी के शब्दों में—"बाल-अपराध का सबसे महत्त्वपूर्ण कारण बालक के द्वारा परिवार के दुर्व्यवहार का अनुभव किया जाना है।" यदि बालक को परिवार में बड़े व्यक्तियों द्वारा सदैव डाँटा या मारा जाता है, दोष निकाले जाते हैं और आलोचना की जाती है, तो वह अत्यधिक उदासीन और चिन्ताग्रस्त हो जाता है। वह परिवार से समायोजन करने का प्रयास करता है। जब वह ऐसा करने में असफल हो जाता है, तब विद्रोह कर उठता है और असामाजिक कार्य करने लगता है, जैसे—विद्यालय से भागना या घर से रुपया और आभूषण लेकर गायब हो जाना।

8. पिता की अनुपस्थिति या मृत्यु—यदि पिता परिवार से बहुत समय तक अनुपस्थित रहता है, तो बालक पर नियन्त्रण शिथिल हो जाता है। स्वतन्त्रता प्राप्त हो जाने के कारण वह घर से बाहर इधर-उधर जाकर बुरी संगति में पड़ जाता है जिसका स्वाभाविक परिणाम होता है—अपराध के मार्ग का अनुसरण करना। पिता की मृत्यु के कारण भी बालक का अपराधी बनना लगभग तय हो जाता है। इसका उदाहरण देते हुए **मेडिनस एवं जॉनसन** ने लिखा है—"क्योंकि नीग्रो जाति में पिता की मृत्यु दर सबसे अधिक है, इसलिए इसमें कोई आश्चर्य की बात नहीं है कि इस जाति में बाल-अपराध की दर सबसे अधिक है।"

6. विद्यालय सम्बन्धी कारण

1. विद्यालय का भौतिक वातावरण—विद्यालय का भौतिक वातावरण यदि काफी खराब है, चारों ओर घोर कोलाहल रहता है, धूप व प्रकाश पर्याप्त मात्रा में नहीं मिलता है तथा वातावरण अत्यन्त घुटनपूर्ण है तो निश्चय ही बालक में पलयान करने की प्रवृत्ति विकसित हो जाएगी। हमारे देश में ऐसे अनेक विद्यालय हैं, जो नगर के दूषित और कोलाहलपूर्ण भागों में स्थित हैं। बालक वहाँ जाते हुए प्रतिदिन विभिन्न प्रकार के अमानवीय कृत्य देखते हैं। कुछ बालक उनसे प्रभावित होकर उनको अपने जीवन का अङ्ग बना लेते हैं या विद्यालय-प्रांगण से पलायन कर बालक बुरी संगत में पड़कर आवारागर्दी तथा अपराध कार्यों में लग जाते हैं।

2. पर्याप्त अनुशासन एवं नियन्त्रण का अभाव—विद्यालय में पर्याप्त अनुशासन का अभाव भी बालक को अपराध के मार्ग पर बढ़ने के अवसर प्रदान करता है। आजकल के विद्यालय शिक्षा की दुकानें हो गई हैं, जिनमें धन प्राप्त करने के लिए संख्या की ओर ध्यान दिये बिना बालकों को भर लिया जाता है। ऐसे विद्यालयों में बालकों पर किसी प्रकार का नियन्त्रण नहीं होता है। फलस्वरूप, वे अपनी इच्छानुसार कहीं भी घूमने के

लिये या सिनेमा देखने के लिए जा सकते हैं। इस प्रकार के बालक क्रमशः बाल-अपराध के मार्ग को ग्रहण करते हैं।

3. दूषित पाठ्यक्रम—विद्यालय में प्रचलित पाठ्यक्रम यदि अत्यन्त कठिन है, उसमें विविधता का अभाव है, वह बालकों की शैक्षिक आवश्यकताओं को पूरा नहीं कर पाता है, पाठ्यक्रम रुचिकर तथा उपयोगी नहीं है तो बालक शिक्षा में रुचि नहीं लेगा, वह उससे दूरी बनाने की चेष्टा करेगा तथा विद्यालय से भाग जाएगा।

4. खेल व मनोरंजन का अभाव—विद्यालय अपनी आर्थिक तथा अन्य सीमाओं के कारण बालकों के लिए पर्याप्त मात्रा में खेलकूद तथा सहगामी क्रियाओं की व्यवस्था नहीं कर पाते हैं। खेल के लिए पर्याप्त स्थान न होने के साथ-साथ इन पर धन व्यय करना मूर्खता समझते हैं। खेल की व्यवस्था न होने के कारण बालकों के अनेक संवेग दमित अवस्था में पड़े रहते हैं, जो उभरने पर अति घातक सिद्धहोते हैं। वे बालकों को न केवल असमायोजित कर देते हैं, वरन् उनको विविध प्रकार के अपराध करने के लिये भी प्रेरित करते हैं।

5. शिक्षकों का दुर्व्यवहार—बालक के साथ यदि शिक्षकों का व्यवहार ठीक नहीं है, वे पक्षपातपूर्ण व्यवहार करते हैं, बालकों को पर्याप्त स्नेह तथा स्वीकृति नहीं दे पाते हैं, दण्ड को बड़ी मात्रा में अनुशासन स्थापित करने के लिए अपनाते हैं, बालकों की शैक्षिक आवश्यकताओं की पूर्ति नहीं कर पाते हैं, अनुपयुक्त शिक्षण-पद्धति अपनाते हैं तथा अपना मानसिक स्वास्थ्य ठीक नहीं रख पाते हैं तो निश्चय ही कुप्रभाव बालक को प्रभावित करेंगे। फलस्वरूप, बालक शिक्षा एवं शिक्षक के प्रति ऋणात्मक दृष्टिकोण अपना लेगा।

6. परीक्षा-प्रणाली—विद्यालयों में छात्रों की परीक्षा लेने के लिये जिस प्रणाली का प्रयोग किया जाता है, उसमें अनेकों दोष हैं। यह परीक्षा-प्रणाली मुख्य रूप से बालकों को परीक्षा-भवनों में अनुचित साधनों का प्रयोग करने का अवसर देती है। यदि उनको ऐसा करने से रोका जाता है, तो वे मार-पीट, यहाँ तक कि हत्या भी कर देते हैं। इसके अतिरिक्त, कुछ बालक ऐसे भी होते हैं, जो परीक्षा में असफल होने के कारण घर से भाग जाते हैं या आत्महत्या कर लेते हैं। इस प्रकार यह स्पष्ट है कि हमारी परीक्षा-प्रणाली, बाल-अपराधों को बढ़ावा देने का कार्य कर रही है।

7. व्यक्तिगत स्कूल—एच. जी. वेल्स ने व्यक्तिगत स्कूलों के बारे में लिखा है—"यदि आप इस बात का अनुभव करना चाहते हैं कि पीढ़ियों के बाद पीढ़ियाँ किस प्रकार पहाड़ी नदियों के वेग से विनाश की ओर बढ़ रही हैं, तो आप किसी प्राइवेट स्कूल को ध्यान से देखिये।" ये स्कूल बालकों के शारीरिक, मानसिक और संवेगात्मक विकास के

लिये उपयुक्त सुविधाएँ नहीं जुटाते हैं। फलतः अनेक बालकों का विकास विकृत रूप धारण कर लेता है और वे पक्के बाल-अपराधी बन जाते हैं।

7. संवाद-वाहन के साधन

1. प्रहसन की पुस्तकें—प्रहसन की पुस्तकों का मुख्य उद्देश्य—बालकों का मनोरंजन करना है। इन पुस्तकों की विषय-सामग्री काल्पनिक होने के अलावा आक्रमणकारी और उत्तेजित करने वाली घटनाओं पर आधारित होती है। **मेडिनस एवं जॉनसन** ने लिखा है—"केलिफार्निया राज्य की धारासभा ने अपनी एक रिपोर्ट में तर्क प्रस्तुत किये हैं कि बाल-अपराधों का कारण बालकों द्वारा प्रहसन की पुस्तकों का पढ़ा जाना है।"

2. सस्ते उपन्यास व पत्रिकाएँ—सस्ते उपन्यासों और पत्रिकाओं का मुख्य विषय युवकों और युवतियों का यौन-सम्बन्ध पर आधारित प्रेम होता है। अतः हीले और ब्रोनर ने उनको बाल-अपराधों के लिये उत्तरदायी ठहराया है।

3. चलचित्र—ब्लूमर एवं हॉसर (Blumer & Hauser) ने लिखा है कि चलचित्र-धन प्राप्त करने की अनुचित विधियों का सुझाव देकर, कामवासनाओं को भड़का कर और कुत्सित कार्यों को प्रदर्शित करके बाल-अपराधों में अतिशय योग देते हैं। ब्लूमर ने लिखा है—"सन् 1983 में इलिनॉइस नगर में "The wild boy of the Road" नामक चलचित्र के प्रदर्शित होने के एक मास के अन्तर ही 14 बच्चे घर से भाग गये। इनमें एक 15 वर्ष की लड़की थी, जो बिल्कुल उसी प्रकार के वस्त्र पहने हुए थी, जैसे उस चलचित्र की प्रमुख नायिका ने पहन रखे थे।

4. टेलीविजन—टेलीविजन के सम्बन्ध में अब तक तीव्र विस्तृत अध्ययन हुए हैं— 1958 में इंग्लैंड में, 1961 में अमेरिका में और 1962 में जापान में। इन अध्ययनों के आधार पर इसको बाल-अपराधों के लिये चलचित्र से अधिक दोषी ठहराया गया है। बेने (Banay) का विचार है—"मैं विश्वास करता हूँ कि तरुण और परेशान किशोरों के लिये टेलीविजन, बाल-अपराध का प्रारम्भिक प्रशिक्षण केन्द्र है।

8. सांस्कृतिक कारक

वर्तमान युग में हमारे जीवन के समान हमारी संस्कृति भी कृत्रिम हो गई है। उसके अर्थ और महत्त्व का लोप हो गया है। वह वयस्कों, किशोरों और बालकों की आवश्यकताओं को पूर्ण करने में असफल हो रही है। अतः बालक और किशोर उससे अपना सम्बन्ध-विच्छेद करके समाज-विरोधी कार्यों में संलग्न होते हुए दिखाई दे रहे हैं। मेडिनस एवं जॉनसन के शब्दों में—

''बियटनिक आन्दोलन और अधिक हाल का हिप्पी आन्दोलन सम्बन्ध-विच्छेद का अधिक पूर्ण रूप व्यक्त करता हुआ जान पड़ता है।''

अपराध क्षेत्र

रेलवे स्टेशन, बस-स्टैण्ड, होटल, सराय, धर्मशाला तथा तीर्थ स्थान एवं मदिरालय जहाँ व्यक्तियों का बड़ी मात्रा में हर समय आना-जाना रहता है, अपराध-क्षेत्र माने जाते हैं, वहाँ बालक जेब काटना, चोरी करना, गुण्डागर्दी बड़ी शीघ्रता से सीख जाते हैं।

अपराधी बालकों की शिक्षा

अपराधी बालकों में सुधार हेतु समुचित शिक्षा व्यवस्था की जानी चाहिए। क्योंकि शिक्षा द्वारा ही बालक में चारित्रिक गुणों का विकास होता है और शिक्षा की व्यवस्था विद्यालय द्वारा की जाती है अर्थात् बालक के जीवन का अधिकांश समय विद्यालय में व्यतीत होता है और वहाँ सीखी हुई बातें ही उसके जीवन में नए मोड़ उपस्थित कर देती हैं, अतएव यह अत्यन्त आवश्यक है कि विद्यालय अपने उत्तरदायित्व को सुन्दरता से निभाए और बालकों को बाल-अपराधी बनने से रोके। अपराधी बालकों के लिए शिक्षा की व्यवस्था इस प्रकार की जा सकती है—

1. उत्तम वातावरण—विद्यालय को चाहिए कि वह बालकों को स्वच्छ आन्तरिक एवं भौतिक वातावरण प्रदान करे। विद्यालय को बालकों का शारीरिक, मानसिक, चारित्रक एवं संवेगात्मक विकास करने के लिये उत्तम वातावरण का निर्माण करना चाहिये।

2. पाठशाला में चरित्रवान, बाल-मनोविज्ञान से परिचित अच्छे अध्यापकों का होना—पाठशाला के प्रत्येक शिक्षक का प्रशिक्षित होना नितान्त आवश्यक है। उन्हें बालकों की समस्याओं को मनोवैज्ञानिक ढंग से हल करना चाहिए। बालकों की क्या आवश्यकताएँ हैं ? उनकी क्या रुचियाँ हैं, यह उन्हें पता होना चाहिए। बालकों के प्रति उनका व्यवहार सहानुभूतिपूर्ण होना चाहिए।

3. पाठशाला में प्रत्येक बालक को उसकी रुचि एवं योग्यता के अनुसार शिक्षा देनी चाहिए—बालकों का वर्गीकरण कक्षाओं में उनकी योग्यता के अनुसार ही होना चाहिए। उनमें शिक्षा के प्रति रुचि उत्पन्न करनी चाहिए। उन्हें कार्य करके सीखने के लिए अधिक प्रोत्साहित करना चाहिए। पाठ्यक्रम भी छात्रों की रुचि एवं आवश्यकता के अनुरूप होना चाहिए।

4. शिक्षण के दौरान अध्यापकों को अपने अन्दर आत्म-विश्वास रखना चाहिए और पाठ को रोचक बनाना चाहिए—अध्यापकों को शिक्षण के अन्तर्गत सहायक सामग्री का समुचित प्रयोग करना चाहिए। उन्हें बालकों के प्रति पक्षपातपूर्ण

व्यवहार नहीं करना चाहिए। विद्यार्थी इस बात को बहुत बुरा मानते हैं कि अध्यापक उनके साथ पक्षपात करते हैं।

5. विद्यार्थियों को पढ़ने के लिए उचित सामग्री मिलनी चाहिए तथा उनमें पाठ्यपुस्तकों के अतिरिक्त अन्य पुस्तकों को पढ़ने की रुचि उत्पन्न करनी चाहिए—यदि पाठशाला में अच्छा पुस्तकालय तथा अच्छा अध्ययन-कक्ष है तो बालक अपना समय व्यर्थ में नष्ट न कर, पढ़ने में व्यतीत करेगा। इस प्रकार बालकों में अच्छी आदतों का निर्माण होगा और अवकाश के समय का भी सदुपयोग हो जाएगा। यदि बालकों को आकर्षित करने वाली पुस्तकें, पत्रिकाएँ आदि मिल जाएँगी, जो अच्छी विचारधारा को व्यक्त करती हैं, तो बालक विद्यालय से नहीं भागेंगे, और न ही उन्हें गन्दे व्यवहार करने का अवसर प्राप्त होगा।

6. पाठशाला में बालकों के स्वस्थ मनोरंजन के साधन भी होने चाहिए—इनके अभाव में बालक इनको पाठशाला के बाहर ढूँढ़ता है। वह चलचित्र देखने लगता है और इस प्रकार के मनोरंजन में आनन्द लेने लगता है जो उसे असामाजिक व्यवहार करने को अभिप्रेरित करते हैं। इसीलिए खेल के अच्छे मैदान, खेल का सुयोग्य अध्यापक तथा खेल की पर्याप्त सामग्री का प्रत्येक बालक के लिए उपलब्ध होना आवश्यक है।

7. शिक्षण के लिए अध्यापकों को अच्छी पद्धति अपनानी चाहिए—यदि बालकों को शिक्षा ग्रहण करने की कोई प्रेरणा न मिले या जो पाठ पढ़ाया जाए, वह रोचक न हो तो बालकों में शिक्षा के प्रति अरुचि उत्पन्न हो जाती है और उन्हें कक्षा से भाग जाने में आनन्द आने लगता है तथा वे इस समय का सदुपयोग करने के स्थान पर अपराध करने लगते हैं। अत: अध्यापकों को अपने शिक्षण को प्रभावी एवं रुचिकर बनाने के लिए उपयुक्त शिक्षण पद्धतियों का प्रयोग करना चाहिए।

8. घर तथा पाठशाला में समन्वय स्थापित करना चाहिए—अध्यापकों को बालकों की समस्याएँ उनके माता-पिता के समक्ष रखनी चाहिए और उन्हें बालकों के प्रति उचित व्यवहार करने के लिए बताना आवश्यक है। बाल-अपराधों को तभी रोका जा सकता है जब माता-पिता तथा पाठशाला दोनों इसकी रोकथाम की ओर ठोस कदम उठाएँ।

9. बालकों को उचित निर्देशन देने का प्रबन्ध करना चाहिए—यह भी आवश्यक है कि प्रत्येक विद्यालय में प्रशिक्षित सलाहकार हो, जो बालकों की समस्याओं को मनोवैज्ञानिक ढंग से सुलझाए। बालकों को अपराधी बनने से रोका जा सकता है, यदि उनकी व्यवहार-सम्बन्धी समस्याओं का हल आरम्भ में ही कर दिया जाए। इसके लिए योग्य निर्देशन की आवश्यकता होती है। ज्यों ही अध्यापक को किसी बालक का व्यवहार

त्रुटिपूर्ण मालूम हो, उसे चाहिए कि वह बालक को निर्देशक के पास भेजे, जो कुशलता से उसके व्यवहार के कारणों का पता लगाकर उनका उपचार कर सकेगा।

10. बालकों की स्वतन्त्रता—विद्यालय को बालकों की क्षमताओं और योग्यताओं का विकास करने के लिये उनको स्वतन्त्रता प्रदान करनी चाहिए। परन्तु यह स्वतन्त्रता नियन्त्रित और निश्चित सीमाओं के अन्तर्गत होनी चाहिए।

11. तरुण गोष्ठियों की स्थापना—विद्यालयों में तरुण गोष्ठियों की स्थापना की जानी चाहिए। वेलेन्टाइन के अनुसार, ये गोष्ठियाँ, बालकों को अपनी रुचियों और क्षमताओं को अभिव्यक्त करने का अवसर प्रदान करती हैं।

12. व्यक्तिगत विभिन्नताओं का विकास—विद्यालयों को बालकों की व्यक्तिगत विभिन्नताओं का अध्ययन करके उनके अनुरूप शिक्षा की व्यवस्था करनी चाहिए। ऐसा करके वह बालकों की विभिन्न योग्यताओं का विकास करने में सफलता प्राप्त कर सकता है।

13. पुस्तकालय एवं वाचनालय—विद्यालय में सभी प्रकार की बालोपयोगी पुस्तकों से सुसज्जित अच्छा पुस्तकालय एवं वाचनालय होना चाहिए जिससे बालक अवकाश का सदुपयोग कर सकें। साथ ही बालकों में अच्छी आदतों का निर्माण होगा और उनकी रुचि परिष्कृत होगी।

14. उपचारात्मक व व्यावसायिक कक्षाएँ—विद्यालयों द्वारा बाल-अपराध का निवारण करने के लिए एक नई विधि के प्रयोग का सुझाव देते हुए मेडिनस एवं जॉनसन ने लिखा है—"उपचारात्मक शिक्षा की कक्षाएँ और कुछ व्यावसायिक कक्षाएँ लाभप्रद सिद्धहो सकती हैं।

15. पाठ्य-सहगामी क्रियाओं की व्यवस्था—बालकों में सामाजिक बन्धनों का विकास करने के लिए विद्यालय में पाठ्यक्रम-सहगामी क्रियाओं की उत्तम व्यवस्था होनी चाहिए। एलिस का मत है—"बाल-अपराधियों को पाठ्यक्रम-सहगामी क्रियाओं में सम्मिलित करने का विशेष प्रयास किया जाना चाहिए, क्योंकि इनसे उत्तम सामाजिक सम्बन्धों की स्थापना होती है।"

16. अनुत्तीर्ण होने की समस्या का समाधान—परीक्षा में अनुत्तीर्ण होने के कारण कुछ छात्र, बाल-अपराधी बन जाते हैं। अतः एलिस का सुझाव है—"यदि हम असफलता की समस्या का समाधान करना चाहते हैं, तो हमें छात्रों का वर्गीकरण करना चाहिए और पाठ्यक्रम एवं शिक्षण-विधियों में इस प्रकार सुधार करना चाहिये कि छात्र जो कुछ भी करें, उसमें सफल हों।"

17. वाँछनीय सामाजिक दृष्टिकोणों का विकास—एलिस का मत है—"बाल-अपराध का मुख्य कारण अवांछनीय सामाजिक दृष्टिकोणों का विकास है। विद्यालय, सामाजिक दृष्टिकोणों के प्रति अधिक ध्यान देकर और विद्यालय से बाहर उपयुक्त क्रियाओं का आयोजन करके इस दिशा में बहुत कुछ कर सकते हैं।"

18. अध्यापक-अभिभावक परिषद्—बाल-अपराध को रोकने के लिए अध्यापक-अभिभावक परिषद् की स्थापना करना परम आवश्यक है तभी शिक्षक बालकों के माता-पिता को अच्छे-अच्छे सुझाव दे सकते हैं एवं बालक के माता-पिता शिक्षक को बालक के गृह जीवन की बातें बता सकते हैं तथा बालकों की समस्याओं पर विचार कर सकते हैं।

19. यौन-शिक्षा—प्राय: किशोरावस्था में किशोर एवं किशोरियाँ यौन-अपराध करने लगते हैं। अत: इनकी रोकथाम के लिए उन्हें यौन-शिक्षा प्रदान करनी चाहिए, क्योंकि इससे उनकी काम-प्रवृत्ति का शोधन होता है तथा स्वस्थ भावना का विकास होता है।

20. धार्मिक एवं नैतिक शिक्षा—बालकों में उच्च चरित्र, आदर्श नैतिकता तथा सन्तुलित सामाजिक, मानसिक व शारीरिक विकास करने के लिए धार्मिक एवं नैतिक शिक्षा प्रदान करनी चाहिए, क्योंकि इससे उनके चरित्र का निर्माण होता है, परिणामस्वरूप वे अपराध नहीं करते हैं।

21. मूल प्रवृत्तियों एवं संवेगों का शोधन—मूल प्रवृत्यात्मक एवं संवेगात्मक व्यवहार पशुवत् होता है, फलस्वरूप शिक्षकों का कर्त्तव्य है कि वे बालकों की मूल-प्रवृत्तियों एवं संवेगों का शोधन एवं मार्गान्तीकरण करें।

22. अनुवर्तन अध्ययन—जो बालक विद्यालय जीवन में अपराध करते हैं, उनकी शिक्षा समाप्त होने के उपरान्त भी यदा-कदा देखभाल करते रहना चाहिए।

23. कला एवं साहित्य का ज्ञान—बालकों की पाशविक मूल-प्रवृत्तियों का शोधन करने के लिए एवं उनमें अच्छे गुण उत्पन्न करने के लिए उन्हें कलात्मक एवं साहित्यिक ज्ञान देना चाहिए।

24. चरित्र लेखा—शिक्षकों को चाहिए कि वे समस्त बालकों के चरित्र का लेखा रखें ताकि बालकों के चरित्र का ध्यान रख सकें एवं उनकी आपराधिक प्रवृत्तियों को दूर किया जा सके।

25. अच्छी नागरिकता की शिक्षा—वर्तमान जनतान्त्रिक युग में बालकों को अच्छी नागरिकता की शिक्षा देनी चाहिए। इससे बालक अपने अधिकारों एवं कर्त्तव्यों के

प्रति जानकारी प्राप्त कर सकेंगे तथा उनमें देश व समाज के प्रति नागरिकता की भावना उत्पन्न होगी।

26. अच्छे व योग्य शिक्षकों की व्यवस्था करनी चाहिए। सामान्यतः विद्यालय के शिक्षकों को निम्न तथ्यों की ओर ध्यान रखना चाहिए—

(a) बालकों को पर्याप्त स्नेह तथा प्यार दिया जाना चाहिए।

(b) वे अपना मानसिक स्वास्थ्य ठीक रखें।

(c) वे अपराधपूर्ण कार्यों से घृणा करें किन्तु अपराधी बालकों से नहीं।

(d) बालकों को समझने की चेष्टा करें तथा उनके सुधार हेतु आवश्यक उपाय करें।

(e) उनको बालकों का मित्र, सहायक एवं पथ-प्रदर्शक होना चाहिए।

(f) अपव्यय एवं अवरोधन को रोकने के प्रयास करने चाहिए।

(g) कक्षा में उनका व्यवहार अच्छा हो तथा वे बालकों की रुचि, योग्यता व क्षमता के आधार पर उपयुक्त शिक्षण-विधियों को ध्यान में रखकर पढ़ाएँ।

(h) उनको बालकों की समस्याओं का समाधान करने के लिए सदैव तत्पर रहना चाहिए।

बालापराध के प्रकार

बाल-अपराधों को निम्नलिखित दो श्रेणियों में विभाजित किया जा सकता है—

1. चुनौती की अभिव्यक्ति—इस प्रकार के कार्य वे हैं जो दूसरे व्यक्ति के सामने कठिन समस्या उत्पन्न कर देते हैं; जैसे—जेब काटना, चोरी करना, झूठ बोलना, लड़ाई-झगड़ा करना, तोड़-फोड़ करना, पीड़ा देना, आवारागर्दी करना, झूठी शेखी बघारना, धूम्रपान करना इत्यादि।

2. यौन-अपराध—अल्प आयु में समलिंगीय या विषमलिंगीय सदस्यों के साथ यौन-सम्बन्ध स्थापित करना यौन-अपराध कहलाता है। ये तीन प्रकार के होते हैं; यथा—

(i) विषमलिंगीय अपराध—लड़कों के लड़कियों के साथ तथा लड़कियों के लड़कों के साथ यौन-सम्बन्ध विषमलिंगीय यौन-सम्बन्ध कहलाते हैं। ये अपराध पुनः चार प्रकार के होते हैं—

(a) इच्छा रखने वाले समान आयु के विषमलिंगीय सदस्य के साथ।

(b) इच्छा न रखने वाले समान आयु के विषमलिंगीय सदस्य के साथ।

(c) इच्छा रखने वाले असमान आयु के विषमलिंगीय सदस्य के साथ।

(d) इच्छा न रखने वाले असमान आयु के विषमलिंगीय सदस्य के साथ।

(ii) विप्रयास—इसके अन्तर्गत निम्नलिखित यौन-अपराधों को सम्मिलित करते हैं—

(a) समलिंगीय यौन-अपराध,

(b) हस्तमैथुन,

(c) अश्लील इशारे, प्रदर्शन या नंगापन,

(d) अश्लील साहित्य, वार्तालाप या चित्रादि देखना,

(e) धक्के देना, नोंचना, चुटकी लेना या अन्य प्रकार से परेशान करना।

(iii) अप्राकृतिक मैथुन—इसके अन्तर्गत पशु इत्यादि के साथ यौन सम्बन्ध स्थापित करना आता है।

❑❑❑

14

अपराध का निवारण

अपराध की रोकथाम एवं निवारण के लिए परिवार, विद्यालय, समाज एवं राज्य, इन सबको मिलकर कार्य करना होगा। इनकी रोकथाम के लिए सबको मिलकर एक दिशा में प्रयत्न करने होंगे।

परिवार एवं अभिभावकों द्वारा किए जाने वाले कार्य

1. घर में उचित वातावरण का बनाना—अभिभावकों को चाहिए कि वे घर में इस प्रकार का वातावरण बनाएँ जिससे बालकों में दूषित मनोवृत्ति न बनने पाए। परिवार का वातावरण उसके सदस्यों के पारस्परिक सहयोग, समायोजन और सहानुभूति का आदर्श प्रतीक होना चाहिए। परिवार के सदस्यों को आपस में बालक के सामने लड़ना-झगड़ना नहीं चाहिए। बालक के व्यवहार पर परिवार का सबसे अधिक प्रभाव पड़ता है इसलिए एक उचित आदर्शमय घर का वातावरण बाल-अपराध को रोकने का महत्त्वपूर्ण अंग है।

2. बालकों के प्रति उचित व्यवहार को अपनाना—अभिभावकों को न तो अधिक लाड़-प्यार और न कठोर व्यवहार ही बालकों के साथ करना चाहिए। उन्हें बालकों के साथ सहानुभूतिपूर्ण व्यवहार करना चाहिए। उनकी समस्याओं का उचित हल प्रदान करना चाहिए। बालक यह समझने लगें कि उन्हें कोई भी कठिनाई होगी तो माता-पिता उसे दूर करने में तत्पर रहेंगे और जो निर्देश वे देंगे, वे उचित ही होंगे।

3. बालकों की बुरी आदतों के प्रति उचित दृष्टिकोण रखना—बुरी आदतें शिशु में जन्म से नहीं होती हैं। माता-पिता का कहना न मानना एवं झगड़ालूपन उसमें जन्मजात नहीं होते हैं। इस प्रकार का व्यवहार तो बालक वातावरण के कारण अपना लेता है। बालक की रुचि, आदतें, व्यवहार आदि तो उसके माता-पिता के व्यवहार पर निर्भर होते हैं। अतएव माता-पिता को चाहिए कि वे बालक की बुरी आदतों के प्रति उचित दृष्टिकोण रखें। उन्हें इस बात पर विचार करना चाहिए कि बालक के दूषित व्यवहार का या अनुचित आदतों का कारण क्या है ? बहुधा अभिभावक ऐसा नहीं करते हैं और बालक को मारपीट कर सुधारना चाहते हैं। ऐसा करने से बालकों में भावना-ग्रन्थियाँ बन जाती हैं और वह असामाजिक व्यवहार की ओर अग्रसर हो जाता है। माता-पिता को बालकों के साथ व्यवहार में अपना धैर्य कभी नहीं खोना चाहिए और सहानुभूतिपूर्ण ढंग से चेष्टा करनी चाहिए कि बुरी आदतों को दूर करें।

4. वृद्धिपर नियन्त्रण—यदि किसी परिवार में बालकों की संख्या अधिक है तो माता-पिता बालकों पर उचित नियन्त्रण नहीं रख पाते हैं। इसके अतिरिक्त यदि उनकी आय सीमित है तो वे बालकों की आवश्यकताओं की पूर्ति नहीं कर पाते हैं। बालक ऐसे परिवार में असुरक्षा की भावना को अपना लेते हैं। छोटा परिवार सुखी परिवार होता है, क्योंकि ऐसे परिवार के सदस्यों में एक-दूसरे के प्रति आत्मीयता और निकटता की भावना होती है। अत: उसमें बाल-अपराध का जन्म होना कठिन होता है, यह अत्यन्त आवश्यक है कि परिवार की वृद्धिपर नियन्त्रण रखा जाए। इसके लिए अभिभावकों को परिवार नियोजन की विधियों से परिचित होना चाहिए।

5. बालकों का निर्देशन—कोई भी पुरुष पिता या कोई भी स्त्री माता बनने योग्य नहीं है, जब तक कि उसे बाल-निर्देशन तथा बाल-पोषण की उचित विधियों का ज्ञान नहीं है। अशिक्षित माता-पिता बालकों में अच्छे आचरण और अच्छी आदतों का निर्माण नहीं कर सकते। माता-पिता को शिक्षित होने के साथ-साथ पढ़ने की आदत भी डालनी चाहिए, क्योंकि वे ही बालक के प्रथम शिक्षक होते हैं। बालक, ज्ञान और समझदारी की कमी के कारण बाल-अपराध की ओर अग्रसर होते हैं। अत: उनके माता-पिता को शिक्षा, चित्रों, मनोरंजन आदि के सम्बन्ध में उनका पग-पग पर निर्देशन करना चाहिए। इस प्रकार निर्देशन प्राप्त करने वाले बालकों से बाल-अपराध की आशा नहीं की जाती है।

6. बालकों का निरीक्षण—माता-पिता को अपने बालकों के मध्य में प्रतिदिन कुछ समय व्यतीत करके उनकी गतिविधियों का निरीक्षण करना चाहिये और आवश्यकता पड़ने पर उनको परामर्श भी देना चाहिए। ऐसे माता-पिता की सन्तान कुमार्ग पर नहीं चलती है।

7. बालकों के अध्ययन की व्यवस्था—परिवार में बालकों के अध्ययन की उचित व्यवस्था होनी चाहिए। इस उद्देश्य से उनके लिए कोई शान्त और एकान्त तथा सुरक्षित स्थान होना चाहिए। ऐसे स्थान में अध्ययन करके उनके मस्तिष्क का क्रमिक विकास होता चला जाएगा, जो उनको बाल-अपराध की हानियों से अवगत करायेगा।

8. बालकों की आवश्यकताओं की पूर्ति—माता-पिता को बालकों की सभी उचित आवश्यकताओं की पूर्ति करनी चाहिये। ऐसा न करने से बालक इनकी पूर्ति के लिए अनुचित उपायों का प्रयोग करके बाल-अपराध के दोषी बन जाते हैं।

9. बालकों को बहुत अधिक जेब खर्च नहीं देना चाहिए—बालकों को अपने दैनिक व्यय के लिए कुछ धन की आवश्यकता होना स्वाभाविक है। माता-पिता को अपनी आय को ध्यान में रखकर उनको दैनिक व्यय के लिए कुछ धन अवश्य देना चाहिये परन्तु जेब खर्च बहुत अधिक दिया जायेगा तो बालक में बुरी आदतों तथा लतों के पड़ने की सम्भावना रहती है। वह अधिक चलचित्र देखने लगेगा, धूम्रपान करने लगेगा और इसी प्रकार की अन्य दूषित आदतों को अपना लेगा और अपराधी बन जाएगा।

10. अभिभावकों को चाहिए कि बालक के प्रति अत्यधिक सुरक्षा न दिखाएँ—यदि बालकों को अत्यधिक सुरक्षा मिलती है तो वे स्वयं सीखने-समझने में बेकार हो जाते हैं और अपने बुरे मित्रों द्वारा दिए गए प्रलोभनों में शीघ्र फँस जाते हैं।

11. अभिभावकों को बालक के बुरे मित्रों पर भी निगरानी रखनी चाहिए—उन्हें चाहिए कि बालक के मित्रों को घर बुलायें तथा उनकी आदतों आदि के सम्बन्ध में जानकारी प्राप्त करें। यदि मित्र अच्छे प्रतीत नहीं होते हैं तो बालक को समझा कर उनका साथ छोड़ने के लिए कहना चाहिए।

12. बालकों में अच्छी आदतों का निर्माण—माता-पिता को बालकों में अच्छी आदतों का निर्माण करना चाहिये। ऐसी आदतों वाले बालक अनुचित कार्य करके अपराधी कहे जाने से घृणा करते हैं।

13. बालकों में आत्म-निर्भरता का विकास—माता-पिता को बालकों में आत्म-निर्भरता के गुण का अधिक से अधिक विकास करना चाहिये। इस गुण वाले बालक अपनी आवश्यकताओं को स्वयं कार्य करके पूर्ण करने का प्रयास करते हैं और अनुचित उपायों को नहीं अपनाते हैं।

इन सबके अतिरिक्त बालक के अस्तित्व व सुझावों को स्वीकार किया जाए। बालकों के व्यक्तित्व को पूर्ण सम्मान दिया जाए एवं परिवार को पारस्परिक क्लेश तथा संघर्ष से दूर रखना चाहिए। इस प्रकार बालक के माता-पिता चाहे कितने ही व्यस्त हों, उन्हें बालकों की शिक्षा की ओर ध्यान देना चाहिए।

बाल-अपराध निवारण एवं रोकथाम के लिए 'समाज' व 'राज्य' के कार्य

बाल-अपराध रोकने में राज्य तथ सामाजिक विधियों का भी बहुत महत्त्व है। बहुत-से ऐसे उपाय हैं जो इन्हीं विधियों के द्वारा उचित रूप से अपनाये जा सकते हैं। वे उपाय इस प्रकार हैं—

1. बालकों की राजनीति से पृथकता—राजनीतिक दल, बालकों को अनेक अनुचित कार्यों के लिए प्रयोग करके अपराध की ओर ले जाते हैं। अत: राज्य को कानून बनाकर 18 वर्ष तक की आयु के बालकों पर राजनीतिक कार्यों में भाग लेने पर प्रतिबन्ध लगा देना चाहिए।

2. मनोरंजन की व्यवस्था—समाज को बालकों के लिए मनोरंजन की उपयुक्त व्यवस्था करनी चाहिए, ताकि वे अपने अवकाश का उचित उपयोग कर सकें।

3. निर्धन बालकों की आर्थिक सहायता—जो बालक निर्धन हैं, उनकी सम्पूर्ण शिक्षा नि:शुल्क होनी चाहिये। साथ ही, उनको अपनी शिक्षा के व्यय के लिए आर्थिक सहायता दी जानी चाहिए।

4. निर्धन परिवारों की आर्थिक स्थिति में सुधार—बालकों द्वारा अपराध किये जाने का एक मुख्य कारण उनके परिवारों की निर्धनता है। अत: राज्य द्वारा इन परिवारों की आर्थिक स्थिति में सुधार किया जाना चाहिए।

5. चलचित्रों पर नियन्त्रण—चलचित्र, बालकों की अपराध-प्रवृत्ति को प्रोत्साहित करने में विशेष योग देते हैं। अत: राज्य द्वारा अपराधी और अनैतिक कार्यों का प्रदर्शन करने वाले चलचित्रों पर कड़ा नियन्त्रण आरोपित किया जाना चाहिए।

6. अनैतिक कार्यों पर प्रतिबन्ध—अनैतिक कार्यों को बाल-अपराध की जननी कहा जा सकता है। अत: समाज को अनैतिकता से मुक्त करने के लिए सभी सम्भव प्रयास किए जाने चाहिए। इसी उद्देश्य से अनेक नगरों में से वेश्यालयों को हटा दिया गया है और मुम्बई, चेन्नई, कोलकाता आदि स्थानों पर 'किशोर धूम्रपान अधिनियम' बनाकर 16 वर्ष से कम आयु के बालकों को धूम्रपान करने से रोका गया है।

7. गन्दी बस्तियों की समाप्ति—गन्दी बस्तियाँ, बाल-अपराधों के जन्म और विकास के लिए कुख्यात हैं। अत: इन बस्तियों को यथाशीघ्र समाप्त किया जाना चाहिए। यही कारण है कि सभी बड़े नगरों में यह कार्य किया जा रहा है।

8. सामूहिक संघों का निर्माण—प्रत्येक नगर के विभिन्न भागों के बालकों और किशोरों के सामूहिक संघों का निर्माण किया जाना चाहिए। इन संघों को बालकों और किशोरों को सम्मिलित रूप से सामाजिक कार्य करने की प्रेरणा देनी चाहिए। इस प्रकार

का सामूहिक कार्य उनमें सामाजिक समायोजन का विकास करेगा और साथ ही उनके व्यवहार को स्वस्थ दिशा में मोड़ेगा।

9. राज्य को चाहिए कि ऐसे पति-पत्नी को जो मानसिक रोगों से पीड़ित हैं, पुरुषत्व शक्ति से हीन कर दे; क्योंकि ऐसे माता-पिता की सन्तान निम्न बौद्धिक स्तर वाली हो सकती है और ऐसे बालक अपराधों की ओर शीघ्रता से घसीटे जा सकते हैं।

10. राज्य तथा अन्य सामाजिक निधियों को अच्छे विद्यालयों का प्रबन्ध करना चाहिए, जहाँ बालकों को अच्छी शिक्षा मिल सके। हमारे देश में इस बात की अत्यन्त आवश्यकता है कि प्रत्येक बालक के विद्यालय में जाने की व्यवस्था हो। इस समय बहुत से बालक शिक्षा की अनुचित व्यवस्था के ही कारण बाल-अपराधी बन जाते हैं।

11. बालकों से भीख मँगाने वालों को कड़ी सजा देनी चाहिए और ऐसे बालकों के लिए जिनका कोई अभिप्राय नहीं है, रहन-सहन तथा शिक्षा का उचित प्रबन्ध करना।

12. औरस बालकों को घर जैसा वातावरण प्रदान करने की व्यवस्था होनी चाहिए। उन्हें यह मालूम नहीं होना चाहिए कि वे अवैधानिक हैं। वास्तव में दोष तो उनके माता-पिता का है, न कि उन अबोध बालकों का।

बाल अपराध का उपचार एवं सुधार

सबसे उत्तम तो यह है कि बाल-अपराध होने ही नहीं चाहिए। बालापराध न होने देने के लिए आवश्यक रोकथाम करनी अनिवार्य है। इन रोकथामों के बाद भी बाल-अपराध हो सकते हैं, उस स्थिति में बालापराधों का उपचार तथा सुधार करना चाहिए। बालापराध के उपचार तथा सुधार के लिए निम्न चार विधियाँ काम में लाई जाती हैं—

1. मनोवैज्ञानिक विधियाँ

(i) अनिर्देशित विधि

(ii) सामाजिक विधि

(iii) वातावरणीय विधि

2. मनोविश्लेषणात्मक

(i) स्वतन्त्र साहचर्य विधि

(ii) स्वप्न विश्लेषण विधि

3. मनोचिकित्सा विधि

(i) खेल विधि

(ii) संवेगात्मक आघात विधि

4. वैधानिक विधियाँ

(i) कारावास

(ii) किशोर न्यायालय

(iii) प्रवीक्षण

(iv) किशोर-बन्दीगृह

(v) किशोर-सुधार-गृह

(vi) बोर्स्टल संस्थाएँ।

1. मनोवैज्ञानिक विधियाँ

बालापराधों का उपचार करने वाली मनोवैज्ञानिक विधियाँ वे हैं जिनके द्वारा मनोवैज्ञानिक सिद्धान्तों के आधार पर बालापराध के कारणों का पता लगाया जाता है तथा उनका विश्लेषण किया जाता है तथा अन्त में उपचार किया जाता है। सामान्य रूप से बालापराधों के अध्ययन व सुधार हेतु निम्नलिखित मनोवैज्ञानिक विधियों का प्रयोग किया जाता है—

(i) अनिर्देशित विधि

इस विधि को कार्ल रोजर्स ने जन्म दिया। इस विधि के अन्तर्गत बाल-अपराधी को इतनी स्वतन्त्रता प्रदान कर दी जाती है कि वह बिना किन्हीं आदेशों तथा निर्देशों के अपनी समस्याओं का समाधान करे। इन्हीं समाधानों के दौरान इसके विचार, योग्यताओं तथा संवेगों का अध्ययन कर लिया जाता है। तदोपरान्त उसका उपचार किया जाता है।

(ii) सामाजिक विधि

इस विधि द्वारा बालक की समस्याओं का 'केस स्टडी' जैसी पद्धतियों के द्वारा अध्ययन किया जाता है। फिर उसके परिवार, विद्यालय तथा मित्र-मण्डली से सम्बन्धित वातावरण में सुधार करके उसका उपचार किया जाता है। इस परिमार्जित वातावरण में बच्चे को प्यार तथा सहानुभूति दी जाती है, आवश्यकताओं को पूरा किया जाता है तथा आवश्यकताओं की अनुपयुक्तता की स्थिति में धीरे-धीरे उनकी आवश्यकताओं की दिशा बदली जाती है।

(iii) वातावरणीय विधि

जब यह पाया जाता है कि विशेष प्रयास करने पर भी परिवार, विद्यालय एवं समाज का वातावरण सुधारा नहीं जा रहा है तो बालक को उस दूषित वातावरण से हटाकर अन्य

अच्छे वातावरण में रख दिया जाता है। सुधार गृह एवं परिवीक्षण-गृहों में इसी प्रकार के बालक रखे जाते हैं।

2. मनोविश्लेषणात्मक विधियाँ

मनोविश्लेषणात्मक विधियों के द्वारा बालक के अचेतन मन में छिपी दमित इच्छाओं, संवेगों तथा कुण्ठाओं का अध्ययन किया जाता है। इनके माध्यम से बालक में असामान्य व्यवहार के कारणों का ज्ञान होता है। इस ज्ञान के आधार पर उपचारात्मक उपाय अपनाये जाते हैं। मनोविज्ञान में अपराधी बालक के अचेतन मन का अध्ययन करने के लिए सामान्यतः निम्न विधियों का प्रयोग किया जाता है :

(i) स्वतन्त्र-साहचर्य विधि

इस विधि को 'शब्द-साहचर्य विधि' के नाम से भी जाना जाता है। इस विधि के अन्तर्गत दैनिक जीवन में काम आने वाले अनेक शब्दों की सूची बनाई जाती है; जैसे— माता, पिता, घर, स्कूल, कपड़ा, स्त्री, लड़की आदि। इस सूची में इसी प्रकार के करीब 200-250 शब्द होते हैं। अध्ययनकर्ता अपराधी बालक को अपने सामने बिठा लेता है और जल्दी-जल्दी सूची में से एक-एक शब्द बोलता जाता है तथा बालक से कहा जाता है कि प्रत्येक शब्द के बाद वह भी कोई एक शब्द बोले। बालकों को सोचकर बोलने का अवसर नहीं दिया जाता है। बालक द्वारा बोले जाने वाले शब्दों को लिख दिया जाता है या टेपरिकॉर्डर का भी प्रयोग किया जाता है। बालक द्वारा बोले गए शब्दों का विश्लेषण करके उसके अचेतन मन का अध्ययन किया जाता है।

(ii) स्वप्न विश्लेषण विधि

मनोविश्लेषणवाद स्वप्नों की व्याख्या अचेतन मन के सन्दर्भ में करता है कि जैसा हमारा अचेतन मन होगा, वैसे ही हम स्वप्न देखेंगे। इन स्वप्नों का विश्लेषण करके भी बालक के अचेतन मन का अध्ययन किया जाता है।

3. मनोचिकित्सा विधियाँ

मनोचिकित्सकों द्वारा सामान्यतः बालापराधियों के उपचार हेतु निम्नांकित विधियाँ अपनाई जाती हैं—

(i) खेल विधि

बालक की अनेक इच्छाएँ होती हैं। किन्हीं कारणों से उन इच्छाओं का प्रकाशन नहीं हो पाता है तो इन इच्छाओं का दमन हो जाता है। खेल विधि द्वारा बालक को स्वतन्त्र रूप से खेलने के अवसर दिये जाते हैं जिससे वह खेलों के माध्यम से अपनी दमित इच्छाओं का प्रकाशन कर सके।

(ii) संवेगात्मक आघात विधि

इस विधि के अन्तर्गत मनोचिकित्सक अपराधी बालक के संवेगों को किसी कार्य या व्यवहार द्वारा अचानक आघात पहुँचाता है। इस आघात के परिणामस्वरूप उसके संवेगों में उल्लेखनीय परिवर्तन तथा परिमार्जन करने के उपाय किये जाते हैं।

4. वैधानिक विधियाँ

(i) कारावास

बाल-अपराध का परम्परागत उपचार है—कारावास। इससे केवल एक लाभ होता है, वह यह है कि कारावास में रहने के समय जैसे-जैसे बन्दी की आयु में वृद्धिहोती जाती है, वैसे-वैसे उसके व्यवहार में परिवर्तन होता जाता है। परिणामत: कारावास से मुक्त होने के पश्चात् इसकी अपराधी प्रकृति निर्बल हो जाती है। ग्लीक एवं ग्लीक ने अपने अध्ययनों से सिद्धकिया है कि अनेक बाल-अपराधी 40 वर्ष की आयु प्राप्त करने पर अपराधी नहीं रह जाते हैं। मेडिनस एवं जॉनसन ने लिखा है—"अपराध का सम्बन्ध युवक से है। अत: अधिकांश किशोर-अपराधी, अपराधी वयस्क नहीं बनते हैं।"

(ii) किशोर न्यायालय

जब कोई बालक या किशोर अपराध करता है, तो उसे साधारण न्यायालय में न ले जाया जाकर, किशोर न्यायालय में ले जाया जाता है। न्यायालय का वातावरण सहानुभूतिपूर्ण होता है। न्यायाधीश इस बात पर विचार करता है कि बालक का सुधार किस प्रकार किया जा सकता है। वह दो प्रकार के आदेश देता है। उसके अनुसार अपराधी को या तो 'सुधार-अधिकारी' के पास या 'सुधार-गृह' में भेज दिया जाता है। इस समय भारत में अनेक किशोर न्यायालय हैं।

(iii) प्रवीक्षण

प्रवीक्षण या प्रोबेशन वह युक्ति है, जिसमें बाल-अपराधी को न्यायालय से दण्ड मिलने पर जेल न भेजकर कुछ शर्तों पर समाज में रहने की अनुमति मिल सकती है। इस प्रकार बालक को अपना सुधार करने का अवसर दिया जाता है। प्रवीक्षण काल में उसे 'सुधार अधिकारी' के निरीक्षण में रहना पड़ता है। यह अधिकारी मित्र और संरक्षक के रूप में बालक में सुधार करने का प्रयास करता है। यदि प्रवीक्षण काल में बालक में सुधार हो जाता है तो उसे जेल नहीं जाना पड़ता है।

(iv) किशोर-बन्दीगृह

ये बन्दीगृह वास्तव में सुधार-संस्थाएँ हैं। इनके बन्दियों को अपने परिवार के सदस्यों से मिलने की स्वतन्त्रता होती है। वे बन्दीगृह में सामान्य और औद्योगिक शिक्षा

प्राप्त करते हैं। उसको समाप्त करने के बाद वे नगर के किसी विद्यालय में शिक्षा ग्रहण करने के लिये जा सकते हैं। इस समय हमारे देश में अनेक किशोर-बन्दीगृह हैं।

(v) किशोर-सुधार गृह

ये एक प्रकार के औद्योगिक विद्यालय हैं, जहाँ बाल-अपराधियों को सुधारने का कार्य किया जाता है और सामान्य एवं व्यावसायिक शिक्षा दी जाती है। वर्तमान में हमारे देश में इस प्रकार के अनेक किशोर सुधार गृह हैं।

(vi) बोर्स्टल-संस्थाएँ

ये संस्थाएँ बन्दीगृह और मान्यता प्राप्त स्कूलों के बीच की संस्थाएँ हैं। इनमें साधारणत: 15 वर्ष तक की आयु के अपराधी रखे जाते हैं। ये संस्थाएँ दो मुख्य कार्य करती हैं। ये बाल-अपराधियों को सुधारती हैं और इनको इस प्रकार की औद्योगिक या व्यावसायिक शिक्षा देती हैं कि वे जीवन में धनोपार्जन करने में सफल हो सकें। भारत में ये संस्थाएँ अनेक स्थानों पर हैं।

❑❑❑

15

पिछड़ा बालक

'पिछड़ापन' विद्यालयों में अति गूढ़ एवं जटिल समस्या है। इस समस्या को अधिकतर अध्यापक हल करने का प्रयत्न नहीं करते। वे यह कहकर कि 'बालक पिछड़ा है,' समस्या का अन्त कर देते हैं। किन्तु यह ढंग ठीक नहीं है। उन्हें पिछड़ेपन के कारणों को जानकर उनको दूर करने का प्रयत्न करना चाहिए। यह तो ठीक है कि पिछड़ेपन के कारण बालक की मन्दबुद्धिहो सकती है, किन्तु यदि हम प्रत्येक पिछड़े बालक की विशेषता मन्द-बुद्धिता ही समझें, तो यह भ्रामकता है। पिछड़ेपन के तो अन्य बहुत से कारण हो सकते हैं। शिक्षा-मनोविज्ञान की दृष्टि से वे बालक पिछड़े हुए कहलाते हैं जो अपनी ही आयु के अन्य साथियों के समान गति से आगे नहीं बढ़ पाते हैं। सामान्य रूप से देखा गया है कि कुछ बालक ऐसे होते हैं जो किन्हीं कारणों से शिक्षा के क्षेत्र में इतनी उन्नति या इतनी गति के साथ आगे नहीं बढ़ पाते हैं जितनी गति से उनके उसी आयु के अन्य साथी आगे बढ़ जाते हैं। यह स्थिति मानसिक मन्दता के कारण हो सकती है अथवा किसी अन्य कारण से भी। इसी स्थिति को पिछड़ापन कहते हैं। जो बालक—कक्षा का औसत कार्य नहीं कर पाता है और कक्षा के औसत छात्रों से पीछे रहता है, उसे 'पिछड़ा बालक' (Backward Child) कहते हैं। पिछड़े बालक का मन्दबुद्धिहोना आवश्यक नहीं है। पिछड़ेपन के अनेक कारण हैं, जिनमें से मन्दबुद्धिहोना एक है। यदि प्रतिभाशाली

बालक की शैक्षिक योग्यता अपनी आयु के छात्रों से कम है, तो उसे भी पिछड़ा बालक कहा जाता है। पिछड़े बालक की कुछ परिभाषाएँ इस प्रकार दी गई हैं—

1. Schonell & Schonell के अनुसार—पिछड़े बालक उसी जीवन-आयु के अन्य छात्रों की तुलना में विशेष शैक्षिक निम्नता व्यक्त करते हैं।

2. His Majesty's Stationery Office—पिछड़े बालक वे हैं, जो उस गति से आगे बढ़ने में असमर्थ होते हैं, जिस गति से उनकी आयु के अधिकांश साथी आगे बढ़ रहे हैं।

3. सिरिल बर्ट—''पिछड़ा बालक वह है, जो अपने विद्यालय-जीवन के मध्य में (अर्थात् लगभग 10.5 वर्ष की आयु में) अपनी कक्षा से नीचे की कक्षा के उस कार्य को न कर सके, जो उसकी आयु के बालकों के लिए सामान्य कार्य है।''

"A backward child is one who, in mid-school career (i. e. about ten-and-a-half years) is unable to do the work of the class next below that whicfis normal for his age."

—Cyril Burt

सिरिल बर्ट अन्यत्र लिखते हैं कि ''वह बालक पिछड़ा बालक है जिसकी निष्पत्ति-लब्धि (Achievement Quotient or A. Q.) 85 से कम है।''

"Backward child is one whose Achievement Quotient is below 85."

—Cyril Burt

बुद्धि-लब्धि के समान निष्पत्ति-लब्धि का पता निष्पत्ति-परीक्षणों के फलांकों से लगाया जाता है। यदि बालक की वास्तविक आयु 16 वर्ष है किन्तु विभिन्न विषयों में उसकी शैक्षिक प्रगति के आधार पर पता लगाया कि उसकी मानसिक आयु 12 वर्ष के बराबर है तो उसकी निष्पत्ति-लब्धि निम्नलिखित होगी—

$$\text{निष्पत्ति-लब्धि} = \frac{\text{मानसिक आयु}}{\text{वास्तविक आयु}} \times 100$$

$$= \frac{12}{16} \times 100 = 75$$

सिरिल बर्ट के अनुसार यह बालक पिछड़ा बालक है क्योंकि उसकी निष्पत्ति-लब्धि 85 से कम है। सामान्य भाषा में व्याख्या करें तो कह सकते हैं कि वह बालक 16 वर्ष का है किन्तु पढ़ने-लिखने में वह 12 वर्ष के सामान्य बालक की योग्यता रखता है अर्थात् इसका विद्यालय विषयों में ज्ञान 12 वर्ष के बालक जितना है। वह 16 वर्ष के सामान्य बालकों के साथ-साथ शिक्षा के क्षेत्र में नहीं चल पा रहा है अत: पिछड़ा बालक है।

पिछड़ेपन के प्रकार

विद्यालयों में सामान्यत: दो प्रकार के पिछड़े बालक पाये जाते हैं—

(अ) सामान्य पिछड़े बालक, (ब) विशिष्ट पिछड़े बालक।

(अ) सामान्य पिछड़ापन—जब बालक सभी विद्यालय विषयों में सामान्य रूप से पिछड़ जाता है तो वह सामान्य पिछड़ापन है।

(ब) विशिष्ट पिछड़ापन—जब बालक सभी विद्यालय-विषयों में न पिछड़ा हो वरन् किसी एक या दो विषयों में ही वह अपनी आयु के अन्य साथियों के साथ नहीं चल पा रहा हो तो वह विशिष्ट पिछड़ापन कहलायेगा। यहाँ बालक अन्य विषयों में सामान्य रूप से प्रगति कर रहा है; केवल एक-दो विषयों में ही पीछे रहता है।

पिछड़े बालक की विशेषताएँ

कुप्पूस्वामी के अनुसार पिछड़े बालक में निम्नलिखित विशेषताएँ पाई जाती हैं—

1. सीखने की धीमी गति।
2. सीखा हुआ भूल जाते हैं।
3. जीवन में निराशा का अनुभव।
4. समाज-विरोधी कार्यों की प्रवृत्ति।
5. जन्मजात योग्यताओं की तुलना में कम शैक्षिक उपलब्धि।
6. सामान्य विद्यालय के पाठ्यक्रम से लाभ उठाने में असमर्थता।
7. सामान्य शिक्षण-विधियों द्वारा शिक्षा ग्रहण करने में विफलता।
8. मन्द-बुद्धि, सामान्य बुद्धिया अति श्रेष्ठ बुद्धिका प्रमाण।
9. मानसिक रूप से अस्वस्थ और असमायोजित व्यवहार।
10. बुद्धि-परीक्षाओं में निम्न बुद्धि-लब्धि (90 से 110 तक)।

11. विद्यालय-कार्य में सामान्य बालकों के समान प्रगति करने की अयोग्यता।

12. अपनी और उससे नीचे की कक्षा का कार्य करने में असमर्थता।

13. पिछड़ा बालक समाज से पृथक् रहना चाहता है।

14. ऐसे बालकों में शारीरिक हीनता भी पाई जाती है।

पिछड़ेपन या शैक्षिक मन्दता के कारण

पिछड़ेपन के अनेक कारण हैं। पिछड़ेपन के कारण प्रत्येक बालक के साथ निजी होते हैं। 'पिछड़ापन' एक व्यक्तिगत समस्या है और इसके कारणों को हम व्यक्तिगत रूप से ही निर्धारित करते हैं। वास्तव में तो पिछड़ेपन के कई कारण एक साथ मिलकर कार्य करते हैं, जैसा कि कुप्पूस्वामी ने लिखा है—"शैक्षिक पिछड़ापन अनेक कारणों का परिणाम है। अधिगम में मन्दता उत्पन्न करने के लिये अनेक कारक एक-साथ मिल जाते हैं।"

"Educational backwardness is the result of multiple causation. Many factors combine together to cause slowness of learning."

—**Kuppuswamy**

पिछड़ेपन के प्रमुख कारण इस प्रकार हैं—

1. सामान्य से कम शारीरिक विकास—कुछ बालकों का वंशानुक्रम, वातावरण आदि के प्रभावों के कारण, सामान्य से कम शारीरिक विकास होता है। ऐसे बालकों में शारीरिक एवं मानसिक शक्ति की न्यूनता होती है। फलस्वरूप, वे सामान्य बालकों के समान शारीरिक एवं मानसिक परिश्रम न कर सकने के कारण उनसे पीछे रह जाते हैं।

2. शारीरिक दोष—अनेक बालकों में कई प्रकार के शारीरिक दोष पाये जाते हैं; जैसे—शारीरिक कमजोरी, कम सुनना, तुतलाना, हकलाना, बायें हाथ से काम करना आदि। इनमें से एक या अधिक शारीरिक दोष बालकों को अधिक कार्य नहीं करने देते हैं। फलस्वरूप उनकी सीखने की गति मन्द रहती है और वे दूसरे बालकों से पिछड़ जाते हैं।

3. शारीरिक रोग—कई बालकों में अस्वस्थ वातावरण, कुपोषण आदि के कारण अनेक शारीरिक रोग उत्पन्न हो जाते हैं, जैसे—खाँसी, नजला, टॉन्सिल, तपेदिक, आँतों की गड़बड़ी, निर्बल पाचन-शक्ति, ग्रन्थियों का ठीक कार्य न करना आदि। ये रोग बालक की शक्ति को क्षीण कर देते हैं जिससे वह थोड़ा-सा कार्य करने के बाद ही सिर-दर्द और मानसिक थकान का अनुभव करने लगता है। फलस्वरूप, वह कार्य को बाद में करने की

सोच लेता है और कभी-कभी विद्यालय भी नहीं जा पाता है। ये सब बातें उसके पिछड़ेपन में योग देती हैं।

4. संवेगात्मक अस्थिरता—कुछ बालक संवेगात्मक दृष्टि से सन्तुलित नहीं होते हैं, वे समाज के साथ, अपनी परिस्थितियों के साथ समायोजन नहीं कर पाते हैं। परिणामस्वरूप वे भय, चिन्ता, असुरक्षा, तनाव आदि के शिकार हो जाते हैं तथा शिक्षा में ठीक से प्रगति नहीं कर पाते हैं।

5. सामान्य सहज बुद्धि की कमी—सामान्य बुद्धिका अभाव पिछड़ेपन का सबसे मुख्य कारण है। बर्ट ने अपने अनुसंधान के अध्ययन से यह पता लगाया कि 5 पिछड़े बालकों में से 3 मन्द-बुद्धि(बुद्धि-लब्धि 70 से कम) के थे। उसने यह भी देखा कि 95 प्रतिशत से ऊपर पिछड़े बालकों की बुद्धिसाधारण से कम थी। बर्ट ने यह भी पाया कि मन्द-बुद्धिवाले बालकों की बुद्धिस्थायी तथा जन्मजात रूप से कम थी। उसने कहा कि ऐसे बालकों के पिछड़ेपन को दूर नहीं किया जा सकता। इनके लिए केवल यह कर सकते हैं कि उनके पाठशाला के कार्य को उनकी योग्यता के अनुसार बनाएँ, क्योंकि एक बड़ी प्राइमरी पाठशाला में 8 में से 1 बालक सम्पूर्ण स्कूल की जनसंख्या में ऐसा होगा, जिसकी बुद्धि-लब्धि 85 से कम होगी, इस कारण एक पाठशाला में इतने बालक तो सदैव पिछड़े रहेंगे। स्कोनेल का मत है कि 65 प्रतिशत से 80 प्रतिशत तक पिछड़े बालक मन्दबुद्धिहोते हैं और शेष को संवेगात्मक एवं सामाजिक असमायोजन के कारण शैक्षिक कठिनाइयों का सामना करना पड़ता है। **वेलेन्टाइन** ने लिखा है—''बर्ट ने जितने पिछड़े बालकों का अध्ययन किया, उनमें से 95 प्रतिशत की बुद्धि, सामान्य बुद्धिसे निम्न थी।''

6. परिवार की निर्धनता—परिवार की निर्धनता बालकों की शैक्षिक प्रगति पर तीन प्रकार के विपरीत प्रभाव डालती है। पहला, बालकों को पर्याप्त और पौष्टिक भोजन नहीं मिलता है। फलत: वे निर्बल हो जाते हैं और अधिक परिश्रम नहीं कर पाते हैं। दूसरा, उनको शिक्षा की उत्तम सुविधाएँ और पठन-सामग्री के लिए पर्याप्त धन नहीं मिलता है। परिणामत: वे धनी परिवार के बालकों के समान प्रगति नहीं कर पाते हैं। तीसरा, उनको अपने परिवार की जीवन-सम्बन्धी आवश्यकताओं को जुटाने के लिए अपने माता-पिता के साथ या स्वतन्त्र रूप में कोई कार्य करना पड़ता है। फलस्वरूप, उनको अध्ययन के लिए पर्याप्त समय नहीं मिलता है। इस प्रकार परिवार की निर्धनता, बालकों के पिछड़ेपन की सीमा का विस्तार करती चली जाती है।

7. वातावरण का प्रभाव—वातावरण का बुरा प्रभाव भी पिछड़ेपन का कारण हो सकता है। यदि वातावरण दूषित होता है, तो उसका बालक पर बुरा प्रभाव पड़ता है। इस प्रकार के वातावरण में बालकों का शारीरिक एवं मानसिक स्वास्थ्य बिगड़ जाता है। बर्ट

ने देखा कि 12 प्रतिशत बालकों में पिछड़ेपन का कारण उनके घर का बुरा वातावरण था और लगभग 8 प्रतिशत बालक विद्यालय के बुरे वातावरण के कारण पिछड़ गये थे। यदि बालक के माँ-बाप उसे प्यार न करें तो बालक पिछड़ जाता है। उसमें मनोग्रन्थियाँ बन जाती हैं। इसके अतिरिक्त, अधिक प्यार पाने वाला बालक अथवा इकलौती सन्तान भी संवेगात्मक समस्याओं का शिकार हो जाती है, जिसके कारण पढ़ने से उसका ध्यान हट जाता है और वह पिछड़ जाता है।

विद्यालय का दूषित एवं कोलाहलपूर्ण वातावरण भी बालक-निष्पत्तियों पर कुप्रभाव डालता है। गंदे, संकीर्ण तथा शोरगुलयुक्त वातावरण में विद्यालय की स्थिति, विद्यालय-भवन की अपर्याप्तता तथा अनुपयुक्तता, पुस्तकालय तथा प्रयोगशाला जैसी सुविधाओं का अभाव, अयोग्य अध्यापक, त्रुटिपूर्ण अनुशासन तथा अस्वस्थ परम्पराएँ आदि बालक की शिक्षा-सम्बन्धी उपलब्धियों पर प्रतिकूल प्रभाव डालती हैं और बालक में पिछड़ापन आ जाता है। बालक का यदि हर समय उपहास किया जाए तथा उसे आत्म-प्रदर्शन का अवसर न दिया जाए तो भी बालक का पिछड़ जाना सम्भव हो जाता है।

8. स्वभाव सम्बन्धी दोष—पिछड़ेपन का कारण बालक के स्वभाव सम्बन्धी दोष भी हो सकते हैं। बर्ट के अनुसर 9 प्रतिशत बालकों के स्वभाव सम्बन्धी दोष ही पिछड़ेपन के मुख्य कारण थे। 60 प्रतिशत में 'मन्द-बुद्धिता' मुख्य कारण पाई गई थी और इस प्रकार लगभग 70 प्रतिशत बालकों में पिछड़ेपन के कारण मनोवैज्ञानिक थे।

9. कक्षा से भाग जाना या पलायनशीलता—बहुत से बालक मन्द-बुद्धिके नहीं होते फिर भी कक्षा के कार्य में उतने कुशल नहीं होते जितना कि उनको होना चाहिए। इसका मुख्य कारण है कि वे कक्षा की शिक्षा की ओर ध्यान नहीं देते हैं और बहुधा कक्षा से भाग जाते हैं। इस प्रकार भागने के कारण वे पिछड़ जाते हैं। पलायनशीलता भी सामान्य और विशिष्ट के भेद से दो प्रकार की होती है। सामान्य पलायनशीलता की स्थिति में बालक किसी भी विषय की कक्षा से भाग जाता है जबकि विशिष्ट पलायनशीलता की स्थिति में बालक किसी एक विषय की कक्षा से ही भागता है और उसी विषय में पिछड़ जाता है।

10. परिवार का बड़ा आकार—कुछ परिवारों में सदस्यों की संख्या तो अधिक होती है, परन्तु उस अनुपात में निवास-स्थान का अभाव होता है। यह बात आधुनिक नगरों में विशेष रूप से दिखाई देती है। इस प्रकार के परिवारों में बालकों को अध्ययन के लिए एकान्त में स्थान नहीं मिलता है। इसके अतिरिक्त इस प्रकार के घरों में इतना कोलाहल होता है कि बालकों को पूरी नींद भी नहीं आती है। इस प्रकार के कारण बालकों को अन्य बालकों से पीछे धकेल देते हैं।

11. परिवार के झगड़े—कुछ परिवारों के सदस्यों में एक-दूसरे से सामंजस्य करने का गुण नहीं होता है। अत: वे निरन्तर किसी न किसी बात पर लड़ते-झगड़ते रहते हैं। इसका परिणाम यह होता है कि बालक चिन्ताग्रस्त और असुरक्षित दशा में रहते हैं। परिणामत: वे अध्ययन पर ध्यान केन्द्रित नहीं कर पाते हैं और कक्षा में पिछड़ जाते हैं।

12. माता-पिता की अशिक्षा—अशिक्षित माता-पिता, शिक्षा के महत्त्व को न समझने के कारण उसे अपने बालकों के लिए निरर्थक समझते हैं। ऐसे माता-पिता के बच्चों के सम्बन्ध में **कुप्पूस्वामी** ने लिखा है—''ऐसे माता-पिता के बच्चों में न केवल शैक्षिक पिछड़ेपन का विकास होता है, वरन् वे शीघ्र ही निरक्षर हो जाते हैं।''

13. माता-पिता की बुरी आदतें—कुछ माता-पिता अनेक बुरी आदतों वाले होते हैं, जैसे—आलस्य, लापरवाही, कामचोरी आदि से युक्त होना। उनके निरन्तर सम्पर्क में रहने के कारण उनकी बुरी आदतों का उनके बालकों पर काफी प्रभाव पड़ता है। फलस्वरूप, वे अध्ययन से जी चुराने लगते हैं, विद्यालय कार्य में लापरवाही करते हैं और नियमित रूप से विद्यालय में उपस्थित नहीं रहते हैं। इन सब बातों का परिणाम होता है—शिक्षा प्राप्त करने में पिछड़ जाना।

14. माता-पिता का दृष्टिकोण—कुछ माता-पिता अपने बालक के प्रति आवश्यकता से अधिक कठोर और कुछ उनको आवश्यकता से अधिक लाड़-प्यार करते हैं। दोनों ही प्रकार के माता-पिता अपने बच्चों में स्वतन्त्रता और आत्म-विश्वास के गुणों का विकास नहीं होने देते हैं। इन गुणों के अभाव में शिक्षा में किसी भी प्रकार की प्रगति करना असम्भव है।

15. विद्यालय में अनुपस्थिति—कुछ बालक अनेक कारणों से विद्यालय में नियमित रूप से उपस्थित नहीं होते हैं, जैसे—बीमारी, देर से विद्यालय में प्रवेश, माता या पिता का एक स्थान से दूसरे स्थान पर तबादला आदि। बालकों की अनुपस्थिति में ऐसी अनेक बातें पढ़ा दी जाती हैं, जिनको फिर कभी नहीं पढ़ाया जाता है। अत: इन कारणों से बालकों का पिछड़ जाना स्वाभाविक है।

16. अयोग्य अध्यापक—अयोग्य तथा अक्षम अध्यापकों के द्वारा जब शिक्षण की अमनोवैज्ञानिक शिक्षण-विधियाँ अपनाई जाती हैं, छात्रों के साथ अनुपयुक्त व्यवहार किया जाता है, उनमें विषयगत योग्यता पर्याप्त नहीं है, वे पारस्परिक दलबन्दी में पड़े हैं, अनुशासन की गलत विधियाँ अपनाते हैं, दण्ड व पुरस्कार का उचित प्रयोग नहीं करते हैं, बच्चों को पर्याप्त स्नेह व प्यार नहीं दे पाते हैं, उनका व्यवहार पक्षपातपूर्ण है, आदि अनेक ऐसे कारण हो सकते हैं जो बालक की निष्पत्तियों पर प्रतिकूल प्रभाव डालकर पिछड़े बालकों का निर्माण करते हैं।

17. विशिष्ट क्षमताओं का अभाव—कभी-कभी बालक में किसी विषय के प्रति या तो रुचि नहीं होती है, या उस विषय को सीखने के लिए विशिष्ट योग्यता नहीं होती है तो वह उस विषय में पिछड़ जाता है, उदाहरणार्थ—बालक में गणित विषय के लिए आवश्यक मानसिक विशिष्ट योग्यता का अभाव है तो वह गणित-विषय में पिछड़ जाएगा।

18. विद्यालयों का दोषपूर्ण संगठन व वातावरण—जिन विद्यालयों का संगठन और वातावरण दोषपूर्ण होता है, वे न केवल बालकों के शैक्षिक पिछड़ेपन में, वरन् शैक्षिक मन्दता में भी योग देते हैं। इस प्रकार से विद्यालयों में पाई जाने वाली कुछ अवांछनीय बातें हैं—(1) पाठ्यक्रम के कठोर और संकीर्ण होने के कारण बालकों की आवश्यकताओं की अपूर्ति, (2) अयोग्य अध्यापकों द्वारा अमनोवैज्ञानिक और परम्परागत शिक्षण-विधियों का प्रयोग, (3) अध्यापकों के कठोर व्यवहार के कारण बालकों में भय की उत्पत्ति, (4) निर्देशन के अभाव के कारण बालकों द्वारा गलत विषयों का चुनाव, (5) पुस्तकालय, प्रयोगशाला, पाठ्यक्रम सहगामी क्रियाओं एवं शिक्षा की अन्य सुविधाओं के अभाव के कारण बालकों की रुचियों और क्षमताओं के विकास के लिये उचित अवसरों की अप्राप्ति। ये समस्त बातें किसी-न-किसी रूप में बालकों के पिछड़ेपन के लिए उत्तरदायी होती हैं।

पिछड़ेपन का निवारण

शैक्षिक पिछड़ेपन या शैक्षिक मन्दता के लिए कोई एक कारण नहीं है, वरन् अनेक कारण सम्मिलित रूप से उत्तरदायी होते हैं। इसी प्रकार, प्रत्येक बालक के पिछड़ेपन के विभिन्न कारण होते हैं। इन कारणों का सम्बन्ध उसके परिवार एवं विद्यालय और स्वयं उसके शारीरिक, मानसिक तथा संवेगात्मक विकास के स्वरूप से होता है। अत: इसका उपचार तभी किया जा सकता है, जब उसका विशेष अध्ययन करके उसके पिछड़ेपन के कारणों की खोज कर ली जाए। इस सम्बन्ध में **कुप्पूस्वामी** ने लिखा है—''शिक्षकों, अभिभावकों, समाज-सेवकों और विद्यालय-चिकित्सकों, इन सबको सम्मिलित रूप से कार्य करना चाहिए, ताकि ठीक कारणों की खोज की जा सके और प्रत्येक बालक के लिए उपयुक्त उपचारों का प्रयोग किया जा सके।''

पिछड़ापन दो प्रकार का होता है—1. सामान्य, और 2. विशिष्ट।

पिछड़ेपन के उपचार या निवारण के साधन हमें पिछड़ेपन के प्रकार के अनुसार अपनाने चाहिए।

(1) सामान्य पिछड़ापन और उसका निवारण या उपचार—सामान्य पिछड़ेपन से तात्पर्य है—कक्षा में पढ़ाये जाने वाले सब विषयों में पिछड़ापन। ऐसा पिछड़ा बालक

औसत बालकों की अपेक्षा प्रत्येक विषय में पिछड़ा होता है। वह कुछ विषयों को पढ़ने में दूसरों से अच्छा हो सकता है। परन्तु जो बालक कक्षा के औसत पर होते हैं, उनसे वह सर्वदा पिछड़ा रहता है। ऐसे पिछड़ेपन को दूर करने के लिए अग्रलिखित उपचार हैं—

1. शारीरिक दोष का पता लगाना तथा उसे दूर करना—अध्यापक को चाहिए कि बालक को चिकित्सक के पास भेजकर यह पता लगाए कि बालक में कोई शारीरिक दोष तो नहीं है। यदि कोई दोष है तो उसका उपचार होना चाहिए, क्योंकि बालक की शिक्षा का ध्यान तथा व्यवस्था उसके शारीरिक दोष को ध्यान में रखकर करनी चाहिए। बालकों की शारीरिक निर्बलता दूर करने के लिये संतुलित भोजन और शारीरिक व्यायाम की व्यवस्था करनी चाहिए।

2. बुद्धि-परीक्षा द्वारा मन्द-बुद्धिता का पता लगाना और उसे दूर करने की चेष्टा करना—यदि बालक मन्द-बुद्धिका है तो उसका उपचार बहुत कठिन है। मन्द-बुद्धिबालक सामान्य से सदैव पिछड़े ही रहेंगे। बालक की बुद्धि-मन्दता का पता अच्छे बुद्धि-परीक्षण द्वारा लगाया जाए तथा उनके शारीरिक स्वास्थ्य की रक्षा की जाए।

3. ऐसा पिछड़ापन जो वातावरण के कारण है, उसे वातावरण में सुधार द्वारा सुन्दर तथा दोषरहित बनाकर पिछड़ेपन को दूर करना—

(अ) उचित शिक्षा व्यवस्था द्वारा दोषपूर्ण वातावरण को अच्छा बनाया जा सकता है। बालकों की रुचि का पता लगाकर उन्हें शिक्षा दी जानी चाहिए। यह आवश्यक नहीं है कि उन्हें केवल लिखना, पढ़ना तथा गणित की ही शिक्षा दी जाए या उन्हें अरुचिपूर्ण यान्त्रिक कार्यों में ही लगाए रखा जाए। जिस कार्य में बालक की रुचि हो, उसे ही करने के लिए उसे देना चाहिए। इसके लिए योजना-विधि सर्वोत्तम है।

(ब) पिछड़े बालकों को शिक्षा क्रियात्मक आधार पर देनी चाहिए। उन्हें वस्तु-चित्र (Models) दिखाने चाहिए। प्रयोगात्मक कार्यों में लगाना चाहिए, नाटक आदि द्वारा उन्हें विभिन्न पात्रों के सम्बन्ध में जानकारी करवानी चाहिए। इसके अतिरिक्त दूसरी श्रव्य-दृश्य सहायक सामग्री (Audio-Visual Aids) जैसे—चित्र, चलचित्र आदि द्वारा इनके अवधान को पाठ्यक्रम की ओर आकृष्ट करना चाहिए।

(स) उनकी पुस्तकों के अभाव की पूर्ति करनी चाहिए।

(द) माता-पिता को उन्हें घर के काम में अधिक समय तक लगाकर समय नष्ट नहीं करना चाहिए।

(य) कक्षा से पलायनशीलता तथा अनुपस्थिति को रोकना चाहिए।

(2) विशिष्ट पिछड़ापन और उसका निवारण या उपचार—जब बालक किसी विशेष विषय में पिछड़ जाता है और अन्य विषयों में ठीक होता है तो उसे हम 'विशिष्ट पिछड़ापन' कहते हैं। इस कमी का कारण हमें उसकी रुचि में प्राप्त हो सकता है। कभी-कभी एक विषय में पिछड़ापन अध्यापक की दोषपूर्ण शिक्षण-विधि के कारण भी हो सकता है या अध्यापक की कठोरता तथा अमनोवैज्ञानिक व्यवहार के कारण भी हो सकता है। बहुधा हमारे विद्यालयों में विद्यार्थी गणित में पिछड़ जाते हैं। अंकगणित के अध्यापक गृह-कार्य की एक लम्बी सूची दे देते हैं और काम पूरा न होने पर डण्डे बरसाते हैं। कभी-कभी तो अध्यापक प्रश्न समझाने की चेष्टा ही नहीं करते हैं और भय दिखाकर बालकों से प्रश्न हल करवाना चाहते हैं।

विशिष्ट पिछड़ेपन के निवारण या उपचार के लिए निम्न विधियाँ प्रयोग में लानी चाहिए—

1. शारीरिक दोष का उपचार किया जाए और उस दोष के अनुसार शिक्षा दी जाए।

2. अध्यापक द्वारा कक्षा-अध्यापक में अच्छी विधियों को अपनाया जाए।

3. बालकों की रुचि को पिछड़े हुए विषय की ओर जाग्रत किया जाए तथा उन्हें सहायक-सामग्री की पूर्ण सहायता दी जानी चाहिए।

4. बालकों की ओर व्यक्तिगत रूप से ध्यान दिया जाए और उनकी विशिष्ट कठिनाइयों को दूर किया जाए।

5. जहाँ पाठ बालक की समझ में न आए, शिक्षक को रुककर उसे वहीं समझा देना चाहिए और बाद में आगे बढ़ना चाहिए। बहुधा अध्यापक इस ओर ध्यान नहीं देते हैं और पिछड़ेपन को बढ़ावा देते हैं। इसी प्रकार एक बालक का उदाहरण है, जो कि रेखागणित में कमजोर था। उसके पिछड़ेपन का कारण यह था कि आरम्भ के एक माह में जब रेखागणित पढ़ाया गया तो वह कक्षा में अनुपस्थित था। इस प्रकार वह अपने पाठ्यक्रम के प्रारम्भिक प्रयोग को नहीं समझ सका किन्तु अपनी दुर्बलता को छिपाने के लिए वह आगे पढ़ाई गई प्रमेय को रटने लगा। इस प्रकार रटन्त के द्वारा उसे आरम्भ में कठिनाई नहीं हुई किन्तु बाद में जब कार्य जटिल हो गया तब वह रटन्त के द्वारा सब प्रमेय इत्यादि को याद नहीं कर सका। वह एक प्रमेय को सिद्धकरने वाली दशाओं को दूसरी प्रमेय को सिद्धकरने वाली दशाओं से मिलाने लगा या उन्हें याद करने में त्रुटि करने लगा। फलस्वरूप, वह मुख्य प्रमेय को ही गलत सिद्धकरने लगा और उस पर आधारित प्रश्नों को हल करना तो उसकी शक्ति से बाहर था। इस बालक के अध्यापक ने कभी भी उसकी कठिनाई को जानने की चेष्टा नहीं की। परिणामतः वह गणित में पिछड़ता ही गया। परन्तु जैसे ही आरम्भ के प्रमेय को उसे समझाया गया तो उसकी गति गणित में तीव्र हो गई।

इस प्रकार के पिछड़ेपन को दूर करने के लिए अध्यापक को मोटे तौर पर दो तरीके अपनाने चाहिए—(1) बालक मन्द-बुद्धिके कारण पिछड़ गया है तो उसे विशेष कक्षा में स्थान दिया जाए, जहाँ साधारण बालक से धीमी गति से पढ़ाया जाए और उसका पाठ्यक्रम अधिक प्रयोगात्मक तथा वास्तविक बनाया जाए, (2) यदि बालक किसी विशेष विषय में पिछड़ा हो तो उसे उस विषय में प्रारम्भ से शिक्षा दी जानी चाहिए।

अन्त में, हम कुप्पुस्वामी के शब्दों में यह कह सकते हैं—''उपचार के उपाय चाहे जो भी हों, हमारा मुख्य कार्य प्रत्येक बालक की परिस्थितियों और जन्मजात योग्यताओं द्वारा निर्धारित की गई सीमाओं को ध्यान में रखकर उसको अपनी स्थिति की माँगों से पर्याप्त समायोजन करने में सहायता देना होना चाहिए।''

"Whatever the details of treatment, our main task should be to help a particular child make an adequate adjustment to the demands of his situation, keeping in mind the limits imposed by his circumstances and his natural abilities."

—Kuppuswamy

पिछड़े बालक की शिक्षा

स्टोन्स ने लिखा है—''आजकल पिछड़ेपन के क्षेत्र में किया जाने वाला अधिकांश अनुसंधान यह सिद्धकरता है कि उचित ध्यान दिये जाने पर पिछड़े बालक, शिक्षा में प्रगति कर सकते हैं।''

"Most researcfin the field of backwardness now-a-days, indicates that given the appropriate attention backward children can make progress."

—Stones

पिछड़े बालकों की शिक्षा के प्रति समुचित ध्यान देने का अभिप्राय है—उनकी शिक्षा का उपयुक्त संगठन। हम इस संगठन के आधारभूत तत्त्वों को इस प्रकार लिख सकते हैं—

1. विशिष्ट विद्यालयों की स्थापना—पिछड़े बालकों के लिये विशिष्ट विद्यालयों की स्थापना की जानी चाहिए। इनकी आवश्यकता पर बल देते हुए **प्रो. उदय शंकर** ने लिखा है—''यदि पिछड़े बालकों को सामान्य बालकों के साथ शिक्षा दी जाएगी, तो वे पिछड़ जायेंगे और परिणाम यह होगा कि वे अपने स्वयं के स्तर के बालकों से और अधिक पिछड़े हुए हो जायेंगे। विशिष्ट विद्यालयों में उनको अपनी कमियों का कम ज्ञान होगा और वे अपने समान बालकों के समूह में अधिक सुरक्षा का अनुभव करेंगे। इन

विद्यालयों में उनके लिए प्रतिद्वन्द्विता कम होगी और प्रोत्साहन अधिक।'' यदि ये विशिष्ट विद्यालय, सह-आवासीय विद्यालय हों, तो पिछड़े बालकों को और अधिक लाभ हो सकता है। ऐसे विद्यालयों में उनके पिछड़ेपन के कारणों का सरलता से अध्ययन करके उपचार किया जा सकता है। इंग्लैंड में इस प्रकार के विद्यालय हैं और उनमें 100 से अधिक छात्र नहीं रखे जाते हैं।

2. विशिष्ट कक्षाओं की स्थापना—यदि किसी कारण से पिछड़े बालकों के लिये विशिष्ट विद्यालयों की स्थापना सम्भव नहीं है, तो उनके लिए प्रत्येक विद्यालय में विशिष्ट कक्षायें स्थापित की जानी चाहिए। इन कक्षाओं के सम्बन्ध में स्टोन्स के तीन सुझाव हैं—(1) इन कक्षाओं में 20 से अधिक छात्र नहीं होने चाहिए, (2) ये कक्षायें भिन्न-भिन्न विषयों की होनी चाहिए और इनमें इन विषयों में पिछड़े हुए विद्यालय के सब छात्रों को शिक्षा दी जानी चाहिए, (3) जिन विद्यालयों में इस प्रकार की कक्षाओं के लिए पर्याप्त स्थान नहीं है, उनमें एक या दो कक्षाओं को चलाने की व्यवस्था अवश्य होनी चाहिए। इन कक्षाओं में विद्यालय के सब पिछड़े हुए छात्रों को व्यक्तिगत रूप से शिक्षा दी जानी चाहिए।

3. विशिष्ट विद्यालयों का संगठन—**कुप्पूस्वामी** के अनुसार, पिछड़े हुए बालकों के विशिष्ट विद्यालयों का संगठन इस प्रकार किया जाना चाहिए, जिससे कि उनमें अग्रलिखित बातों को विशेष महत्त्व प्रदान किया जाए—विभिन्न प्रकार की अधिकतम छात्र-क्रियाएँ, बालकों को पर्याप्त परन्तु नियन्त्रित स्वतन्त्रता, स्वतन्त्र अनुशासन और प्रत्येक बालक की प्रगति का पूर्ण अभिलेख।

4. विशेष पाठ्यक्रम का निर्माण—पिछड़े बालकों के लिये विशेष पाठ्यक्रम का निर्माण किया जाना चाहिए। पाठ्यक्रम अधिक से अधिक लचीला और सामान्य बालकों के पाठ्यक्रम से कम बोझिल एवं कम विस्तृत होना चाहिए। इसके अतिरिक्त, वह बालकों के लिए उपयोगी, उनके जीवन से सम्बन्धित और उनकी आवश्यकताओं को पूर्ण करने वाला होना चाहिए। इसके उद्देश्य के बारे में **कुप्पूस्वामी** ने लिखा है—''पाठ्यक्रम ऐसा होना चाहिए, जो पिछड़े बालकों को विद्वान बनाने के बजाय जीवन के लिए तैयार करे एवं उनको बुद्धिमान नागरिक और कुशल कार्यकर्ता बनाये।''

5. अध्ययन के विषय—पिछड़े बालकों में अमूर्त्त चिन्तन की योग्यता नहीं होती है। अत: उनके अध्ययन के विषय न तो अमूर्त होने चाहिए और न उनमें सिद्धान्तों एवं सामान्य नियमों की अधिकता होनी चाहिए। स्किनर एवं हैरीमैन के अनुसार, पिछड़े बालकों के अध्ययन के विषयों का सम्बन्ध उनके सामाजिक वातावरण से होना चाहिए, क्योंकि शिक्षा का उद्देश्य बालक में सामाजिक कुशलता उत्पन्न करना है।

6. हस्तशिल्पों की शिक्षा—पिछड़े बालकों में तर्क और चिन्तन की शक्तियों का अभाव होता है। अत: इनके लिए मूर्त्त विषयों के रूप में हस्तशिल्पों की शिक्षा का प्रबन्ध किया जाना चाहिए। बालकों को अग्रांकित शिल्पों की शिक्षा दी जा सकती है—(1) कताई, बुनाई, जिल्दसाजी और टोकरी बनाना, (2) बेंत, धातु, लकड़ी और चमड़े का काम। बालिकाओं के लिए ये शिल्प हो सकते हैं—बुनना, काढ़ना, सिलाई करना, भोजन बनाना और गृह-विज्ञान से सम्बन्धित अन्य कार्य।

7. सांस्कृतिक विषयों की शिक्षा—पिछड़े बालकों की आत्म-अभिव्यक्ति की शक्तियों का विकास करने के लिए उनको उनकी रुचियों और क्षमताओं के अनुसार संगीत, नृत्य, ड्राइंग और अभिनय की शिक्षा दी जानी चाहिए। इनमें नैतिक गुणों का विकास करने के लिए उनको वीर मनुष्यों और महान् पुरुषों एवं महिलाओं की कहानियों की नाटकों के रूप में शिक्षा दी जानी चाहिए।

8. विशेष शिक्षण-विधियों का प्रयोग—सामान्य बालकों की तुलना में पिछड़े बालकों में सामान्य बुद्धिकम होती है। अत: उनके लिए विशेष शिक्षण विधियों का प्रयोग किया जाना चाहिए। इसमें निम्नलिखित बातें ध्यान देने योग्य हैं—(1) सरल और रोचक शिक्षण-विधियाँ, (2) शिक्षण की धीमी गति, (3) शिक्षण का बालकों के दैनिक जीवन और मूर्त्त वस्तुओं से सम्बन्ध, (4) शिक्षण के विभिन्न उपकरणों का उदार-प्रयोग, (5) कम-से-कम मौखिक शिक्षण, (6) पढ़ाये गए विषय की बार-बार पुनरावृत्ति, (7) अर्जित ज्ञान को प्रयोग करने के अवसर, (8) योजना-पद्धति के आधार पर कार्य, (9) भौगोलिक, ऐतिहासिक, सांस्कृतिक आदि स्थानों का भ्रमण, (10) स्टोन्स के अनुसार—"इस बात की सावधानी रखनी चाहिये कि एक बार में अधिक न पढ़ा दिया जाए।"

9. छोटे समूहों में शिक्षा—पिछड़े बालक वास्तविक प्रगति तभी कर सकते हैं, जब शिक्षकों द्वारा उनके प्रति व्यक्तिगत रूप से ध्यान दिया जाए। यह तभी सम्भव है, जब उनको छोटे समूहों में शिक्षा दी जाए। इस सम्बन्ध में स्टोन्स के तीन सुझाव हैं— **पहला**, कक्षा (प्रत्येक) में 20 से अधिक छात्र नहीं होने चाहिए। **दूसरा**, यदि छात्रों में किसी प्रकार के शारीरिक दोष हैं, तो उनकी संख्या 20 से कम होनी चाहिए। **तीसरा**, एक कक्षा के छात्रों को केवल एक अध्यापक द्वारा शिक्षा दी जानी चाहिए।

10. योग्य तथा प्रशिक्षित अध्यापक—पिछड़े बालकों के लिए योग्य तथा प्रशिक्षित अध्यापकों की नियुक्ति की जानी चाहिए। शिक्षक बालक के लिए स्नेह व सहानुभूतिपूर्ण तथा पक्षपातहीन व्यवहार कर सकें। शिक्षक निदानात्मक तथा उपचारात्मक कार्य सफलता के साथ सम्पन्न कर सकें। अच्छे शिक्षक के लिए बर्ट ने लिखा है—"पिछड़े बालकों का अच्छा शिक्षक साहित्यिक रुचियों वाला मनुष्य होने के बजाय व्यावहारिक होता है। उस

शिक्षक की रुचियाँ पुस्तकीय होने के बजाय मूर्त्त होती हैं और उसमें शारीरिक कार्य करने की योग्यता होती है।''

11. नैतिक और यौन-शिक्षा—पिछड़े बालकों के लिए नैतिक और यौन-शिक्षा की व्यवस्था होनी चाहिए, क्योंकि इन बालकों में नैतिकता तथा यौन सम्बन्धी समस्या अधिक होती है। ये समस्याएँ चिन्तन के अभाव में प्रकट होती हैं।

12. समयानुसार शारीरिक परीक्षण—पिछड़े बालकों का समयानुसार शारीरिक परीक्षण किया जाना चाहिए तथा जिन बालकों की आँखें कमजोर हों या जिन्हें कम सुनाई देता हो, उनको कक्षा में बैठने के लिए उचित स्थान देना चाहिए।

□□□

16

विकलांग बालक

जब कोई व्यक्ति या बालक किसी प्रकार के शारीरिक विकार या दोष से युक्त हो, जो उसे अन्य व्यक्तियों या बालकों से अलग या भिन्न प्रकट करता है तो वह उसकी शारीरिक कमी एवं दोष ही उसकी विकलांगता कही जाती है। इस प्रकार की कमी या दोष के कारण उसकी व्यावहारिक प्रतिक्रियाएँ तथा कार्य प्रभावित होते हैं। विकलांगता को ही शारीरिक न्यूनता कहते हैं।

विकलांग बालक वे होते हैं जिनमें किसी-न-किसी प्रकार का शारीरिक दोष होता है, जिससे उसकी सामान्य क्रियाएँ बाधित होती हैं। विकलांग बालक को परिभाषित करते हुए क्रो एवं क्रो ने लिखा है—"ऐसे बालक जिनमें ऐसा शारीरिक दोष होता है जो किसी भी रूप में उसे साधारण क्रियाओं में भाग लेने से रोकता है या उसे सीमित रखता है, को हम विकलांग बालक कह सकते हैं।"

यह दोष कम या अधिक गम्भीर रूप धारण कर सकता है, उदाहरण के लिए, दोषित नेत्र वाले सम्पूर्ण अन्धे से लेकर कम दृष्टि वाले, या गूँगे से लेकर असामान्य दशाओं में वाणी दोषयुक्त बालक—सब शारीरिक न्यूनता से ग्रसित बालक ही हैं।

विकलांगता के प्रकार

विकलांगता या शारीरिक न्यूनता को हम इस प्रकार विभक्त कर सकते हैं—

(अ) अपंग, (ब) सम्पूर्ण और अर्द्ध-अन्धे, (स) पूर्ण बधिर और अपूर्ण बधिर, (द) हकलाने या दोषयुक्त वाणी वाले, (य) निर्बल या कोमल।

विकलांग बालकों की समस्याएँ

ग्रसितता चाहे कम हो या अधिक, किन्तु ग्रसित व्यक्ति को अपने समायोजन में अनेकानेक समस्याओं का सामना करना पड़ता है, जिसका कारण उसकी शारीरिक कुरूपता या बेढङ्गापन होता है। ग्रसित साधारणतः इच्छित क्रियाओं में भाग लेने के योग्य नहीं होता है, अतः उसे सन्तोषजनक दूसरी रुचियों की आवश्यकता होती है। उसकी अयोग्यता उसकी संवेगात्मक समस्याओं के रूप में विकसित होती है, जैसे—क्रोध और हतोत्साहन। अतएव उसके समायोजन का विशेष ध्यान रखना चाहिए। विकलांग बालक में यह भावना भी जाग्रत हो जाती है कि दूसरे उसके बारे में शारीरिक दोष के कारण बहुत ही हीन विचार रखते हैं। इसी प्रकार के विचार उसके अन्दर निरन्तर उठा करते हैं और इन्हीं के परिणामस्वरूप उसके अन्दर आत्म-दैन्य की भावना उत्पन्न हो जाती है।

कभी-कभी हीनता का कारण अवांछित घर और वातावरण की दशाएँ होती हैं या उनको न दी गई या देर से दी गई औषधि भी कारण हो सकती है। ऐसे बालकों की यदि वातावरण सम्बन्धी दशाओं में सुधार कर दिया जाए, तो उनके समायोजन की समस्या हल हो सकती है। शारीरिक ग्रसित आवश्यक रूप से मानसिक दोषयुक्त नहीं होते। अधिकतर उदाहरणों में शारीरिक ग्रसित साधारण या उच्च बुद्धिरखते हैं। इस प्रकार इनकी शारीरिक ग्रसितता को दूर करने या उसे पूरा करने के लिए हमें अपनी मानसिक शक्तियों, बुद्धिइत्यादि से पूरी-पूरी सहायता प्रदान करनी चाहिए। अपंग बालक की दशा बड़ी दयनीय होती है। सामान्य बालक के समान उसमें मूलप्रवृत्ति, संवेग, इच्छाएँ आदि सभी होती हैं, परन्तु शरीर के दोष के कारण वह असहाय होता है तथा वह अनेक शारीरिक क्रियाओं में भाग लेने से वंचित रह जाता है। जब बच्चों की ज्ञानेन्द्रियों (आँख व कान) में दोष पाए जाते हैं तो वे कक्षा-शिक्षण से लाभ नहीं उठा पाते हैं और पिछड़ जाते हैं। बालकों में हकलाना व तुतलाना संवेगात्मक अस्थिरता उत्पन्न कर देते हैं, जिससे उनका मन पढ़ने में नहीं लगता है। इस प्रकार विकलांग बालकों की अनेक समस्याएँ होती हैं।

विकलांग बालक और शिक्षा

केवल अपने शारीरिक दोषों को छोड़कर शारीरिक ग्रसित व्यक्ति या बालक साधारण बालक के समान होते हैं। अतः ऐसे बालकों को उन सब शैक्षिक क्रियाओं की

सुविधा देनी चाहिए जो एक साधारण बालक को दी जाती है। किन्तु हमें उनके शारीरिक दोषों को भी सदैव ध्यान में रखना चाहिए।

केवल उन बालकों को छोड़कर जो गम्भीर दोषों से युक्त हैं, जो उनके काम में बाधा डाल सकते हैं, बाकी सबको उचित व्यावसायिक शिक्षा देनी चाहिए। जो बालक गम्भीर दोषों वाले हैं, उनके लिए हमें इस प्रकार की व्यावसायिक शिक्षा का प्रबन्ध करना चाहिए जो वे शारीरिक दोष के होते हुए भी ग्रहण कर सकें। व्यावसायिक समायोजन उनके अन्दर आत्म-सम्मान की भावना उत्पन्न कर देगा और अपने जीवन को स्वयं महत्त्वपूर्ण बनाने के योग्य हो जाएँगे। इसके लिए उन्हें उस क्षेत्र में विकसित होने का अवसर दिया जाए जिसके लिए वे मानसिक और शारीरिक दृष्टिकोण से उपयुक्त हैं।

शिक्षा के द्वारा शारीरिक ग्रसितों के समायोजन को बिठाना चाहिए। ग्रसित को हमेशा दोष के प्रति यथार्थ की भावना उत्पन्न करने की प्रेरणा देनी चाहिए। साथ ही किसी कार्य को करने की योग्यता पर भी बल देना चाहिए। ग्रसित को प्रयोगात्मक रूप से कार्य करने का अवसर देना चाहिए, जिन्हें वह अपनी पूर्ण शक्ति की सीमानुसार करे जिससे उसका ध्यान शारीरिक ग्रसितता से विचलित हो जाए। उसको इस प्रकार प्रेरणा देनी चाहिए कि वह यह समझे कि वह अपने समूह का एक महत्त्वपूर्ण अंग है।

विशेष दोषयुक्त बालक एवं उनकी शिक्षा-व्यवस्था

(अ) अपंग (Crippled)—अपंग बालक ऐसे दोषों से पीड़ित होते हैं जिनके कारण वे साधारण दशाओं में अपनी माँसपेशियों, हड्डी या जोड़ का अभ्यास नहीं कर पाते हैं, ऐसे बालक या तो (i) उत्पन्न ही दोषयुक्त होते हैं या (ii) दुर्घटनाओं के परिणामस्वरूप या (iii) किसी बीमारी के प्रभाव से दोषयुक्त हो जाते हैं। अपंग की मानसिक योग्यता या तो साधारण होती है या तीव्र होती है। अपंग लोग दूसरों का ध्यान अपनी ओर आकृष्ट करते हैं और जब दूसरों से बात करते हैं तो उनमें अपनी शारीरिक कमी की भावना जाग्रत हो जाती है, और इस कमी के परिणामस्वरूप उनमें निरर्थकता तथा हीनता की भावना भी उत्पन्न हो जाती है। इस प्रकार एक शारीरिक न्यूनता से ग्रसित बालक के समायोजन के लिए शिक्षा का उचित रूप से संगठन करना चाहिए। अपंग बालकों के शिक्षण के लिए निम्नलिखित बातें ध्यान रखने योग्य हैं—

(1) शारीरिक न्यूनता से ग्रसित बालक साधारण बुद्धिके होते हैं, अत: उन्हें शिक्षा के द्वारा मानसिक विकास के लिए पूर्ण अवसर देने चाहिए।

(2) शिक्षा द्वारा उनके अन्दर इस प्रकार की भावना उत्पन्न करनी चाहिए, जिससे वे अपनी दीनता की भावना को कम कर सकें और उपयुक्त व्यवहार को विकसित कर सकें।

(3) उनके भद्देपन को पाठशाला में पूर्णरूपेण व्यवस्थित करने के लिए पूर्ण सामग्री होनी चाहिए। उनके लिए विशेष प्रकार की मेज, कुर्सी आदि होनी चाहिए, जिससे वे आराम से बैठ सकें और बिना अपने शरीर पर जोर देकर, पढ़ने तथा लिखने का कार्य कर सकें।

(4) यदि ऐसे बालकों के लिए अलग कक्षा-कक्ष की व्यवस्था हो तो अच्छा रहेगा। शेष विद्यालय की इमारत में जैसी जगह हो, उसी के अनुसार उचित प्रबन्ध करना चाहिए।

(5) अपंग बालकों को ऐसी व्यावसायिक शिक्षा देनी चाहिए जिससे उनकी शारीरिक न्यूनता का प्रभाव अधिक न हो। उदाहरणार्थ—वह एक सैनिक या कुली तो नहीं हो सकता परन्तु बैठने वाली नौकरी के योग्य उसे बनाना चाहिए, जिसे वह आसानी से कर सके और सफलता प्राप्त कर सके।

(ब) सम्पूर्ण अन्धे या अर्द्ध अन्धे (Blind and hear Blind)—शारीरिक न्यूनता से ग्रसित बालकों में सबसे खराब स्थिति नेत्रहीन बालकों की मानी जाती है। अधिकतर जिन बालकों में दृष्टिदोष होता है, वे उसे छिपाने का प्रयत्न करते हैं। बालक जो लगभग अन्धे होते हैं अथवा दोषपूर्ण नेत्र रखते हैं, दूसरों को यह नहीं बताना चाहते हैं कि उनमें यह विशेष प्रकार का दोष है। दोनों अवस्थाओं में अध्यापक को अच्छी प्रकार से सचेत रहना चाहिए। उसे अपने छात्रों के मध्य यह जानने का प्रयत्न करना चाहिए कि कहीं बालक में मुख्य दोष नेत्रों में तो नहीं है। जब कभी वह इस प्रकार के दोष देखे; जैसे—पढ़ते समय अधिक झुकना, विशेष प्रकार से पुस्तक पकड़ना, क्रोधित होना, आँखों को बार-बार मलना, सिर तथा शरीर को विशेष स्थिति में रखना आदि। अध्यापक को यह पता लगाना चाहिए कि बालक किस प्रकार के विशेष दोष से पीड़ित है तथा उसे इलाज के लिए भेजना चाहिए।

ऐसे बालक जो जन्म से ही या बचपन से ही अन्धे होते हैं तथा जिनको बिल्कुल भी दिखाई नहीं देता है वे सम्पूर्ण अन्धे बालक होते हैं। दूसरे, वे बालक होते हैं जिनकी दृष्टि कमजोर होती है। इनमें से कुछ बालकों की दूर की दृष्टि और कुछ की नजदीक की दृष्टि कमजोर होती है, कुछ बालकों में यह दोनों ही प्रकार का दोष रहता है। ऐसे बालकों की पहचान करने के लिए उनकी चिकित्सकीय जाँच करवानी चाहिए।

अंधापन के कारण

1. अधिकांश बालकों की आँखें संक्रामक रोगों के समय सावधानी न बरतने के कारण खराब हो जाती हैं।

2. दुर्घटना, चोट या मारपीट करने के कारण भी आँखें खराब हो जाती हैं।

3. कुछ बालक माता-पिता की अन्धता के कारण भी नेत्रहीन होते हैं।

4. रक्त की कमी या विटामिन 'ए' की कमी के कारण भी आँखें खराब हो जाती हैं।

5. रोग के समय इलाज के अभाव में भी आँखें खराब हो जाती हैं।

सम्पूर्ण या अर्द्ध-अन्धे बालकों की विशेषताएँ

1. ऐसे बालकों में समायोजन क्षमता कम होती है।

2. इन बालकों में अन्य विकलांग बालकों की तरह हीनता की भावना आ जाती है।

3. ये बालक अपने भविष्य के प्रति बहुत चिन्तित रहते हैं।

4. इनमें आत्म-विश्वास कम होता है।

5. ऐसे बालकों में गतिशीलता का अभाव होता है।

6. ये बालक सामाजिकता की दृष्टि से कमजोर होते हैं।

7. इनमें उत्साह की कमी होती है तथा कार्यारम्भ में हिचकिचाते हैं।

8. ऐसे बालक स्वप्नलोक में अधिक रहते हैं।

9. ये चिड़चिड़े स्वभाव वाले होते हैं।

सम्पूर्ण या अर्द्ध-अन्धे की स्थिति में शिक्षा का निम्न प्रकार से संगठन उनके समायोजन में सहायता कर सकता है—

1. यदि बालक पूर्ण रूप से अन्धा है तो उसे सम्पूर्ण अन्धों के विद्यालय में भेजना चाहिए, जहाँ वह ब्रेल ढंग से पढ़ सकेगा। उसे समायोजन के लिए व्यावसायिक शिक्षा भी दी जाएगी। उसे गाना या हस्तकला सिखाई जा सकती है। इनमें से कई तो गायन कला इत्यादि में निपुण हो जाते हैं। ऐसे बालकों के लिए ब्रेल लिपि पर आधारित पर्याप्त साहित्य उपलब्ध कराना चाहिए।

2. वे बालक जो अर्द्ध-अन्धे हैं या जिनकी निगाह कमजोर है, उन्हें कंजरवेशन कक्षाओं में जहाँ बड़े छापे वाली पुस्तकें और इसी प्रकार की सामग्री प्रयोग की जाती है, पढ़ने के लिए भेजना चाहिए।

3. इस प्रकार के बालकों को विभिन्न विषयों की शिक्षा देने के लिए विशेष उपकरणों की व्यवस्था करनी चाहिए।

4. ऐसे बालकों को शिक्षा देने के लिए प्रधानाध्यापक, अध्यापक, स्वास्थ्य सेवा आदि सभी का सामूहिक सहयोग होना चाहिए।

5. साधारण विद्यालयों में भी आँखों के दोष से युक्त बालकों में बड़ी सतर्कता की आवश्यकता है। वहाँ दोषयुक्त नेत्रों के रोग-निराकरण के लिए भी ध्यान देना चाहिए। खराब वातावरण भी इसमें प्रभावी होता है अतः वातावरण का समुचित होना आवश्यक है। इसके लिए—

(i) विद्यालयों में रोशनी का उचित तथा पूर्ण प्रबन्ध तथा स्पष्ट रूप से छपी हुई सामग्री (पुस्तकों आदि) का प्रयोग करना चाहिए।

(ii) श्याम-पट्टों को पूर्ण रूप से स्वच्छ रखना चाहिए और उन्हें कक्षा में उचित दूरी पर लगाना चाहिए।

(iii) स्वस्थ रूप से पढ़ने की आदत भी बालकों में विकसित करनी चाहिए।

(स) पूर्ण बधिर तथा अपूर्ण बधिर (The Deaf and Hard of Hearing—मुख्यतया 'बधिर' शब्द ऐसे बालक के लिए प्रयोग किया जाता है जिसने कभी कोई चीज सुनी ही न हो, जिसने अपने बोलने से पहले ही अपनी श्रवण-शक्ति को खो दिया हो अथवा जैसे ही उसने बोलना सीखा, श्रवण-शक्ति को खो दिया, और साथ ही उसके बोलने की शक्ति भी नष्ट हो गई हो। एक बालक जिसने बोलना सीख लिया हो और बाद में उसकी श्रवण-शक्ति नष्ट हो जाए तो उसे हम सुनने के अयोग्य या अपूर्ण बहरे की संज्ञा दे सकते हैं।

बधिरापन के कारण—बधिरापन निम्न कारणों से हो सकता है—

1. बधिरापन कुछ बालकों में वंश परम्परागत रूप से चलता रहता है।

2. कुछ बालकों की श्रवण-शक्ति किसी दुर्घटना में कान पर चोट लगने से भी चली जाती है।

3. कुछ बालक गर्भावस्था में ही अपनी श्रवण शक्ति खो बैठते हैं। साथ ही कुछ बालक जन्म के समय सावधानी नहीं रखने से भी अपनी श्रवण-शक्ति खो बैठते हैं।

4. मध्य कान में घाव होने, मवाद भर जाने या अधिक कैल्शियम जमा होने पर भी श्रवण-शक्ति खराब हो जाती है और कम सुनाई देने लगता है।

5. लगातार तेज ध्वनि सुनने से भी श्रवण-शक्ति प्रभावित होती है।

6. खसरा, चेचक, मोतीझरा एवं कनफेड़ जैसे रोगों से भी श्रवण-शक्ति कम हो जाती है या नष्ट हो जाती है।

बधिर बालकों की स्थिति

1. इस प्रकार के बालकों में आत्म-विश्वास कम होता है।

2. ऐसे बालकों का भाषा विकास देर से होने के कारण बौद्धिक विकास भी देर से हो पाता है।

3. ऐसे बालक कम सामाजिक होते हैं तथा अन्य व्यक्तियों की बात ठीक प्रकार से नहीं सुन पाने के कारण इनका समायोजन भी ठीक प्रकार से नहीं हो पाता है।

4. ये बालक तनाव में रहते हैं क्योंकि ये बालक चलचित्र, टेलीविजन आदि से मनोरंजन नहीं कर पाते हैं।

5. ऐसे बालक भविष्य के प्रति बहुत चिन्तित रहते हैं।

ऐसे बालक का, जो बधिर या सुनने में से असमर्थ हो, शिक्षा द्वारा समायोजन निम्न प्रकार से सम्भव हो सकता है—

1. विद्यालय में इस प्रकार के साधनों का विकास करना चाहिए जिनसे बधिर बालकों तथा अध्यापक में सम्बन्ध स्थापित हो सके जिससे वे साधारण बालकों की तरह ही शिक्षा ग्रहण कर सकें।

2. वह बालक जो हकलाता है या अपूर्ण बधिर है, विशेष प्रकार के विद्यालयों में अलग नहीं किया जा सकता है। उसे साधारण बालकों की कक्षा में साथ-साथ बैठने के लिए तथा पढ़ने हेतु स्थान देना चाहिए। उसे कक्षा में आगे बैठने के लिए स्थान मिलना चाहिए, जिससे वह अध्यापकों के चलते हुए होठों को देख सके और उसे किसी भी बालक की तरफ मुड़कर देखने की आज्ञा दे देनी चाहिए जो अध्यापक की बात को सुन रहा हो, उसमें ऐसे ज्ञान को विकसित करना चाहिए जो होठों की गति से समझ सके। या तो साधारण विद्यालय में यह ज्ञान उसे देना चाहिए या किसी अन्य स्थान पर जहाँ सम्भव हो, इस प्रकार के अध्ययन के लिए उसे भेजना चाहिए।

3. इन बालकों को शिक्षा देने के लिए विशेष प्रशिक्षित अध्यापकों को लगाना चाहिए।

4. श्रवण सहायक यन्त्रों के प्रयोग का अभ्यास कराया जाना चाहिए।

(द) हकलाने या दोष युक्त वाणी वाले बालक (The Defective in Speecfor Stammerer)—तुतलाना, हकलाना, धीरे-धीरे बोलना, नाक दबाकर बोलना, मोटी आवाज, कर्कशता आदि दोषयुक्त वाणी के चिह्न हैं। दोषयुक्त वाणी का कारण शारीरिक दोष हो सकता है किन्तु कुछ ऐसे भी दोष हैं जो पूर्ण या अपूर्ण रूप में मनोवैज्ञानिक होते

हैं। ये मनोवैज्ञानिक दोष अभिभावकों इत्यादि की लापरवाही के कारण विकसित होते हैं और त्रुटिपूर्ण बोलने की आदत पड़ जाती है। त्रुटिपूर्ण बोलने का अनुकरण, उचित आराम की कमी, संवेगात्मक कठिनाइयाँ आदि भी इसमें सहायक होते हैं। अधिक तीव्र गति से बोलना या हिचक से बोलना, धीरे-धीरे बोलना और हकलाने का कारण अधिकतर संवेगात्मक ही होता है। यदि किसी बालक को हम उचित तथा सही प्रकार की उत्तेजना से बोलना सिखाते हैं तो वह इन कमियों को दूर कर देता है। उसको यदि संवेग उत्पन्न न करने वाला वातावरण दे दिया जाए और उससे तुतलाकर न बोला जाए तो मनोवैज्ञानिक कारणों से उत्पन्न दोष बिल्कुल ही समाप्त किये जा सकते हैं।

वाणी दोष के प्रकार

1. उच्चारण दोष—इसके अन्तर्गत बालक कुछ ध्वनियाँ नहीं निकाल पाते। इसमें वे एक शब्द के एक-दो अक्षर बोल देते हैं और बाकी नहीं बोल पाते हैं अथवा किसी एक ध्वनि के लिए इसकी ध्वनि का प्रयोग करते हैं जैसे त को ट आदि।

2. हकलाना—हकलाने वाले बालक धाराप्रवाह नहीं बोल सकते। वे कुछ ध्वनियों या शब्दों की बार-बार पुनरावृत्ति करते हैं और कुछ वर्णों पर बोलते हुए भी रुक जाते हैं। हकलाने में परिवार और वातावरण दोनों का प्रभाव पड़ता है।

3. आवाज की समस्या—कुछ बालक बहुत ऊँचा या धीरे बोलते हैं, इससे भी उनका स्वर दोषपूर्ण हो जाता है। कुछ बालक नाक से बोलते हैं या श्वास ले-लेकर बोलते हैं। कुछ बालकों की आवाज में कसीलापन या भारीपन होता है।

4. देर से बोलने के दोष—सामान्य रूप से बालक 9 माह से 15 माह के बीच ध्वनि उच्चारण शुरू कर देता है। देर से बोलना किसी न किसी विकार या विकृति के कारण होता है।

5. ओष्ठ विकृति—ओष्ठ विकृति जन्म से हो सकती है अथवा बाद में भी हो सकती है। इसका शल्य चिकित्सा द्वारा उपचार किया जा सकता है।

6. श्रवण विकार—जो बालक अच्छी प्रकार से सुन नहीं पाते हैं वे बोल भी नहीं सकते हैं क्योंकि वे किसी ध्वनि को सुन सकने की क्षमता नहीं रखते।

वाणी दोषों को निम्न प्रकार से कम किया जा सकता है—

1. शारीरिक दोष को हम शल्य-क्रिया द्वारा दूर करने की चेष्टा करें।
2. बालक अच्छे बोलने का अनुकरण करें।
3. घर तथा विद्यालय का वातावरण तनाव को कम करने वाला हो।

4. उचित भोजन।

5. विशेष प्रकार की शिक्षा, जो बोलने में सहायक हो।

विद्यालय भी इस दोष को दूर कर सकते हैं, यथा—

1. बालक को अपनी कठिनाई पहचानने के लिए प्रेरणा देकर।

2. ग्रसितता के दोष पर अधिक जोर न देकर।

3. उचित और सही निदान के द्वारा दोष मालूम करके।

4. दोष के अनुसार अभ्यास देकर।

5. चिन्ता को दूर करके।

6. अन्य साथियों के सामने ग्रसित को व्याकुल न करके।

7. अध्यापकों को उनके दोष दूर करने का प्रयत्न करना चाहिए। साथ ही उन्हें चाहिए कि प्रसन्न करने वाली, शान्तिपूर्ण वाणी में उनसे बोले।

(य) निर्बल व कोमल (The Delicate Person)—कोमल व्यक्तियों से हमारा तात्पर्य ऐसे व्यक्तियों से नहीं है जो किसी बीमारी या रोग से युक्त हैं, वरन् ऐसे लोगों से है जिनकी शारीरिक दशा इस प्रकार की है कि उन्हें अपने शारीरिक स्वास्थ्य के लिए सदैव सचेत रहना पड़ता है। ऐसे लोग जिनके अन्दर रक्त की कमी है, शक्ति की कमी है, ग्रन्थि दोष है, इस श्रेणी में गिने जाते हैं।

कोमल व्यक्ति साधारण कार्यों तथा क्रीड़ाओं में भाग नहीं ले सकता है। यदि उसका शरीर अधिक अभ्यास में असाधारण प्रकार से थक जाता है तो वह बीमार पड़ जाता है। अधिकतर ऐसे कोमल व्यक्ति उचित भोजन की कमी के कारण होते हैं, इसके साथ ही साथ यह भी सम्भव हो सकता है कि उनमें अन्य कोई छूत के रोग हों। यदि विद्यालय अथवा परिवार में उन्हें विकास का उचित अवसर दिया जाता है तो ऐसे बालकों की कमी को दूर किया जा सकता है।

विद्यालय में समय-समय पर शारीरिक परीक्षा, शारीरिक कमी की चिकित्सा आदि आवश्यक है। भारत में स्वास्थ्य का साधारण स्तर कम है, जिसका कारण यहाँ की आर्थिक परिस्थितियाँ हैं। यदि पाठशाला में दोपहर के खाने और दूध के लिए स्वेच्छा से प्रबन्ध किया जाए, अर्थात् बालकों को बिना पैसे दिए ये सुविधाएँ दी जाएँ तो पाठशालाएँ बहुत-कुछ दोषों को दूर करने में सहायता प्रदान कर सकती हैं।

संवेगात्मक रूप से असंतुलित बालकों की पहचान

संवेगों का बालक के जीवन में अत्यन्त महत्त्वपूर्ण स्थान होता है। श्रेष्ठ संवेगों पर आधारित व्यवहार बालक के स्वास्थ्य को समुन्नत, मानसिक दृष्टिकोण को उदार, कार्य करने की इच्छा को बलवती और सामाजिक सम्बन्धों को मधुर बनाते हैं। इसके विपरीत, क्षुद्र संवेगों पर आश्रित व्यवहार बालक के शारीरिक, मानसिक और सामाजिक विकास पर क्षतिप्रद प्रभाव डालकर उसको विकृत कर देते हैं। संवेगात्मक रूप से असंतुलित बालक की पहचान इस प्रकार की जा सकती है—

1. संवेगात्मक रूप से असंतुलित बालक बेचैन रहते हैं तथा असमायोजित व्यवहार करते हैं।

2. इस प्रकार के बालक अपने आपको परिवार, मित्रों, सहपाठियों तथा समाज में असुरक्षित तथा असमायोजित महसूस करते हैं।

3. ऐसे बालक व्याकुल रहते हैं।

4. इस प्रकार के बालक किसी वस्तु, व्यक्ति या परिस्थिति से घृणा करते हैं तो अत्यधिक घृणा करते हैं एवं प्रेम करते हैं तो अत्यधिक प्रेम करते हैं।

5. संवेगात्मक रूप से असंतुलित बालक किसी क्षण अत्यधिक प्रसन्न हो सकता है तथा तत्काल ही अत्यन्त खिन्न भी हो सकता है।

6. ऐसे बालक किसी अज्ञात वस्तु, अपरिचित व्यक्ति और वातावरण को देखकर डर जाते हैं।

7. ऐसे बालकों में काँपने, चीखने, पसीना आने, भागने, मुख विवर्ण होने जैसे लक्षण पाये जाते हैं।

8. ऐसे बालक कभी-कभी बेहोश भी हो जाते हैं।

9. ऐसे बालक चिन्ताग्रस्त रहते हैं।

10. ऐसे बालक अपेन परिवार के सदस्यों, भाई-बहिन आदि से ही ईर्ष्या करने लगते हैं।

11. संवेगात्मक रूप से असंतुलित बालकों में झगड़ा करने की प्रवृत्ति पायी जाती है।

12. ऐसे बालक अपने क्रोध की अभिव्यक्ति गाली देकर, निन्दा कर, मजाक करके करते हैं। इनमें क्रोध क्षणिक न होकर लम्बी अवधि तक चलता है।

13. संवेगात्मक रूप से असंतुलित बालकों में निराशा एवं हठ करने की प्रवृत्ति पायी जाती है।

14. ऐसे बालकों का स्वास्थ्य ठीक नहीं रहता है।

15. इन बालकों का चरित्र भी संदिग्ध होता है।

16. ऐसे बालकों में पलायनशीलता की प्रवृत्ति रहती है।

17. ऐसे बालक चोरी करते हैं, भावना ग्रन्थियों से ग्रसित होते हैं तथा माता-पिता एवं शिक्षकों की आज्ञा की अवहेलना करते हैं।

संवेगात्मक रूप से असंतुलित बालकों की शिक्षा व्यवस्था

बालक के व्यवहार के आधार उसके संवेग होते हैं। व्यक्तित्व के संतुलित विकास में संवेगों का प्रमुख स्थान होता है। प्रेम, हर्ष और उत्सुकता जैसे अभिनन्दनीय संवेग उसके शारीरिक, मानसिक और सामाजिक विकास में योग देते हैं, जबकि भय, क्रोध और ईर्ष्या जैसे निन्दनीय संवेग उसके विकास को विकृत और कुंठित कर सकते हैं। अतः यह आवश्यक है कि संवेगात्मक रूप से असंतुलित बालकों की समस्याओं का पूरा-पूरा ध्यान रखा जाए तथा उनकी शिक्षा की समुचित व्यवस्था की जाए। ऐसे बालकों की शिक्षा व्यवस्था इस प्रकार की जा सकती है—

1. पाठशालाओं में बालकों को मनोवैज्ञानिक ढंग से शिक्षा नहीं दी जाती, उनके साथ रुक्ष व्यवहार किया जाता है। जब बालक के मन में उस रुक्षता के प्रति प्रतिक्रिया होती है तो वह अध्यापक के भय के कारण उसे व्यक्त नहीं कर पाता है।

अध्यापकों को बालकों में ऐसी सामर्थ्य उत्पन्न करनी चाहिए कि वे दिन-प्रतिदिन के कार्यों में आने वाली बाधाओं के प्रति तुरन्त उत्तेजित न हो उठें। अध्यापक को बालक के पाठ्यक्रम में सुधार कर उसकी शक्ति और सामर्थ्य के अनुरूप बनाकर उसे सीखने के लिए देना चाहिए तथा अध्यापक को बालक का ठीक-ठीक अध्ययन कर उसकी शक्ति, सामर्थ्य और योग्यता तथा रुचि के अनुसार शिक्षा देनी चाहिए।

2. अध्यापक को बालक के उन कार्यों की भी सराहना करनी चाहिए, जिसमें वह सिद्धहस्त और प्रवीण है। इससे प्रभाव यह पड़ता है कि बालक जिस विषय में कमजोर है उसके प्रति कुपित नहीं होगा, वरन् अध्यापकीय श्लाघा से प्रफुल्लित होकर वह उसमें भी निपुणता प्राप्त करने का भरसक प्रयत्न करेगा। वस्तुतः इस श्लाघा का परिणाम यह होता है कि व्यक्ति जिस विषय में दक्ष है उसकी प्रसन्नता और आत्म-सन्तोष दूसरे के आक्रोश-जनित अभाव की पूर्ति कर देता है। फलस्वरूप दूसरे विषय के प्रति उसके क्रोध की मात्रा में कमी हो जाती है।

3. विद्यालय में बालक को परिस्थितियों का सामना साहसपूर्वक करने और उनसे संघर्ष करने के लिए प्रोत्साहित करना चाहिए तथा उसे भय से बचाना चाहिए। उसे अपनी शक्तियों को समझने के लिए प्रोत्साहित करना चाहिए तथा उसमें आत्म-विश्वास जाग्रत करना चाहिए एवं बालक को योग्यता, रुचि, सम्मान और उसके मानसिक स्तर के अनुकूल ही शिक्षा देनी चाहिए, जिससे वह निर्धारित कार्य को निर्भय होकर कर सके और उसमें किसी भी प्रकार भय की भावना का उदय न हो।

4. अध्यापक और अभिभावकों के द्वारा बालकों के साथ दयालुता और सहानुभूतिपूर्ण व्यवहार किया जाए एवं उनकी भावनाओं को उचित सम्मान दिया जाए तो बालकों के निषेधात्मक व्यवहार में सरलता से सुधार किया जा सकता है।

5. बालकों की शारीरिक वृद्धिको देखते हुए विद्यालय में खेलकूद तथा व्यायाम आदि की उचित व्यवस्था की जानी चाहिए। इससे किशारों की अतिरिक्त शक्ति का उनके शरीर के विकास में उपयोग हो सकेगा और शरीर पुष्ट होगा।

6. अध्यापकों को संवेगों के शोधन पर ध्यान देना चाहिए। आवश्यकतानुसार संवेगों का स्थानान्तरण करने का भी प्रयत्न करना चाहिए।

7. बालकों को नैतिकता की व्यावहारिक शिक्षा देनी चाहिए तथा अध्यापकों को उपदेश के स्थान पर उदाहरण प्रस्तुत करने चाहिए।

8. बालकों को उत्तम साहित्य, महापुरुषों की जीवनियाँ तथा देश-प्रेम की पुस्तकें पढ़ने के लिए प्रेरित करना चाहिए।

9. बालकों को क्षमता, योग्यता एवं स्तरानुसार व्यावसायिक शिक्षा भी देनी चाहिए।

10. अध्यापकों को बालकों पर अनुशासन थोपने की बजाय उनमें स्वानुशासन की भावना जाग्रत करनी चाहिए। स्वानुशासन हेतु उन्हें उत्तरदायित्वपूर्ण कार्य सौंपने चाहिए जिससे अनुशासन के साथ-साथ स्वाभिमान या आत्मप्रदर्शन के संवेग का भी विकास हो। बालकों को रचनात्मक कार्यों यथा—ललित-कला, पेंटिंग, संगीत आदि में लगाना चाहिए ताकि उनके संवेगों का स्थानान्तरण होता रहे।

11. लैंगिक परिवर्तनों के कारण भी अनेक प्रकार की संवेगात्मक समस्याएँ—भय, घृणा तथा बुरी आदतें उत्पन्न हो जाती हैं अतः विद्यालय को यौन-शिक्षा के माध्यम से इन समस्याओं को सुलझाने में सहायता करनी चाहिए। बालकों को अंगों के विकास, उनकी क्रियाशीलता आदि की स्पष्ट, उचित एवं वैज्ञानिक जानकारी देनी चाहिए।

❑❑❑

17

समस्यात्मक बालक

ऐसे बालक जिनके व्यक्तित्व का अनुकूलन गम्भीर रूप से बिगड़ा हुआ हो और संवेगात्मक भार से पीड़ित हों, समस्या बालक कहलाते हैं। समस्या व्यवहार के उदाहरण हैं—कक्षा से भाग जाना, चोरी करना, अनुशासन के प्रति महान् असहयोग, क्रोधित होना, धमकाना, अत्यधिक कायरपन और स्नायविक दुर्बलता। समस्यात्मक बालकों के अनेक प्रकार हैं। इनमें से कुछ मुख्य प्रकार इस प्रकार से हैं—चोरी करने वाले, झूठ बोलने वाले, क्रोध करने वाले, एकान्त पसन्द करने वाले, मित्र बनाना पसन्द न करने वाले, आक्रमणकारी व्यवहार करने वाले, विद्यालय से भाग जाने वाले, भयभीत रहने वाले, छोटे बालकों को तंग करने वाले, गृह-कार्य न करने वाले, कक्षा में देर से आने वाले आदि। इनमें से प्रमुख तीन के व्यवहार के कारणों एवं उपचार का वर्णन इस प्रकार है—

1. चोरी करने वाला बालक

कई बालकों में चोरी करने की बुरी आदत होती है। इसके कई कारण हो सकते हैं; जैसे—

1. अज्ञानता—छोटा बालक अज्ञानता के कारण चोरी करता है। वह यह नहीं जानता है कि जो वस्तु जिसके पास है, उसी का उस पर उचित अधिकार है।

2. अन्य विधि से अपरिचय—कुछ बालक इसलिये चोरी करते हैं, क्योंकि उन्हें वांछित वस्तु को प्राप्त करने की और कोई विधि मालूम नहीं होती है।

3. उच्च स्थिति की इच्छा—किसी बड़े बालक में अपने समूह में अपनी उच्च स्थिति व्यक्त करने की प्रबल लालसा होती है। अपनी इस लालसा को पूरा करने के लिए वह धन, वस्त्र और अन्य वस्तुओं की चोरी करता है।

4. माता-पिता की अवहेलना—स्ट्रेंग के अनुसार, जिस बालक की अपने माता-पिता के द्वारा अवहेलना की जाती है, वह उनको समाज में अपमानित करने के लिए चोरी करने लगता है।

5. साहस दिखाने की भावना—कुछ बालकों में दूसरे बालकों को यह दिखाने की प्रबल भावना होती है कि वह उनसे अधिक साहसी है। वह इस बात का प्रमाण चोरी करके देता है।

6. आत्म-नियंत्रण का अभाव—कई बार बालक आत्म-नियंत्रण के अभाव में चोरी करने लगता है। उसे जो भी वस्तु अच्छी लगती है, उसी को वह चुरा लेता है या चुराने का प्रयास करता है।

7. चोरी की लत—कुछेक बालकों में चोरी की लत होती है। ये अकारण ही विभिन्न प्रकार की वस्तुओं की चोरी करते हैं।

8. आवश्यकताओं की अपूर्ति—जिन बालकों की आवश्यकताएँ पूर्ण नहीं हो पाती हैं; वे उनकी पूर्ति चोरी करके करते हैं। यदि बालक को विद्यालय में खाने-पीने के लिये पैसे नहीं मिलते हैं, तो वह उनको घर से चुरा ले जाता है।

उपचार—बालकों में चोरी की आदत को छुड़ाने के लिये निम्नांकित उपायों को काम में लाया जा सकता है—

1. बालकों पर चोरी का दोष कभी नहीं लगाना चाहिए।
2. बालकों में आत्मनियंत्रण की भावना का विकास करना चाहिए।
3. बालकों को उचित और अनुचित कार्यों में अन्तर बताना चाहिए।
4. बालक की उसके माता-पिता द्वारा अवहेलना नहीं की जानी चाहिए।
5. बालक की सभी उचित आवश्यकताओं की पूर्ति की जानी चाहिए।
6. बालक को विद्यालय में व्यय करने के लिए कुछ धन अवश्य देना चाहिए।
7. बालक को खेलकूद और अन्य कार्यों में अपनी साहस की भावना को व्यक्त करने का अवसर देना चाहिए।

8. बालक को यह शिक्षा देनी चाहिए कि जो वस्तु जिसकी है, उसी पर उसका अधिकार है। दूसरे शब्दों में, उसे अन्य व्यक्तियों के अधिकारों का सम्मान करने की शिक्षा देनी चाहिए।

2. झूठ बोलने वाला बालक

बालक द्वारा झूठ बोले जाने के भी अनेक कारण हो सकते हैं, यथा—

1. **मनोविनोद**—कई बार बालक केवल मनोविनोद या मजा लेने के लिए भी झूठ बोलता है।

2. **द्विविधा**—कई बार बालक किसी बात को स्पष्ट रूप से न समझ सकने के कारण द्विविधा में पड़ जाता है और अनायास ही झूठ बोल जाता है।

3. **मिथ्याभिमान**—कई बालकों में मिथ्याभिमान की भावना बड़ी बलवती होती है। अत: वह उसे व्यक्त करने या सन्तुष्ट करने के लिए झूठ बोलता है। वह अपने साथियों को ऐसी-ऐसी बातें सुनाता है, जो उसने कभी नहीं की।

4. **प्रतिशोध**—बालक अपने दुश्मन से बदला लेने के लिए उसके बारे में झूठी बातें फैलाकर उसको बदनाम करने की चेष्टा करता है।

5. **स्वार्थ**—बालक कभी-कभी अपने स्वार्थ के कारण भी झूठ बोलता है। वह गृह-कार्य करके नहीं लाया है, तो वह दण्ड से बचने के लिए झूठ बोल देता है और कह देता है कि वह बीमार हो गया था।

6. **वफादारी**—कई बालक अपने मित्र, समूह आदि के प्रति इतने वफादार होते हैं कि वे झूठ बोलने में तनिक भी संकोच नहीं करते हैं। यदि किसी के मित्र की तोड़-फोड़ करने की प्रधानाचार्य से शिकायत होती है, तो वह इस बात की झूठी गवाही देता है कि उसका मित्र तोड़-फोड़ के स्थान पर मौजूद नहीं था।

7. **भय**—स्ट्रेंग के अनुसार—"भय अनेक बालकों की झूठी बातों का मूल कारण होता है।"

"Fear lies at the basis of many children's falsehoods." —**Strang**

जिस भय के कारण बालक झूठ बोलता है, वह भी अनेक प्रकार का हो सकता है, जैसे—कठोर दण्ड का भय, कक्षा या समूह में प्रतिष्ठा खोने का भय, किसी पद से वंचित किये जाने का भय आदि।

उपचार—बालक की झूठ बोलने की आदत को छुड़ाने के लिए अग्रलिखित उपायों को काम में लाया जा सकता है—

1. बालक को यह बताना चाहिए कि झूठ बोलने से कोई लाभ नहीं होता है।

2. बालक में नैतिक साहस की भावना का अधिकतम विकास करने के लिए प्रयत्न करना चाहिए।

3. बालक में सोच-विचार कर बोलने की आदत का निर्माण करना चाहिए।

4. बालक से बात न करके, उसकी अवहेलना करके, और उसके प्रति उदासीन रह करके उसे अप्रत्यक्ष दण्ड देना चाहिए।

5. बालक को ऐसी संगति और वातावरण में रखना चाहिए, जिससे उसे झूठ बोलने का अवसर न मिले।

6. बालक से उसका अपराध स्वीकार करवाकर उससे फिर कभी झूठ न बोलने की प्रतिज्ञा करवानी चाहिए।

7. बालक की आत्म-सम्मान की भावना को इतना प्रबल बना देना चाहिए कि वह झूठ बोलने के कारण अपना अपमान सहन न कर सके।

8. सत्य बोलने वाले बालक की निर्भयता और नैतिक साहस की प्रशंसा करनी चाहिए।

3. क्रोध करने वाला बालक

साधारणत: क्रोध व आक्रमणकारी व्यवहार का साथ होता है। क्रो एवं क्रो का कथन है—''क्रोध आक्रमणकारी व्यवहार द्वारा व्यक्त किया जाता है।''

"Anger is expressed througfaggressive behaviour."

—**Crow & Crow**

क्रुद्धबालक के आक्रमणकारी व्यवहार के कुछ मुख्य स्वरूप हैं—मारना, काटना, नोंचना, चिल्लाना, खरोंचना, तोड़-फोड़ करना, वस्तुओं को इधर उधर फेंकना, गाली देना, व्यंग्य करना, स्वयं अपने शरीर को क्षति पहुँचाना आदि।

बालक को क्रोध आने के कारण निम्नलिखित हो सकते हैं—

1. बालक के किसी उद्देश्य की प्राप्ति में बाधा पड़ना।

2. बालक में किसी के प्रति ईर्ष्या होना।

3. बालक के खेल, कार्य या इच्छा में विघ्न पड़ना।

4. बालक को किसी विशेष स्थान पर जाने से रोकना।

5. बालक की किसी वस्तु का छीन लिया जाना।

6. बालक का किसी बात से निराश होना।

7. बालक का अस्वस्थ या रोगग्रस्त होना।

8. बालक का किसी कार्य को करने में असमर्थ होना।

9. बालक के कार्य, व्यवहार आदि में निरन्तर दोष निकाले जाना।

10. बालक पर अपने माता या पिता के क्रोधी स्वभाव का प्रभाव पड़ना।

उपचार—बालक को क्रोधमुक्त करने के लिए निम्नलिखित उपायों का प्रयोग किया जा सकता है—

1. बालक के रोग का उपचार और स्वास्थ्य में सुधार करना चाहिए।

2. बालक को जिस बात पर क्रोध आए, उस पर से उसका ध्यान हटा देना चाहिए।

3. बालक को अपने क्रोध पर नियन्त्रण करने की शिक्षा देनी चाहिए।

4. बालक को केवल अनुचित बातों के प्रति क्रोध व्यक्त करने का परामर्श देना चाहिए।

5. बालक के क्रोध को क्रोध व्यक्त करके नहीं, वरन् शान्ति से शान्त करना चाहिए।

6. बालक के क्रोध का दण्ड और कठोरता का प्रयोग करके दमन नहीं करना चाहिए, क्योंकि ऐसा करने से उनका क्रोध और बढ़ता है।

7. बालक के खेल, कार्य आदि में बिना आवश्यकता के बाधा नहीं डालनी चाहिए।

8. बालक की ईर्ष्या की भावना को सहयोग की भावना में बदलने का प्रयास करना चाहिए।

9. बालक के कार्य, व्यवहार आदि में अकारण दोष नहीं निकालना चाहिए।

10. जब बालक का क्रोध शान्त हो जाए, तब उससे तर्क करके उसे यह विश्वास दिलाना चाहिए कि उसका क्रोध अनुचित था।

स्नायविक या मनस्तापी बालक का अर्थ

'स्नायविक' या 'मनस्तापी' के लिए अंग्रेजी शब्द 'Neurotic' का प्रयोग किया जाता है, जिसका अर्थ है—'Affecting the nervous system.' जिसका हिन्दी अनुवाद होता है—'नाड़ी संस्थान का प्रभाव।' इस प्रकार 'Neurotic' शब्द का हिन्दी शब्दानुसार

अर्थ होता है—'नाड़ी सम्बन्धी।' आधुनिक वैज्ञानिक एवं तकनीकी प्रगति ने मानव को सुख-सुविधाएँ प्रदान करने के साथ ही अनेक जटिलताएँ भी उत्पन्न कर दी हैं। वैज्ञानिक विकास के परिणामस्वरूप मानव महत्त्वाकांक्षा का क्षेत्र असीमित हो गया है, जिसके फलस्वरूप मानव दिवा-स्वप्न देखने लग जाता है, हवाई बातें करता है, और अनियन्त्रित बातें विचारता है। परिणामत: शारीरिक संवेगों के साथ-साथ मानसिक संवेगों तथा जटिलताओं में भी वृद्धिहुई है। व्यक्ति अपनी सामर्थ्य को विस्मृत कर गलत मूल्यांकन करता है। समस्याओं का हल निकालने के स्थान पर पलायनवादी प्रवृत्ति का सहारा लेता है। असफलता प्राप्त होने पर अपने शरीर तथा मन को पीड़ा पहुँचाता है जिसका प्रभाव स्नायुतन्त्र एवं मस्तिष्क पर पड़ता है और वह स्नायविकता या मनस्तापिकता का शिकार हो जाता है। अत: स्नायविकता या स्नायविक विकृति से तात्पर्य व्यक्ति के संवेगों द्वारा मानसिक संघर्ष से उत्पन्न वह स्थिति है जो उसे असफलता के परिणामस्वरूप मानसिक पीड़ा के कारण प्राप्त होती है। स्नायविक बालक के अर्थ को स्पष्ट करने के लिए कुछ परिभाषाएँ इस प्रकार हैं—

1. ब्राउन के अनुसार—"वे व्यक्ति जो चेतन व अचेतन संघर्ष के कारण कुछ ऐसे कार्य नहीं कर पाते हैं जो एक सामान्य व्यक्ति अपनी संस्कृति के कारण करने की क्षमता रखता है। इसका सम्बन्ध सामाजिकता से है।"

2. हार्नी के अनुसार—"मन: स्नायु-विकृति वाला व्यक्ति वह होता है जो उसकी अपनी संस्कृति के विपरीत होता है।"

3. कालमैन के अनुसार—स्नायविक विकृति वाले व्यक्ति के निम्नांकित लक्षण होते हैं—(i) दोषपूर्ण व्यक्तित्व का विकास, (ii) चिन्ताग्रस्तता, (iii) पलायनवाद एवं कुरूपता, (iv) कार्य क्षमता में ह्रास, थकान एवं असंतोष।

इन परिभाषाओं से निम्नलिखित निष्कर्ष निकलते हैं—

1. स्नायविकता का सम्बन्ध सामाजिकता से है।

2. स्नायविक व्यक्ति का चेतन व अचेतन मन संघर्षरत रहता है।

3. स्नायविक व्यक्ति अपनी संस्कृति के विपरीत कार्य करता है।

4. स्नायविक विकृति वाला व्यक्ति सामान्तया कार्य करने की क्षमता नहीं रखता है।

स्नायविक बालकों की मानसिक हीनता के कारण

स्नायविक बालकों की मानसिक हीनता के अनेक कारण हो सकते हैं जिनमें प्रमुख कारण निम्नलिखित हैं—

1. वंशानुक्रम—कुछ मनोवैज्ञानिकों के मतानुसार मानसिक हीनता का प्रमुख कारण वंशानुक्रम है। यदि बालकों के माता-पिता एवं पूर्वजों में मानसिक हीनता है तो वह अगली पीढ़ी में हस्तांतरित हो जाती है। अनेक अध्ययनों एवं शोधों से निष्कर्ष निकाला गया है कि पचास प्रतिशत बालकों में मानसिक हीनता का कारण वंशानुक्रम है।

2. जन्म के समय आघात—कुछ मनोवैज्ञानिकों के मतानुसार बहुत से बच्चों में मानसिक हीनता का कारण जन्म के समय आघात है। अप्रशिक्षित नर्स एवं दाइयों की असावधानी से जन्म के समय लगने वाले आघात से भी मानसिक हीनता उत्पन्न हो जाती है।

3. मानसिक आघात—कई बार जन्म से तो मानसिक विकास ठीक होता है परन्तु बाद में लगने वाले मानसिक आघात से मानसिक हीनता पैदा हो जाती है।

4. ग्रन्थियों का विकार—जिन बच्चों की नलीविहीन ग्रन्थियाँ ठीक प्रकार से काम नहीं करती हैं, उनमें विकास की असामान्यता उत्पन्न हो जाती है तथा मानसिक रोग उत्पन्न हो जाते हैं।

5. बीमारी और अपरिपक्व जन्म—बीमारी के कारण या प्रभाव से मानसिक विकास रुक जाता है। ऐसे बच्चे जो समय से पूर्व हो जाते हैं उनमें मानसिक हीनता की सम्भावना अधिक होती है। उचित पोषण के अभाव में भी मानसिक विकास रुक जाता है।

6. रक्त ठीक न बनना—ऐसे बच्चे जिनमें रक्त बनने की प्रक्रिया ठीक प्रकार से नहीं चलती है, उनका विकास रुक जाता है जो अप्रत्यक्ष रूप से मानसिकता को प्रभावित करता है। रक्त ही स्वास्थ्य का आधारभूत संचालक होता है।

7. गरीबी—परिवार की आर्थिक स्थिति ठीक न होने के कारण पर्याप्त सुविधाओं के अभाव में बच्चों का शारीरिक, मानसिक तथा सामाजिक विकास समुचित ढंग से नहीं हो पाता है तथा उनमें मानसिक हीनता पैदा हो जाती है।

8. विद्यालय का खराब वातावरण—जिन विद्यालयों का वातावरण ठीक नहीं होता है। आवश्यक शिक्षण-सामग्री एवं सुविधाएँ उपलब्ध नहीं होती हैं ऐसे विद्यालयों में बच्चों की बुद्धिका समुचित विकास नहीं होता है।

9. प्रेरणा की कमी—ऐसे बच्चे जिनको वातावरण में नवीन क्रिया करने की प्रेरणा नहीं मिलती, उनकी बुद्धिएवं मस्तिष्क का विकास ठीक नहीं हो पाता है। बच्चों को स्व-प्रेरणा मिलनी चाहिए। जिज्ञासा का भी बुद्धिविकास में महत्त्वपूर्ण योगदान होता है।

स्नायविक बालकों की विशेषताएँ

स्नायविक एवं मनस्तापी बालकों की अग्रलिखित विशेषताएँ होती हैं—

1. अमूर्त्त चिन्तन का अभाव—ऐसे बालक किसी समस्या पर अमूर्त चिन्तन नहीं कर सकते हैं। उनमें उच्च मानसिक क्रियाओं का विकास बहुत कम हो पाता है।

2. सीखने की धीमी गति—ऐसे बालकों के सीखने की गति बहुत धीमी होती है। वे सामान्य बालकों की अपेक्षा मन्द गति से सीखते हैं। ऐसे बालक सीखकर भी बार-बार भूल जाते हैं। इनमें स्मरणशक्ति की प्राय: कमी होती है।

3. शारीरिक दोष—इनमें कोई न कोई शारीरिक दोष अवश्य पाया जाता है। परन्तु यह आवश्यक नहीं है कि प्रत्येक शारीरिक दोष से युक्त बालक स्नायविक हो। ऐसे बालकों में प्राय: आँख, कान, नाक, हाथ-पाँव आदि के दोष पाए जाते हैं।

4. सीमित रुचि—ऐसे बालकों की रुचियाँ सीमित होती हैं। वे किसी समस्या पर अधिक समय तक ध्यान केन्द्रित नहीं कर सकते। वर्तमान में आगे की बात पर ये विचार ही नहीं करते हैं।

5. मौलिकता का अभाव—ऐसे बालक किसी समस्या पर मौलिक रूप से विचार नहीं कर सकते। ये साहचर्य सम्बन्ध स्थापित नहीं कर पाते हैं। ये प्राप्त ज्ञान का दूसरे में प्रयोग करने की क्षमता नहीं रखते हैं। स्नायविक एवं मनस्तापी बालकों का जीवन समस्या प्रधान होता है।

6. समायोजन का अभाव—ऐसे बालक पर्यावरण से अनुकूलन एवं समायोजन करने की क्षमता नहीं रखते हैं। ये नवीन परिस्थितियों का सामना करने में असमर्थ होते हैं। इनमें हीनता की भावना उत्पन्न हो जाती है। फलस्वरूप, ये समाज से अलग रहना पसन्द करते हैं।

स्नायविक बालकों की समस्याएँ

स्नायविक एवं मनस्तापी बालकों की प्रमुख समस्याएँ अग्रलिखित होती हैं—

1. पारिवारिक समस्याएँ—ऐसे बच्चे जो माता-पिता की आकांक्षाओं के अनुकूल उन्नति नहीं कर पाते हैं, उन बच्चों को माता-पिता बुरा-भला कहते हैं जिससे बच्चे के मस्तिष्क में निरन्तर संघर्ष बने रहते हैं। परिवार के अन्य सदस्यों द्वारा भी अच्छा व्यवहार नहीं किया जाता है जिससे बालकों में असामान्य व्यवहार का विकास हो जाता है। इस प्रकार का असामान्य व्यवहार बालकों के व्यक्तित्व और कार्य निष्पत्ति के लिए समस्या बन जाता है।

2. समायोजन की समस्या—जो बालक मानसिक दृष्टि से पिछड़े हुए होते हैं उनको अपने पर्यावरण से समायोजन करने में भी कठिनाई होती है। मानसिक दृष्टि से पिछड़े बालकों को विशेषत: तीन क्षेत्रों में समायोजन की समस्या अधिक रहती है—(i) परिवार, (ii) विद्यालय, और (iii) समाज।

3. विद्यालय सम्बन्धी समस्याएँ—स्नायविक एवं मनस्तापी बालक साधारण कक्षा-अध्यापन से लाभ नहीं उठा पाते हैं क्योंकि अध्यापक तथा कक्षा के अन्य छात्रों का दृष्टिकोण ऐसे बालकों के प्रति सहानुभूतिपूर्ण नहीं होता है। विद्यालय के किसी भी कार्यक्रम में भाग लेने के लिए इनको प्रेरित नहीं किया जाता। फलस्वरूप, इनमें अध्यापक और कक्षा के प्रति घृणा पैदा हो जाती है।

4. सामाजिक समस्याएँ—समाज में अन्य बालक ऐसे बालकों के साथ ठीक व्यवहार नहीं करते हैं और उनको अनेक दूसरे नामों जैसे—बुद्धू, मूर्ख, मन्द-बुद्धिआदि से पुकार कर चिढ़ाते हैं। ऐसे बालकों में सामाजिक पृथकत्व की भावना व्याप्त रहती है।

5. शारीरिक व मानसिक विकास की समस्या—स्नायविक एवं मनस्तापी बालकों का शारीरिक एवं मानसिक विकास समुचित प्रकार से नहीं हो पाता है, जिससे इनमें समायोजन सम्बन्धी अनेक कठिनाइयाँ उत्पन्न हो जाती हैं।

6. संवेगात्मक समस्याएँ—परिवार, विद्यालय एवं समाज में उचित वातावरण और देखभाल के अभाव में ऐसे बालकों में संवेगात्मक अस्थिरता उत्पन्न हो जाती है। इनमें भय, क्रोध, ईर्ष्या इत्यादि का विकास हो जाता है। फलस्वरूप ये समाज से समायोजन करने में असफल रहते हैं।

स्नायविक एवं मनस्तापी बालकों की शिक्षा

स्नायविक एवं मनस्तापी बालकों की शिक्षा-व्यवस्था इस प्रकार की जा सकती है—

1. व्यक्तिगत शिक्षण—ऐसे बालकों को व्यक्तिगत शिक्षण दिए जाने की आवश्यकता होती है अत: उनके लिए व्यक्तिगत शिक्षण की व्यवस्था की जानी चाहिए।

2. विशिष्ट कक्षाओं की स्थापना—स्नायविक एवं मनस्तापी बालकों के लिए विशिष्ट एवं अलग से कक्षाओं की व्यवस्था की जानी चाहिए, जिससे व्यक्तिगत रूप से इनकी ओर ध्यान दिया जा सके। सभी विषयों के लिए विशिष्ट कक्षाओं की स्थापना की जानी चाहिए।

3. उपयुक्त पाठ्यक्रम—साधारण बालकों वाला पाठ्यक्रम ऐसे बालकों के लिए उपयुक्त नहीं होता। इनके लिए विशिष्ट और सीमित पाठ्यक्रम होना चाहिए। पाठ्यक्रम बालकों के व्यावहारिक जीवन से सम्बन्धित होना चाहिए।

4. विशिष्ट शिक्षण पद्धतियों का प्रयोग—ऐसे बालकों के लिए विशिष्ट शिक्षण-पद्धतियों का प्रयोग किया जाना चाहिए। उनके लिए शिक्षण विधि सरल और रोचक होनी चाहिए।

5. स्व-देखभाल का प्रशिक्षण—स्नायविक एवं मनस्तापी बालकों को अपनी देखभाल करने का प्रशिक्षण दिया जाना चाहिए। सामान्य शिष्टाचार की शिक्षा भी देनी चाहिए। कपड़े पहनना, धोना, शरीर की सफाई आदि की जानकारी भी करानी चाहिए।

6. सामाजिक प्रशिक्षण—स्नायविक एवं मनस्तापी बालकों को सहयोगी खेलों, सामूहिक कार्यों तथा पर्यटनों आदि की शिक्षा देकर सामाजिक चेतना उत्पन्न करनी चाहिए। इस कार्य के लिए सामाजिक प्रशिक्षण आवश्यक है।

7. योग्य एवं प्रशिक्षित अध्यापकों की नियुक्ति—ऐसे बालकों के लिए योग्य एवं प्रशिक्षित अध्यापकों की नियुक्ति की जानी चाहिए। इस प्रकार के अध्यापकों का भी मानसिक रूप से स्वस्थ होना आवश्यक है।

8. स्नेह एवं सहानुभूतिपूर्ण व्यवहार—स्नायविक एवं मनस्तापी बालकों के प्रति अभिभावकों एवं अध्यापकों को स्नेह एवं सहानुभूतिपूर्ण व्यवहार अपनाना चाहिए। इसके अभाव में बालकों की शिक्षण में रुचि नहीं होगी।

स्नायविक बालकों के प्रति शिक्षक के दायित्व

स्नायविक बालकों के प्रति शिक्षक के अधोलिखित दायित्व होने चाहिए—

1. बच्चों का अवबोध—शिक्षक को चाहिए कि वह बच्चों की आवश्यकताओं को समझे। शिक्षक को बच्चों के ज्ञान को समझने का प्रयत्न करना चाहिए। बालकों को जाने बिना उनकी शिक्षा व्यवस्था सफल नहीं हो सकती।

2. स्नेह एवं सहानुभूतिपूर्ण व्यवहार—स्नायविक एवं मनस्तापी बालकों के प्रति शिक्षक का व्यवहार सदैव स्नेह एवं सहानुभूतिपूर्ण होना चाहिए। उसके अभाव में बालक शिक्षा में रुचि नहीं लेते हैं। स्नेह एवं सहानुभूति से बालकों को आकृष्ट किया जा सकता है जिससे वे शिक्षा में रुचि लेने लगते हैं। अत: शिक्षक को बालकों से स्नेहपूर्ण व्यवहार करना चाहिए।

3. सही निर्णय—बच्चों का अवबोध करके, उनको सिखाये जाने वाले विषय के बारे में शिक्षक को सही निर्णय लेना चाहिए, क्योंकि विषय का सही ज्ञान होने पर ही वह बालकों को सही ज्ञान प्रदान कर सकता है।

□□□